敦煌与丝绸之路石窟艺术丛书 郑炳林 主编

天水麦积山第127窟研究

孙晓峰 著

读者出版传媒股份有限公司
甘肃教育出版社

图书在版编目（CIP）数据

天水麦积山第127窟研究 / 孙晓峰著. -- 兰州：甘肃教育出版社，2015.12
（敦煌与丝绸之路石窟艺术丛书 / 郑炳林主编）
ISBN 978-7-5423-3795-5

Ⅰ. ①天… Ⅱ. ①孙… Ⅲ. ①麦积山石窟－研究 Ⅳ. ①K879.244

中国版本图书馆CIP数据核字(2015)第317736号

天水麦积山第127窟研究
郑炳林　主编　孙晓峰　著

出版人　王永生
项目负责　孙宝岩
责任编辑　邓寒峰
书籍设计　徐晋林　张小乐

出　版　甘肃教育出版社
社　址　兰州市读者大道568号　730030
网　址　www.gseph.cn　E-mail　gseph@duzhe.cn
电　话　0931-8773136（编辑部）　0931-8773056（发行部）
传　真　0931-8773255
淘宝官方旗舰店　http://shop111038270.taobao.com

发　行　甘肃教育出版社　印　刷　兰州新华印刷厂
开　本　787毫米×1092毫米　1/16　印　张　32　插　页　3　字　数　413千
版　次　2016年10月第1版
印　次　2016年10月第1次印刷
印　数　1~1 500
书　号　ISBN 978-7-5423-3795-5　定　价　95.00元

总 序

丝绸之路是中西文明交流永恒的通途,也是连接中外的一条艺术之路。西域地区的音乐舞蹈、佛教艺术都是通过这条道路传入中国的。隋代“九部乐”、唐代“十部乐”中的西凉、高昌、龟兹、疏勒、康国、安国、天竺等风格的乐舞都来自于西域地区, 也都是通过这条路线进入中原地区的,特别是《西凉乐》,就是《龟兹乐》与传入河西的中原古乐融合之后形成的一种乐舞。佛教壁画艺术和雕塑艺术通过丝绸之路进入中原,形成自己特色后又回传到河西、敦煌及西域地区。丝绸之路石窟众多,各有特色,著名的有麦积山石窟、北石窟、南石窟、大像山石窟、水帘洞石窟、炳灵寺石窟、大梯山石窟、马蹄寺石窟、金塔寺石窟、文殊山石窟、榆林窟、莫高窟、西千佛洞等。祆教艺术通过粟特人的墓葬石刻被保留了下来,沿着丝绸之路和粟特人聚落分布于古代天水、长安等商贸城市。体现中原文化特色的墓葬壁画艺术,也分布于丝绸之路上的河西走廊沿线和吐鲁番地区。文化的交融和碰撞通过艺术内容和风格充分体现出来,所以将丝绸之路称之为艺术之路一点也不为过,反而更能体现出它的特色。

丝绸之路沿线星罗棋布地分散着大大小小的石窟殿堂,让人叹为观止。丝绸之路把古代印度地区,中亚地区,我国的新疆地区、甘青宁地区、中原地区、东北地区乃至朝鲜半岛和日本,都串联了起来。如果说石窟殿堂是耀眼的珍珠,那么丝绸之路就像一条线,经过它的串接,亚欧大陆的颈项上出现了一副华美的璎珞，耀眼而又迷人。百年以来，丝绸之路及其沿线的石窟殿堂以其独特的气质和魅力，吸引着来自世界各地一代又一代的学者，前赴后继，投身于相关的研究领域。

敦煌与丝绸之路石窟艺术一直都是教育部人文社科重点研究基地兰州大学敦煌学研究所多年来研究的主要内容。30 多年来，我们不但有一批专家持之以恒坚持石窟考古和石窟艺术研究，同时我们还培养了一批从事石窟艺术研究的博硕研究生和留学生，他们在这个领域做出了卓越的贡献。1980 年我们创办了中国大陆首家敦煌学专业刊物《敦煌学辑刊》，截至 2015 年年底已经发行了 90 期，石窟艺术研究专栏连同敦煌文献研究、敦煌历史地理研究等板块共同构成了刊物内容的主体，已然成为国内石窟艺术研究成果发布的重要平台。2008 年沙武田博士学位论文《敦煌画稿研究》获得该年度全国百篇优秀博士学位论文提名奖；《吐蕃统治时期敦煌石窟研究》进入《国家哲学社会科学成果文库》。与此同时，为了对敦煌与丝绸之路石窟艺术研究进行梳理和总结，兰州大学敦煌学研究所启动了《丝绸之路石窟研究文库》项目。其中《天水麦积山石窟研究论文集》《永靖炳灵寺石窟研究论文集》和《河西陇右石窟研究论文集》已经陆续出版，龟兹地区和陕西地区石窟研究论文集正在收集、整理过程之中。这种工作虽然基础，耗费人力和物力，但若能对学界研究有所裨益，也是我们最大的荣光。

结合目前学术研究动态，兰州大学敦煌学研究所启动了“敦煌与丝绸之路石窟艺术”丛书项目，研究内容涵盖甘肃省境内的大部分石窟，既有石窟群整体性的研究，又有石窟个案研究；一方面，多层次地透视丝绸之路石窟艺术文化的博大精深，另一方面，紧抓学术研究前沿，集中体现了未来丝绸之路石窟艺术研究的方向。

一、石窟艺术专题研究

学界在过去 50 多年中进行了大量基础的测绘调查和壁画内容考

释，这种研究基本上是以单个题材壁画为重点，按照时间顺序或者空间划分来对某种特定题材进行考察。这项研究是基础。无数前辈已经为我们做出了榜样。本套丛书中的《敦煌石窟彩塑艺术概论》则是一个新的案例。该书以敦煌石窟彩塑为主要研究对象，同时涉及中国其他石窟的雕塑。其结合洞窟建筑、壁画，以时代为线索，展示出了敦煌石窟彩塑独特的艺术魅力。此类研究还包括《敦煌石窟中的少数民族服饰研究》《敦煌藏经洞出土绘画品研究史》《敦煌隋代石窟壁画样式与题材研究》《北周石窟造像研究》《甘肃省博物馆藏北朝石刻造像研究》，等等。

二、石窟艺术与社会历史研究

石窟艺术与社会历史研究丝丝相扣。对于敦煌石窟而言，藏经洞出土的敦煌遗书，包括记录敦煌社会开窟造像的功德记、敦煌历史人物的邈真赞等，都是不可或缺的研究材料。史苇湘先生《敦煌社会历史与莫高窟艺术》提出敦煌本土文化论和石窟皆史论，成功运用艺术社会学研究敦煌石窟，这种研究方法意在最大程度地把莫高窟考古资料和藏经洞遗书结合起来，还原敦煌社会历史。本丛书中的《敦煌阴氏与莫高窟研究》就是运用石窟与文献相结合的方法，在石窟营建史的背景下对阴氏家族开凿或参与开凿的 7 个洞窟进行全面研究，从而分析阴家窟所反映出来的佛教思想、佛教功能以及社会和艺术功能。

三、佛教洞窟与寺院仪轨的综合研究

丝绸之路佛教寺院中的壁画造像题材，不同于博物馆藏品，它没有像藏品一样脱离原来的空间关系。这就为学者通过壁画造像所在的空间位置探索古代佛教仪轨提供了可能。本套丛书中的《天水麦积山石窟北朝佛教艺术研究》《马蹄寺石窟群汉传佛教艺术研究》《陇东地区北朝佛教造像研究》等主要研究对象集中于甘肃北朝洞窟，其综合造像内容、佛教经典以及中古时期寺院仪轨，系统阐释了图像与寺院生活的密切关系。这一研究方向是未来石窟艺术研究方向之一。

四、洞窟个案研究

专题性研究是基础，不过其弊端也清晰可见。这种研究割裂了一个洞窟之中壁画和壁画、壁画和塑像之间的互动关系。而实际上所有的造像题材都是一个有机的整体，它们共同诠释了主尊乃至整个洞窟的造像设计理念，同时也反映了洞窟背后的历史信息。因此，我们在过去数十年工作的基础上，将某一特定洞窟的诸种壁画造像题材作为一个整体进行研究，这也是未来丝绸之路佛教艺术研究的大势所趋。本套丛书就包含了莫高窟第61窟、第100窟、第454窟、麦积山第127窟以及瓜州榆林窟第25窟的个案研究。这些成果选取特定历史时期极富代表性的洞窟作为研究对象，全面透视洞窟设计理念，深层次构建了石窟艺术发展史。

五、特定历史时期特定区域图像的普查与研究

随着新资料的不断公布以及学者对洞窟历史背景认识的加深，部分特定阶段的佛教洞窟研究有待再探讨。本丛书《敦煌十六国至隋石窟艺术》《川北佛教石窟和摩崖造像研究》和《吐蕃统治敦煌时期的密教研究》即属于此类。以敦煌为例，学者们认为，敦煌石窟的晚期，由于西藏后弘期佛教的兴起和广泛流传，敦煌石窟营造被推进到了一个崭新的时期。目前随着藏语文献的整理和藏学研究队伍的壮大，学界对敦煌中唐到元代的历史有了更深的认识，原来对敦煌藏传佛教艺术认知需要重新架构。如本丛书中的《吐蕃统治敦煌时期的密教研究》就对相关问题做了探讨，整理了与吐蕃统治敦煌时期密教有关的大量文献与图像资料，对汉藏文献以及图像做了初步的分类与对比；讨论了吐蕃时期敦煌密教与其他信仰的关系；总结了中唐密教在整个敦煌密教发展史上的里程碑意义。

本丛书以丝路沿线石窟整体为研究对象，既注重梳理其内在的逻辑关系，又注重对个别石窟的重点探究，以开放的、广阔的研究视野，重新审视西到龟兹，东到天水、西安，西南到川北的石窟寺遗址，探索石窟艺术风格的发展演变。

这套丛书主要汇集了兰州大学敦煌学研究所近年在敦煌与丝绸之路研究方面的最新成果,希望借此出版机会倾听学界的批评和指正。

郑炳林

2015年12月

前　言

开凿于公元4世纪末、5世纪初的天水麦积山石窟是中国北朝时期保存最完整的石窟寺，现存大小窟龛221个，造像3938件10632身，壁画979.54平方米，以及近千件经卷、文书、碑碣、法器、字画、陶瓷等各种文物，是与敦煌、龙门、云冈齐名的中国四大石窟之一，尤以精美的泥塑造像著称于世，素有“东方雕塑陈列馆”的美誉。

麦积山现存窟龛、造像和壁画属于北朝时期的约占80%，这一阶段，先后经历了十六国后秦时期的初创、北魏太武帝灭法后的复兴、北魏晚期开窟造像的滥觞、西魏的重建，以及北周的大规模营建。其中西魏时期麦积山石窟的营建又具有特殊意义，由于发生了西魏文帝皇后乙弗氏在麦积山出家为尼这一事件，某种程度上改变了麦积山石窟长期以来作为地方性佛教中心的性质，使其政治地位显著提高，从而也有机缘和条件接触到当时最流行的窟龛样式、造像风格、壁画内容和佛教思想等。事实上也是如此，尽管这一时期的窟龛数量不是很多，规模不是很大，但却在各方面都表现出鲜明时代特色，出现了一批极具代表性的窟龛，如43、44、123、127、135等窟。本文所选取的127窟在麦积山西魏窟龛中保存基本完整，基本上没有太多后世人为扰动，对于我们全面认识和了解西魏时期佛教艺术的传承发展情况具有很高的研究价值和意义，归纳起来，主要表现在以下几点：

1. 麦积山石窟在中国石窟寺研究中占有重要地位

麦积山石窟是中国北朝时期重要的石窟寺之一，这一时期的窟龛、造像和壁画不仅存世数量多、时代延续完整，而且技艺精湛、制作精美，具有很高的历史、艺术和科学价值，在中国石窟艺术研究中占有重要地位，历来受到国内外专家、学者的关注。

与开凿于同时期的云冈、龙门石窟相比，麦积山石窟具有鲜明的地方特色和多元文化特征。前者为国家政权主持开凿的具有皇室风范的石窟，而后者主要是由地方官吏和普通民众营建，其本身所处的秦州又是毗邻长安、南通巴蜀、西达诸戎的交通要道和丝绸之路南线重镇，因而麦积山北朝造像风格在接受和吸纳外来艺术风格方面具有得天独厚的条件。在研究5~6世纪外来佛教艺术"改梵为夏"和"改夏为梵"的历史进程中，具有重要参考价值和不可替代的作用。与地近西域的敦煌石窟相比，麦积山石窟更接近中原文化核心区域，不仅数量众多的北朝泥塑是当时佛教造像艺术的体现，场面宏大、内容丰富的北朝壁画也是研究中国北朝绘画艺术和佛教经变画产生、发展和传承的重要资料。

综上所述，开展麦积山石窟研究是中国北朝佛教造像艺术非常重要的组成部分，对于揭示北朝时期外来佛教艺术在中国的传播和发展很有意义。它所保存的包括中国北朝建筑、雕塑、绘画、服饰、音乐等方面的实物资料同样具有很高研究价值。而开展对127窟这样北朝晚期大型窟龛的个案研究，更能比较全面、准确地揭示石窟本身所蕴含的丰富的图像艺术、宗教思想、佛教文化和历史环境等各种信息。因此，127窟个案研究应该成为麦积山石窟研究中不可或缺的组成部分。

2. 127窟在麦积山北朝晚期窟龛中具有无可比拟的完整性和特殊性

开凿于麦积山北魏晚期以来的4、28、30、43、133、135等大型窟中，无论从窟龛形制、造像题材，还是壁画内容而言，除在北宋时期有过规模不大的修缮外，127窟都是保存最好、内容最丰富的一处，能够集中体现出石窟单体研究中的核心要素和主要内容。

127 窟的三佛和七佛图像是麦积山石窟最流行的题材之一,可以说贯穿整个北朝阶段。对于这一题材的研究,可以完整展示其图像来源和传承关系、地域和时代脉络,从而揭示出北朝时期麦积山石窟在关中、巴蜀、陇右地区佛教传播中的地位与作用。窟内保存相对完整的经变和本生绘画,无论是题材、内容,还是构图、技法,都展现出高超的艺术水平,堪称中国北朝时期绘画艺术的精品之作,在中国绘画艺术史和佛教艺术史上都有很高地位。对于这些壁画内容的进一步释读与研究,将有助于解决中国佛教思想史、外来佛教与中国传统文化融合、多元文化交流和传播等诸多问题。

127 窟作为西魏文帝皇后乙弗氏功德窟,不仅仅是政治地位上的提升,更重要的是意味着窟龛开凿过程中带来了许多当时关中、中原以及南朝地区流行的佛教思想、窟龛开凿样式、造像风格、壁画题材等一些新的内容和题材,对于探讨和研究这些问题提供了难得的图像资料。

3. 麦积山 127 窟个案研究具有较大的研究空间

长期以来,学界对麦积山石窟的关注,主要集中在麦积山石窟创建年代、窟龛分期断代、造像题材组合、造像壁画艺术风格、石窟比较研究、窟龛基本资料整理等方面。近几年来,也陆续有学者开始了麦积山中小型窟龛的个案化研究工作。但是,到目前为止,对麦积山大型窟龛整体性研究涉猎者并不多,仅发表了为数不多的研究成果,其中多数仍集中在133 窟和 127 窟内局部题材方面,如窟内造像、壁画、碑碣、形制等内容上。综合性研究成果并不多,深度也不够,研究方向主要集中在对窟型、造像和壁画的概述性介绍上,基本上没有全面的、深入性的探讨和研究,其中相当一部分文章涉及 127 窟。目前,国内外对于 127 窟的研究主要集中在壁画艺术价值、壁画内容、绘画技法等方面,这些成果对于本课题的开展与研究将起到很好的参考和借鉴作用,极具启发性。但是,对于

127 窟所反映的秦州佛教地理历史背景、窟龛功能与性质、造像与壁画之间的关系、图像整体内涵释读、开凿时代和功德主、图像内容比较分析、壁画艺术价值定位、反映与传承的佛教思想、与中国传统文化之间的关系等诸多问题，由于受各种条件限制，国内外学术界关注者并不多，也没有更多深入细致的研究成果问世，从而也没有形成 127 窟个案研究的整体性框架，这也是本文拟加以深入探讨和研究的关键所在。

4. 是探索麦积山北魏晚期大型窟龛形成背景的客观需要

北魏晚期，随着佛教滥觞，麦积山石窟的开凿达到了一个顶峰，其中最显著标志就是大型窟龛的开凿。在西崖中上部，先后开凿了 133、135、127 等三个大窟，高 4~10 米，宽 8~15 米，进深 4~11 米，其结构复杂、布局合理、功能完善，如 133 窟为双后室结构，窟内龛分上、下两层。135 窟为仿殿堂式结构，窟内甬道上方开一涡形阙，前壁上方并列开三个方形明窗。127 窟内部为仿帷帐式结构。从图像内容上看，也各有侧重，127、135 以壁画为主，窟内空间面积大，窟龛的礼拜功能更突出一些。而 133 窟以诸多小型龛为主，造像居多。窟内空间相对狭小，窟龛的供养功能则比较明显。

这一时期大型窟龛的不断出现，应该和秦州地区社会经济的恢复，佛教影响扩大，开窟造像思想转变，地方官员、世家大族甚至皇室成员的参与等因素都有很大关系，可谓社会和宗教背景很复杂。通过对这些大型窟龛的个案化研究，有助于揭示当时整个秦州、陇右，乃至北方地区石窟寺中大型窟龛出现和产生的社会历史背景，以及所蕴含的宗教和社会意义，这也是笔者选择 127 窟尝试进行个案化研究的原因之一。

5. 相关问题说明

石窟作为古代人们宗教活动场所，都或多或少地留下后人改造或修缮的痕迹，使得窟龛本身所具有的历史信息变得更加复杂和扑朔迷离，为研究者的分期断代和具体内容释读等造成诸多不便。但这些后世人们的作品也是石窟历史遗迹的重要组成部分，更是石窟这一特殊文物载体动态特征的具体表现之一，故对于这些内容的研究与分析也应该是石窟寺研究工作的一部分。

麦积山127窟也存在类似问题，窟内左、右壁龛内坐佛及窟内正中的一佛二菩萨造像都是后世修缮或重塑的作品，对其时代一直争议不断。20世纪50年代发现于该窟的北魏洛阳法生造像碑也是麦积山石窟唯一现存的北魏时期石刻文献材料，颇具价值，而碑文中所云的法生造像窟到底是指哪个窟至今也没有定论。

因此，作为麦积山127窟整体研究的一部分，笔者也将上述内容单独编成一个章节，进行了初步分析和研究，并提出了自己的观点和看法。

目　录

第一章　北魏晚期以来秦州境内佛教的传播与发展 …… 1
第一节　北魏时期秦州历史地理背景 …… 4
第二节　北魏晚期以来佛教在秦州的传播与发展 …… 16
第二章　关于麦积山127窟的开凿与营建 …… 29
第一节　窟龛位置及其与毗邻窟龛之间的关系 …… 31
第二节　关于窟龛工程量等问题的探讨 …… 43
第三节　127 窟蕴含的功德主信息 …… 56
第四节　127 窟开凿年代与功德主推定 …… 63
第三章　127窟的形制、造像与壁画 …… 79
第一节　洞窟形制的探讨与分析 …… 82
第二节　127 窟造像题材的讨论与分析 …… 100
第三节　127 窟壁画内容的讨论与分析 …… 121
第四章　第127窟图像内涵及教化功能 …… 283
第一节　127 窟图像蕴含和宣扬的佛教思想 …… 287
第二节　127 窟图像与中国传统文化之间的关系 …… 309
第三节　关于麦积山 127 窟性质的思考 …… 332
第五章　127窟图像来源及与陇右石窟寺之间的关系 …… 341
第一节　麦积山 127 窟的图像来源 …… 345

第二节 与陇右地区佛教艺术之间的关系 …………………… 419
第六章 第127窟壁画的艺术成就及其地位 …………………… 439
第一节 127 窟壁画体现出的中国北朝绘画艺术成就 ………… 443
第二节 127 窟壁画在中国古代绘画史上的地位与价值 …… 451
第七章 余 论 …………………………………………………… 463
第一节 关于 127 窟的宋代造像 ……………………………… 466
第二节 对 127 窟内发现的北魏法生造像碑及影塑造像的看法
…………………………………………………………………… 479
参考文献 ………………………………………………………… 487

第一章

北魏晚期以来秦州境内佛教的传播与发展

秦州是北魏时期佛教传播与发展的重要区域之一，形成这种现状与古代秦州历史背景和独特交通地理位置等有密切关系。早在西晋时期，就有来自长安和西域的高僧在秦州一带弘扬佛法。东晋十六国时期，世代居住于此的氐、羌等少数民族先后以长安为中心建立起自己的国家。其统治者多数不仅具有儒家文化背景，而且多数崇信和支持佛教的传播与发展，以强化和巩固自身统治地位。这一时期以道安、鸠摩罗什为首而形成的长安僧团在佛教典籍翻译、佛教思想传播、僧团制度建设、佛教仪轨确定等方面为外来佛教中国化的形成和发展都做出了不可磨灭的贡献。对于推动包括秦州在内陇右一带佛教事业的繁荣奠定了坚实基础。秦州作为连接西域、长安、巴蜀地区的咽喉要道，也十分有利于当时不同地区之间佛教艺术的交流与传播，集中展现了不同地域的佛教艺术特色，并最终在这种交流与融合的历史进程中，形成具有自身地域特色的造像艺术风格，为推动和丰富中国北朝时期佛教艺术的发展和繁荣体现出特有的历史、艺术和学术价值。

第一节 北魏时期秦州历史地理背景

1. 古代秦州行政建置的变化

天水历史悠久，是华夏文明发源地之一，早在秦代就已经出现中国最早的两个县级行政建置——邽县和冀县，两汉时期先后分属陇西郡和天水郡，曹魏黄初元年(220)，以陇右地区为秦非子故地而设秦州，治上邽。这也是秦州名称之始，但不久撤并入雍州。西晋泰始五年(269)，西晋政府再次"以雍州陇右五郡(陇西、南安、天水、略阳、武都)及凉州之金城，梁州之阴平，合七郡置秦州，治冀城(今天水市甘谷县东)。太康三年(282)，罢秦州，并雍州。(太康)七年(286)，复立，镇上邽。"[①]但其辖区远大于现天水市行政辖区，大致包括今天甘肃省的兰州、天水、定西、陇南全境及临夏、平凉、甘南的一部分，以及陕西省略阳、凤县，四川省平武、九寨沟县，青海省循化、尖扎、民和等县。[②]

十六国时期，随着西晋政权瓦解，秦州也分崩离析，陷入战乱之中，

---

①唐·房玄龄等《晋书》卷 14《地理上》秦州条，北京：中华书局，1974 年，第 435 页。

②潘守正《天水地方史略记》，北京，中国文史出版社，2005 年，P44~45 页。

成为氐、羌、匈奴、鲜卑等少数民族政权割据争夺的战场。北魏太延二年（426），占据仇池（甘肃陇南）一带氐王杨难当归顺，秦州正式纳入北魏版图。永安三年（530），析陇西、南安阳置渭州。西魏初年，再次从秦州分置出东秦州、南秦州和北秦州，形成四个秦州并立局面。恭帝元年（550），东秦州改称陇州，南秦州改称成州，北秦州改称交州。至此，秦州范围大致与今天水市辖区相当。根据地方史学者的研究成果，①秦州州治在天水市境内沿着渭河流域先后经历过一个由渭河北岸地区向渭河南岸地区，再向渭河西支流籍河流域迁徙的过程。从北魏到唐末废上邽县止，其州治则一直再没有变化。

北魏时期的秦州是出入巴蜀、长安和陇右的交通要道（图 1-1），也

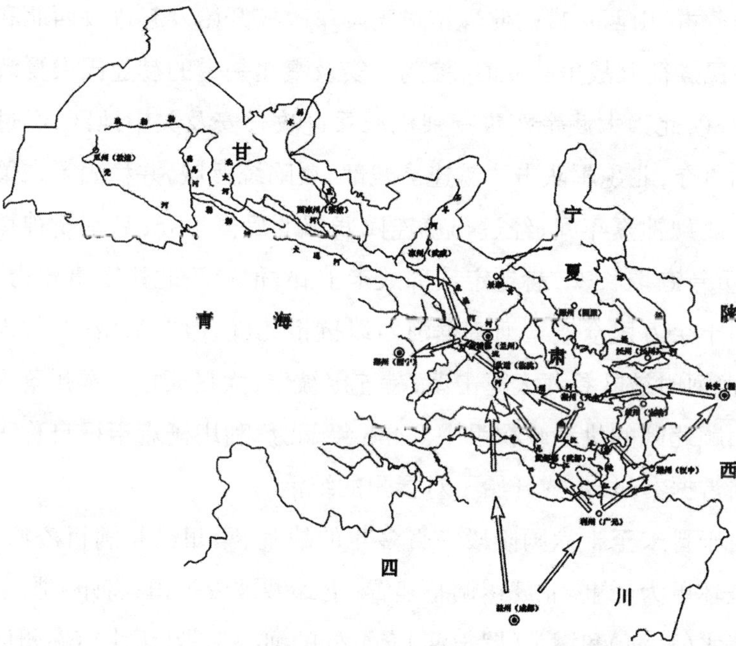

图 1-1　北魏末年陇右、长安、巴蜀地区交通示意图

①徐日辉《秦州史地》，西安：陕西人民美术出版社，1994 年；潘守正《天水地方史略记》，北京：中国文史出版社，2005 年。

是与南朝政权争夺益、梁地区的前沿阵地,军事及交通位置均十分重要。当时连接四川、关中地区最西侧的陈仓道中段从甘肃徽县、两当县境内向北经天水市麦积区的党川、利桥、贾河(麦积崖脚下)、甘泉等乡镇可直达秦州。北魏时期驻扎在梁州的部队参与镇压秦州民众起义时多走的是这条线路。另一条线路则由金牛道北段经广元至陕西略阳境内,向西行过嘉陵江、白水江,经武都、成县、西和前往秦州。这两条线路是连接成都、长安和秦州之间的重要交通干线。

2. 北魏政权对秦州地区的统治

十六国后期,以秦州为中心的陇右地区先后陷入前秦、后秦、前赵、后赵、西秦、仇池、大夏等政权的攻掠和控制之下,动荡不安。425年,崛起于内蒙古、山西一带的北魏拓跋氏鲜卑政权开始发起进攻西北和中原地区的民族征服战争。此时,控制长安及秦州一带的赫连氏大夏政权发生了内乱,北魏太武帝拓跋焘乘机派兵进攻长安及关中地区,经过反复较量和争夺,北魏军队击溃赫连昌残部,攻陷统万城,并稳固了在关中的统治。北魏神嘉年间,经过与赫连氏残部的反复争夺,魏军于神嘉四年(431)重新夺取长安,赫连定残部败走上邽,他迫于北魏军事压力,欲带领秦州十余万民众渡黄河割据河西以抗拒北魏,但在治城(今甘肃临夏西北)渡河时被吐谷浑大军击溃,赫连定被俘,大夏灭亡。秦州落入名义上已归顺北魏的仇池政权手中。436年,北魏利用杨难当擅自称王的机会重新占据秦州,正式开始了对秦州的统治。

由于晋末至十六国阶段一百多年的战乱,秦州已是满目疮痍,州治上邽破坏更为严重。北魏遂调整建置,上邽城被废为镇,将州、郡、县治西迁至藉水(藉河)和濛水(罗玉河)交汇处的河谷地带(天水市秦州区)。为避讳道武帝拓跋珪名,改上邽为上封。太平真君七年(446),从天水郡分置出汉阳郡。鉴于秦州和陇右居民多为氐、羌、休官、屠各等少数民族,北魏统治者采取了恩威并重的政策,以达到巩固其统治的最终目的,如拓跋丕率军进军秦州时:“(刘)洁与乐平王丕督诸军取上邽。军至‘启阳’,[1]百姓争致牛酒。洁至上邽,诸将咸欲斩其豪帅以示王威,洁不听。抚慰秦陇,秋毫无犯,人皆安业。”[2]

此外,北魏占领陇右和秦州之初,在民力使用和征发赋役方面也给予了一定优待。如太武帝拓跋焘曾打算征发陇右骑卒东征高丽,但镇守上邽的刘洁却上奏建议说:“陇土新民,始染大化,宜赐优复以饶实之。兵马足食,然后可用。”[3]他的意见被太武帝所采纳。此后在文成帝、献文帝、孝文帝等统治的五十多年中,朝廷始终要求地方郡守要“养威布德”,以求辖境安宁。正是在这种“恩威并施”政策主导下,陇右及秦州局面基本稳定。特别是献文帝和孝文帝统治时期,在秦州镇将和牧守人选上,非常注重选派具有民族亲和力的官员,这些官员也深得秦州百姓的爱戴和怀念。如北魏太和年间出任秦、益二州刺史的吕罗汉就是典型代表。他镇守陇右多年,曾多次平定陇东、秦州、河湟等地的氐羌反叛。在治理秦州期间,也是成效斐然,史称“秦益阻远,南连仇池,西接赤水,诸羌恃险,数为叛逆。自罗汉莅州,抚以威惠,西戎怀德,土境帖然。”[4]太和年间的秦州刺史穆亮“在州末期,大著声称。”主政期间“政尚宽简,赈恤穷乏。”[5]这一时期另一位秦州刺史刘藻也是政绩突出,在他之前的一些官吏视秦州为畏途,不敢前去上任。而刘藻到任后,情况大为改观,史称:“秦人恃险,率多粗暴,或拒课输,或害长吏,自前守宰,率皆依州遥领,不入郡县。藻开示恩信,诛戮豪横,羌氐惮之,守宰于是始得居其旧所。遇车驾南伐,

---

①“启阳”当为“略阳”之误,略阳即今秦安县东北,《魏书·刘洁传》中虽书“启阳”,但据《魏书·世祖纪》中所载,应为略阳。

②北齐·魏收《魏书》卷28《刘洁传》北京:中华书局,1974年,第688页。

③北齐·魏收《魏书》卷28《刘洁传》北京:中华书局,1974年,第688页。

④北齐·魏收《魏书》卷51《吕罗汉传》北京:中华书局,1974年,第1139页。

⑤北齐·魏收《魏书》卷27《穆崇传》附穆亮条,北京:中华书局,1974年,第667页。

以藻为东道都督。秦人纷扰，诏藻还州，人情乃定。”[①]刘藻在秦州在威信由此可见一斑。

虽然北魏统治者对包括秦州在内的新征服地区采取了各种羁縻政策，但由于其自身原因，在北魏统治阶级内部始终带有强烈的民族偏见，与之相伴的必然是长期实行民族歧视和压迫政策。如北魏正平元年（451），太武帝拓跋焘在致刘宋臧质书中就说：“吾今所遣斗兵，尽非我国人，城东北是丁零与胡，南是三秦、氐、羌。设使丁零死者，正可减常山、赵郡贼；胡死，正减并州贼；氐羌死，正减关中贼。”[②]由此可知北魏统治者对占领区内的匈奴、氐、羌等少数民族的心态。至于将占领区内其他民族强行迁徙或没为营户、奴婢的事件更是屡见不鲜，不再赘述。

北魏政权的民族歧视和阶级压迫政策，客观上也导致北魏统治下的关陇一带民族起义始终未断。其中居住在秦州地区的氐、羌、休官、屠各等少数民族积极参与，成为一支重要的起义力量。太平真君六年（445），安定卢水胡盖吴在杏城（陕西黄陵西南）起义，关中一带各少数民族纷纷响应，人数达十余万，声势浩大。太武帝拓跋焘亲自带兵平叛，才于次年平息了这次起义。盖吴起义失败后不久，秦州边冏、梁会等聚众起义于上邽东城，攻西城。“冏、会复率众四千攻城。氐羌一万屯于南岭，休官、屠各及诸杂户二万余人屯于北岭，为冏等形援。”[③]这次起义后来被北魏秦、益二州刺史封敕文镇压。期间，略阳王元达也起兵响应梁会，并引休官、屠各攻城，还拥举休官王宦兴为秦地王，后来也被封敕文击破。北魏太平真君年间，秦州上邽休官吕丰、屠各王飞廉等八千户反魏，后被吕罗汉镇压；[④]北

---

①北齐·魏收《魏书》卷70《刘藻传》，北京：中华书局，1974年，第1550页。

②梁·沈约《宋书》卷74《臧质传》，北京：中华书局，1974年，第1912页。

③北齐·魏收《魏书》卷51《封敕文传》，北京：中华书局，1974年，第1135页。

④北齐·魏收《魏书》卷51《吕罗汉传》载：“上邽休官吕丰、屠各王飞廉等八千余家，据险为逆，诏罗汉率骑一千讨擒之。”北京：中华书局，1974年，第1138页。

魏太和元年(477),因秦州刺史于洛侯[①]“贪酷安忍”,引起略阳王元寿等五千余家反抗,王元寿自称冲天王,后来北魏虽然镇压了这次起义,但孝文帝也不得不宣告民众,派人将于洛侯处死在他曾对犯人行刑的地点,以安抚百姓。[②]太和十七年(493),北地月氏胡支酉聚众数千人在长安北起兵,秦州人王广也起兵应之。一时之间,秦、雍之间民众纷纷响应,人数达十万之众,并与南齐联络,屡胜北魏军队,后被镇压。[③]正始三年(506),秦州王法智等推秦州主簿吕苟儿为主,建号建明,起兵反魏,后为北魏元丽镇压。[④]永平年间(508~512),又有秦州沙门刘光秀、秦州羌人等先后反魏,均被北魏镇压。而北魏末年发生于秦州的莫折大提父子起义,彻底动摇了北魏政权的统治。正光五年(524)六月,秦州百姓因不满刺史李彦暴虐,在城民薛珍、刘庆、杜超等号召下,杀掉李彦,推举羌人莫折大提为首起义,自称秦王。南秦州城人张长命、韩祖香等也杀掉刺史崔游以呼应莫折大提。他们从秦州出发,先攻下高平(宁夏固原)。在准备进攻陇东、关中之际,莫折大提病故。其子莫折念生自称天子,改元天建,并设置百官,继续率领起义队伍与魏军作战。魏孝明帝忙派多路军队前来镇压,莫折念生避其锋芒,派他弟弟莫折天生在陇东与魏军周旋,自己带主力进攻关中,并于 8 月份攻下汧城(陕西陇县),进而占领岐州(陕西凤翔),并俘杀魏宗室元志和岐州刺史裴芬之。随后,起义军又转而西征,攻下河西重镇姑臧(甘肃武威),控制了整个河陇地区。北魏政权忙改派南朝降将萧宝夤与岐州刺史崔延伯统领十几万大军再次前往镇压。由于寡

---

①北齐·魏收《魏书·高祖纪》和《资治通鉴》卷 135 均有记载,均记为尉洛侯,但根据所载相关史实推断,当为于洛侯。

②北齐·魏收《魏书》卷 89《于洛候传》北京:中华书局,1974 年,第 1918 页。

③梁·萧子显《南齐书》卷 57《魏虏传》,北京:中华书局,1972 年,第 992 页。

④北齐·魏收《魏书》卷 19《景穆十二王上》济阴王条附元丽传,北京:中华书局,1974 年,第 449 页。

不敌众,起义军被迫退守山区。萧宝夤采取剿抚并施的策略,以免除南秦六郡赋役为诱饵,招降了张长命、韩祖香等部。而后在魏军大举进攻下,莫折天生被迫撤回陇山以西一带。萧宝夤还利用叛徒吕伯度兄弟掌握的武装与吐谷浑军队一起进攻凉州,从而使起义军腹背受敌。为保存力量,莫折念生诈降萧宝夤,不久又乘其麻痹之际再度揭竿而起。此时,莫折天生所部在泾州重创魏军后,再次挥师东进,先后占领东秦、岐、北华州等地,使长安和洛阳直接暴露在起义军面前。面对起义军的强劲攻势,魏孝明帝宣布"中外戒严",调数路大军入关防御。孝昌三年(527)九月,北魏朝廷收买了起义军中的常山王杜粲,使之杀害莫折念生全家。十二月,秦州民骆超又杀掉杜粲,并举秦州城投降,这场起义最终失败。但起义军中已占据高平的万俟丑奴所属王庆云部仍然以白马(甘肃庄浪)龙涸湖为根据地坚持战斗,一直到530年,这次起义才被尔朱天光镇压,北魏政权也在四年后灭亡,正式分裂为东、西魏。

在北魏占据秦州期间,除当地各少数民族的反抗斗争,长期盘踞在陇南一带的仇池氐杨政权也始终威胁着北魏对秦州的统治。北魏始光三年(426)十二月,北魏大将奚斤占领长安,仇池国主杨玄派使降魏,但同时又收纳西秦叛将辛澹,以增加仇池国力。次年,魏使公孙轨出使仇池,封杨玄为南秦王。双方正式开始通好,仇池向北魏称臣。429年,杨玄病故,他的弟弟杨难当自立为王,自称都督雍、凉、秦三州诸军事、征西大将军、开府仪同三司、秦州刺史、武都王,并向南朝刘义隆称藩。并以其子杨顺为镇东将军、秦州刺史,守上邽。①433年,杨难当利用刘宋梁州刺史交接之际,袭取汉中,此举也得到北魏政权认可。②后来,仇池军队在宋将

①北齐·魏收《魏书》卷101《氐传》,北京:中华书局,1974年,第2229页。

②宋·司马光《资治通鉴》卷122《宋纪四》载:"九月…戊午,魏主遣兼大鸿胪崔赜持节拜氐王杨难当为征南大将军、开府仪同三司、秦梁二州牧、南秦王。"北京:中华书局,2007年,第1477页。

萧思话、裴方明部进攻下，很快又败守仇池，并取得刘宋政权谅解。436年，杨难当自称大秦王，分封百官，并利用赫连定西逃之际，占领上邽，公然与刘宋、北魏政权分庭抗礼。他的行为引起北魏不满，同年七月，北魏进军秦州，杨难当自降封号，并向北魏请罪。北魏太延五年(439)年三月，杨玄之子杨保宗正式投降北魏，被封为“征南大将军、秦州牧、武都王，镇上邽。”[①]同年十二月，杨难当率部众万余人进攻上邽，由于魏将皮豹子表现神勇，仇池军队大败而归。[②]第二年，仇池发生大旱，杨难当全力进攻巴蜀，以图四川。他的这个举动彻底激怒了刘义隆，随后，刘宋军队在刘道真统一指挥下，分三路进攻仇池，刘宋元嘉十九年(442)五月，裴方明部先后攻占汉中、武兴、下辨、白水等地，后经浊水一战，击溃仇池军队，占领仇池山，迫使其余部投降，杨难当也逃入北魏境内。[③]此后，开始了刘宋和北魏围绕仇池的争夺。北魏太平真君四年(443)，魏将古弼、皮豹子分路进攻仇池，数次大败宋军，重新占领仇池，也彻底解除了氐杨仇池政权长期以来对秦州的威胁。

表1　麦积山石窟北魏窟龛分布情况一览表

	北魏早期(窟号)	北魏中期(窟号)	北魏晚期(窟号)	合计数量
东崖范围			1	1
中区范围	57	21、23、80、86、89、143、144、145、148、156、	16、17、19、175	15

①北齐·魏收《魏书》卷4《帝纪四上》，北京：中华书局，1974年，第89页。

②北齐·魏收《魏书》卷51《皮豹子传》，北京：中华书局，1974年，第1130页。

③梁·沈约《宋书》卷98《氐胡传》，北京：中华书局，1974年，第2406页。

续表

	北魏早期(窟号)	北魏中期(窟号)	北魏晚期(窟号)	合计数量
西崖范围	51、68、70、71、73、74、75、76、78、90、165	69、93、100、101、103、112、114、115、119、128、129、155、169、170	53、56、64*、84*、85、88*、92*、95、96、97、99、107、108、116、118、120、121*、122*、125、126*、130、131*、133、138、139*、140*、142*、149、153、154*、158、159*、160*、161*、162*、163*、171、179、181、182	65
合计数量	12	24	45	81
所占比例	14.8%	29.6%	55.6%	
注:带*号者为北魏晚期窟龛中形制、规模较大的平面方形平顶窟,或平面方形套斗顶窟。				

由上述史实可知,北魏真正统治秦州则始于五世纪中叶。两汉魏晋时期,由于大量氐、羌、匈奴等少数民族内迁至以秦州为中心的陇右一带,使这一地区民族构成变得十分复杂。十六国时期,秦州境内人口也不断随着周边各少数民族割据政权的混战而剧烈起伏,对当地社会经济发展影响很大。自北魏孝文帝迁都洛阳,全面推行以汉化政策为核心的改革措施后,秦州地区的人口数量、生产力水平、社会经济、农牧业、商品贸易等都有了长足进步。南迁洛阳的北魏政权在与萧梁争夺中,占据了更大优势,频频从东、西两个方面发起对南朝的战争。梁天监四年(505),北魏政权利用夏侯道迁的反叛,成功控制了陕西汉中和以广元为中心的川西北地区,并改仇池为武兴镇,在广元一带侨置西益州。基本解除了萧梁

政权对秦州和关中地区威胁，客观上也促进了四川与秦州地区经济、文化等方面的交流。这种变化从麦积山石窟北魏时期窟龛的开凿规模和数量方面表现得最为明显，根据统计，在北魏开凿的83个窟龛中，北魏早、中、晚期所开窟龛数量分别为12个、24个和45个（附表1），其中晚期窟龛数量所在比例为55.6%，比前两期开凿窟龛数量的总和还要多。其窟龛规模和造像艺术水平也达到了前所未有的高度，这也从另一个方面说明北魏晚期秦州地区的社会经济水平有了长足进步和显著发展。

3. 西魏政权对秦州地区的统治

公元535年，西魏政权在长安立国，外部强敌虎视眈眈，内部国弱民贫。关陇地区氐、羌豪强的抗拒此起彼伏，大统二年（536），“是岁，关中大饥，人相食，死者十七八。”[①]而秦州地区更是由于北魏末年关陇大起义，以及当地氐、羌豪强大族的反抗和割据等原因变得更加衰败。西魏实际统治者宇文泰也看到了这一点，他勇于纳谏，参照历史经验，重用苏绰等人，拟订治国大策，革新政治。先后创建府兵制度，颁布由苏绰起草的“先治心、敦教化、尽地利、擢贤良、均赋役”等六条诏书和三十六条新制，并身体力行，严格督促各级官员认真执行。经过一系列政治、经济、军事、文化等方面的改革，使西魏境内吏治清明，经济繁荣，综合国力迅速提升，在很短时间内一举扭转了落后于东魏、萧梁的窘境。

这一时期秦州作为西魏政权的军事战略后方，地位更加重要，历任秦州刺史都是朝廷重臣或皇亲国戚，如元戊、李弼、赵贵、独孤信、宇文导、王超世等（附表2），西魏历任秦州刺史大都为政清廉，因而深得民众爱戴，为当地社会稳定、经济恢复和农业发展等做出了贡献。如独孤信主政期间不仅先后带兵平定了岷州梁企定、凉州宇文仲和叛乱，展现出杰出的军事才能，而且还是一位颇有政绩的官员。他一改前任政令乖方、州

---

①唐·李延寿《北史》卷5《魏本纪第五》，北京：中华书局，1974年，第176页。

民冤诉数年不能决断的局面，做到事无壅滞，依法公平处置。对当地民众示以礼教、课劝农桑，使秦州经济很快得以恢复。史载："数年之中，公私富实。流民愿附者数万家。"这在当时是件很了不起的事情，宇文泰也"以其信著遐迩，故赐名为信。"[①]宇文导在任时同样政绩显著，他从政宽明，诚待部下，并善于抚御西戎，较好地处理了秦州地区复杂的民族关系，有力保证了当地社会稳定和经济发展，深受吏民拥护。史载，当宇文导死于任上时："华戎会葬有万余人，奠祭于路，悲号满野，皆曰'我君舍我乎'。大小相率，负土成坟，高五十余尺，周回八十余步。为官司所止，然后泣辞而去。"[②]场面极为感人。在他死后的朝议中，甚至有人提出以"抚和西戎"的功绩给予其子孙世镇陇右的殊荣。正是由于西魏时期秦州社会经济的恢复和发展，客观上为麦积山石窟的营建和开凿创造了条件，提供了人力和物力基础。

表2　西魏时期秦州刺史一览表

姓　名	籍　贯	职　位	主要事迹	文献来源	备注
赵　贵	天水南安	秦州大都督	候莫陈悦平，以本将军，行秦州事，为政清静，民吏怀之。	《周书》卷16《赵贵传》	后任柱国大将军、太傅、大冢宰。
李　弼	辽东襄平	秦州刺史	西魏初年任职，具有杰出的军事才能。	《周书》卷15《李弼传》	后任柱国大将军、太傅、大司徒。
常　善	河北高阳	天水郡守秦州刺史	西魏初年任职，频莅三蕃，颇有政绩。	《周书》卷27《常善传》	后任骠骑大将军、宁州总管、小司伯。

①唐·令狐德棻《周书》卷16《独孤信传》，北京：中华书局，1974年，第265~266页。

②唐·令狐德棻《周书》卷10《邵惠公颢传》，北京：中华书局，1974年，第155~156页。

续表

姓　名	籍　贯	职　位	主要事迹	文献来源	备注
念　贤	金城枹罕	秦州刺史	大统初年和大统五年(539)两次任职,后卒于任上。	《周书》卷14《念贤传》《北史》卷49《念贤传》	大统初年、大统五年先后两次出任秦州刺史。曾任太尉、太师。
元　戊	朔州盛乐	武都王秦州刺史	大统年间任职,事迹不详。	《北史》卷13《后妃上》	西魏文帝元宝炬之子、武都王。
独孤信	代郡云中	秦州刺史	在任期间,事无壅滞。示以礼教,劝以耕桑,数年之中,公私富实,流民愿附者数万家。	《周书》卷16《独孤信传》	后任柱国大将军、大司马、太保、大宗伯。
王超世	不详	秦州刺史	后因贪赃枉法被宇文泰奏请文帝后赐死。	《资治通鉴》卷157《梁纪十三》	宇文泰内兄。
宇文导	代郡武川	陇右大都督秦州刺史	西魏末期任职,为政善于抚御,深受吏民爱戴,西魏恭帝元年(554)卒于任上,万人哭送。	《周书》卷10《邵惠公颢》	宇文颢之子,宇文泰侄儿。

第二节 北魏晚期以来佛教在秦州的传播与发展

1. 北魏晚期至西魏初期佛教的传播与发展

北魏晚期,由于社会时局动荡对人们精神世界的影响,以及统治者的推崇和倡导,整个北魏境内,佛教获得前所未有的发展。仅魏都洛阳就营建各类大小佛寺1367所,其中即有永宁寺、瑶光寺、报德寺、景明寺、秦太上君寺等北魏皇室所立的规模庞大、结构复杂、装饰华丽、僧侣众多的皇家寺院,也有龙华寺、正始寺、宣忠寺、融觉寺等气度不凡、规模宏大的王公贵族所立佛寺,还有下层官吏、士民阶级及普通百姓捐资所立寺院,其一般规模和形制都比较小。此外,当时社会各阶层"舍宅为寺"现象也十分突出,它在寺院数量中占有很大比例,其形制、规模大小不一,各具特色,这里有雕梁画栋,金碧辉煌的王公贵戚宅院,如高阳王寺、平等寺、王典御寺等,也有普通民众舍宅而建的仅几间房舍的小型佛寺,不一而论。它们遍布当时整个洛阳城内,成为北魏都城洛阳最显著的标志和靓丽的风景线,同时也是市民生活、娱乐的重要场所。如永宁寺塔:"架木为之,举高九十丈。上有金刹,复高十丈,合去地一千尺。去京师百里,已遥见之。"每年四月八日,长秋寺所藏的释迦像外出巡视时:"辟邪、狮子导引其前。吞刀吐火，腾骧一面；缘幢上索，诡谲不常。奇伎异服，冠于都市。像停之处，观者如堵，迭相践跃，常有死人”[①]。除遍布全城的佛教寺院之外，北魏各级统治者还在洛阳及周边地区开凿了规模宏大的石窟寺，其中著名有的龙门石窟、巩县石窟、渑池鸿庆寺石窟等。特别是龙门石窟的营建，其窟龛形制、造像风格等对当时北魏境内石窟寺开凿产生了巨大影响，可谓在北魏平城时代云冈石窟开凿之后，掀起了中国石窟寺营建的第二轮高潮。由于佛教在北魏社会各阶层的迅速普及和被广泛接受，以佛教邑社为主体的各种民间宗教组织也很快发展起来，由各级地方官吏和普通民众为主体捐资凿建的各种造像碑五世纪后也迅速在北魏境内盛行开来，这种带有纪念和供养性质的碑刻造像几乎遍布包括河南、山西、陕西、甘肃、宁夏、山东、河北等北方各地，同时也散见于四川、安徽等南方省份。上述这些事例表明，北魏政权全民参与的崇佛行为在其统治范围内产生了深远影响。

西魏时期，由于经历过北魏末年的战乱和社会动荡，社会各阶层对佛教崇拜远没有北魏晚期那么泛滥，但佛教社会基础依然十分强大，信徒众多。在北魏正式分裂为东、西魏以后，人们的这种宗教热情并未随之消退，反而在各自统治区域内形成了长安和邺城两个新的佛教艺术中心，并继续对周边地区佛教的传播和发展起到重要作用。西魏建国之初的大统年间，长安佛教在上层统治者支持下，已经有很大恢复，据史载：“时西魏文帝大统中，丞相宇文黑泰，兴隆释教，崇重大乘。虽摄总万机，而恒扬三宝。第内常供百法师，寻讨经论，讲摩诃衍。又令沙门昙显等，依大乘经，撰《菩萨藏众经要》及《百二十法门》。使从佛性，终尽融门。每日开讲，即恒宣述以代先旧，五时教迹，迄今流行。香火、梵音、礼拜、唱导，咸承其则，虽山东江表乃称学海，仪表有归，未能逾矣。”[②]

①北魏·杨衒之撰，周振甫释译，《洛阳伽蓝记》，北京：学苑出版社，2001 年，第 13、34 页。
②《大正藏》第 50 册，第 429 页。

统治者对大乘佛教义理的宣扬和鼓励在一定程度上促进了社会各阶层佛教寺院的营建、石窟寺的开凿和佛教造像的制作。而且,崇尚儒学的宇文泰也鼓励当时儒士兼修佛理:"太祖于行台省置学,取丞郎及府佐德行明敏者充生,悉令旦理公务,晚就讲习,先《六经》,后子史,又于众生中简德行淳懿者,侍太祖读书。慎与李璨陇西李伯良、辛韶,武功苏衡,谯郡夏侯裕,安定梁旷、梁礼,河南长孙璋,河东裴举、薛同,荥阳郑朝等十二人,竝应其选。又以慎为学师,以知诸生课业。太祖雅好谈论,并简名僧深识玄宗者一百人,于第内讲说。又命慎等十二人兼学佛义,使内外俱通,由是四方竞为大乘之学。"[①]宇文泰的主要谋士苏绰也颇精佛理,他先后"著《佛性论》、《七经论》,并行于世。"[②]当时普通儒士也深受这种思想影响,如河北人张元"性谦慎,有孝行。微涉经史,然精修释典。"他十六岁那年,祖父双眼失明,张元"昼夜读佛经,以拜佛祈福佑。后读《药师经》,见盲者得视之言,遂请七僧,然七灯,七日七夜,转《药师经》行道。"[③]西魏时期由儒入佛之风盛行,如当时儒家学者沈重、卢光等都是其中代表人物。[④]这些社会上层人士对佛教义理的推崇在很大程度上推动了整个西魏境内佛教的传播和发展。

在具体宗教实践上,从最高统治者到普通民众的社会各个阶层成员都表现出极高的参与热情。根据唐·法琳《辨正论·十代奉佛篇》记载:西魏孝武帝元修永熙三年(534)在长安永造陟屺寺,供养僧侣二百人。西魏文皇帝元宝炬于大统元年(535)在长安造般若寺,拯济孤老,供给病僧,

---

①唐·令狐德棻《周书》卷35《薛善传附薛慎传》,北京:中华书局,1997年,第624~625页。

②唐·令狐德棻《周书》卷23《苏绰传》,北京:中华书局,1997年,第395页。

③唐·令狐德棻《周书》卷46《张元传》,北京:中华书局,1997年,第832~833页。

④唐·令狐德棻《周书》卷45《儒林传》称卢光"博览群书,精于三礼,善阴阳,解钟律,又好玄言。……性崇佛道,至诚信敬";沈重"学业该博,为当世儒宗,至于阴阳图纬,道经释典,靡不毕综。"北京:中华书局,1997年,第807~810页。

口诵法华，身持净戒；在皇宫内专门建七觉殿作为禅室，以备四时供养。西魏权臣宇文泰在长安城内先后建起追远、陟屺、大乘、魏国、安定、中兴等六座寺院，度僧尼一千人。还专门造天保寺，供养玮禅师及其弟子70余人。[①]在西魏统治者倡导下，全国各地开窟造像之风炽盛，长安周边的固原须弥山、庆阳北石窟、宜君福地等均发现有这一时期营建的窟龛，关中及陇东南也发现有许多西魏时期的造像碑。即使当时远在西北边陲的瓜州，也有东阳王元荣家族开凿的以敦煌285窟等为代表的大型窟龛，开始出现身着褒衣博带的佛与菩萨，以及日天、月天、东王公、西王母、伏羲、女娲等中原传统艺术的造像题材，表现出中原传统文化对西北内陆地区的影响。[②]这些事例也说明当西魏境内佛教活动十分兴盛。

2. 北魏晚期至西魏初期的秦州佛教

北魏晚期以来秦州佛教艺术在洛阳和长安影响之下达到了一个新的高峰，其中也夹杂着南朝和西域地区的佛教造像因素。史籍中关于北魏、西魏时期秦州地区佛教传播、发展情况的记述寥寥无几，但是作为秦州地区佛教艺术宝库的麦积山石窟却留下大量北魏晚期至西魏时期开凿的窟龛，以及各种精美的造像、壁画、碑刻等佛教艺术品。在天水市区及周边的秦安、甘谷、清水、武山、张家川、庄浪、西和等地都出土过佛教造像碑或开凿有规模大小不一的石窟寺。此外，还保留有许多修建于南北朝时期佛教寺院遗址，表明这一阶段秦州地区佛教传播非常盛行。

麦积山石窟不仅是中国著名石窟寺之一，也是北朝时期陇右地区最重要的佛教石窟艺术中心，由于东距西魏国都长安仅三百余公里，又处于通往巴蜀和西域的交通要道上，非常容易受到长安及周边佛教造像艺

---

①《大正藏》，第52册，第508页。

②樊锦诗、马世长、关友惠《敦煌莫高窟北朝窟龛的分期》，敦煌文物研究所编《中国石窟·敦煌莫高窟》（第一卷）北京：文物出版社，1981年，第193~194页。

术风格影响，在一定程度上也反映了当时佛教艺术发展的全貌。根据记载，麦积山石窟营建于十六国后秦时期，[①]但究竟那些是后秦开凿的窟龛，目前学术界还存在很大争议。[②]关于麦积山北魏石窟分期研究，学者们也做了许多工作，[③]基本搞清了麦积山石窟北魏窟龛开凿的时间顺序，由于北魏初期和中期窟龛不在本文讨论范围之内，故不再赘述。麦积山石窟北魏晚期窟龛主要分布在西崖和中区两部分，根据统计，开凿于这一时期的窟龛达45个左右，占麦积山北魏总数的55.6%，这些窟龛以佛殿窟和龛窟两为主，后者数量居多。但佛殿窟无论就规模还是造像内容

---

①在麦积山东崖第3~4窟崖壁上原刻有宋绍兴二年（1132）题记："麦积山阁胜迹，始建于□秦，成于元魏。经七百年□□名额，绍兴二年，岁在壬子，兵火焚，历至十三年，尽境□宁国泰，□□二十七年丁丑六月游此，□□□阎桂才刻石以记之。"后在20世纪70年代工程加固期间被水泥封堵。

②张宝玺《麦积山石窟开凿年代及现存最早洞窟造像壁画》，《中国考古学会第一次年会论文集（1979年）》，北京：文物出版社，1980年；张学荣《麦积山石窟的创建年代》，《文物》1983年6期；张学荣、何静珍《麦积山石窟创凿年代考》，《天水师专学报》，1988年1期；张宝玺《从"六国共修"看麦积山石窟的历史》，《敦煌研究》，1995年4期；张学荣、何静珍《再论麦积山石窟的创建年代及最初开凿的洞窟——兼与张宝玺先生商榷》，《敦煌研究》，1997年4期；张宝玺《再议麦积山石岩寺年代及第78窟创建年代——兼答张学荣、何静珍先生》，《敦煌研究》1999年1期；阎文儒《麦积山石窟的历史、分期及题材》、步连生《麦积山石窟塑像的源流辨析》，均见阎文儒主编《麦积山石窟》，兰州：甘肃人民出版社，1984年；初世宾《石窟外貌与石窟研究之关系——以麦积山石窟为例谈石窟寺艺术断代的一种辅助方法》，《西北师范学院学报》，1983年4期；东山健吾：《麦积山石窟的研究及早期石窟的两三个问题》、金维诺《麦积山石窟的兴建及其艺术成就》，均见麦积山石窟艺术研究所编《中国石窟·天水麦积山》，北京：文物出版社，1998年；马世长：《陕甘宁地区石窟概述》，国家文物局教育处《佛教石窟考古概要》，北京：文物出版社，1993年；温玉成：《中国早期石窟寺研究的几点思考》，《敦煌研究》，2000年2期；八木春生《关于麦积山石窟第74、78号窟的建造年代》，《敦煌研究》2003年第6期。

③阎文儒《麦积山石窟的历史、分期及题材》，阎文儒主编《麦积山石窟》，兰州：甘肃人民出版社，1984年；董玉祥《麦积山石窟的分期》，《文物》1983年第3期；李西民《试论麦积山石窟艺术史上的六个高潮》，《石窟艺术》第1期，西安：陕西人民出版社，1990年；达微佳《麦积山石窟北朝洞窟分期研究》，北京大学硕士论文，2002年；李裕群《北朝晚期石窟寺研究》，北京：文物出版社，2003年，第112~140页；陈悦新《甘宁地区北朝石窟寺研究》，北京大学博士学位论文，2004年。

都远较龛窟丰富得多，更能代表北魏晚期秦州地区佛教造像艺术的水平和风貌，它具体又可以分为两种类型：一种是规模宏大、结构复杂的大型殿堂窟，如133窟（图1–2）；另一种是体量适中，形制规整，造像题材丰富的平顶方形窟，如121、163、142等窟（图1–3）。前者是麦积山北魏晚

图1–2　麦积山133窟立面实测图

采自《中国石窟·天水麦积山》，文物出版社，1998年，249页

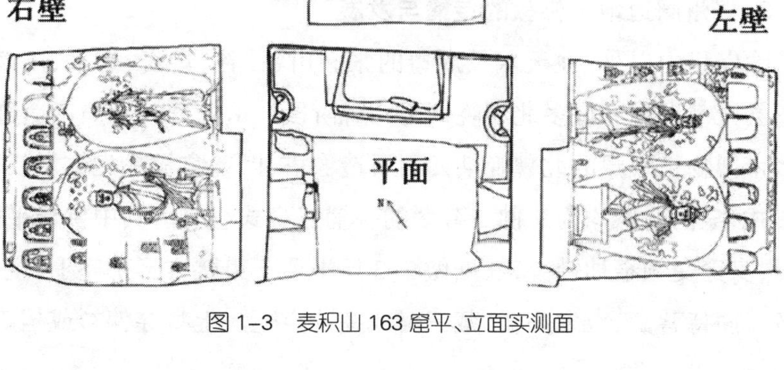

图1–3　麦积山163窟平、立面实测面

期新出现的一种样式，从窟龛形制上分析，该窟最初开凿时是有统一规划的，但后来由于某种原因变成在窟内各自开龛造像，从窟龛规模、现存造像和壁画艺术水平分析，该窟应该是秦州一带具有相当实力的官员或世家大族所为。数量众多的平面方形窟从形制、造像内容、题材组合等方面分析，均较麦积山北魏中期窟龛复杂丰富，也远非同时期诸多小型龛形窟可比。尽管未发现相关开窟或造像题记，但毫无疑，其功德主并非一般佛教信众，依然是秦州一带的世家大族或高官贵戚，这类窟龛约占北魏晚期窟龛总数的38%。从本章表1统计结果可知，北魏晚期时麦积山石窟开凿达到了一个新的高峰，也从一个侧面反映出当时秦州地区佛教非常发达。

西魏时期，文帝皇后乙弗氏被赐自尽于麦积山，并凿龛为陵为葬。它表明麦积山在西魏统治阶级上层崇佛活动中占有重要地位。规模宏大的仿殿堂式崖阁建筑是这一时期窟龛的重要特征，如东崖43、49、28、30等窟都是其中的代表和典范之作，127、135等大型窟龛的开凿说明皇室和高官贵戚直接参与了麦积山石窟的营建。44、123、102等窟内绘塑精美的作品表明功德主较高的社会地位和雄厚的经济实力。除西崖外，在东崖还出现了成片开凿的窟龛，表明西魏时期秦州地区开窟造像之风达到一个新高潮，也间接说明这一时期秦州经济恢复颇有起色，有力推动了当地佛教艺术的发展。

3. 秦州周边地区佛教的传播与发展

除麦积山以外，在天水及周边的张家川、甘谷、秦安、清水、庄浪、静宁等县区都发现有许多北魏晚期至西魏阶段的造像碑或石窟寺遗迹。如天水市博物馆收藏的北魏晚期四面石造像塔，四壁龛楣呈尖拱形或四瓣垂幔式，龛内造像均为一佛二菩萨的一辅三身式组合。其中佛低平圆形肉髻，身穿交领窄袖佛装，衣裾做2~3层平覆于束腰方形佛座上。主尊两侧各一胁侍菩萨，束发高髻，戴三瓣式莲花宝冠。上身穿偏衫或袒露，下着长裙，手持莲蕾或桃形玉环。帔帛在胸膝之际十字穿环或在膝前做单重上绕，再搭肘下垂。造像塔整体上制作粗糙、简朴、古拙，具有民间佛教造像的典型特征。天水市博物馆收藏的多块北魏石雕单尊佛像碑中，佛的形象均具有这一特征。[①]也从一个侧面体现出当时秦州境内民间佛教传播和信仰状况。

张家川博物馆收藏的北魏千佛造像碑高 1.74、宽 0.70 米，碑额蟠龙螭首，碑阳上方正中开一圆拱形小龛，龛内正中一坐佛，磨光高髻，禅定印，半跏趺坐于方形佛座之上，衣裾呈八字形覆于座前，身后饰舟形背光。左、右各一胁侍菩萨，立于方台之上。小龛左右至碑底共刻浮雕 21 排在千佛。碑阴上方正中亦开一圆拱形小龛，内雕一坐佛二胁侍菩萨。碑身上半部分浮雕 12 排千佛，下半部分为发愿文，共 18 行，单行 11 字，共计 198 字。末尾题款为“大代永口年岁次”，内容系记述一名佛教信徒祈愿他的七世父母及六道众生早日转世，往生弥勒净土，从主尊坐佛造像风格推测，落款年号当为北魏永兴或永熙年间（532~534）。甘谷县博物馆收藏的西魏造像碑（图 1-4），佛磨光高肉髻，面形圆润清秀，表情恬静含笑。内着偏衫，外

图 1-4　甘谷县博物馆藏西魏造像碑

①李宁民主编《历史的记忆——天水市博物馆藏品》，北京：中国艺术出版社，2011 年，图版 92~96、98。

穿褒衣博带佛装，衣裾搭左肘下垂覆膝，衣带胸前打结后，分两缕外露外垂，说法印，结跏趺坐于方形佛座上。膝以下部分残损剥落，服饰表面阴刻简洁流畅的衣纹线。身后浮雕同心圆形头光及桃形背光。佛左、右两侧各雕一胁侍菩萨，束高发髻，前端饰一莲花宝珠。面容清秀，弯眉细目，直鼻小口。上穿领宽袖袍服，下着齐胸长裙，脚蹬半圆头高履，双手合十于胸前，各捧一圆莲，体态清盈飘逸。佛座前面原各浮雕一身供养人，现仅存右侧一身，头残毁，可辨身穿大袖长袍，下着长裙，侧身站立，右手齐胸前伸，似捧一供品。佛座左、右两侧各雕一蹲狮，神态生动。这块造像碑内容丰富，雕刻精美，表现极高的艺术水平，是秦州地区西魏佛教造像碑的精品之作。

图1-5　西魏大统十二年权氏造像碑

甘肃省博物馆收藏于的秦安出土的西魏大统十二年(546)权氏造像碑(图1-5)，高1.20、宽0.68、厚0.15米。四龙蟠交式圆形碑首，碑阳交龙正中雕一兽面，口衔龙身。其下凿一外方内圆拱形浅龛，龛楣雕饰火焰纹。龛内雕一佛二弟子二菩萨，佛磨光高肉髻，面形饱满，身穿垂领式褒衣博带佛装，衣裾做多屋重叠，呈八字形悬垂于座前，说法印，半跏趺坐于束腰佛座之上。龛外左下侧并列2身供养人，右下侧并列3身供养比丘。大龛下方并列开七个小龛，每龛内1身坐佛，均磨光高髻，身穿交领袈裟，衣裾呈八字形悬垂于龛前。碑身中部横向浮雕10排雕千佛，第排30身。碑身下方浮雕权氏家族供养人像，共计四排。上至下第一排8身供养人，均左侧身姿，面向碑身最左侧的一棵菩提树而立，其中第1身为比丘，似手持一香炉。第二排浮雕4身骑马人物，均向菩提树方向前行，其中第一身地位最高，他身后绘一男童，手持华盖。第三排浮雕2身骑马人物和一辆牛拉轺车，均左向前行，其中第一匹马做爬坡状，以示与上一排骑马人物为一体队伍。第四排并列浮雕10身供养人。供养人以女性居多，男子戴冠，女性束高发髻或双丫髻，均身穿中袖交领短袍，下着长裙，脚蹬高履。碑阴上部圆拱形龛内雕刻一佛二弟子二菩萨，佛结跏趺坐于须弥座之上，施无畏印。龛外两侧刻2只护法狮子及驭狮奴。大龛上雕刻2身飞天。大龛之下为千佛，千佛下刻发愿文有“大魏大统十二年□□弟子权早□供养佛”。碑左侧面为千佛，右侧面上部千佛、下部供养人，整碑以千佛造像为主，颇有秦州地方特点，类似以佛说法图和千佛为主要内容的造像碑在麦积山石窟也保存有多块，如133窟内18块北朝时期造像碑中，有15块以表现千佛题材为主，[①]占全部比例的83%，可见大乘千佛的禅观思想在当时非常盛行。

甘肃省博物馆收藏的另一件1942年出土于秦安县吴川村庙儿寺的西魏大统二年（536）权氏石造像塔，高1.72米，塔身三层，呈方形楼阁式，每层之上有塔沿覆盖，檐角平直，无起翘，雕出瓦垄和屋脊。每层塔身四面开龛，分别雕有不同组合形式的佛、菩萨和弟子。基座方形，顶部四

①谢生保、陈玉英《麦积山石窟第133窟造像碑研究综述》，《敦煌研究》，2003年第6期，第23~28页。

角各雕一卧狮，四面浮雕覆莲瓣，基座四面浅浮雕供养人及侍者等，其中第四面为造像发愿文："大统二年岁次□□正/月癸卯朔廿八日□□/清信仕权丑仁兄弟……"共计15行。对于这件造像塔，有学者通过对其整体构造、造像组合形式、造像风格等综合分析后，认为第一、二层为北周时期作品，第三层为西魏作品，系后世人为改动后将其组合而成的一件造像塔。[①]不管结论如何，但这件造像塔第三层正壁龛内主尊坐佛服饰为典型的西魏时期垂领式佛装，衣裾呈八字形，做3~4层垂叠于龛前，与麦积山西魏初年佛装完全相同，体现出高度的时代共性。

根据敦煌文书S2052号《新集天下姓望氏族谱一卷并序》可知，秦州天水郡出二十姓，其中就有包括权姓。[②]权氏是五胡十六国时期活跃在秦州一带的休官大族，其族属据唐长孺先生考证，属于氐族，常与屠各并见于文献。[③]西秦时，乞伏乾归就曾任命休官首领权干成为东秦州刺史、大都督、显亲公，后来的北周名将权景宣、唐代名臣权德舆等均出至权氏家族，可见其在秦陇一带势力很大，是秦州地区的望族，秦安一带出现多件权氏家族造像碑也正好说明这点。

与秦安毗邻的平凉市庄浪县位于由秦州经秦安、张家川到平凉、固原一线的交通要道上，也是北魏佛教信仰十分发达的地区之一。根据调查，县域内开凿于北魏晚期的石窟寺就有陈家洞摩崖三尊像（图1–6），佛沟1~3号窟，云崖寺第3、11、12、15、17窟，朱林寺第3~5窟等，其窟龛制形、造像风格、题材内容等均受到麦积山石窟影响。[④]庄浪县也发现有诸多北魏至西魏时期的造像塔和造像碑，如1974年出土于庄浪县良

---

①文静、魏文斌《甘肃馆藏佛教造像调查与研究（之一）》，《敦煌研究》，2012年第4期，第35~38页。

②郑炳林《敦煌地理文书汇辑校注》，兰州：甘肃教育出版社，1989年，第323~328页。

③唐长孺《魏晋南北朝史论丛》，石家庄：河北教育出版社，2002年，第377页。

④董广强《庄浪云崖寺等石窟的调查简报》，《敦煌研究》，2008年第3期，第52~53页。

邑乡李家咀村定宝泉寺的北魏卜氏石塔，现藏于甘肃省博物馆，该石塔共五层，通高 2.06 米，由下至上呈梯形内收垒起。在它的四个面 20 组画面中，包括三佛、五佛、释迦多宝、维摩文殊、飞天、护法、伎乐、莲花化生、

图 1-6 庄浪陈家洞摩北魏摩崖造像

供养人以及乘象入胎、树下诞生、九龙灌顶、七步生莲、宫中养育、车匿还宫、涅槃、燃灯授记、阿育王施土等佛传故事，内容十分丰富。[①]庄浪县博物馆收藏的西魏造像碑高 1.06、宽 0.58 米，红砂岩质，佛发髻略残，面容饱满圆润，细眉长目，直鼻小口，内着偏衫，外穿垂领式宽博袈裟，衣裾下摆呈三片式悬垂于座前。说法印，结跏趺坐于束腰方形佛座上。身后浮雕圆形宝装莲瓣式头光，身光呈舟形。佛左、右两侧各浅浮雕一身胁侍菩萨，束发高髻，面容清秀，身穿交领大袖袍服，下着长裙，双手合十于胸

①俄玉楠《甘肃省博物馆藏卜氏石塔图像调查研究》，《敦煌学辑刊》，2011 年第 4 期，第 67~68 页。

图 1–7　庄浪县出土的西魏造像碑

前，持一长茎莲花，虔恭向佛而立（图 1–7）。庄浪县境内集中有如此数量之多的北魏至西魏时期佛教造像遗存，集中反映出当地民众崇信佛教的历史事实。

综上所述，北魏末年至西魏初期秦州地区佛教的传播有其历史必然性。正是由于十六国后秦以来深厚的佛教社会基础，毗邻长安的地理环境，本身又处于丝绸之路南线交通要道，使秦州这一时期佛教活动依然十分昌盛，具体除传统的石窟寺开凿外，更多地表现为制作各种内容丰富、题材广泛的造像碑、造像塔以及单尊佛像等，这些都成为当地民间佛教祭祀和供养活动中的重要方式，在一定程度上也反映出秦州地区佛教传播与流行的特点。

第二章

关于麦积山 127 窟的开凿与营建

第一节　窟龛位置及其与毗邻窟龛之间的关系

127 窟位于麦积山石窟西崖最上层偏西位置，东侧依次为 120、171、125、126、124、123 窟，西侧依次为 158、153 窟（图 2-1），127 下方最大的窟龛为 121 窟。在同层窟龛中，120、126、123、158 窟均为平面方形窟，内容也相对丰富。153、171、125、124 均为圆拱形小龛，153、171 窟为空龛，内容不详。125 窟内原放置有一身北周坐佛，后移入文物库房。124 窟内

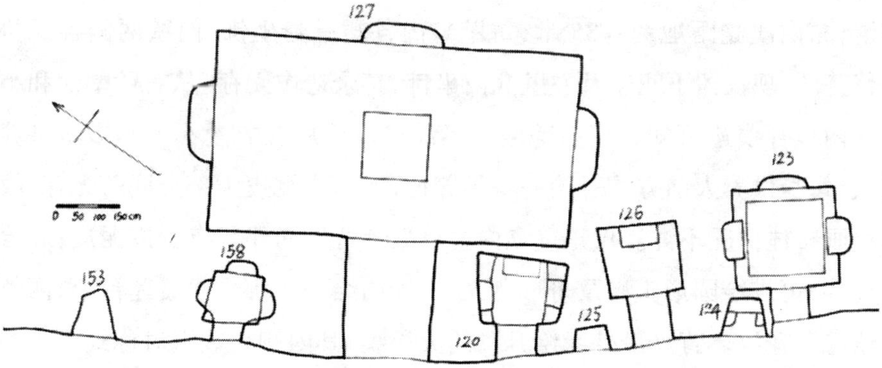

图 2-1　麦积山 127 窟所在栈道窟龛平面分布图（局部）
测绘：董广强、冯学斌、张铭

西魏原塑一佛二胁侍菩萨，其中正壁坐佛被宋人重新补塑。121、122窟均为北魏原作，内容丰富。为更好说明同层及毗邻窟龛与127窟之间的关系，现按窟龛顺序从西至东对相关窟龛内容及开凿时代略加以讨论。

153窟　平面方形，平顶，高1.21、宽1.04、进深1.36米，距127窟所在栈道地面约1.8米。窟内泥皮现已残毁无存，仅存窟形，窟内造像组合情况不明。尽管没有更多信息，但综合其基本呈方形的窟龛特征，与麦积山北魏晚期至西魏初期此类窟龛具有相似性，如西崖中部的85、117等窟，前者约1.7米见方，窟内正、左、右三壁各一坐佛，正壁主尊两侧各一胁侍菩萨，左、右壁内侧各一菩萨，外侧分别为阿难、迦叶。可见这类小型窟中造像单辅组合多为一佛二菩萨或一佛二弟子的一辅三身式组合。后者约1.3米见方，三壁三佛组合，其中正壁主尊为西魏石雕坐佛。左、右壁主尊宋代重塑，其余情况不详，由这两个窟可大致推定153窟当开凿于这一阶段，其窟龛造像组合题材推测也应为正、左、右三壁各一坐佛，并有胁侍菩萨、弟子等造像。

158窟　三壁三龛窟，平面方形，窟高1.48、宽1.38、进深1.32米，顶部已残毁，窟门长方形，门高1.46、宽0.69、深0.27米。窟内正、左、右三壁各开一圆拱形浅龛，浮塑尖拱形龛楣，其上原有彩绘图案，现已模糊不清，窟内浅龛距地约0.35米，每壁龛内各塑一身坐佛，门壁两侧各一胁侍菩萨，现仅留下正壁及左壁龛内坐佛，其余造像无存。从右壁壁面和小龛内残存痕迹可知，窟内壁面及诸浅龛内原贴有数量不等的影塑供养人，每身供养人前方均彩绘一身供养比丘。窟内泥皮大部分脱落无存，故壁画整体情况不详。仅正壁龛内主尊坐佛背后尚保留有少许泥皮，彩绘尚存，可辨绘圆形头光及舟形背光，头光内绘一化佛坐于覆莲台上，两侧绘忍冬花纹。背光最外缘绘升腾的火焰纹，其内侧绘数组对称式飞天图案，非常精美。窟内坐佛磨光圆柱形肉髻，面容清秀中略显饱满，身穿垂领式佛装，中衣胸前打结后外露下垂，衣裾呈三片弧形垂至龛前，说法印，半跏趺坐，体态挺拔端庄。窟内四壁转角塑胁侍菩萨像等，壁面及龛内贴影塑供养人，其前面绘供养比丘，佛头光内绘化佛等做法也是北魏晚期至西魏初年麦积山小型方形窟中常见方式之一，如 138、142 等窟内造像或多或少地保存有上述图像特征。这种平面方形的三壁三龛窟最早见于麦积山北魏晚期，盛行于西魏初年，如 64、121、72、81、83 等窟（图 2-2）。其中 64、121 窟根据相关研究成果，系北魏晚期开凿，窟顶多做覆斗顶或二到三层方形套斗顶，窟内正、左、右三壁开凿的小龛与地面保持一定距离，以方便信徒礼拜。龛边缘多浮塑尖拱形龛楣，主尊龛外两侧多为胁侍菩萨、弟子或力士。如 64 窟，平面方形覆斗顶，窟内正、左、右三壁各开一龛，每龛内各一坐佛，龛外两侧原各塑一胁侍菩萨或胁侍弟子，现多已残毁无存。121 窟下文有详述。北魏晚期此类样式的窟龛除形制表

图 2-2　麦积山 83 窟平、立面实测图

现为平面方形，三壁三龛外，顶部也往往为覆斗顶或套斗顶，更重要的特征是窟内壁面或龛两侧下方依然采用粘贴影塑造像的做法，这一现象麦积山西魏时期窟龛中已完全消失。因此，可以判定158窟开凿于北魏晚期。

120窟　平面方形，平顶，高1.52、宽2.10、进深1.70米，窟门方形，高1.06、宽0.80、进深0.75米，窟内正、左、右三壁凿低坛基，其上各置一坐佛，正壁两侧转角处各塑一胁侍菩萨，门壁两转角处各塑一胁侍弟子。(图2-3)窟内坐佛面形长圆，双颊略显丰满，磨光高肉髻，细颈削肩，身躯较为粗壮，穿三层式佛装，内着偏衫，中穿对襟衫，外着垂领式宽博袈裟，衣裾呈八字形垂至膝前。结跏趺坐，一手施无畏印，一手施与愿印，表情恬静安详。菩萨束发高髻，面形圆润，服饰繁缛华丽，身穿交领宽袖衫，衣裙高至胸际，裙带打结后分两缕下垂至脚面，脚穿云头履。一手微曲下垂，一手持莲花。窟内泥皮仅正壁保存较为完整，由于风化、剥蚀等原因色彩内容等多有残损，但可辨系成组绘制的王氏家族供养人像，其中部分成员社会地位较高，如龙骧将军

图2-3　麦积山120窟正壁坐佛

天水太守王胜、武兴镇将王宗、假伏波将军白石县令王□等。这种平面方形、三壁三佛窟与三壁三龛窟一样，均带有麦积山北魏晚期至西魏初期窟龛特征，平面方形平顶窟是麦积山北魏中期以来非常流行的窟型，如西崖中上层的101、122、126窟。三佛也是麦积山北魏至西魏阶段方形窟中最常见的题材之一，到北周时期才逐渐被七佛造像所替代。造像特征方面也从北魏晚期以来纯粹的秀骨清像再度趋于圆润，但这种变化是一个渐进过程，佛面部整体上仍较为清秀，但面颊等部分却相对丰满起来，佛颈部细而修长，但整个身躯开始再度变得敦实厚重，佛装也从轻盈贴体转向质感厚重，可以说已经初步具备了麦积山西魏初年造像主要特征。菩萨造像的这种变化更为明显，除束发高髻和服饰华丽还带有北魏晚期菩萨造像特点外，其丰满敦厚的体态，服饰质地的厚重感和裙装齐胸做法都已经是麦积山西魏菩萨造像的常见装束之一，如102窟正壁左侧菩萨、123窟正壁主尊两侧胁侍菩萨、20窟正壁两侧胁侍菩萨等。同时，窟内壁面供养人没有采用影塑方式，而使用了彩绘手法。这些因素都要表明120窟带有明显的过渡性特征，部分体现出一种新的风尚和时代气息，与标准的北魏晚期窟龛相比，在造像风格、服饰特点、供养人表现方式等方面已出现了变化。关于它的具体开凿年代，金维诺先生通过对该窟供养人题记中有关职官、郡县名称等内容的详细考证，并结合相关历史文献记载、相近时期窟龛造像风格比较分析，以及120窟本身保留的一些特征等，得出该窟系开凿于北魏晚期的结论。[①]此后，也有学者从历史文献角度出发，通过对武兴镇、白石县的地望考证，以及相关史籍中历史事件分析等进一步肯定了这种说法，并推定其开窟时间可能在公元

①金维诺《麦积山石窟的兴建及其艺术成就》，《中国石窟·天水麦积山》，北京：文物出版社，1998年，第171~172页。

527年前后。[①]这也是同层栈道范围内，关于窟龛年代唯一有相关研究结论的窟龛，对于我们判定该层栈道及类似形制、风格的窟龛提供了一个大致的时间范围。

171窟　方拱形摩崖浅龛，高1.48、宽1.38、进深1.32米，龛内泥皮全部剥落，仅正壁保存一长方形坛基，左、右壁各存一方形低坛基，推测原龛内为一佛二胁侍菩萨造像，具体时代信息不详，不过同类形式的摩崖方拱形浅龛，在麦积山北魏晚期、西魏时期比较常见，故大致可认定该龛开凿时代不会早于北魏晚期。

125窟　平面方形，敞口方形小龛，高0.75、宽0.74、进深0.55米，龛内泥皮全部剥落，窟门部分残毁较为严重。龛内正壁下部残存一个风化严重的坛台，左、右壁面居中位置各残存一桩眼，表明其原来正壁塑一坐佛，左、右壁各塑一胁侍菩萨或弟子，共同构成一铺三尊式造像组合。这种窟形及造像组合样式是麦积山北魏晚期常见小形龛窟之一，如56、68、77、119、181等窟龛。

126窟　平面方形平顶窟，高1.72、宽1.89、进深1.75米，窟门方形，高1.10、宽1.06、深1.20米。窟内四壁地面凿低坛基，正壁正中设一方形佛座。正壁主尊左侧塑一菩萨，右侧塑一弟子。左、右壁正中各塑一力士，窟内正壁及顶部贴数量众多的影塑千佛、菩萨、弟子、飞天及供养人。窟内壁画保存较为完整，色彩多已风化剥落，内容模糊不清，其中可辨者有窟内顶部正中绘一朵大圆莲，四角各绘一朵小圆莲，其间穿插绘数身翩翩起舞的伎乐飞天。正壁主尊后侧泥皮上绘背项光，其中头光为同心圆形，上绘缠枝忍冬纹，背光舟形，边缘绘火焰纹，最外侧对称绘比丘及供养人像。左、右壁彩绘残损较严重，仅下半部分隐约可辨绘有莲枝、莲叶

---

①郑怡楠《天水麦积山第120窟开凿时代考》，《天水师范学院学报》，2009年1月，第29卷，第1期，第55~61页。

和莲蕾图案。

该窟形制规整，窟内各类造像均面容清秀，体姿婀娜，服饰轻柔贴体，系北魏晚期造像的代表之作，窟内四壁贴影塑坐佛或彩绘佛、菩萨、供养人等，顶部彩绘圆莲之间穿插绘伎乐飞天等作法均是麦积山北魏晚期常见方式之一，如 155、121、163 窟顶部的莲花飞天等。而到西魏时期，窟内壁面影塑造像基本消失，转而被壁面彩绘供养人所代替，如大体开凿于这一阶段的 20、81、83 等窟。通过上述与 126 窟同时期窟龛比较分析，可以确定该窟开凿时代应在北魏晚期。

124 窟　平面半圆形，圆拱顶敞口浅龛，高 1.37、宽 1.05、进深 0.85 米，龛内正壁筑一低坛台，其上塑一坐佛，宋代重新修补，主尊两侧各塑一胁侍菩萨。由于龛内泥皮残损剥落，色彩模糊不清，龛内原作壁画内容已无法辨识，仅存一些色彩痕迹，现存白色背光为宋代重新绘制。

该窟形制为麦积山北魏晚期最常见的一种，数量众多，制作相对粗糙，造像题材组合简单，造像艺术水平不高，多为当时普通民众捐资开凿。窟内主尊造像尽管被宋人重新补塑，但裸露在外的原作佛装衣裾部分清晰可见：其质感厚重似毛呢，呈八字形做 3~4 层堆叠于座前，这种做法是麦积山西魏佛装的典型标志之一，如 20、44、102 等窟佛装衣裾部分全部是这种样式（图 2–4）。菩萨造像基本也保持着麦积山西魏时期特点：

图 2–4　麦积山 44 窟佛装衣裾

双肩略显丰腴，身材修长，比例匀称，衣裙下摆富有装饰性的折叠和厚重的质地感使整躯造像更具时代特色，故可以确定 124 窟开凿于西魏初年。

123 窟　平面方形平顶窟，高 2.47、宽 2.45、进深 2.35 米，窟门方形，高1.15、宽 1.0、进深 0.80 米，窟门地面下凹 0.60 米，又沿四壁角凿一圆方形低坛基，高约 0.30 米。窟内正、左、右三壁正中各开一圆拱形浅龛，其中左、右壁龛内各设一方形台座。窟内正壁龛内塑一坐佛，左壁龛内塑维摩诘，右壁龛内塑文殊菩萨。正壁龛外左、右各塑一胁侍菩萨，左壁龛外内侧塑阿难，外侧塑一童女。右壁龛外内侧塑迦叶，外侧塑童男。窟内壁面泥皮保存完好，但表面彩绘多已剥落无存，模糊不清，仅可辨识窟内顶部正中绘一圆莲，四周残存几身伎乐飞天。正壁残存少许背项光，左、右残存少许飞天及飘带痕迹，余则无存。该窟是麦积山保存最为完整的西魏窟龛之一，对此，诸多中外专家学者已有明确结论，①本文不再赘述。

121 窟　平面方形，套斗顶窟，高 2.55、宽 2.37、进深 2.02 米，窟内正、左、右三壁各开一方拱形深龛，均装饰龛楣。其中正壁大龛高 1.76、宽 1.46、进深 0.76 米，龛内正中一坐佛，方形座前两侧各塑一身小沙弥。龛内两侧壁中部各筑一条形坛台，其上各并排塑五身弟子像，均身穿宽博袈裟，下摆呈三片式展开，手姿各异，有的双手合十，有的一手持袈裟一角，另一手齐胸，掌心微侧，五指并拢。龛外两侧转角处塑低坛基，其上各塑一组菩萨、弟子像，两两相偎，相互倚靠，表情恬静含笑，宛如情侣，充

---

①李西民《试论麦积山石窟艺术史上的六个高潮》，《石窟艺术》，西安：陕西人民出版社，1990 年；金维诺《麦积山石窟的兴建及其艺术成就》，《中国石窟·天水麦积山》，北京：文物出版社，1998 年；李裕群《北朝晚期石窟寺研究》，北京：文物出版社，2003 年；八木春生《麥積山石窟西魏窟に関する一考察》，《芸叢》23 号，2003 年；陈悦新《西魏北周时期麦积山石窟》，《中原文物》，2006 年第 4 期；小泽正人《麥積山石窟における北魏后期西魏における石窟の變遷とその北景》，《麦积山石窟研究》，北京：文物出版社，2010 年。

满世俗生活气息。左壁大龛高 1.83、宽 1.13、进深 0.70 米，右壁大龛高 1.83、宽 1.17、进深 0.76 米。两龛内均各塑一坐佛，龛两侧壁面各塑 6 层坛台，其上原贴有影塑坐佛，现已全部无存。门壁两侧各塑一身力士，头部为宋代重塑，力士外穿裲裆铠，内着宽袖袍服，手持金刚杵而立。窟顶壁画全部烟熏，依稀可辨原彩绘圆莲、飞天等图案。

该窟龛内主尊多被宋代重塑，但胁侍弟子、菩萨以及顶部彩绘等均为原作，其服饰装束、造像风格等与开凿于北魏晚期的西崖 133 窟内同类造像有许多相同之处，故可以推定其开凿时代为北魏晚期。

通过对 127 窟周围窟龛的分布位置、时代信息、造像题材、壁画内容等归纳、分析和整理，并结合 1984 年麦积山石窟修复加固前所绘窟龛崖面分布图中标识的桩眼位置，不难看出，127 窟所在层位栈道最早修建于北魏晚期，即这一层栈道区域内分布的窟龛开凿时代不会早于这一时间节点。它与下层栈道的连接通道位于 105、121 窟附近，其位置在历史上也没有发生过变化。

127 窟所在栈道层中，以 120、123、126 等 3 个窟龛内容最为丰富，体量也明显大于其他窟龛，彼此间距较大，占据位置也相对优越，表明他们的功德主应是北魏末年至西魏初年秦州一带很有势力的家族或官员。其中特别是分布在 127 窟附近的 120、121 两个窟更具有这方面代表性，对于我们了解 127 窟开凿的相对年代具有重要意义。121 窟位于 127 窟下方的另一层栈道，两者之间位置从立面上看，呈上、下排列。由于栈道的修通是窟龛开凿的前提条件，由此可知从开凿时间上分析，127 窟要明显晚于 121 窟。120 窟与 127 窟位置较近，两者之间还存在打破关系，孰前孰后，一直也存在争议，由于两者在规模、体量、内容等方面均在不同一个量级上，不好加以比较。但从窟型、造像配置方式、造像风格特点、供养题记研读等等方面综合考虑，127 窟开凿时代上应略晚于 120 窟。实际上，对于这三个窟龛之间开凿时间前后关系，金维诺先生早有精辟见解，他从这几个窟龛之间打破关系入手，认为120、121窟开凿在前，127窟开凿在后。由于127窟体量过大，开凿计划不周，导致其前壁右下角凿穿120窟后壁。平整窟内地面时又凿穿121窟顶部，因此，这三个窟的开凿时间以121窟最早，120窟次之，127窟最晚，①笔者非常同意这一观点。

通过以上分析和梳理，并结合此前笔者关于麦积山石窟洞窟演变特点的研究，②大致可以得出这样的结论：北魏时期麦积山石窟的开凿从原有栈道条件比较成熟的西崖大佛（98窟）呈扇形向东、西崖面展开。靠西边一侧栈道在北魏景明年间③已搭建至距127窟所在崖面垂直高度不足3米的区域。北魏末期，随着121、122等窟龛的开凿，这一层栈道东侧为西崖大佛（98窟），西侧崖壁转角太大，不利于向前延伸搭建栈道，本身区域内已没有可供开凿的理想崖面。在此情况下，开窟者再次将栈道向崖面条件较好的上方延伸。因为连接这两层栈道的斜梯被安置在121窟附近，从位置关系上分析，最接近这一带的上层栈道内窟龛分别为158、126和120窟，它们也是上层栈道中规模相对较大的窟龛，表明上层栈道的最初营建的应该是这几个窟龛。

随着这层栈道设施的逐步完善，一些小型窟龛如171、125、124、153、158窟等得以陆续开凿。同时，127窟的大规模营建亦已开始，分布于它周围的小型窟龛似乎透露出两方面的历史信息：一方面，由于受财力限制，上述窟龛的功德主没有实力开凿类似120、126、158这样规模的

①金维诺《麦积山石窟的兴建及其艺术成就》，《中国石窟·天水麦积山》，北京：文物出版社，1998年。

②孙晓峰《麦积山北朝窟龛形制的演变规律》，《敦煌研究》，2003年，第6期，第48~53页。

③位于此层栈道东侧的115窟内主尊佛座前侧有开窟功德主张元伯墨书榜题，其文中有“唯大代景明三年九月十五日台遣上邽镇司□张元伯稽首……”等内容，全文总计196字，故可知至迟在北魏景明年间这层栈道已存在。

窟龛;另一方面,也可能是出于对 127 窟功德主社会地位的尊崇而有意为之。之所以会这么考虑,是因为从这些小窟中仅存当时造像的 124 窟主尊服饰推测的结果。这身坐佛被宋代重塑,但下半部分衣裾因残损而露出原作衣裾,其塑技法达到了很高水平:裙摆层次清晰分明,衣纹线条流畅舒展,服饰质地厚重细腻,造像体量圆润敦厚,堪称麦积山西魏泥塑造像的精品之作,(图 2-5)与同时期 44、20、105、146 等窟主尊坐佛在技

图 2-5 麦积山 124 窟佛装衣裾

法和艺术水平上难分伯仲。如此精美的佛像被安置于并不起眼的小龛之内,应该说一定程度上这些功德主对 127 窟的尊畏。123 窟位于这层栈道最东侧,表明它开凿时,127 窟已经竣工,为尽量避开 127 窟,该窟功德主可能将原有栈道继续向东延展,主要目的就是为 123 窟的开凿。该窟完整的窟形及组合丰富的造像题材也显示出功德主较高的社会地位和雄厚的经济实力。

综上所述, 尽管西崖最上层栈道最初并非专门为 127 窟而修建,但

127窟的兴建,却使其毗邻窟龛的开凿受到较大限制,此后,由于大规模的开窟计划被转移至东崖一带,由此也终止了麦积山石窟在西崖上区继续向上搭建栈道和开凿窟龛的历史。

第二节　关于窟龛工程量等问题的探讨

公元 5~6 世纪是中国北方地区石窟寺开凿的鼎盛时期，由于皇室、贵戚和社会各个阶层的狂热支持，大形窟龛的开凿在中原地区持续不断，其中最具代表性的当属北魏皇室支持下的云冈石窟。初步统计，云冈北魏时期属于大型窟龛的就有第 1~3、5~13、16~20 等 17 个窟，这对后来北魏境内大型窟龛开凿和营建起到典范作用。随着北魏政权迁都洛阳，大型窟龛开凿也成为龙门石窟的主流趋势，仅深达 5 米以上的洞窟就有古阳洞、宾阳中洞、宾阳南洞、宾阳北洞、莲花洞、火烧洞、魏字洞、皇甫公窟、药方洞、唐字洞、路洞等 10 个。[①]6 世纪中叶以后，随着社会经济实力的增强和开窟技术水平的提升，大形窟龛开凿在北方各地蔚然成风，其中具有代表性的有巩县第 1~4 窟，鸿庆寺第 1、3 窟，[②]义县万佛堂西区

①宿白《洛阳地区北朝石窟的初步考察》，《中国石窟龙门石窟》（一）北京：文物出版社，1991 年，第 226 页。

②宿白《洛阳地区北朝石窟的初步考察》，《中国石窟龙门石窟》（一）北京：文物出版社，1991 年，第 220~233 页。

第1窟,[①]南响堂第1窟、北响堂第3(南洞)、4(中洞)、9(北洞)窟,[②]天龙山第8窟[③]等。当时秦州所处的陇东南和宁夏一带在这种风气影响之下,也掀起营建大形窟龛的高潮,其中比较有代表性的包括泾川王母宫,庆阳北石窟1、165窟,泾川南石窟1号窟,固原须弥山第45~51窟等。麦积山北魏晚期也开凿有规模宏大的133窟,到西魏时期,大形窟龛的开凿明显增多,如28、30、43、135等窟,北周时期更是在麦积山开凿有通高近16米,面阔31米,距地约40米的仿殿堂式崖阁(散花楼),其在国内同时期窟龛中也堪称典范之作。

综上所述,大形窟龛开凿不仅是宗教崇拜狂热的反映,也是一个国家,一个地区社会经济发展水平和综合实力的体现。由于这类窟龛的功德主往往都有具有很高社会地位,多为皇亲贵戚或地方主政高官,有能力调动各种社会资源参与窟龛营建。因此,选取单体洞窟通过对其工程量的估算,大致可知它开凿所耗费的时间、人力、物力和财力情况,以及功德主社会地位和背景、组织管理能力等。本文所研究的127窟是麦积山北魏晚期至西魏初年规模宏大、内容丰富的大形窟龛之一,同时又没有保留下任何关于该窟开凿信息材料,通过这方面的探讨和研究,十分有助于了解当时秦州地区社会经济水平以及127窟功德主身份和社会地位的推定。

关于127窟工程量的估算,必须从两个方面加以考虑,一是窟龛本身的开凿,二是窟内造像和壁画的制作。这个过程犹如我们今天盖楼房,打地基、起框架、砌砖墙,直至整幢大楼建成,工程才算完成一半。而后续的各种电路安装、水暖管道、煤气管道、电话网络、有线电视线路、墙体壁

---

①刘建华《义县万佛堂石窟》,北京:科学出版社,2001年,第16页。

②李鹏《响堂山石窟艺术研究》,南京大学2012年硕士学位论文,第11~13页。

③李裕群《天龙山石窟分期研究》,《考古学报》,1992年,第1期,第39页。

面粉刷、门窗安装等全面竣工后，这座大楼才能正式交付使用。实践表明，这两个过程所耗费的时间几乎相等，有时后者所占用的时间还要略多一些。石窟寺中窟龛的开凿道理也是如此，特别是在麦积山这种石质粗糙的崖壁上开凿洞窟，工序往往更复杂，其所耗费时间不仅仅表现在窟龛挖掘本身。因此，对于127窟工程量的计算，将其划分为窟龛挖掘和窟内造像、壁画制作这两个阶段加以考虑比较符合实际情况。在洞窟挖掘过程中，主要包括以下几个因素：

1. 麦积山崖面石质的特性

根据相关研究和调查成果，麦积山地区在地质上以白垩纪地层为主，岩性特征主要表现为砖红色—紫红色厚层块砾岩、夹砂岩和砂质泥岩，层理复杂，纵向变化大。含砂泥岩在岩体中以透镜状夹层出现，单层厚度0.1~2.1米，泥岩含砾量大，黏性小，岩质表现出的病害主要有风化、裂隙发育、岩体坍塌和岩面块状剥离等四种。[①]麦积山岩体的这种特性导致其石质相对疏松，便于开凿，与云冈、龙门石窟洞窟开凿中面临的坚硬石质有明显不同，这也意味着当时工匠在麦积山窟龛挖掘过程中所耗工时要小于前者，但也不排除遇到个别坚硬岩层影响工期的因素。

2. 交通运输条件方面

127窟位于麦积山西崖最上层，离地表垂直高度约40米，施工者需攀爬10层栈道方能到达窟区工作面。由于麦积山西崖岩体呈负5~10度倾角，而且栈道最西侧下方几乎没有窟龛分布。因此，在窟龛挖掘过程中产生的废料完全可以从西侧栈道末端倾倒至山崖底部。其中唯一考虑的问题就是由于栈道宽度所限，无论是以双人抬筐，还是单人背筐形式转运挖出的废石料，人员密度都不可能太大，否则将会影响转运效率和人

①麦积山石窟艺术研究所、日本筑波大学世界遗产专攻合编《麦积山石窟环境与保护调查报告书》，北京：文物出版社，2011年，第110~113页。

身安全。窟龛挖掘后期，随着高度变化，需要安装脚手架，则会产生木料需求。由于麦积山地处林区，崖面栈道尽管较窄，但通行没有问题。考虑到受窟内空间限制，木料长度一般不会超过 2 米，因此向 127 窟所在西崖上层转运木料不存在交通条件方面制约。

3. 窟内挖掘工作面的安排

127 窟通高 4.50、宽 8.60、进深 5.00 米，窟门通道平顶，高 2.06、宽 2.07、进深 2.92 米。故窟内体积合计约 200 立方米，初步估算土石方量亦 200 个左右。工程最初阶段是方形窟门部分的开挖，由于崖面栈道宽约 1.5 米，窟门宽度 2 米，受工作面限制，只能采用两人一组轮换方式进行施工，按 4 个小组计算需 8 人。转运废石料过程受开挖速度限制，工作强度相对不大，按 2 人一组抬筐方式转运，由于 127 窟距该层栈道西侧末端不足 10 米，且栈道较窄，故实际工作中有两组 4 个人既可，以上初期施工合计约 12 人。按每天工作 10 小时，每小时 0.5 方计算，甬道土石量约 12 方，整个甬道完工约 3 天左右既可，考虑到工具损耗、岩层硬度等因素干扰，有 6 天左右时间可以保证甬道全部挖好。

进入窟内挖掘阶段时，首先要建立起一个较宽敞的工作面，以容纳更多工匠参与施工。按当时人身高 1.7 米推算，加上其臂展范围，合理施工范围应在 2 米左右。由于 127 窟内部进深 5 米，这样先凿出一个宽 4 米，进深 5 米，高 2 米左右的空间是比较合理的安排，所涉及土石量约 50 方左右。这一过程中，施工人员随着工作面的开拓可增加到 6 组 12 人，土石废料转运人员由于工作强度和转运距离都不大，仍保持 2 组 4 人既可，但为加快工作效率，需专门安排 2 人装填废石料。故在整个工作面建立过程中，约需工匠 18 人。工效同上的话，约耗时 10 天左右，考虑到工具损耗、岩层硬度等因素，有 15 天时间能够完成窟内施工面的开挖任务。

窟内工作面建立起来后，面临着向上，还是向左右施工的问题。通过对 127 窟窟形的观察，笔者认为施工组织者有可能采取先向上开挖，达到预定高度后，再同时向左、右开挖的方案。这是因为 127 窟通高 4.5 米，顶部为覆斗形，各个转角部分均浮雕仿木梁架结构，若采用先下后上的施工方案，不利于这些仿木构件的雕凿，而采用“中部到顶，左右推进”方案，可同时进行窟顶相应位置仿木构件雕凿，方便可行，容易掌握。按这个思路施工，工作面建好后，首先向上开挖，涉及工程量约 40 方左右。挖掘工仍保持 6 组 12 人，但由于是从上向下作业，开挖速度会有所加快，装料和转运强度都会更大，转运人员可增至 3 组 6 人，装料人员可增至 4 人，以保证工程进度。同时高空作业需要搭建脚手架，这样需增加木工 2 人，搬运木材的工人 4 人，以配合窟内施工者。这一阶段约需要工匠 28 人，工效同上的话，约耗时 8 天，考虑到工具损耗、岩层硬度、搭脚手架影响等因素，有 10 天时间能够完成向上开挖任务。

至窟顶部分打通后，由于是左、右同时掘进，工作进度可以大加快，但施工人员数量受窟内空间限制，不会有明显增加，左、右每个壁面安排 2 组 4 人，合计 4 组 8 人。地面转运人员 3 组 6 人，装料人员 4 人，木匠 4 人则视进度情况随时进入窟内挪移或重新搭建脚手架。另有 4 组 8 人在窟外等待轮换挖掘，这样合计参与人员达 30 人左右。这时窟内剩余土石量约 100 方，工效同前的话，由于左、右壁面同进掘进，理论耗时约耗时 10 天，考虑到工具损耗、岩层硬度、窟内光线、移动脚手架、窟顶雕仿木梁架、正、左、右三壁圆拱形浅龛等因素，这完成整个工程应在 20 天左右。

这样，上述几个施工过程共需要工匠 30 人左右，整个窟龛成型约需 50 天左右时间，工程随后会转入窟内造像和壁画的创作阶段，这一时期施工技术性会明显增加，从耗时上主要有以下几个方面的考虑：

1. 窟龛内部的设计与平整

窟龛成形后，需进一步平整顶部、四壁、地面、窟内浅龛及甬门，以充分达到预定设计要求，方便开展窟内各个壁面地仗层的制作。根据对麦积山北魏时期壁画残损和断裂面观察和分析，笔者发现这一时期窟龛壁面地仗层的制作工艺已经十分成熟：首先在平整好的壁面按纵、横两个方向等距凿出一排排直径1~2，深5厘米左右的桩眼，并将壁面按斜向凿成一道道浅凹槽，以有利于泥层与岩体紧密结合。这些工作都具有一定技术含量，特别是窟顶部仿木帐架的雕凿，要达到视觉空间美感和整体和谐，同时也要考虑到麦积山岩质比较粗糙、疏松，雕凿不易的特性。因此，并不是一件容易的事情。此时窟龛内工作空间没有任何问题，完全可以满足3~4个小组10人左右同时进行，正常情况下，10天可以完成上述工作。

2. 壁画地仗层制作

对于在麦积山粗糙和疏松岩质和阴湿多雨环境下制作地仗层，当地工匠已经具有丰富经验，这从诸多迄今仍保存完整的北魏窟龛壁面泥皮就能说明一切。工匠们首先将扎束有长约0.5~0.7米麻绒的木楔打入壁面，然后将按一定比例由泥土、麦草、麸皮和糯米汁混合而成泥浆涂抹在岩层表面，厚度约1~2厘米，其间最重要的就是把泥浆与麻绒充分融合在一起，使地仗层更加牢固，不易开裂或脱落。然后在地仗层表面再敷一层厚约0.2厘米的细泥层，使整个壁面更加细腻、光洁，至此整个地仗层的制作正式完工，其间也包含着许多古人的聪明和智慧，如地仗层中麦草和麸皮的加入不仅有效减轻了整个墙体泥皮重量，而且还可以使地仗层有更多空隙，以利于崖体内水分外渗和蒸发，使表面壁画彩绘保存更加持久。这道工序中，最为耗时的部分当属制作地仗层所需材料的筛选和配制。根据对麦积山石窟周边环境土壤分布情况调查结果，在麦积山周边主要分布的是砂粒含量较高的红棕土和腐殖土，只有在西北部约1.5公里外侯家庄一带河谷两侧较平缓坡地上分布有质地较为细密的黄土，而且这里由于地势平缓、交通方便、可供开垦的土地较多等有利条件，很早就已经成为古代人们的聚居区。因此，麦积山石窟制作窟龛壁画地仗层所需黄土应全部来自这一地区。由于地处林区和山区，这种黄土成分中仍含有较多的细粒砂和各种腐殖物质，使用前必须经过仔细筛选和加工，迄今为止，麦积山石窟艺术研究所文物保护室工作人员在窟龛壁画和造像修复工作中仍然坚持这一传统方法和手段(图2–6)。

图 2–6　麦积山石窟保护室工作人员在配制洞窟壁画修复用土

根据对北魏至西魏时期麦积山石窟壁画地仗层泥质分析的结果，它的纤维成分主要是麦草。泥质成分主要是粉土和沙，两者所占比例分别为 42%和 58%。[①]可以想见，除工具和工作环境有所变化外，整个窟内壁画所需地仗层泥土制作流程在当时也大抵如此。

根据计算，麦积山 127 窟内壁画面积约 130 平方米，以地仗层平均厚度 1.5 厘米，土质密度 20 克 / 平方厘米计算，整个窟内地仗层约需配

①李最雄编著《丝绸之路石窟壁画彩塑保护》，北京：科学出版社，2005 年，第 25 页。

制土25吨左右。由于地仗土的筛选和配制是一项技术要求较高的工作，必须在专业技工操作或指导下进行。为最大限度节约成本和时间，最简洁的方法就是先组织人力将远在1.5公里外黄土运至麦积山西崖脚下的平地上，然后在现场进行筛选和配制，最后将制作好的地仗土通过人力输送至窟内，由泥匠完成最后的挂泥上墙和抹平工序。坦率地讲，整个地仗层制作过程所需人工的计算难度比较大，因为空间范围过大，导致劳动力数量有很大的伸缩性，仅泥土挖取和运输这个环节，由于人力数量、工作效率的变化，取土和运输的时间就很难掌握，但作为一项有组织、有计划的系统工程，这些工作完全可以与整个窟龛开凿同步进行，整个过程中真正耗时的只不过是最后配制土向窟内输送和挂泥上墙两个环节。以单人负重80公斤，每次攀爬洞窟时间40分钟，运输工人20人，每天有效工作时间10小时计算，将25吨配制土输送到127窟，仅需要3天左右时间就可以完成这项工作。相比而言，挂泥上墙由于技术性强，耗时相对较长，以4组工人，每组2人，每小时完成工作量0.5平方米，每天工作10小时计算，完成窟内泥皮上墙工作约需7天左右时间。这样，整个窟内地仗层的制作耗时约10天左右，加上等待地仗层阴干，有20天左右时间，基本就可以进入下一步泥塑制作和壁画创作环节。

3. 塑像与壁画的制作

127窟内造像包括石雕和泥塑两种材质，其中正壁龛内为石雕一佛二菩萨，左、右壁龛内为泥塑一佛二菩萨。石雕为青灰花岗岩质，并非麦积山及周边一带出产，系从外地运来。根据调查，类似石材最近见于距麦积山约20公里以外的党川、利桥一带，北魏时期，这两个地方也是长安或梁州方向经麦积山前往秦州的必经之路。127窟的这组石雕造像工艺精湛、造型精美，具有很高的艺术水平，应是当时高水平工匠所为。考虑到该窟与西魏皇室的关系，这组石雕有可能出自长安工匠之手，其制作地点有可能在党川、利桥一带。从石雕体量上推算，坐佛重量约0.6吨，两件石雕菩萨单体重量约 0.3 吨，功德主显然已经考虑到石雕长途运输以及往 127 窟内搬运的问题，这项工作对于拥有丰富人才、物力和财力资源的西魏皇室成员而言，毫无困难而言。至于窟内左、右壁泥塑制作所需工时，经笔者向麦积山石窟艺术研究所美术研究室长期临摹泥塑作品的雕塑人员咨询了解，从塑像骨架制作、上泥、雕塑，到彩绘整个过程，类似 127 窟左、右壁泥塑这样一组作品，在 2~3 人配合下，耗时应在 60 天左右。127 窟壁画不仅内容和布局上有统一考虑，从绘画风格的技法上分析，无论是人物造型、飞禽走兽、山石树木、庭院车马等都具有高度统一性，同时也体现出很高的艺术水准，应该是同一师承画匠所为。其中顶部左披和前壁右侧壁画中涉及大量宫殿和城池建筑，经仔细观察系采用界尺画技法创作而成，在画面内容组合程度上要较其他壁画难度大一些，对创作者构图意识和底稿起线水平、色彩填涂等要求也相对高一些。如此大场景的壁画场面在麦积山北魏以前窟龛中均未出现过，表明创作者具有丰富的寺院壁画创作经验和技巧，故极有可能是来自长安、带有师徒合作性质的画师。笔者通过与长期从事洞窟壁画临摹的美术工作者交流、探讨，认为 4~5 名熟练的画师依据壁画粉本，在 60 天左右时间内完全可以完成近 130 平方米壁画的起稿、创作、上色、填涂等一系列壁画制作流程。

在 127 窟壁画和雕塑制作过程中，一方面受空间所限，另一方面为保证雕塑不被壁画创作中的色彩污损，事必先由画师进行窟内顶部壁画创作，正壁由于设计为安置石雕造像，时间上对壁画绘画创作不会产生任何影响。而左、右壁龛内是泥塑，只有待窟内顶部壁画完成后既可以进行。这样的话，壁画绘制和泥塑创作在一定时间段内是重合的，由于顶部绘画难度相对较大，耗费时间相对也要多些，应该占到壁画全部创作时间的三分之二，约 40 天左右。127 窟左、右壁龛内泥塑创作时间经前面推算约为 60 天，加上两者重合的时间段，这样的话，整个窟内壁画和雕塑全部完工所耗时间大致应在80天左右。

综上所述，127窟的甬道开挖、窟龛开凿、窟内地表及壁面平整、地仗层制作、壁画和雕塑制作等整个过程大约要耗时130天左右，也就是四个月左右时间。如果从春暖花开的4月份开始动工，到8月份雨季来临之前，完全可以完成全部工作。

从以上分析，我们可以看出，麦积山127窟的开凿尽管是西魏皇室鼎力支持的结果，但与秦州当时雄厚的社会经济基础也有一定关系，包括127窟在内诸多大窟的开凿是当地佛教滥觞的具体表现之一。考察麦积山北魏窟龛，我们可以发现这样一个规律，太和至景明年间，以及北魏晚期是麦积山北魏窟龛开凿的两个高峰阶段，均有一些大中型窟龛出现，前一阶段有100、128、144、80等窟，后一阶段有133、121、122、142等窟，这种情况除了秦州佛教自身原因外，更重要的是当地社会经济有所恢复和发展的具体表现之一。三国两晋以来，以秦州为中心的陇右地区一直是中原政权重要的农牧业基地之一。但在西晋末年到十六国时期，秦州一带经济遭到严重破坏。北魏控制秦州以后，当地氐、羌、休官、屠各等少数民族对北魏政权始终有很强的抵触情绪，甚至在北魏太和年间以前，州郡县令都不敢前去上任，史称："秦人恃险，率多粗暴，或拒课输，或害长吏，自前守宰，率皆依州遥领，不入郡县。藻开示恩信，诛戮豪横，羌氐惮之，守宰于是始得居其旧所。遇车驾南伐，以藻为东道都督。秦人纷扰，诏藻还州，人情乃定。"[①]经济政策方面，北魏政权对新征服地区的课税政策相对比较开明，不同州郡是区别对待的，《魏书·食货志》载："世祖继位，开拓四海，以五方之民各有其性。故修其教不改其俗，齐其政不易其宜，纳其方贡以充仓廪，收其货物以实库藏。"[②]这些政策对于恢复包

①北齐·魏收《魏书》卷70《刘藻传》，北京：中华书局，1974年，第1550页。

②北齐·魏收《魏书》卷110《食货志》，北京：中华书局，1974年，第2850页。

括秦州在内的新征服地区社会经济有很大促进作用，北魏太和八年(484)，秦州等数十州皆以麻布充税，说明这一时期秦州农副业已有一定恢复和发展。第二年，随着北魏孝文帝下诏推行均田令，实行计口授田，并解放奴婢，推行三长制。[①]这一系列举措很大程度上刺激了北魏境内社会经济的发展，据《洛阳伽蓝记》载，北魏神龟、正光年间(518~524)“于时国家殷富，库藏盈溢，钱绢露积于廊者，不可较数。”[②]由此可以想见，当时麦积山石窟的开凿也得益于秦州较为雄厚的社会经济基础。

西魏立国之初，刚刚经历过关陇大起义的秦州社会经济再度受到重挫。为迅速改变国弱民贫的窘境，西魏统治者非常重视农业和税赋方面的改革，“尽地利、均赋役”成为各级政府施政的主要内容。在有效利用耕地方面，主要采取了抢种、抢收和加强田间管理。“诸州郡县，每至岁首，必戒敕部民，无问少长，但能操持农器者，皆令就田，垦发以时，勿失其所。”秋收时，“皆应少长悉力，男女并功，若援溺、救火、寇盗之将至”。政府要求除耕作外，还要经营园林、家畜饲养等农副业，“以备生生之资，以供养老之具”。在此基础上，西魏还特别强调地方官的督课作用：“地利所以尽者，由于劝课有方。主此教者，在乎牧守令长而已。”[③]为确保农时，还将徭役由每年60天缩为45天，后来宇文泰将这一政策进一步调整为“凡人自十八以至五十有九皆任于役，丰年不过三旬，中年不过二旬，下年则一旬。”[④]对于不守法令者，也制定有相应处罚措施：“若有游手怠惰，早归晚出，好逸恶劳，不勤事业者，则正长牒名郡县，守令随事加罚，

---

①北齐·魏收《魏书》卷110《食货志》，北京：中华书局，1974年，第2852~2853页。

②北魏·杨衒之、尚荣译注《洛阳伽蓝记》卷4《寿丘里》条，北京：中华书局，2012年，第311页。

③薛海波《论西魏北周国家对小农和豪族的经济支配与控制》，《许昌学院学报》，2009年第6期，第19~22页。

④唐·魏收等撰《隋书》卷24《食货志》，北京：中华书局，1973年，第679页。

罪一劝百。”[①]这种努力很快就见到成效，如大统年间出任秦州刺史的独孤信在任期间，由于他课劝农桑的执政措施，流民愿附者数万家，使当地经济在很短时间内就得到恢复。加之西魏统治者对佛教的推崇，使麦积山石窟的开凿又达到一个新的水平，其中高大的仿殿堂式崖阁建筑的出现是这一时期窟龛开凿的主流趋势，28、30、43、127、135 等窟均营建于西魏时期，也反映出当时秦州地区雄厚的经济实力。

除上述关于 127 窟开凿工程的讨论外。笔者认为，麦积山石窟悠久的佛教文化传统和历史背景也是该窟得以顺利完工的重要保证。素有“秦地林泉之冠”美誉的麦积山在东汉时期已经引起外界关注，两晋南北朝以来，更是成为陇右地区最重要的佛教圣地之一，不断有来至长安、凉州、成都、陇西、河西一带的中外高僧在此参禅修道，又深得后秦、西秦统治者青睐。长时间佛教文化的熏陶和积淀，使北魏以来这里的开窟造像活动经久不衰，几乎北朝阶段每个时期都保留下许多精美的窟龛、造像和壁画。这种现象实际上告诉我们，当时麦积山乃至秦州一带，整个北朝阶段始终活跃着一支技艺精湛的，由工匠、画师和雕塑师组成的队伍，他们受聘于功德主和寺院僧侣，常年从事这一职业。由于经常转场于不同的寺院和石窟，能随时接受到来至中原、南朝或西域最新的、最流行的造像和绘画艺术风格，使他们的创作充满生命力和时代特征。西魏立国以来，秦州作为长安的战略后方，特别是大统初年文帝废后乙弗氏的到来，对麦积山石窟营建起到了至关重要作用，某种意义上讲，已经带有皇家寺院性质。因此，不断有新的窟龛被开凿或营建，客观上也为麦积山 127 窟这种新样式窟龛的开凿积累了丰富的经验，以及人力、物力和财力储备。

正是在以上几方面因素作用下，才最终保证了 127 窟顺利开凿和完

---

①唐·令狐德棻等撰《周书》卷 23《苏绰传》，北京：中华书局，1997 年，第 385 页。

工。也使我们得以通过它的开凿对当时大型窟龛的历史文化背景、营造过程、社会经济条件、物质和人力资源情况等可以有一个大概了解。同时，也是一种通过现象来探索和揭示事物本质的尝试。

第三节 127窟蕴含的功德主信息

通过本章第一节和第二节的综合分析,我们可以看出,麦积山127窟开凿具有不同寻常的意义和历史信息,由于始终未发现关于该窟任何有价值的榜书题记,现存史料中也没有记载,它的功德主一直是个谜团,对此学者们也做过一些探索和讨论,如阎文儒先生认为"既然乙弗氏出家居秦州,死前又令侍婢数十人出家,手为落发,死后又葬于麦积山中,那么乙弗氏为尼可能居住在麦积山的寺院内, 而秦州刺史武都王,就完全可能因为他母亲在这里,就大肆凿窟和修建佛阁了。"并根据残存的北宋《瑞应寺再葬佛舍利记》中所记"昔西魏大统元年再修崖阁,重兴寺宇"之事,指出很有可能与乙弗后的这段历史有关。[①]金维诺先生根据127窟的开凿时代、窟龛规模,相关壁画内容与特色,并结合西魏文皇后乙弗氏的历史, 也指出该窟似是武都王元戊为母乙弗后建造之功

①阎文儒《麦积山石窟的历史、分期及其题材》,阎文儒落主编《麦积山石窟》,兰州:甘肃人民出版社,1983年,第20~21页。

德窟。[①]傅熹年先生对 127 窟建筑形制研究后认为，其与第 43 窟西魏乙弗后墓窟后室相同，表明两者之间有一定关系。[②]近年来，郑炳林、沙武田先生结合前人研究成果，通过对相关史料、窟龛壁画内容等综合分析后认为，127 窟应是西魏文帝之子，武都王、秦州刺史元戊为其母亲乙弗氏所营建的功德窟。[③]这些真知灼见与笔者的想法不谋而合，也进一步坚定了笔者沿着这一思路继续讨论分析的信心。

实际上，前面我们关于 127 窟的具体位置、窟龛形制、造像风格和壁画内容等方面的论述等都已经十分明确地显示出该窟功德主非同寻常的社会地位和身份，下面我们略加讨论。

127 窟位于麦积山西崖栈道的最上层，同层的 120、125、126、171 等窟都有具有北魏晚期至西魏初期的时代特征，而 123、124、153 等窟则开凿于西魏时期，这些现象说明该层栈道原本修建于北魏晚期，并非专为开凿 127 窟而搭建。但 127 窟被选择在这里开凿也并非偶然，因为同层栈道所开凿窟龛均属中小型，当时这层崖面上有足够位置和空间满足 127 窟开凿需要。同时，仔细观察麦积山崖面状况，我们就会发现，由于西崖整体从上至下为负角状态，非常有利于避雨和山体积水的垂直下泄，丝毫不影响壁面上的窟龛及造像，大大节约了开窟者的开支成本。因此，十六国后秦以来，麦积山窟龛的开凿从西崖中下部的 74、78、90、165 窟一带展开，并逐渐向四周呈扇形扩散开来。到西魏初年，西崖壁面大部分已经利用，在西崖中上部窟龛空间距离较大的崖壁面也零星开凿有一

①金维诺《麦积山石窟的兴建及其艺术成就》，天水麦积山石窟艺术研究所《中国石窟·天水麦积山》，北京：文物出版社，1998 年，第 172~173 页。

②傅熹年《麦积山石窟所见古建筑》，天水麦积山石窟艺术研究所《中国石窟·天水麦积山》，北京：文物出版社，1998 年，第 212 页。

③郑炳林、沙武田《麦积山第 127 窟为乙弗皇后功德窟试论》，《考古与文物》，2006 年第 4 期。第 83 页。

些洞窟，如西崖大佛脚下的 87、88 窟，西上区中部的 102、104、105、109、110 窟，西崖出口处的 54、60 窟等，表明当时主要还是为了利用北魏晚期以来已修好的栈道。随着麦积山石窟引起西魏皇室关注，情况开始发生变化，一些新型仿殿堂式窟龛，由于规模大，原有崖面已不能满足开窟需要，这样东崖和中区下方成为新的开窟地点，而乙弗氏的到来和她最终被赐死于麦积山客观上又促进了诸多殿堂式窟龛的营建，分布于这一带的 28、30、43、44 等窟的开凿与这一历史背景有着密切关系，其中 43 窟已被学术界公认为是西魏文帝废后乙弗氏寝陵，也被史料所证实。① 从北朝到隋唐时期，由于佛教思想已深深融入人们日常生活，以营建佛寺或窟龛的形式为逝者、生身父母或者帝王等祈福已成为一种重要纪念方式。北魏以来尤其如此，如著名的云冈昙曜五窟就是为北魏太祖以下五位皇帝专门凿建。在北魏南迁洛阳后，这种风气更浓。景明年间“世宗诏大长秋卿白整，准代京灵岩寺石窟，于洛南伊阙山，为高祖、文诏皇后营石窟二所。初建之始，窟顶去地三百尺。至正始二年中，始出斩山二十三丈。至大长秋卿王质，谓斩山太高，费工难就，奏请下移就平，去地一百尺，南北一百四十尺。永平中，中尹刘腾奏为世宗复造石窟一，凡为三所。从景明元年至正光四年六月以前，用功八十万二千三百六十六。”②史书的这段记述即指专门为北魏孝文帝和他的妻子文昭皇后高氏，以及北魏宣武帝所营建的宾阳三洞。建都长安的西魏政权，其皇室成员大多来自洛阳，文帝元宝炬本人就十分崇信佛教，皇后乙弗氏亦是如此，她母亲又是孝文帝元宏的女儿淮阳公主，出身和家庭环境对他们的影响或者潜移默化作用可想而知，故西魏皇族以开窟形式纪念死者并为其追福是有现实和理论依据的。

---

①唐·李延寿《北史》卷 13《后妃上》，北京：中华书局，1974 年，第 506~507 页。

②北齐·魏收《魏书》卷 114《释老志》，北京：中华书局，1974 年，第 3043 页。

从前面关于127窟工程量问题的讨论中我们大致可知,开凿这样规模的一座殿堂窟大概耗时四个多月,而且财力、物力、人力和技术方面也不存在太大问题。唯一我们需要关心的是它为什么没有开凿在东崖下部,而是选择了西崖顶层栈道?笔者认为原因主要有两个:一是北魏末年以来,西崖区域的栈道工程已经基本完善,而且部分栈道崖面尚有可供开凿窟龛的空间和位置,前文列举的近十处西魏窟龛零散分布在这一区域内,本身就是一个很好的说明。另外,麦积山一带山势陡峭,地形复杂,植被茂密,为支撑崖面窟龛和栈道工程而修建的地面道路运输系统和较为开阔的工作场地选择也是一个重要问题。因为麦积山窟龛开凿始于西崖,所以,相应的保障和支持区域也应该建在附近。一般情况下,在没有大规模转移崖面窟龛开凿计划的前提下,这种支持和保障场地是不会轻易改变的。因此,在当时东崖区域窟龛开凿条件尚不成熟的情况下,127窟所处的西崖上层栈道理所当然成为首选之地。

二是可能与古人的升仙、升天观念有一定关系,南迁洛阳,进入中原腹地的北魏贵族政权在孝文帝汉化政策影响下,到北魏末年时,已完全接受了中原、关中地区流行的中国传统文化思想,两汉以来长安、洛阳地区盛行的神仙方术、升天等观念已被大量引入北魏墓葬壁画之中,并与儒、释、道等诸家思想相融合,如已发现的北朝时期墓葬壁画中,墓室顶部或墓道上方多绘有天象图、仙人乘龙、羽人、风鸟、青龙、白虎、方相氏、带莲座的摩尼宝珠、金翅鸟等题材和内容。[①]从分布区域和范围看,中、东部地区要远多于西部地区,表明其传播过程是从中原逐步向其他地区扩散的。这种升仙或升天思想对人们日常生活影响颇大,即使作为佛教信徒也在所难免。127窟位于西崖栈道最上方,就当时窟区位置而言,也

①唐仲明《试论北朝墓室壁画的内容与布局特征》,《山东大学学报》(哲学社会科学版),2000年第1期,第34~39页。

是离天最近的地方,它被开凿在此处,表明功能主在安排上应该也带有这层含义。同理,在当时具备这样能力的人肯定不是一般意义上的佛教信徒。

127窟所采用的这种仿帷帐式窟龛是对中原传统文化礼制的模拟,也是麦积山石窟北魏窟龛中所未出现的一种全新样式。对于帐形龛的起源、形成、发展及演变过程前面已有详论,不再赘述。这里我们需要考虑的是为什么这一时期麦积山会出现此类窟龛?答案只有一个,那就是大社会环境发生巨变的必然结果。由于西魏政权定都长安,它的东、南两个方向分别为强敌东魏和萧梁,只有西北地方是它稳固的战略后方,其中秦州位置至关重要,历任刺史多为来自长安的皇亲贵戚,也正是他们带来了新的佛教窟龛和造像艺术样式。仿帷帐式窟的出现应该是这种时代变革的反映之一,它与东崖底部28、30、43等仿殿堂式窟龛的开凿都有着密切关系,集中体现出当时所盛行的模拟地面佛寺建筑的风尚。除大型窟龛外,当时西魏时期麦积山营建的中小形窟龛多数仍延续着北魏晚期以来形成的平面方形、三壁三龛或三壁三佛样式,其主要变化体现在窟顶部分,由平顶逐步向2~3重的方形套斗顶转变,但整体上与大型殿堂窟或帐形窟仍有很大差别,反映出当时不同社会阶层佛教信徒在开凿过程中,由于政治地位、经济实力等方面原因,在窟龛样式选择上是有所不同的。因此,规模宏大、样式新颖的127窟的功德主显然不会是当地官员或信徒所为,应具有更加显贵的社会地位。

127窟造像组合依然流行麦积山北朝以来最常见的三壁三佛样式,但在造像组合和造像风格上却颇具特色,与麦积山北魏晚期前后造像相比,既有相似之处,又有自身特点,表现出不同寻常的造像理念。其中正壁龛内石雕一佛二菩萨显然系专门定制,与左、右壁龛内泥塑一佛二菩萨共同构成三佛。这种专门定制正壁主尊造像的做法在麦积山石窟北魏以前窟龛中还未出现过,如果结合正壁所绘涅槃变来分析,可以看出功德主对释迦信仰的崇敬。这组石雕材质上乘、构思精巧、雕刻细腻、技法精湛，特别是在主尊坐佛背项光高浮雕伎乐天、忍冬花绘等图案的构思和处理上，与长安一带北魏造像碑中以线雕为主的方式有很大区别，却与龙门石窟中同类浮雕造像以及山东青州地区北朝造像碑主尊背项光浮雕处理技法有许多相近或相似之处，体现出与中原及山东地区之间的密切关系，这种现象本身就非常值得思考，表明使用这种技法的雕塑师应是来自洛阳或山东一带，而非长安本地匠人。同理，我们也有理由推测，欣赏和认同这种样式和风格造像碑的功德主可能有很深的洛阳地区生活背景，因此，极有可能是来自洛阳地区的北魏皇室成员。而将这组石雕造像安置于正壁龛内，既是在强调礼敬释迦，又反映出功德主具有雄厚的经济实力。左、右壁龛内主尊被后世重修，情况不明，但主尊两侧胁侍菩萨像均为原作，均眉目清秀、身体前倾、体态婀娜、装束华贵，类似神态、体姿的菩萨像也见于麦积山北魏晚期的139窟，表明塑像制作者为同一批雕塑工匠或有师承关系的泥塑匠人。但127窟菩萨像最显著的特征在于其发冠，为北魏之前所未见的方形冠，如左壁龛内右侧胁侍菩萨，与正壁龛内石雕菩萨像头冠非常接近，和后来麦积山西魏阶段大量流行的三瓣式冠饰也有明显区别。这种方形冠样式上更接近当时官员在朝堂等正式场合戴的进贤冠或提梁冠，将其装饰在菩萨发髻之上，显然是带有一定含义的，表明127窟功德主意在体现出与一般开窟造像者不同的崇尚和审美理念。

127窟壁画内容在这方面表现的更加突出。首先，在窟内壁画内容安排上已经体现出功德主的良苦用意。窟内正壁最显著的位置绘制涅槃变，旨在宣扬大乘佛教"常、乐、我、净"，脱离苦海，获得永生的美好祈盼。左壁的维摩变体现了当时社会贵族阶层在享受世俗奢华生活时，在精神世界方面的理想和追求。右壁的西方净土变集中展现了佛教信仰者因现世修行的坚定与执着，从而获得往生佛国世界的美好图卷。前壁上方的七佛变旨在向人们证实佛法的真实诚远，兼有中国古人对祖先的崇拜和纪念内涵，下方两侧的地狱变旨在告诫人们要持戒守法，多行善事，以早日摆脱转世轮回的痛苦，修得佛果。正、左、右三披的萨埵太子饲虎集中展现了佛家慈悲为怀、普度众生的舍身精神。前披的睒子本生则借助佛教因果报应和转世轮回理论，大力宣扬了中国古代社会极为推崇的忠君和孝道思想。顶部藻井中的乘龙升天图则表达出功德主对逝者往生世界的美好祝愿和期盼。

其次，窟内壁画具体内容上也多有表现帝王、贵族世俗生活的场景，也在一定程度上反映出功德主非同一般的社会地位。如左壁维摩变右侧下方彩绘的供养人队列中，大树之下，国王夫妇并列，四周环侍数身女婢，或持华盖，或执团扇，或挟凉席，或捧痰盂，或掌水钵，构成一幅生动的世俗生活场景。又如窟内顶部正披车马出行图和前披睒子本生中的国王狩猎图，龙首四辕、高大华丽的车舆，四周束发戴冠、身罩裲裆铠的侍卫，头戴笼冠、褒衣博带的群臣，前呼后拥、旌旗飘扬的车队，无不体现出君主出行的世俗场景。同时，也有炫耀武功的含意。左披萨埵太子本生图中高大宏伟的城墙，城楼、垛楼、角楼、女墙、马面、望阙等设施一应俱全。城内殿宇建于台基之上，富丽堂皇，特别是大殿庑顶前后相连，中间做对溜处理，极大拓展了殿内空间，如此完善的城墙设施和宫殿建筑，既反映出画师高超的创作技巧和对现实场景的模拟能力，也从一个侧面体现出功能主所要追求和表达的思想感情，如果没有现实生活中的亲身体会和经历，就不可能绘制出上述含有鲜明皇室和贵族生活特色的壁画作品。

总之，127窟所表现出的这一切图像信息，在麦积山北魏晚期以前窟龛中是从来没有过的。而在西魏同时期窟龛中则或多或少地寻找到一些相似点，如位于西崖中部的135窟，东崖下方的28、30、43窟等等，表明它们之间有着某种联系，共同体现出一个新的时代，或者新的王朝风貌。

第四节　127 窟开凿年代与功德主推定

通过对麦积山 127 窟开凿位置、窟龛形制、造像题材、壁画内容等综合分析后，我们初步得出这样一个判断：它是西魏初年开凿的一座带有纪念性质的功德窟，目的是为纪念西魏大统六年(540)在麦积山被赐自尽的西魏文帝前皇后乙弗氏，具体主持这项工程的是乙弗氏之子，武都王、秦州刺史元戊，她的丈夫西魏文帝元宝炬和另一个儿子元钦可能也参与了这座窟龛的设计工作。下面，笔者就这一推定结论加以分析。

1. 关于麦积山 127 窟的开凿年代

由于没有开窟题记，史料中也未发现相关记载，因此，关于 127 窟开凿的具体时间长期以来一直存在各种说法，归纳起来主要有北魏晚期、北魏至西魏、西魏三种。①但从实质上看，各家观点基本都认定其开凿年代应该在北魏晚期至西魏初年这一时间段内。其中北魏说主要是受到1953年中央勘察团报告和阎文儒先生影响的结果，出现这种观点的另外一个原因也与20世纪80年代以前麦积山石窟整体研究成果不多有很大关系，因而学者们多将127窟在大概念范围内划入北魏窟龛。后两种说法则是建立在对127窟及相关内容综合研究基础上所得出的不同结论，都有一定道理。经过综合考察研究，笔者认为西魏说更具有科学性和合理性，具体理由主要有以下四点：

首先，北魏晚期麦积山不具备127窟开凿并顺利完功的客观条件。孝文帝死后的北魏政权开始走向下坡路，此后统领国家的宣武帝和胡太后昏庸无度，日夜享受于奢靡生活之中。在他们影响下，王公贵族和各地豪强更是竞相攀比，横征暴敛，视百姓生命如草芥，从而种下北魏政权灭亡的祸根。正光四年(523)，因长期不满待遇低下和被镇将欺压，拱卫平

①持北魏说主要有1953年中央文化部天水麦积山石窟勘察团《麦积山石窟内容总录》(《文物参考资料》，1954年第2期。天水麦积山文物保管所、麦积山艺术研究会《麦积山石窟资料汇编初集》，1980年，第43~44页。)、阎文儒主编《麦积山石窟》，兰州：甘肃人民出版社，1984年。董玉祥《麦积山石窟的分期》(《文物》，1983年第6期，第59~77页。)李西民《论麦积山石窟艺术史上的六个高潮》(天水麦积山石窟艺术研究所编《石窟艺术》，陕西人民出版社，1990年，第72~82页。)项一峰《麦积山西崖西上区石窟内容总录》(《敦煌研究》，1998年第2期)，项一峰《〈维摩诘经〉与维摩诘经变——麦积山127窟维摩诘经变壁画试探》，(《敦煌学辑刊》1998年第2期，第94~102页。)；持北魏至西魏说的有张宝玺《麦积山石窟壁画叙要》，天水麦积山石窟艺术研究所《中国石窟·天水麦积山》，北京：文物出版社，1998年。张宝玺《甘肃石窟艺术壁画编》，兰州：甘肃人民美术出版社，1997年；李西民、蒋毅明《麦积山石窟内容总录》，天水麦积山石窟艺术研究所编《中国石窟·天水麦积山》，北京：文物出版社，1998年；持西魏说的有金维诺《麦积山石窟的兴建及其艺术成就》，《中国石窟·天水麦积山》，北京：文物出版社，1998年。傅熹年《麦积山石窟所见古建筑》，天水麦积山石窟艺术研究所编《中国石窟·天水麦积山》，北京：文物出版社，1998年。李裕群《北朝晚期石窟寺研究》，北京：文物出版社，2003年。郑炳林、沙武田《麦积山127窟为乙弗氏功德窟试论》，《考古与文物》，2006年第3期，第76~85页，郑怡楠《天水麦积山120窟开凿时代考》，《天水师范学院学报》2009年1月，第29卷第1期，第55~61页。

城的六镇军民在匈奴人破六韩拔陵带领下，发起六镇起义。此后不到一年时间里，河北、陕西、山西、宁夏等地相继发生大规模农民起义，对北魏政权的不满情绪很快也传递到多民族聚居的秦州地区。正光五年（524）由于秦州刺史李彦为政贪暴，士兵薛珍、刘庆等联合汉、羌、氐各族人民发起秦州起义，他们杀掉刺史李彦。推举羌人莫折大提为首领，号称秦王。距此不远的南秦州军民张长命、韩祖香等也据城反魏，斩杀刺史崔游，从秦州出发，向宁夏固原一带发起进攻。此后，莫折大提、莫折天生父子领导的秦州义军迅速壮大，先后转战陇东南、甘肃武威、陕西关中及宁夏固原一带，先后历时三年多，给北魏军队予以重创，虽然最终被北魏大军、当地豪强地主武装和内部叛徒联合镇压下去，但其部将万俟丑奴部在宁夏固原和甘肃庄浪一带坚持战斗到 530 年。在镇压莫折父子起义的过程中，秦州又成为贺拔岳军事集团和侯莫陈悦地方势力角逐的战场，双方你来我往，争斗不休，这场轰轰烈烈的农民起义对包括秦州在内地区的社会经济发展和人民生命财产安全造成重大损失。如孝昌元年（525）魏将崔延伯在秦州、仇池一带与莫折天生义军发生数次战斗，双方均有大量死伤。次年，起义军将领吕伯度叛莫折念生，投奔高平胡琛，致使双方在水洛城、秦安一带发生交火事件。后吕伯度又投奔魏将萧宝夤，引北魏军攻入陇右，给当地带来巨大兵祸。527 年，东山再起的秦州起义军进攻关中地区，引起北魏朝廷震动，同年九月，义军将领、常山王杜粲率众袭杀莫折念生及眷属，投降北魏，导致起义失败。不久，秦州城民骆超又杀杜粲，仍归附北魏，[①]这场混战对秦州当地的破坏非常严重。但秦州动荡并未到此终止，北魏永熙三年（534）秦州刺史侯莫陈悦诱杀关西大行台贺拔岳，其部将、夏州刺史宇文泰力排众议，稳住阵脚，并亲自率兵讨伐侯莫陈悦，经过水洛城、上邽城等数次战斗，并最终控制了秦

①潘守正《天水历代战事记》，北京：中国文史出版社，2005 年，第 52~54 页。

州。[①]这一时期战乱对当地百姓生活的影响从麦积山石窟北魏晚期窟龛中也有明显反映,据调查统计,栈道相对险峻的麦积山西崖北魏晚期窟龛中,体量1.8米以上见方的窟龛里绝大多数都有明显烟熏痕迹,且主要分布在窟内左、右和前壁,这种烟熏痕迹层叠现象严重,几乎遍布整个窟内,显然不是功德主、供养者或礼拜者观瞻时留下的,只能是附近百姓为躲避战乱或兵祸在窟内用火时留下的痕迹,也从另一个角度反映出当时秦州地方局势的混乱状况。这种背景下,不可能开凿出类似127窟这样耗工巨大、规模宏伟、内容丰富、布局统一的大型窟龛。实际上,开凿于北魏晚期的133窟就是一个很好例证,该窟是麦积山北魏晚期开凿的大型窟龛,从其窟龛形制上分析,开窟者是有整体考虑的,但窟内各个壁面现存龛室及相应造像题材却没有明确的统一规划和布局,显得十分杂乱。同时,多数龛内造像又体现出高超的泥塑艺术水平,说明该窟很有可能是几个秦州地区的世家大族共同出资开凿的窟龛,最终则是由于资金、财力或外部形势变化等原因,不得不缩减开支,先集中精力完成了窟内最主要的造像部分,最终未能按原计划完工。它一定程度上反映出大型窟龛在开凿过程中由于各种因素干扰,随时充满着难度和不确定性。因此,在北魏晚期秦州政局非常混乱的情况下,127窟开凿和圆满竣工是不可能的事。它只能开窟于社会经济有一定恢复和发展,社会环境相对稳定的时期内,当时符合这一条件者只有定都长安的西魏政权,故麦积山127窟应毫无疑问开凿于西魏时期。

其次,127窟开凿位置和窟龛形制具有西魏时代特征。本章第一节已经详细分析了127窟所在栈道诸窟龛的毗邻位置关系,在其以下四层栈道范围内,散布的窟龛多为北魏中、晚期开凿,其间也夹杂有一定数量西魏窟龛。这种现象表明最迟在北魏末年,西崖栈道架设工程已基本完

---

①白寿彝总主编《中国通史·三国两晋南北朝时期》(下)上海:上海人民出版社,1995年,第753~755页。

工，该工程应是有组织的施工团体所为，其组织者最有可能是麦积山所属寺院僧侣，架设栈道目的在于吸引信徒来此开窟造像，性质与北朝时期华北、山东一带石匠们提前雕刻好佛像，然后提供给出资的功德主用以礼拜或供养的道理一样。麦积山这些北魏晚期时已经架好的栈道为功德主们提供了开窟造像的基本条件，但在距地40米的崖壁上铺设栈道毕竟不是一件简单的事，难度和风险都很大。根据经验，每层栈道的窟龛开凿中，先来的功德主都会选择相对难度最小的崖面进行开窟造像。西上区顶层栈道上洞窟开凿也是如此，从127窟周围的120、121、123、126等4个内容丰富的窟龛来看，120窟功德主包括龙骧将军天水太守王宗、假伏波将军白石县令王□、武兴镇将王胜等北魏时期官职。根据文献记载，龙骧将军的设置始晋武帝时期，北魏时属武官序列从三品。伏波将军的设置始于西汉武帝时期，北魏时属武官序列从五品。[①]在地方上已属高级官吏，他们开凿的家族窟应该具有一定代表性，王氏家族多位成员均是颇具实力的地方官员，但该窟体量并不是十分大，仅两米见方。关于该窟的造像特点、服饰等前文已做过分析，带有明显的北魏晚期向西魏初期过渡性特征（图2–7），这对于推定该窟所在栈道的架设时间提供了一个大致范围。同样，从窟龛形制、造像风格、题材组合、壁画内容等推定开凿于北

图2–7　麦积山120窟菩萨像

①杜佑《通典》卷29《职官十一》；卷38《职官二十》，北京：中华书局，1988年，第803、1038、1040页。

魏晚晚期的 121、126 窟在体量上则略大于 120 窟，表明其功德主也是具有相当社会地位的秦州地方豪强或世家大族。类似规模方形窟龛在同时期麦积山石窟比较常见，如 122、154、139、142、140 等窟。说明当时受各种条件限制，在麦积山开凿 2 米左右见方的功德窟或供养窟应该是秦州地方豪强或世家大族的主要选择，而此类窟龛与 127 窟相比，双方显然不在一个层次之上，后者所能调动的人力、物力、财力远非一般意义上地方世家大族或州郡官吏所为，只有王公贵族或最高统治者才有可能完成这一宏大工程。再看开凿于同层栈道最东侧的西魏 123 窟，体量约 2.5 米见方，窟形完整、造像题材和内容也有所创新，堪称麦积山石窟西魏窟龛艺术的典范之作，体现出一种全新时代风貌，从窟内门壁两侧童男、童女形象分析，功德主有可能是带有鲜卑血统的秦州地方高级官吏。这种以反映《维摩诘经》为主题的造像窟应是受北魏晚期以来盛行的维摩诘思想影响的结果，而且可能直接来源于毗邻 127 窟左壁彩绘维摩诘变。从位置和距离上看，123 窟距 127 窟较远，笔者认为它不仅是其间空隙不足的原因，更主要则是 123 窟功德主在某种程度上表达对开凿于同一时期 127 窟功德主的一种敬意，这种现象反证出 127 窟功德主在当时非同寻常的社会地位。

第三，127 窟形制极具时代特性，与麦积山北魏时期盛行的平面方形平顶窟，以及北魏末期至西魏初期的诸多窟龛形制相比，127 窟可谓独树一帜，它是麦积山这一时期唯一以仿木帷帐样式出现的窟龛，其本身就非常令人深思，大体相同样式的覆斗顶式长方形窟在六世纪初北魏泾州刺史奚康生主持开凿的庆阳北石窟 165 窟和南石窟 1 号窟中已经出现，虽然后者没仿木梁架和帷帐结构，但它们在窟形上确实与 127 窟有相似之处，均是模拟当时地面殿堂建筑的反映。我们也可以观察到，北石窟 165 窟和南石窟 1 号窟的形制也是当地孤例，并不具有普遍性，是在云冈石窟类似窟型影响下，以及汲取了当时中原地区佛寺建筑样式，与奚康生本人的喜好及佛教信仰有密切关系。同理，麦积山 127 窟的样式也很有代表性，而且装饰风格上表现得更为明显，也与麦积山北魏以来传统形式的方形窟存在明显差别，显然是一种新的外来风尚，它在麦积山整个西魏时期开凿的窟龛中都表现得非常突出。

在经历北魏末年战乱以后，秦州成为西魏国都长安的战略后方。而大统初年西魏文帝皇后乙弗氏在麦积山出家为尼的事件，客观上也加快了麦积山石窟的开凿和寺院的修缮与营建，为饱遭北魏末年兵火之灾的麦积山再次提供了发展的历史契机。史称："昔元魏大统元年，再修崖阁，重兴寺宇……"[①]这些新窟龛样式无疑都受到国都长安地区影响，展现出一种全新时代风貌。如位于东崖下方的 28、30 窟，外部为仿殿堂式庑殿顶建筑，内部为并列开凿的平面马蹄形穹隆顶大龛，前廊还浮雕有仿木梁架结构（图 2–8）。曾作为乙弗氏寝陵的 43 窟内部为前廊后室结构，外

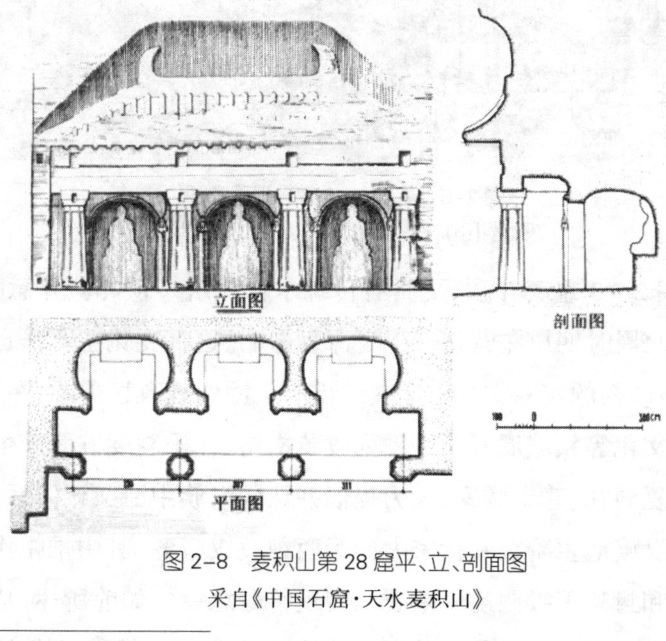

图 2–8　麦积山第 28 窟平、立、剖面图
采自《中国石窟·天水麦积山》

①麦积山石窟艺术研究所藏宋·《秦州雄武军陇城县第六堡瑞应寺再葬佛舍利记》碑，录文参见张锦绣《麦积山石窟志》兰州：甘肃人民出版社，2002 年，第 168 页。

部为仿三间四柱式殿堂，在立柱、阑额、屋脊等处浮雕有鸱吻、火焰宝珠、莲花等饰物，使得整个建筑格外富丽堂皇（图2-9）。在这股模拟地面宫殿建筑风尚影响之下，西魏时期方形窟也一改北魏时期窟龛的平顶样

图2-9 麦积山43窟立面示意图
采自《中国石窟·天水麦积山》，文物出版社

式，多采用2～3重套斗顶，更具有传统木构建筑中顶部藻井意味，对后来麦积山北周时期窟龛营建产生了深远影响。这种变化主要来自西魏国都长安，该政权的实际掌控者宇文泰出于巩固西魏政权需要，在政治、经济、军事、文化等领域展开了一系列改革措施，礼乐制度方面最主要的特征就是恢复周礼，尊崇儒家，大力提倡并认同汉族中原文化体系，以最大限度吸纳汉族地主阶级和世家大族为西魏政权服务。其中帷帐作为中原传统文化和封建等级制度中重要的表现符号之一。如前所述，从春秋战国到秦汉南北朝一直受士族阶层的追捧和重视，成为当时人们社会生活中不可或缺的重要组成部分，也是其社会身份地位的主要体现方式之

一。127窟中仿帷帐样式正是这种社会思潮的反映，它被吸纳入佛教文化因素中，也是社会功能外延方式之一，可以说系模拟当时日常生活中高级贵族经常使用的帷帐。这种窟龛样式上的变化往往是一个新的王朝，或新时代肇端的表现。

在麦积山与127窟形制类似的还有位于西崖中部的135窟，窟内正、左、右三壁正中各开一龛，各个壁画主要以壁画为主，规模及形制上与127窟差异并不大，但其顶部还没有出现仿帐式结构，该窟开凿于西魏初期。两者之间这种相似性并不是偶然，由于135窟崖面附近并没有西魏时期窟龛，所以它应该是专门选择崖壁开凿的，135窟在前壁上方凿明窗，以增加窟内采光，有利于壁画保存。此类横长方形窟龛的开凿，某种程度上也具有地面佛殿建筑特点。这种仿殿堂式建筑正是麦积山西魏窟龛的重要特征之一，东崖底下开凿的窟龛很多带有这一特征，如28、30、43窟等，说明这一建筑形式是西魏时期麦积山窟龛样式流行趋势之一，间接证明了127窟开凿于西魏时期的历史事实。

第四，127窟造像和壁画也具有较多西魏时期特征。关于127窟造像风格，正如许多学者所言，带有较多北魏晚期造像特点，人物体态相对消瘦，佛装衣裾呈三片式，与西魏佛装厚重的八字形衣裾有显著差别。菩萨装束繁缛华丽，体态婀娜多姿，不似西魏菩萨造像端庄恬静，体形挺拔，总体上与麦积山西魏造像在风格、特点上的有较多差异。对此，笔者认为，这与西魏立国之初的实际情况有很大关系，当时以宇文泰为首的关陇军事集团主要任务是稳定民心、军心，迅速恢复饱受战争创伤的关中、陇右地区社会经济生产力水平，以抵御东魏、萧梁和北方的柔然。特别是发生在大统　初年的关中大饥荒更加快了西魏政权经济改革步伐，综观这一时期宇文泰的施政纲领，主要以经济为主，如大统元年(535)，宇文泰“以戎役屡兴，民吏劳弊，乃命所司斟酌今古，参考变通，可以益国利民便时适治者，为二十四条新制，奏魏帝行之。”[①]随着西魏境内经济逐步恢复，直到大统七年(541)才根据苏绰的建议正式颁布“先治心、敦教化、尽地利，擢贤良、恤狱讼、均赋役”等六条诏书，从政治、思想、经济、文化等各个方面实施全面改革。

由此可知，公元540年以前，西魏国策主要集中在经济方面。思想、文化方面的改革和变化不大，这一时间段内的佛教造像也是一样，依然延续北魏时期洛阳地区形成的一些特点，还没有形成真正意义上的西魏造像风格。如西安博物院收藏的西魏大统初年砂石长方体四面造像碑中的坐佛，磨光高髻，身态略显丰满，身穿双领下垂式佛装，衣裾呈三片式悬垂于龛沿。(图2-10)西安碑林博物馆收藏的西魏初年造像龛，龛内主尊佛装样式与前者基本相同，三片式衣裾呈弧形展开，并明显变短，服饰表面刻有刚劲的衣纹线，已略显丰厚饱满，样式上已开始发生变化(图

图2-10 西魏大统初年砂石四面造像碑(西安博物院藏)

①唐·令狐德棻《周书》卷2《帝纪第二·文帝下》，北京：中华书局，1974年，第21页。

2-11）。西安出土的西魏大统三年（537）比丘法和四面造像碑和苏阿保双层塔式造像碑中坐佛样式都体现出类似图像特征。①这些实例证明，麦积山西魏初年窟龛造像带有北魏特征属正常现象。而且这种变化在 127 窟内也有反映，如左、右壁龛内主尊坐佛，尽管宋代重塑，但其胸以下佛装部分依然保持着麦积山西魏造像的服饰特点，下摆呈八字形覆盖于座前，宋代重塑时并未完全改掉，而是依据原来佛像服饰衣纹线重新加塑而已。（图 2-12）127 窟壁画也具有类似特性，但其变化过程明显较造像快一些，如果我们将 135 窟西魏壁画与 127 窟相比，就会发现两者在佛和菩萨像创作和绘

图 2-11　西安碑林博物馆藏西魏初年佛造像

①王锋钧《西安地区西魏石刻佛教造像的类型及特征》,《文博》,2011 年第 2 期，第 64~66 页。

图 2-12 127 窟右壁龛内造像

制技法上没有太大差别，如 135 窟正壁上方涅槃变中佛说法图中，释迦体态端庄挺拔，褒衣博带式佛装，下摆呈八字形，做 3~4 重垂叠于须弥座前。左、右侧胁侍菩萨面容清秀，束发高髻，上穿宽袖袍服，下着长裙，帔帛腹前十字交叉后再上绕搭双肘下垂及地面，跣足立于圆形莲台之上，莲台四周饰有饱满的覆莲瓣，菩萨身体略前倾，婀娜飘逸。[①]这些特征与 127 窟正壁涅槃变中的一佛二菩萨说法图，以及前壁上方七佛图中绘制的佛及胁侍菩萨神态、造型、装束等完全一致，可能系同一批画师所

①天水麦积山石窟艺术研究所《中国石窟·天水麦积山》，北京：文物出版社，1998 年，图版 175。

为，其中坐佛造型与麦积山西魏成熟期佛像特征非常相近。壁画中所绘制的国王、文武群臣等均穿着褒衣博带式中原贵族传统服饰，宽袍大袖，头戴笼冠或介帻，脚蹬云头高履。武士则多头戴小冠，身着裲裆铠，有的头戴兜鍪，身披鱼鳞铠，手持长矛，坐骑也是铠甲护体。女性贵族则束各种发高髻，身穿袿衣，帔帛搭肩绕臂向后飞扬，长裙曳地。婢女装束基本相同，但发髻多为双环髻或双丫髻，显得清纯可爱。这些装束多数同样见于敦煌莫高窟西魏大统初年的 285、288 等窟壁画之中，[①]充分体现出时代共性。

上述材料表明，127 窟开凿时间应在西魏风格形成之前的大统年间，笔者综合当与麦积山相关的历史背景判断，它的开凿年代当在西魏大统七年前后，并且有着特殊政治用意，换句话说，与西魏废后乙弗氏有密切关系。

2. 关于 127 窟功德主身份推定

既然 127 窟是为纪念西魏废后乙弗氏而开凿，那么综合相关史料，该窟功德主就应是乙弗氏之子，武都王、秦州刺史元戊，他父亲西魏文帝元宝炬及他哥哥太子元钦可能也参与了设计工作。为什么要这样讲呢？根据《北史·后妃列传》记载，西魏文帝元宝炬与乙弗氏的感情很深，他们养育的子女大多夭折，仅元钦和元戊活了下来。大统四年（538）正月，迫于北方边境的军事压力，西魏文帝正式迎娶柔然公主郁久闾氏，同时废除了乙弗氏的皇后之位，迁居别宫。后来又被迫出家为尼，并迁往长安一座寺院。但文帝并未忘记这位结发妻子，派人密令乙弗氏带发修行，隐有将来迎其归位的含义。这件事后来被郁久闾氏知道，在柔然政权威逼之下，乙弗氏再次被迫迁往秦州麦积山，依靠时任秦州刺史的儿子、武都王

---

①樊锦诗、马世长、关友惠《敦煌莫高窟北朝洞窟的分期》，《中国石窟·敦煌莫高窟》（第一卷），北京：文物出版社，1981 年，第 194 页。

元戊。那么元戊出任秦州刺史是那一年呢?根据笔者对相关史料的查证,西魏大统初年,秦州刺史为万俟普拔,他不久即率部投奔东魏高欢,宇文泰追之不及随即将南秦州刺史李弼改任秦州刺史。不久之后,李弼率部随宇文泰开往东线战场。[①]魏孝武帝任命念贤为秦州刺史,大统三年(537),念贤转任河州刺史,天水郡守常善接替他出任秦州刺史。[②]次年,念贤与常善一同被征调前往东线战场。但念贤在河桥之战中作战不力,率先退兵,导致西魏兵败,因而饱受非议。大统五年(539)再次被任命为秦州刺史,由于带有贬谪意味,念贤心情可能受到影响,不久即死于秦州。[③]大统六年(540),名将独孤信出任陇右十州大都督、秦州刺史,一直到大统十三年(547)才离开秦州。[④]从见于史料的西魏几任秦州刺史来看,只有大统四年至五年之间出任者不详,这段时间也正是宇文泰鸩杀孝武帝,推举元宝炬为西魏文帝之后不久,他们之间关系正值蜜月期,当时宇文泰重点又在东面与高欢集团争夺中原地区上,秦州重要性尚不十分突出。因此,元戊极有可能是在这种情况下被任命为武都王、秦州刺史的,任期当在公元538~539年之间。其中更主要原因在于文帝为使被废黜到麦积山的前妻不至过于寂寞而特意安排元戊同行的一种变通方式。因为根据乙弗氏生卒年龄,可知大统四年前后,元戊不过是一个12岁左右的孩子,毫无理政经验和能力。对此,《资治通鉴》有明确记载:“魏文后既为尼,居别宫,悼后犹忌之,乃以其子武都王戊为秦州刺史,使文后随之官。”[⑤]《周书·苏亮传》中也提及当时系魏文帝特意委任心腹苏亮为秦

---

①唐·令狐德棻《周书》卷15《李弼传》,北京:中华书局,1974年,第240页。

②唐·令狐德棻《周书》卷27《常善传》,北京:中华书局,1974年,第446页。

③唐·令狐德棻《周书》卷14《念贤传》,北京:中华书局,1974年,第227页。

④唐·令狐德棻《周书》卷16《独孤信传》,北京:中华书局,1974年,第265~266页。

⑤宋·司马光《资治通鉴》卷158《大同六年》,北京:中华书局,2007年,第1895页。

州司马，以照料乙弗氏母子。[①]这些材料与《北史》中关于乙弗氏前往秦州依附元戊一事的记载相符。来秦州之前的乙弗氏已在长安佛教寺院中修行了一段时间，应该对佛教一般性理论常识有所了解和掌握。而对秦州地方官员和麦积山所属寺院僧侣而言，前皇后的到来无疑是件大事，无论从哪个方面讲，对寺院都是件好事和千载难逢的机遇。麦积山石窟艺术研究所收藏的宋代《秦州雄武军陇城县第六堡瑞应寺再葬佛舍利记》碑载"昔西魏大统元年，再修崖阁、重兴寺宇"[②]应该指的就是这件事。但笔者认为宋人关于大统元年的记述可能有误，应该是指大统四年乙弗氏来麦积山后所带来的一些工程建设，崖阁开凿显然是为满足礼拜供养之需，而殿宇兴建目的主要为安置随乙弗氏前来的随从人员。

由于内外环境压力，乙弗氏被迫在麦积山自尽，西魏文帝也为此专门在麦积山修建了寝陵，即学术界公认的 43 窟。为纪念这位与他情笃意深的结发妻子，同时，也是为了抚慰他们的两个孩子——太子元钦和武都王元戊。在文帝周围近臣和麦积山寺院僧侣协助下，专门聘请了当时长安和陇右一带著名的绘塑大师，按佛寺和帷帐样式在位置和崖面条件都非常理想的西上区顶层开凿了 127 窟。

①据《周书》卷 38《苏亮传》载："魏文帝子宜都王式（既武都王戊）为秦州刺史，以亮为秦州司马。帝谓亮曰：'黄门侍郎岂可为秦州司马，直以朕爱子出蕃，故以心腹相委，勿以为恨。'临辞，赐以御马。七年，复为黄门郎，加骠骑将军。"（北京：中华书局，1974 年，第 678 页。）

②麦积山石窟艺术研究所藏宋靖康六年（1126）《秦州雄武军第六堡瑞应寺再葬佛舍利记》碑。

第三章

127 窟的形制、造像与壁画

127窟是麦积山北朝时期保存最完整的大型窟龛，与麦积山北魏时期窟龛相比，形制有了显著变化，由平面方形窟演变为平面长方形、覆斗顶仿帷帐窟。这主要是受到中原地区传统的庑殿帷帐和佛寺殿堂建筑样式影响的结果，也是早期石窟寺窟龛形制民族化、中国化的标志之一。127窟造像承袭了北魏孝文帝汉化政策以来出现的"褒衣博带"和"秀骨清像"风貌，造像组合表现为龙门石窟北魏晚期造像中常见的三壁三佛样式。但在造像风格特点上却表现出多元化外来文化因素，既有长安、洛阳同时期佛教造像特征，又有南朝佛教造像的因素。同时，窟内主尊造像题材和内容在细节处理方面又继承了麦积山北魏三佛造像的传统。127窟壁画无论从数量、题材、内容、技法等任何一个方面来讲，都堪称中国北朝时期绘画艺术的精品和典范之作。不仅集中反映了大乘佛教思想，体现出功德主的开窟目的，而且对于了解和探讨当时南朝及中原地区佛教绘画艺术的中国化进程，以及中国传统绘画艺术的影响等问题都具有无可比拟的借鉴和参考价值。

第一节　洞窟形制的探讨与分析

1. 麦积山 127 窟形制的讨论与分析

127 窟位于麦积山石窟西上区最顶层，窟内平面呈横长方形，盝形顶，四披均呈梯形。窟高 4.50、宽 8.60、进深 5.00 米，窟内正、左、右三壁正中各开一圆拱形敞口浅龛，其中正壁浅龛高 2.20、宽 1.84、进深 0.50 米，左壁浅龛高 2.66、宽 1.90、进深 0.56 米，右壁浅龛高 2.68、宽 1.85、进深 0.58 米。甬门方形，平顶，高 2.06、宽 2.07、进深 2.92 米。窟内四壁、顶部及各个转角处均雕凿有仿木梁柱，梁柱表面均施以彩绘图案，整体上模拟了中国古代世俗生活中常见的帷帐样式（图 3–1）。127 窟在形制上整体继承了同处西崖

图 3–1　麦积山 127 窟仿仿形龛示意图
采自《中国石窟·天水麦积山》，
文物出版社，1998 年，213 页。

中部的 133、135 窟，它们并称麦积山西崖三大窟，其开凿大致时间均在北魏末年至西魏初期。无论从窟龛样式、营建规模，还是窟内造像和壁画精美程度等方面来分析，这三个窟都是麦积山北魏晚期以来窟龛建筑的杰出代表，也暗示着功德主非同一般的经济实力和社会地位，在麦积山崖阁建筑中占有特殊位置。

综观麦积山北魏以来的窟龛形制，北魏早期在窟形上主要模拟北方游牧民族的草庐样式，为平面近方形平拱顶敞口大龛（图 3-2）。北魏中期以来，随着汉化程度的加深，开始出现模拟秦陇一带世俗民居样式，由于这一地区“山多林木，民以板为屋室。”①因此，当地北朝时期民居主要为平面方形的板形屋，它在石窟寺窟龛营建上直接表现为平面方形平顶窟（图 3-3），但总的看来，数量和体量上都不是很大。北魏晚期时，随着佛教滥觞，开始大量出现形制更加规范、装饰更加精美的方形窟，窟龛空间面积也较前一时期有明显增加。而仿殿堂式大型窟龛的出现则是这一时期的标志性建筑，它表明一种全新的，模拟自地面佛寺建筑样式的窟

图 3-2　麦积山 74 窟立面实测图

①汉·班固《汉书》卷二十八《地理志》第八下，北京：中华书局，1975 年，第 1644 页。

图 3-3 麦积山 101 窟平、立面实测面

龛开始在秦州地区出现，而麦积山西崖的这三个大型佛殿窟则完整展示了这种建筑形式出现、形成和发展过程。

开凿于北魏晚期的 133 窟是这三大窟中最早的一个，它位于西崖中部，窟高 5.80、面阔 12.20、进深 10.83 米，前堂后室结构，前堂平面呈横长方形，平顶，顶部右侧正中凿一方形套斗顶。后部由两个平面略呈“V”字形的纵向平顶后室组成。窟内小龛开凿情况非常复杂，在前堂正、左、右三壁及后室左、右壁均开凿有大小不一的方拱形或圆拱形龛，共计有 16 个。窟门内宽外窄，剖面呈纵长方形，平顶，高 2.40、内宽 1.80、外宽 1.38、进深 2.02 米（图 3-4）；135 窟位于 133 窟右上方，开凿于西魏初年，窟平面横长方形，平顶，窟高 4.60、宽 8.86、进深 4.68 米。在前部正中凿一半圆形涡阙，直径 2.50 米，深 0.88 米。

图 3-4 麦积山 133 窟平面实测图

采自《中国石窟·天水麦积山》文物出版社，1998 年，249 页

窟内正、左、右三壁正中各开一圆拱形敞口浅龛，其中正壁浅龛高 2.11、宽 1.90、进 0.53 深米，左壁浅龛高 2.10、宽 2.02、进深 0.44 米，右壁浅龛高 2.06、宽 1.85、进深 0.45 米，宋代时又在正壁大龛两侧各开一个略小的圆拱形龛。前壁上方并列开凿有三个略呈“品”字形排列的方形明窗，其中左侧明窗高 1.45、宽 1.43、进深 2.16 米，中间明窗高 1.45、宽 1.25、进深 2.25 米，右侧明窗高 1.46、宽 1.44、进深 2.18 米。窟门剖面呈纵长方形，内宽外窄，高 2.25、内宽 2.05、外宽 1.80、进深 2.10 米（图 3–5）。

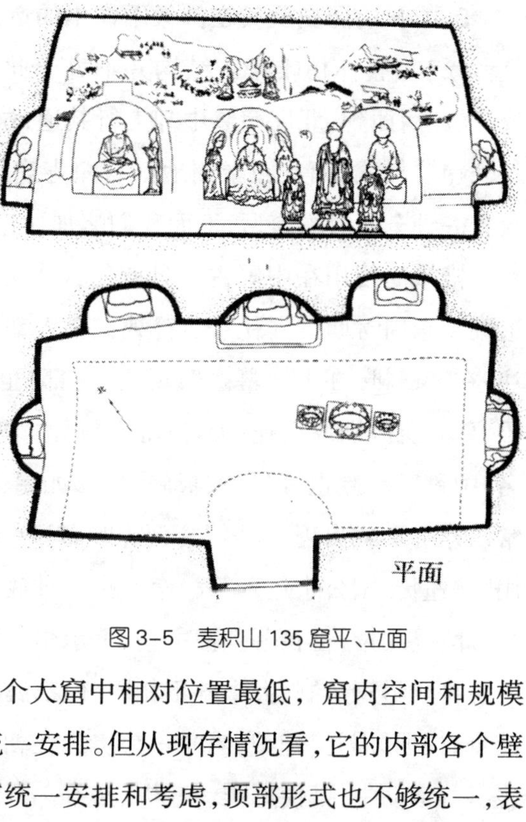

图 3–5　麦积山 135 窟平、立面

通过以上简介和示意图我们可以看出，133 窟在三个大窟中相对位置最低，窟内空间和规模最大，当初可能有形式上的统一安排。但从现存情况看，它的内部各个壁面小龛开凿杂乱无序，并没有统一安排和考虑，顶部形式也不够统一，表明至少在工程后期由于某种原因而改变初衷。因此，它极有可能是当时秦州地方大族联合捐资凿建，后来各个施主又分别单独供养的一个大窟，可以看作是麦积山北魏末期大型窟龛的嚆矢。当然，出现这种情况可能也与北魏末年秦州、陇右地区频繁的战乱有一定关系。相比之下，135 窟的开凿则具有鲜明的统一风格，它很大程度上是模拟地面殿堂建筑的结果，如前壁相对排列整齐的明窗不仅改善了窟内通风和采光条件，也是对地面建筑窗户的模拟。而本文重点讨论的127 窟则完全融合了这两个大窟的特点，成为其中保存最完好、结构最完整、内容最丰富的一个殿堂窟。而这种完整性本身就表明它的开凿、营建到完工是在一个稳定社会环境中进行的，而全新的窟龛样式则表明它代表一种新的时代风尚。

2. 帷帐的历史及其在佛教图像中的运用

127窟整体仿帷帐式结构并不见于此前麦积山石窟诸窟龛中。相反，在此后西魏、北周窟龛中却大行其道，这种现象说明它是一种全新的外来窟龛样式，而且在秦州地区石窟寺窟龛营建中非常受欢迎，应该代表着一种全新时尚窟型，下面我们略加讨论和分析。

帷帐的使用在中国古代具有悠久历史，根据先秦文献记载，它可以追溯到东周时期，《周礼·天官》载："幕人掌帷、幕、幄、帟、绶之事。"郑玄注"在旁曰帷，在上曰幕。"《说文·巾部》也称"在旁曰帷"。幄的形状与帷、幕有所区别，《周礼·天官·幕人》郑注"四合象宫室日幄"。刘熙在《释名》中称"幄，屋也，以帛衣板施之，形如屋也。"[①]在当时与幕配合使用，常以连称形式出现，如"竹箭羽旄幄幕"(《墨子·非攻中》)、"私具幄幕器用"(《左传·昭公十年》)等。帟专指一种放置于幄中的平顶小帐，用以蔽尘，郑玄注"帟，王在幕若幄中坐，上承尘。"由此可知，虽然帷、幕、幄、帟四种帐具尽管形制、大小各不相同，但都属帷帐之类，应该是汉代帷帐的前身。根据《周礼》记载，当时王公贵族在朝觐、征伐、田猎、祭祀以及举办丧事等活动中，都使用帷、幕、幄、帟等。针对不同等级的贵族，还规定了相应的使用制度。从考古材料方面也发现有类似证据，如山东长清冈辛战国墓发掘中，考古工作者就根据出土的帷帐构件推测复原出战国时期的两种帷幄帐架结构(图3-6)，从形制上看，它们均呈四坡顶长方形，只是在立柱结构上有所差异。[②]

①汉·刘熙《释名》卷6《释床帐》，北京：中华书局，1985年，95页。

②山东省博物馆、长清县博物馆《山东长清岗辛战国墓》，《考古》，1980年第4期，第325~332页。

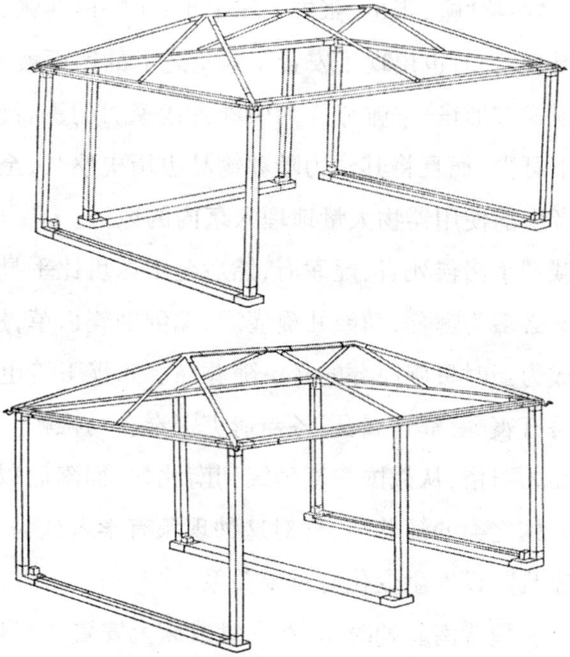

图 3-6　山东长清冈辛战国墓帷帐复原图
采自《考古》1980 年第 4 期

秦汉时期，帷帐的使用更加广泛，几乎成为殿堂建筑中必不可少的陈设，许多描写宫殿、府第豪华奢侈的汉代文献中，多有关于帷帐的描述，如《史记》载“（始皇）乃令咸阳之旁二百里内宫观二百七十复道角道相连，帷帐钟鼓美人充之，各案署不移徙。”[①]汉武帝“赐列侯甲第，僮千人。乘舆斥车马帷帐器物以充其家。”[②]这一时期贵族殿堂普遍施设帷幔，与当时建筑形式也有密切关系。汉代宫殿一般采取“前堂后室”布局，《渊鉴类函》称“古者为堂，自半以前虚之，谓堂。半以后实之，谓室。”[③]这说明古代殿堂前部是开敞的，只有楹柱而无檐墙的栏隔。为了遮蔽风尘，就需要悬挂帷幔，用于殿堂悬挂的帷均为丝织品。根据文献记载，品种也很丰富，有锦帷、绮帷、罗帷、绛纱帷、紫绡帷等。汉代帷帐有广义和狭义两种，前者范围很大，包括先秦时期的幄和幕，后者则主要指安置于床上的小帐，其本身也有坐帐和卧帐之分，《释

①汉·司马迁《史记》卷 6《秦始皇本纪》，北京：中华书局，1963 年，第 257 页。
②汉·司马迁《史记》卷 12《孝武帝本纪》，北京：中华书局，1963 年，第 463 页。
③清·张英、王士祯等撰《渊鉴类函》卷 346《居处部七》，北京：中国书店，1985 年。

名》中称“帐，张也，张施于床上也；小帐曰斗帐，形如覆斗也。”从考古材料看，当时也出现了安置于殿堂之上的四面坡式长方形大帐和四角攒尖顶式方形帐。[①]帷帐作为中国古代家居的重要设施，不仅日常生活中必不可少。而且将其作为随葬物品也历史悠久，至少在东周时期，就有把死者生前使用器物大量地埋入墓内的风俗。《墨子》卷6《节葬下第二十五》载：“乎诸侯死者，虚库府，然后金玉珠玑比乎身，纶组节约，车马藏乎圹，又必多为幄幕，鼎鼓几梃壶滥，戈剑羽旄齿革，挟寝而埋之。”可见幄幕已成为当时贵族厚葬的必备随葬品。东汉王符也说“宠臣贵戚，州郡世家，每有丧葬，都官属县，各当遣吏资奉车马帷帐。”[②]总之，以帷帐作为随葬品的习俗，从战国一直延续到南北朝。而隋唐以后墓葬中，则再没有发现帐构之类的随葬品。针对这种现象有学者认为可能与唐以后建筑风格和家具陈设发生变化有重要关系。[③]

魏晋南北朝时期，在厅堂或床上安置斗帐仍然是士族高官日常生活中常见方式之一，如《邺中记》载：“石虎御床，辟方三丈，冬月施熟锦，流苏斗帐，四角安纯金龙头，衔五色流苏，或用青绨光锦，或用绯绨登高文锦，或紫绨大小锦，丝以房子绵名曰百二十斤，白缣里，名曰复帐。”[④]早期北魏皇宫正殿也有类似陈设：“正殿施流苏帐，金博山，龙凤朱漆画屏风，织成幌。”[⑤]北朝士族阶层这种生活习俗在北魏分裂为东、西魏后依然流行，如河北磁县北齐高润墓中，墓室壁画上就绘有方形平顶帐，墓主

---

①中国社会科学院考古研究所等:《满城汉墓发掘报告》，北京：文物出版社，1980年，第160~178页。

②汉·王符彭铎校释《潜夫论笺校正》卷3《浮侈十二》，北京：中华书局，1985年，第137页。

③卢兆荫《略论两汉魏晋的帷帐》，《考古》，1984年第5期，第454~467页。

④晋·陆翙《邺中记》，王云五主编《丛书集成》初编，上海：商务出版社，民国二十六年，第5页。

⑤梁·萧子显《南齐书》卷57《魏虏传》，北京：中华书局，1972年，第986页。

人端坐其中，帐外两侧有手持扇、盖的侍从。[①]从这些帐的样式及画面布局分析，它们绝大多数均安置于殿堂之中，可见帐在当时人们日常生活中的重要性不言而喻。这一时期由于佛教传入，帷帐表面开始出现带有佛教图像符号的装饰物，并很快在南北各地风行起来。如朝鲜黄海北道安岳东晋冬寿墓壁画中的斗帐顶部及四缘就装饰有盛开的莲花及莲蕾，帐楣两端还垂饰有佩玉、流苏。[②]辽宁辽阳上王家村晋墓壁画中也发现有类似现象，其斗帐攒尖顶处也装饰有一朵盛开的莲花，帐楣两侧饰物则略有区别，左侧为龙首衔流苏，右侧类似凤首衔仙草，帐楣下方等距扎束帐幔。[③]在以平城、洛阳为中心北魏境内，这种带有明显佛教图像符号的饰物数量更多，广泛见于各种画像石以及墓室壁画之中，如宁夏固原发现的北魏太和十年左右的漆棺画，在圭形棺盖上方正中左、右各绘一座悬垂帐幔的单檐庑殿顶式建筑，殿内分别端坐身着鲜卑服饰的男女墓主人。[④]（图3-7）洛阳出土的北魏画像石线刻图，其上刻绘一方形平顶

图3-7　固原北魏漆棺画（局部）

①汤池《北齐高润墓壁画简介》，《考古》1979年第3期，第244页。

②洪晴玉《关于冬寿墓的发现和研究》，《考古》1959年第1期，第27~30页，图5、6。

③李庆发《辽阳上王家村晋代壁画墓清理简报》，《文物》1959年第7期，第60页。

④宁夏固原博物馆《固原北魏墓漆棺画》，银川：宁夏人民出版社，1988年，第9页，及书尾相关线描及临摹图。

帐，帐顶四周饰莲花、蕉叶，周缘有垂饰，帐内二人对饮，帐前置一矮几。[①]随着魏晋南北朝时期佛教被中国社会各个阶层普遍接受，帷帐也被广泛运用于佛教造像装饰，在中原和北方地区的许多造像碑、石窟寺浮雕的佛传或经变故事中都有这种帷帐形象，其表现形式主要为佛或菩萨的宝相庄严饰物，以示神圣和至高无上。如北魏迁洛前云冈第二期的5~11窟内许多小龛龛楣及两侧均雕饰有扎束式帐幔，或雕饰呈帷帐垂幕样式。[②]开封市博物馆收藏的北魏熙平二年(517)孔惠超造像碑背面上方线刻有五脊屋形龛的中龛内就悬垂有帷帐，两侧扎束帐幔。同样装饰特征的造像碑也见于淇县高村乡石佛寺北魏神龟元年(518)吴晏子造像碑背面和田迈造像碑背面上方的浮雕屋形龛内。郑州市博物馆收藏的北魏正光二年(521)扈豚造像碑则直接雕饰成五脊四阿式庑殿顶，四面均浮瓦垄，在正、左、右三面屋檐下均悬垂帷帐。偃师商城博物馆收藏的北魏正光四年(523)翟兴祖造像碑正面浮雕的屋形龛下面也设有帷帐。河南博物馆收藏的荥阳大海寺出土北魏孝昌元年(525)比丘道晗造像碑左侧上方浮雕的屋形龛内也有类似设施；[③]洛阳龙门石窟中也保存有大量类似图像资料，而且可以从中看到帷帐在佛教图像中的运用也是一个从次到主，由简至繁的发展过程，如龙门早期凿的古阳洞诸小龛中，龛楣装饰主要由忍冬纹、童子衔华绳、宝相花等组成，在最底层和龛楣两侧可见浮雕的垂幕和帐幔，其中比较典型的例子有齐郡王元祐造像龛、长乐王穆陵亮夫人尉迟氏造像龛等(图3-8)。在稍后北魏皇室主持开凿的宾阳三洞中，帷帐被正式吸纳入窟龛中，如宾阳中洞和北洞穹隆形窟顶装饰中，正中为一朵盛开的圆莲，四周环绕伎乐天，最外缘则是由三层方形

---

①王子云《中国古代石刻画选集》，北京：中国古典艺术出版社，1957年，图版5。

②参见云冈石窟文物保管所编《中国石窟·云冈石窟》(一)北京：文物出版社，1991年，相关图版。

③王景荃主编《河南佛教石刻造像》，郑州：大象出版社，2009年，第51、64、82、85、95页。

图 3-8　龙门石窟古阳洞长乐王穆陵亮夫人尉迟氏造像龛
采自《中国石窟·龙门石窟》,文物出版社,1991 年,176 页

和三角形垂饰组成的帷幕,其上方龛楣等距浮雕一圈莲花,窟内的整组造像犹如罩在巨大帷幕之下。①

此外,帷帐也作为一种图案出现在浮雕经变故事画和龛楣装饰中,

①刘景龙《龙门石窟造像全集》(第 1 卷),北京:文物出版社,2002 年,图版 61、192。

如开凿于北魏神龟三年(520)的莲花洞南、北两壁均已出现形制和样式相对完整,但装饰较为简单的帐形龛(图3-9),其中北壁上部的一个帐形龛龛楣上装饰有莲花和蕉叶。同时期龙门石窟魏字洞正壁两侧、普泰洞南北两壁也都出现有样式相差无几的帐形龛(图3-10),有的帐形龛

图3-9 龙门莲花洞南壁帐形龛

图3-10 龙门普泰洞帐形龛(局部)

下还浮雕尖拱形小龛。这些小龛多数内容、构造简单,应该是当时洛阳地区一般信众和功德主所为,从一个侧面表明帐形龛开始被接受并流行开来。同时,在维摩诘经变画中帷帐也成为一种重要的装饰器具,如北魏晚期龙门石窟窟龛内壁面或造像两侧常常会出现维摩、文殊对坐的图像。而坐于方形帐内、床榻之上的维摩诘自然成为当时南北朝士族阶级推崇的形象和榜样,例如孝昌三年(527)完工的皇甫公窟内南壁浮雕经变画中,体态清盈、精神矍铄的维摩诘坐于矮床之上,床上方设一顶方形宝帐,帐楣等距对称装饰有蕉叶、莲花、宝珠等饰物,帐楣下垂饰帐幔(图3-11),俨然一幅生活安逸、悠闲的士族人物形象,也从一个侧面反映出

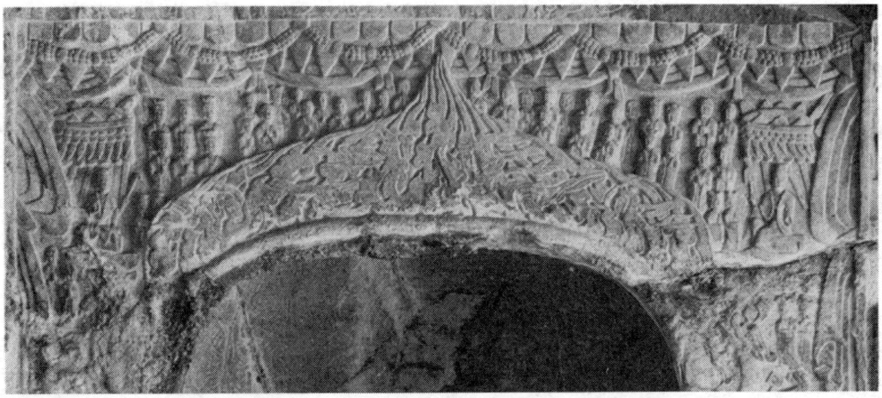

图 3–11　龙门石窟皇甫公窟南壁维摩诘帐形龛

当时床帐的盛行，类似浮雕内容也见于开凿时间相差无几的弥勒北二洞正壁主尊两侧。①开凿于北魏晚期的河南巩县第 1、3、4 窟内壁面上方也均浮雕有帷帐龛楣，近窟顶部上侧等距饰变体摩尼宝珠和莲花化生图案，下端垂饰由方形和三角形垂饰构成的重层垂幔，其下则有等距扎束的帐幔，以代表整个窟顶由帷帐构成（图 3–12）。在 1~4 窟中心柱四面开凿的小龛上端也都浮雕有装饰华丽的帐形龛，可见

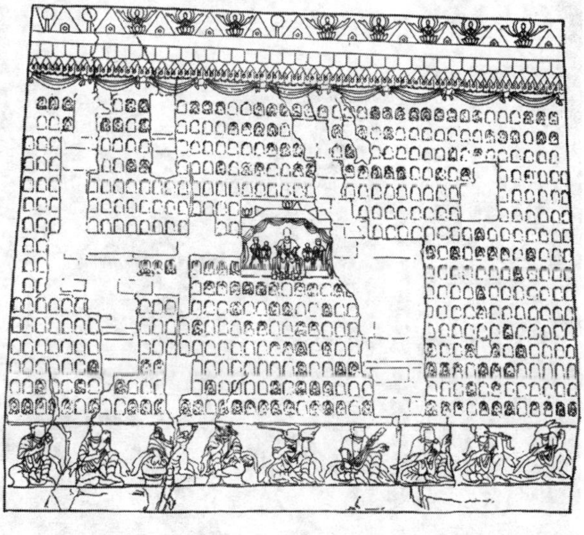

图 3–12　巩县石窟第 4 窟东壁实测图
采自《中国石窟·巩县石窟》，文物出版社，1989 年，第 203 页

①相关内容可参见龙门文物保管所、北京大学考古系编著《中国石窟·龙门石窟》（一），北京：文物出版社，1991 年。图版 146、156、51、63、87、88、185、68。

这种仿帷帐式装饰在当时是非常受欢迎，上述这些例证也说明当时在中原地区，北魏中期以后，帷帐与屋殿配合使用已经成为一种普遍现象。

由此可知，北魏晚期以来，作为南北朝人们世俗生活中的帷帐被完全吸纳到佛教庄严图像装饰中，随着北魏政权的分裂，这种样式也相继被带到邺城和长安地区，并迅速传播开来，在造像碑和石窟寺窟龛装饰中表现尤其突出。在以长安为中心的关中地区出土和发现的造像碑中，类似例证非常多。如西安博物院收藏的1973年西安北郊出土北魏砂岩释迦多宝、弥勒造像碑正面上层盝形龛下既悬垂有等距扎束的帐幔（图3-13），收藏的另一件西魏四面造像碑正面也雕有一个帐形龛，内为一坐佛及二胁侍菩萨，装饰技法基本相同（图3-14）。西安碑林博物馆收藏的田良宽佛道造像碑中，天尊坐在殿宇内之内，清晰可见殿内栏额及两侧立柱上方悬垂的帐幔。收藏的北魏普泰元年（530）四面造像碑中，正面及左面均雕刻成帷帐形龛，龛楣上方饰莲花、宝珠，

图3-13 北魏太昌元年释迦、弥勒造像碑

图 3-14　西魏砂岩长方体造像碑

下方垂饰帐幔，表面及两侧龛柱还饰有圆莲及瓔珞（图 3-15）。西安北草滩出土的白石龛像，大部分龛均为仿帷帐样式，龛楣上方饰山花焦叶及莲花宝珠，其下垂饰多重帐幔。[①]在流失于海外的关中地区造像碑中也发现有类似装饰技法，如美国芝加哥美术馆收藏的西魏大统十七年（551）艾殷造定光、释迦、弥勒、普贤四面像碑，碑顶端四面均浮雕成帷帐样式。波士顿美术馆收藏的西魏恭帝元年（554）薛氏一族造像碑正面小龛也使用的是这种帷帐装饰技法。[②]这些现象说明随着北魏汉化政策深入和佛教本土化进程加快，在关中地区北魏晚期至西魏时期造像碑的龛楣装饰上，已经开始使用带有中原文化特色的帷帐装饰，它对北周时期帐形龛

①韩伟主编、陈悦新副主编《中国石窟雕塑全集》第五卷、陕西、宁夏，重庆：重庆出版社，2001 年，图版 132~134。

②金申《海外及港台藏历代佛像珍品纪年图鉴》，太原：山西人民出版社，2007 年，第 95 页。

图3-15 北魏普泰元年造像碑中的帐形龛

的流行产生了重要影响。

地近长安的陇右地区造像碑和石窟寺也受到这种装饰风格影响，如泾川南石窟第1窟顶部浮雕《宫中观歌舞》中宫殿建筑房檐下等距扎束的帐幔。[①]敦煌北魏中期以后也出现有类似窟龛，如开凿于北魏景明年间的莫高窟487窟，平面横长方形，窟内前半部分为人字披顶，后半部分为平顶，从残存的地栿槽及地梁孔遗迹推测，作者认为它原为面阔三间的窟檐式建筑，这也是西北内陆较早的仿殿堂式窟龛。而西魏285窟已完全吸收了中原地区流行的仿帷帐结构，该窟平面方形，覆斗顶，窟内正壁开一大龛，左、右壁各并列开四个小禅室。四壁及顶部均施彩绘，特别是覆斗顶部分，刻意强调窟顶的帷帐样式：在覆斗形帷帐上沿四角各绘一兽首衔环，圆环下垂由联珠串起来的

①张宝玺《甘肃石窟雕艺术雕塑编》，兰州：甘肃美术出版社，1994年，图版142。

璎珞、流苏、佩玉、鸾玲等饰物，两侧还各饰一缕打结的飘带。帷帐下沿绘一圈半圆形帐幔，显得非常华贵。[①]在庆阳北石窟西魏 135 窟装饰中，它的前檐作垂幕状，窟顶两角各雕莲花，样式上也非常接近帷帐。由此可见，到北魏晚期以后，帷帐装饰不仅广泛运用于佛教窟龛和造像碑龛楣之中，而且内容也更加富于变化。

3. 127 窟仿帷帐式窟型的样式来源

麦积山 127 窟仿帷帐结构应是当时这种风气影响的产物，经过北魏晚期和西魏初期开凿的 133、135 两个大型殿堂窟的实践和探索，可以说 127 窟已经形成了一种全新的仿帐形窟，并为后来麦积山北周时期大型崖阁式仿殿堂窟的出现打下基础。但是，就平面长方形覆斗顶窟样式来源而言，它主要还是受到了洛阳地区的影响。

根据调查，北魏时期由山西大同经太原到洛阳或邺城的古代交通沿线城镇开凿的石窟寺中最早出现了平面长方形或方形、覆斗顶、三壁三龛式仿殿堂窟，如开凿于北魏太和、景明年间的山西武乡县侯良店石窟大龛（前壁原来可能还有明窗，现已坍塌无存），高平市羊头山第 8 窟。开凿于北魏晚期的高平市石堂会第 1、3 窟。开窟于东魏初年的太原晋祠镇悬瓮山瓦窑村石窟东窟等。与麦积山 127 窟相比，上述这些平面方形覆斗顶窟均带有前廊，两侧各浮雕一身力士，后室内造像题材多数为三世佛，但个别组合题材也很有当地特色，如侯良店石窟大龛内三壁龛内均为双佛并坐。这种带有前廊的覆斗顶窟作者认为是模拟自云冈第 7、8 窟，[②]它与麦积山 127 窟在窟龛外部立面处理上显然不同。

在陇右地区，形式上与山西境内北魏平面长方形覆斗顶窟样式比较

---

①樊锦诗、马世长、关友惠《敦煌莫高窟北朝洞窟的分期》，敦煌文物研究所编著《中国石窟·敦煌莫高窟》（第一卷），北京：文物出版社，1981 年，第 194 页，图版 140~143。

②李裕群《山西北朝小型石窟的考察与研究》，巫鸿主编《汉唐之间的宗教艺术与考古》，北京：文物出版社，2001 年，27~55 页。

接近的有庆阳北石窟165窟和泾川南石窟1号窟，这两座窟龛的形制、大小、布局基本一致。以165窟为例：平面长方形，覆斗顶，窟高14、宽21.7、进深15.7米，窟门高5.9、宽3.75、进深1.95米，窟门顶部设明窗。窟内正、左、右三壁设坛基，高1.20米，正壁坛基宽2.40米，左、右壁坛基宽1.96米，窟门外两侧各浮雕一身力士形象。①据碑刻记载，其功德主为北魏泾州刺史奚康生，开凿时间分别为北魏永平二年(509)和永平三年(510)。不仅时间上比麦积山127窟早三十多年，而且体量几乎大出三倍，考虑到北石窟165窟内高大的七佛造像布局，它应该是完全模拟了当时佛教殿堂建筑，虽然没有前室，但窟门外两侧浮雕力士的做法与山西境内覆斗顶窟前廊两侧造像题材具有很强相似性。因此，南、北石窟寺在窟龛形制上受云冈石窟影响的因素要多一些，但麦积山127窟在形制上并未继承这一特点，而是更多地体现出洛阳地区此类窟龛样式特征：窟门外为素面，没有前廊或浮雕金刚、力士等护法形象，代表性窟龛如渑池鸿庆寺第2、4窟。②至于在窟龛内大量装饰帷帐的做法，北魏晚期时已见于陇右地区石窟寺中，如永靖炳灵寺128、132窟也采用了平面方形，三壁三龛，覆斗顶的窟龛结构，两个窟内顶部正中均浮雕方形藻井，其中128窟窟门两浮雕有方形立柱，柱头饰龙首莲花。③由于烟熏严重，窟内彩绘部分模糊不清，但从窟顶藻井和龙首柱头等现象推测，这两个窟显然已经采用了中原地区流行的仿帷帐式结构，说明这种中原样式的覆斗顶窟对陇右地区的影响最早在北魏晚期时已经开始，到西魏时已经

---

①甘肃省文物工作队、庆阳北石窟文物保管所编《庆阳北石窟寺》，北京：文物出版社，1985年，第58页。

②李文生《渑池鸿庆寺石窟》，龙门文物保管所、北京大学考古系《中国石窟·龙门石窟》，北京：文物出版社，1991年，第254~264页。

③甘肃省文物工作队、炳灵寺文物保管所《中国石窟·永靖炳灵寺》，北京：文物出版社，1989年，第248~249页。

非常成熟。因此，才会出现类似 127 窟这种完美结合的窟型。

因此，从上述材料可知，随着北魏孝文帝汉化政策的深入，北魏统治下的北方各地，无论是造像碑，还是窟龛建筑，带有帷帐的殿堂形象迅速增加，内容和形式也逐步由简到繁，它对后来北方各地石窟寺仿殿堂崖阁的流行奠定了基础，这种现象也是北魏时期外来佛教建筑艺术汉化的主要表现之一。

第二节 127窟造像题材的讨论与分析

1. 127窟造像题材与内容

127窟正、左、右三壁龛内造像均为一佛二菩萨的一辅三身式组合。

图3-16 麦积山127窟正壁龛内石窟一佛二菩萨

(窟内正中尚存有宋代重塑的一佛二菩萨像，将在本文第七章专门讨论。)其中正壁龛内镶嵌一组石雕造像(图3-16)，正中为莲瓣形背屏式坐佛，通高2.05米，佛高1.40、宽0.85、厚0.40米，面形长圆，涡旋纹高肉髻，额际方正，弯眉细长目，鼻梁高直，双唇微启，眉间刻白毫相，面颊清瘦，下颌饱满，两耳平贴后颊。短颈端肩，挺胸敛腹，左手施与愿印，右手施无畏印，结跏趺坐于方形佛座之上。内着偏衫和中衣，外穿垂领式宽博袈裟，衣角搭左小臂后自然下垂覆左膝，下着长裙。衣带胸前打结后分两缕外露下垂，袈裟下摆呈三片式垂于座前，其间裙裾外露，呈燕尾形展开，服饰表面刻有稀疏刚劲的衣纹线。佛表情安静祥和，体态轻秀之中略显厚重。

佛头光圆形，高浮雕，内侧雕一圆莲，边缘饰双层莲瓣。正上方中间高浮雕一化佛，身穿垂领宽博袈裟，禅定印，结跏趺坐于覆莲台上。化佛身后饰圆莲形头光，头光两侧各浮雕一组变体莲花和莲叶。覆莲台下方左、右各生出一组缠枝莲茎，将主尊的莲瓣形头光圆绕其中，每组莲茎转折处均浮雕有莲蕾、莲花、忍冬、化生童子等形象，构思十分精巧。外侧圆形装饰纹带较宽，以上方正中化佛为中心，共浮雕 12 身伎飞天，左右对称排列，每侧 6 身。均束发高髻，眉清目秀，上身袒露，下着裹足长裙，帔帛搭肩绕臂，向后飞扬。其中左侧（以佛为中心）上至下第一身双手合握，举至胸前，似在吹埙。第二、三身并列飞翔，前者回头，分别吹奏胡角和排箫。第四身俯首扭腰，正在弹拨阮咸。第五身昂首挺胸，左手微曲下垂，右手平置于胸前，因残损所持乐器不明。第六身双手合握于嘴前，似在吹奏笙或筚篥类的乐器，因残损具体形象不详。右侧上至下第一身双手侧举，与肩持平，似在演奏长笛（已残毁）。第二、三身并列飞翔，前面一身双手各持一钹，正在敲击。后面一身右腑下置一腰鼓，正在拍击，两人似在交谈。第四身双手持箜篌，正在演奏。第五身目光前视，古筝平置于膝前。第六身双手交于胸前持一乐器，因残损具体形象不详。在伎乐天的空隙之间，浮雕有圆莲、流云及莲花化生等图案。佛背光呈莲瓣形，上半部分与头光重合，仅露出尖顶部分，浮雕莲花宝珠，两侧浮雕对称舒展并上扬的忍冬纹。主尊佛肩至膝部之间空白处亦对称浮雕有弟子及飞天像 10 身。其中佛肘部外侧各浮雕一半隐弟子像，身体略前倾，仅表现出胸以上部分。弟子身穿袈裟，双手笼于胸前，头向外视。左侧一身神态苍老，右侧一身面容稚嫩。左、右两侧的飞天均对称排列，各 4 身，神态基本相同，其中上至下第一组呈向下飞姿，双手似各持一供养物。第二至四组均呈半跪姿，双手均举至胸前，似各捧一供养品，因残损具体形象模糊不清。

佛左侧菩萨通高 1.51 米，高 1.09、宽 0.35、厚 0.20 米，右侧菩萨通高 1.50 米，高 1.10、宽 0.42、厚 0.20 米。两尊造像的体姿、神态、服饰、装束等基本相同。均头戴方形高冠，前端饰摩尼宝珠。发髻笼于冠内，外露部分上等距饰宝相花。面形长圆，弯眉细长目，直鼻小口，短颈端肩，挺胸鼓腹。宝缯于耳后垂至双肩，上垂饰一圆形饰物，垂带自肩前贴身下垂至双肘外侧。颈饰项圈，戴手镯。内着偏衫，下着束胸长裙，衣带自胸前分两缕下垂至双膝之间。帔帛胸前十字交叉后，上绕再搭肘下垂至裙裾两侧。帔帛表面装饰有玉米穗状的璎珞，跣足立于圆形覆莲台上。头部饰一桃形项光。两尊菩萨的手姿略有不同，其中左侧菩萨左臂曲至右腹前，手持一桃形玉环。右手上举齐胸，掌心向外，拇指、食指、中指并拢伸直，其余两指弯曲下压。右侧菩萨手姿同好相反，在视觉上形成很好的对称性。

图 3–17　麦积山 127 窟左壁大龛全景

窟内左、右壁龛内均为泥塑造像（图 3–17），正壁主尊坐佛均系宋代重新补塑，佛装衣裾部分尚可见原塑造像服饰痕迹。其中左壁龛内坐佛高 1.63、宽 1.04、厚 0.65 米，佛座高 0.50、宽 1.04、厚 0.60 米，右壁龛内坐佛高 1.70、宽 1.09、厚 0.62 米，佛座高 0.52、宽 1.02、厚 0.58 米。左、右壁龛内主尊两侧胁侍菩萨均为原作，其中左壁龛内左侧菩萨高 1.37、宽 0.60、厚 0.20 米(图 3–18)。双叉式高发髻，面形长圆清秀，弯眉细目，直鼻小口，细颈削肩。上身袒露，下着长裙，衣带腹际打结之下分两缕下垂，跣足立于坛台之上。帔帛膝前十字交叉后上绕分别搭双肘后下垂，颈部两侧各一圆镜形饰物，其下缀饰三缕飘带，贴双肩下垂至肘部。颈饰桃形宽边项圈，其末端缀一忍冬形花饰，腕佩手环。菩萨身体略呈弓形，左手扬至胸前，五提并拢，掌心向内。右手平置前伸，掌心向上，托一方形果盘。体态轻盈，面带微笑，充满着浓郁的生活气息；右侧菩萨高 1.36、宽 0.70、厚 0.15 米(图 3–19)。戴方形冠，帽檐前端饰莲瓣宝珠，发辫自耳后披至双肩。面容、神态、装束基本同左侧菩萨，头略前倾，身姿挺

图 3–18　麦积山 127 窟左壁龛内左胁侍菩萨

图 3–19　麦积山 127 窟左壁龛内右胁侍菩萨

拔，左手前伸齐肩，掌心平直和上，五批略分，做恭请状。右臂微曲至膝前，手持帔帛一角，尤显婀娜多姿；右壁龛内左侧菩萨高1.51、宽0.57、厚0.20米（图3-20）。双叉中分式高发髻，发辫自耳后垂至双肩，面容清秀，长肩细目，直鼻小口，细颈削肩，上身袒露，下着长裙，衣带腹际打结之下分两缕下垂，跣足立于坛台之上。帔帛膝前十字交叉后上绕分别搭双肘后下垂，颈部两侧各一圆镜形饰物，其下缀饰三缕飘带，贴双肩下垂至肘部。颈饰桃形宽边项圈，其末端缀一忍冬形花饰，腕佩宽边手环。菩萨左臂基本残毁，右臂曲肘前伸，掌心平直向上，托一方形果盘（部分残损）。面带微笑，体态端庄挺拔；右侧菩萨通高1.46、宽0.51、厚0.20米（图3-21）。发髻、体态、装束基本同左侧菩萨，左手置于胸前，手持一支带柄莲花，右手自然下垂，在膝前微曲，手握帛带，亭亭玉立。造像题材上，127

图3-20 麦积山127窟右壁龛内左侧胁侍菩萨

图3-21 麦积山127窟右壁龛内右侧胁侍菩萨

窟内的三佛组合是麦积山石窟北朝时期最流行的题材。[①]三佛是佛教造像中常见内容之一，早在犍陀罗美术时期的阿富汗和巴基斯坦境内，就有考古发掘出土的三佛造像，其形式既有三佛并坐，也有三佛三菩萨间隔并立。佛教传入中国后，三佛题材的造像更是广泛见于中国北方地区诸石窟寺和造像碑中，关于三佛命名、组合形式、反映的佛教思想、流传分布情况等，海内外学者均已做过详细研究，[②]本文不再详述。下面仅就127 窟内三佛组合的含义及其造像风格、艺术渊源等做些探讨和分析。

2. 关于 127 窟三佛造像身份的讨论

对于 127 窟三佛身份，目前学术界尚无明确结论，相关研究成果也不多，有学者已经提出个人看法，认为 127 窟的三佛空间概念上的横三世佛，即中土裟婆世界释迦牟尼和文殊、普贤菩萨，东方琉璃世界的药师琉璃光佛和日光、月光菩萨，西方极乐世界的阿弥陀佛和观音、大势至菩萨。但对于定名理由并未给出更多解释，只是笼统地认为是"遵守佛教早期的一种传统形式规范，结合中国的传统文化理念，迎合当时佛教思想传弘在社会人们中的接受程度和普及状况。"[③]这种解释有一定道理，但

①麦积山石窟现存最早的 74、78、90 等窟内均为三佛坐像，分别安置于窟龛正、左、右三壁倒"凹"形坛基之上，佛的大小、样式、服饰等基本一致，这种组合样式成为麦积山北魏造像组合的一大特色，在北魏中后期的方形窟内造像组合多为三佛，如 16、17、51、72、80、85、87、100、101、114、121、122、128、140、142、148、154、155、158、163 等窟，西魏、北周时期麦积山石窟的三佛题材依然流行，如 20、28、30、81、83、88、105、45、62 等窟。

②刘慧达《北魏石窟中的"三佛"》，《考古学报》1958 年第 4 期，第 91~101 页；贺世哲《关于十六国北朝时期的三世佛与三佛造像诸问题（一）》，《敦煌研究》1992 年第 4 期，第 1~18 页；贺世哲《关于十六国北朝时期的三世佛与三佛造像诸问题（二）》，《敦煌研究》1993 年第 1 期，第 1~10 页；杜斗城《麦积山早期三佛窟与姚兴的〈通三世论〉》《敦煌学辑刊》2007 年第 1 期，第 119~124 页；魏文斌《麦积山石窟初期洞窟三佛造像考释》，《敦煌学辑刊》2008 年第 3 期，第 128~145 页。

③项一峰《麦积山第 127 窟研究》，郑炳林主编《麦积山石窟艺术文化论文集》（上），兰州：兰州大学出版社，2004 年，第 99 页。

定义过于宽泛,并未过多注意到127窟三佛造像与其所对应壁画之间的内在关系。同时,也没考虑到麦积山石窟北魏以来三佛题材的发展和变化情况,尚有许多可商榷之处。

综观麦积山石窟整个北魏阶段各个时期的三佛造像,其本身组合关系非常复杂。早期以74、78等窟为代表的三佛大小、形象、装束、体姿等基本雷同,没有明显区别,使学者们在具体三佛身份认定上发生很大分歧。刘慧达①、邓健吾②、贺世哲③、张学荣④、张宝玺⑤、杜斗城⑥、赖鹏举⑦、李西民⑧、久野美树⑨、八木春生⑩、魏文斌⑪等多数学者认为表三世佛,阎

---

①刘慧达在《北魏石窟中的"三佛"》《考古学报》1958年第4期,第91~101页。

②邓健吾《麦积山石窟的研究及早期石窟的两三个问题》,《中国石窟·天水麦积山》,北京:文物出版社,1998年,第219~229页。

③贺世哲《关于十六国北朝时期的三世佛与三佛造像诸问题(一)》,《敦煌研究》1992年第4期,第1~18页;贺世哲《关于十六国北朝时期的三世佛与三佛造像诸问题(二)》,《敦煌研究》1993年第1期,第1~10页。

④张学荣《麦积山石窟的创建年代》,《文物》1983年第6期,第14~17页。

⑤张宝玺《麦积山石窟开凿年代及现存最早洞窟造像壁画》,《中国考古学会第一次年会论文集》,北京:文物出版社,1979年。

⑥杜斗城《麦积山早期三佛窟与姚兴的,〈通三世论〉》,《敦煌学辑刊》,2007年第1期,第119~124页。

⑦赖鹏举《麦积山石窟造像由"涅槃"到"卢舍那"的转变》,郑炳林、花平宁主编《麦积山石窟艺术文化论文集》(上),兰州:兰州大学出版社,2004年。

⑧李西民《试论麦积山石窟艺术史上的六个高潮》,《石窟艺术》第1期,西安:陕西人民出版社,1990年,第72~82页。

⑨久野美树《中国初期石窟の观佛三昧——麦积山石窟を中心として》,《佛教芸術》,第176号,1988年1月。官秀芳汉译文载《敦煌学辑刊》2006年第1期。

⑩八木春生《麦积山石窟第74及び78号窟の营造年代につぃて》,《云冈石窟文详论》法藏馆,2000年。何洪岩、魏文斌汉译文载《敦煌研究》2003年第6期。

⑪魏文斌《麦积山石窟初期洞窟三佛造像考释》,《敦煌学辑刊》,2008年第3期,第128~145页。

文儒[①]、董玉祥[②]、项一峰[③]等学者则认为其代表三身佛或三方佛。也有学者根据这两个窟正壁主尊两侧上方小龛内的交脚、思维菩萨题材内容的考释，推定出正壁主尊为释迦牟尼，至于左、右两壁的坐佛身份尚无法确定。[④]在较 74、78 窟时代略晚的 100、128、148 等窟的三佛造像两侧壁面小龛内开始出现释迦、多宝影塑，从而进一步证明了法华思想在麦积山窟龛造像中起着重要作用。到北魏晚期，开始出现明确显示造像主尊为三世佛的窟龛，如 101、163 窟正壁及右壁主尊为结跏坐佛，左壁主尊为交脚弥勒菩萨形象，而 142 窟正相反，右壁主尊为交脚弥勒，正壁及左壁主尊为结跏坐佛。毫无疑问，这几个窟内造像表现的是竖三世佛题材。西魏时期，三佛形象再次趋向雷同，如 20 窟正壁坐佛施说法印，左、右壁主尊禅定印或双手交叠于腹前（图 3–22）。135

3–22　麦积山 20 窟内景
采自《中国石窟·天水麦积山》

①阎文儒《麦积山石窟的历史、分期及其题材》，阎文儒主编《麦积山石窟》，兰州：甘肃人民出版社，1984 年。第 15~58 页。

②董玉祥《麦积山石窟的北魏窟龛及其造像》，阎文儒主编《麦积山石窟》，兰州：甘肃人民出版社，1984 年，第 59~77 页。

③项一峰《十六国北魏时期麦积山石窟三佛考析》，《佛学研究》，1997 年，52~55 页。

④张学荣、何静珍《论莫高窟和麦积山早期洞窟中的交脚菩萨》，《1987 年敦煌石窟研究国际讨论会文集·石窟考古编》，沈阳：辽宁美术出版社，1990 年，第 85~96 页。

图 3-23 麦积山 135 窟左壁龛内坐佛

窟正壁和左壁坐佛施说法印(图 3-23)，右壁坐佛宋代重塑，原手印不详。北周时期 62 窟内三佛造像中，形象基本相同，其中正壁坐佛略高，施说法印(图 3-24)。左、右壁均为半跏趺坐，禅定印。麦积山北朝晚期三佛题材的这种无差异性现象表明，在没有任何题记可供参考的情况下，通过造像本身特征来确定三佛身份非常困难。

那么，如何来确定 127 窟中三佛的身份呢？笔者拟从以下三个方面

图 3-24 麦积山 62 窟正壁坐佛及菩萨

着手做些探讨和分析：一是麦积山石窟的佛教历史地理背景；二是 127 窟内与各壁主尊造像对应的壁画内容；三是与大致同时期北方地区其他石窟寺三佛造像的比较分析。

从麦积山石窟相关佛教历史背景来看，最初开窟情况现已不详，但它所处秦州地区佛教传播活动堪称历史悠久。早在东汉末年，境内可能已经开始出现佛教传播活动，据《释迦方志》载："后汉献帝建元十年，秦州刺史遣成光子，从鸟鼠山度铁桥而入，穷于达徕。旋归之日，还距前途。自出别传"。[①]有学者通过年号、秦州设置等史料否定了这条记载的可靠性，但指出其在一定程度上反映了当时秦州地区佛教流行情况。[②]进入西晋十六国时期，秦州地区以其特殊地理位置，成为佛教传播和流布的重要地区，先后有许多高僧在这一带活动，对促进天水一带佛教发展起到很大作用。如西晋高僧竺法护曾在天水翻译出《普曜经》。[③]西晋末年帛法祖、帛法祚兄弟在秦州和梁州一带弘法传教，[④]开启了关陇之间的佛法交流。后赵高僧单道开"以石虎建武十二年，从西平来，一日行七里。至南安度一童子为沙弥，年十四，禀受教法，行能及开。时太史奏虎云：'有仙人星现，当有高士入境。'虎普敕州郡，有异人令启开。其年冬十一月，秦州刺史上表送开。"[⑤]但对麦积山影响最大的当属后秦时期姚兴、姚嵩兄弟以及在长安弘法的龟兹高僧鸠摩罗什。时任秦州刺史的姚嵩与姚兴表诏往来中，多有谈论及研讨佛理的言论，其中就涉及三世佛问题，

①道宣《释迦方志》卷下，北京：中华书局，2000 年，第 96~97 页。

②魏文斌《汉至北魏秦州佛教史料与麦积山石窟》，《敦煌学辑刊》，2013 年第 1 期，第 106 页。

③温玉成《中国早期石窟寺研究的几点思考》，《敦煌研究》，2000 年第 2 期，第 52~57 页。

④释慧皎著汤用彤《高僧传》卷 1《晋长安帛远》，北京：中华书局，1997 年，第 26~27 页。

⑤释道世著，周叔迦、苏晋仁校注《法苑珠林校注》，北京：中华书局，1997 年，第 420 页。

对于其中疑惑，姚兴还专门向鸠摩罗什请教，[1]他本人还写有《通三世论》和《通三世》两篇论著，以强调佛的三世恒有，借以强化他的统治。同时也宣扬了佛教悠久的历史，以维护和巩固佛教地位。后秦统治者的三世佛观对麦积山石窟三佛造像题材的出现和形成提供了思想和理论基础，74、78等窟中三佛题材的出现可能与此有很大关系，它在秦陇地区也产生了重要影响。与麦积山毗邻的永靖炳灵寺西秦169窟1、4、7、9、14、16、21等龛中也塑有或立或坐的三佛造像(图3-25)。这种组合形式

图3-25　炳灵寺西秦169窟三壁三佛
采自《中国石窟·永靖炳灵寺》文物出版社，1989年，图版29

与同时期河西、敦煌地区以交脚弥勒为主的造像组合形式有一定区别，显示出两地之间的差异，彰显出秦陇佛教造像的地域特征。麦积山以三

①崔鸿《十六国春秋》卷60《后秦录·姚嵩》，影印《文渊阁四库全书》，上海：上海古籍出版社，2003年，第276册，第812~813页。

壁三佛为主要特征的三佛造像题材贯穿了整个北朝阶段，甚至在隋唐时期还保持着很强影响力，如麦积山东崖 5 号窟（牛儿堂）依然为三佛题材。对于麦积山整个北魏时期三佛题材的含义，如前所述，绝大多数学者经过研究认为表现的是代表过去、现在和未来的竖三世佛，特别是麦积山 142、163 等北魏晚期窟龛中带有明确图像含义的三佛形象似乎更说明了这点。但对形象基本相同的 127 窟三佛，问题似乎又回到了原点，它们各自身份如何确定依然困难重重。这里唯一可以肯定的是 127 窟三佛题材和布局在很大程度上继承了麦积山北魏以来形成的三佛造像传统，是当时大乘佛教思想被极力弘扬的具体表现。

但这种情况下，对于 127 窟三佛身份的确立必须另辟思路。笔者认为，窟内三佛所在壁面经变绘画是一个非常重要的切入点。127 窟作为一个保存完整，历史上基本未受过扰动的窟龛，无论是它的窟型、造像，还是壁画都是在统一组织和协调下完成的，功德主所表达的窟龛内容必然具有完整性和统一性。从这个角度出发，三佛所在壁面绘画与造像之间肯定存在着一定关系，共同表达出某种佛教思想和观念。在北朝晚期东部地区石窟寺中已发现有相关例证，如北齐开凿的河南安阳小南海石窟中窟北壁（正壁）为一坐佛二弟子，左（东）、右（西）壁各一立佛二胁侍菩萨，这几尊像均为高浮雕，其对应壁面分别浮雕有内容复杂的画面，其中左壁为弥勒为天众说法，右壁为九品往生、八功德水等。丁明夷先生结合上述内容及窟内相关刻经材料认为窟内正壁主尊为卢舍那佛，左壁主尊为弥勒佛，右壁主尊为阿弥陀佛。[①]刘东光、颜娟英等学者也持类似观点。[②]此

---

①丁明夷《北朝佛教史的重要补正——析安阳三处石窟的造像题材》，《文物》，1988 年第 4 期，第 15~20 页。

②刘东光《有关安阳两处石窟的几个问题及补充》，《文物》，1991 年第 8 期，第 71~78 页；颜娟英《河北南响堂石窟寺初探》，《考古与历史文化——庆祝高去寻先生八十大寿论文集》（下），台北，中正书局，1991 年，第 331~362 页。

后，又有学者经过对该窟正壁浮雕内容释读，成功考证出系反映《涅槃经·圣行品》内容的画面，并据此判定正壁主尊为释迦佛。[①]贺世哲先生在考证后认为，小南海东窟、西窟的三佛造像也应为卢舍那、阿弥陀和弥勒。同属这一石窟群的邯郸南响堂第5、7窟内的三佛造像应为释迦、阿弥陀和弥勒；[②]在距其不远的灵泉寺石窟东魏武定四年（546）开凿的大留圣窟内造像亦为卢舍那、阿弥陀和弥勒等三佛组合形式，同地开凿于隋开皇九年（589）的大住圣窟内三佛组合也是这一题材。[③]

东部地区北朝晚期石窟中出现的与佛教经典紧密相关的造像与壁画题材不仅是当地佛教义学发达的一种表现，而且在某种意义上更是这一时期外来佛教思想中国化的具体反映，这种观念和做法的形成必然有一个发展、变化和形成过程，它为我们探讨和分析麦积山127窟造像与壁画之间的关系提供了一个新的思路。麦积山127窟正壁主尊所在壁面通壁绘《涅槃经变》。这铺经变所依据的《大般涅槃经》一向被视为释迦牟尼临终时的言教，根据小乘《涅槃经》记载，释迦在阿难陪同下，四处外游，弘传佛法。这期间佛陀患病，自知将不久于世。于是，他向阿难表示自己可以用神通之力久住于世。但此时，阿难被魔王波旬所惑，不知求佛住世，加之波旬也不断催促佛陀入涅槃。在这种情况下，释迦宣布他将于三个月后离开世间。随即释迦、阿难等人向拘尸那城进发，途中释迦接受纯陀以旃檀耳供养，病情反而加剧。释迦指出，在他初道和临入灭时施食者，同会得到更大益处。果然，纯陀先佛而入灭。释迦到拘尸那城后，躺在娑罗双树之间，城中行者须跋陀罗求教，成为释迦的最后弟子。不久，佛在禅定中入灭，但尸体却火化不了。七天之后，在外地修行的迦叶和五百

①李裕群《关于安阳小南海石窟的几个问题》，《燕京学报》，新6期，第161~181页。

②贺世哲《关于十六国北朝时期的三世佛与三佛造像诸问题》（一）《敦煌研究》，1992年第4期，第13~14页。

③李裕群《古代石窟》，北京：文物出版社，2003年，第191~192页。

弟子听闻噩耗赶到，这时，释迦尸身不烧自燃，舍利由八个国家均分，各自起塔供养。而大乘《涅槃经》则选择释迦于娑罗双树临入灭时为该经起讲时，略去了此前释迦游行教化的内容。在与释迦对话的人物中出现了摩诃迦叶菩萨，他在《大般涅槃经》出现的频率很高，除《德王品》、《师子吼品》、《憍陈如品》外，其他品序中都有关于摩诃迦叶菩萨与释迦的对话，借以宣扬大乘菩萨行精神，并降低小乘《涅槃经》中弟子的作用和影响，对此经中明确指出："若以法宝嘱咐阿难及诸比丘，不得久住。……应以大乘付诸菩萨，令是妙法久住于世"。[①]127 窟正壁涅槃经变绘制一佛二胁侍菩萨，以及下方龛内安置石雕一佛二菩萨都具有这种意味，从而强调了菩萨在修习定慧方面所起的特殊作用："若有菩萨修习定慧起烦恼者，习定慧起烦恼者，当知尔时不宜修舍，宜应读诵书写解说十二部经，念佛、念法、念僧、念戒、念天、念舍，是名修舍。善男子，若有菩萨修习如是三法相者。以是因缘得无相涅槃"[②]为突出菩萨与弟子功能与含义上的对比性，在具体人物形象明显做了区别，石雕坐佛背光两侧高浮雕出的半身阿难和迦叶弟子像便透露出这层含义：阿难、迦叶、波旬、纯陀等都是大小乘《涅槃经》中提及的人物，其中阿难是释迦临遗教的传诵者，且一直守护在佛陀身边，而迦叶在释迦灭度后负责结集遗教，又身为僧团领袖，德高望重。因此，在主尊背光处有意添加上这两位弟子的形象，但处理又非常简略，与两身雕饰精美，装束华丽的菩萨形成鲜明对比。画面左侧的八王分舍利，右侧释迦金棺说法等场景亦彰显出大乘佛教的释迦涅槃观："我无老病死，寿命不可尽。我今入涅槃，犹如大火灭。纯陀汝不应，思量如来意。当观如来住，犹如须弥山，我今入涅槃，受于第一乐。"[③]

通过上述图像内容分析，可以确定正壁龛内背屏式石雕坐佛表现的

①《大正藏》第 12 册，第 379 页。

②《大正藏》第 12 册，第 794 页。

③《大正藏》第 12 册，第 373 页。

应该是释迦牟尼佛。

左壁上方通壁绘《维摩诘经变》，维摩、文殊分别位于主尊大龛上方左、右两侧，维摩诘安坐于宝帐之内，床榻之上。对面文殊倚坐于宝盖之下，两人之间立有吉祥天女，四周侍立有众多听法菩萨、弟子、信众等。这幅经变画与下方正中龛内造像身份之间的关系，仅从佛典记载尚无法直接得出结论。所幸笔者通过查阅北朝以来陇右一带相关佛教图像文献时，找到一组珍贵例证：在敦煌莫高窟隋初开凿的425、433窟正壁所绘经变画中，就出现有弥勒经变与维摩、文殊图像组合的情况，这两幅经变画中，均为正中绘一大殿，内绘倚坐姿的弥勒菩萨。《弥勒经变》左、右各绘一配殿，文殊在南配殿，维摩在北配殿，其左、右各有一些听法菩萨和弟子。[①]它的出现时间虽然较麦积山127窟晚四十年，但考虑到敦煌地隅僻远，中原地区盛行的佛教造像艺术风格传播到这里时，常常表现出时间上的滞后性，这从北朝时期中原地区与敦煌莫高窟造像艺术的比较研究中已经得到证实。所以，莫高窟425、433窟中出现的这种图像组合形式在以长安为中心的中原地区流行时间上肯定会更早一些，表现方式上也更加简单。因此，毗邻长安的麦积山127窟左壁龛内主尊加壁面所绘《维摩诘变》图像组合极有可能也是表现弥勒佛与维摩、文殊这一造像题材。

南北朝时期，由于西晋·竺法护《弥勒下生经》、后秦·鸠摩罗什《弥勒成佛经》和北凉·沮渠京声《弥勒上生经》等弥勒三经的广泛传播，弥勒信仰在中原北方产生了巨大而深远的影响，十六国至北魏时期，敦煌、河西走廊、炳灵寺、云冈、龙门等石窟寺，以及华北、山东地区单体佛造像中，都大量出现弥勒造像。东晋时期，居留长安的高僧道安更是以往生弥勒净土作为毕生夙愿和追求。在麦积山北魏早期窟龛中，也有专门表现弥

①贺世哲《敦煌莫高窟壁画中的“维摩诘经变”》，《敦煌研究》，1982年第2期，第62~87页。

勒信仰的窟龛，如 165、169 窟。北魏中期以后，由于大乘法华思想的盛行，弥勒造像又被融入三世佛造像之中，如北魏晚期 133 窟 10 号造像碑中轴线上的图像组合，上方为释迦、多宝，中间为交脚弥勒菩萨，下方为释迦本尊。142 窟正壁、左壁为半跏坐佛，右壁为交脚弥勒菩萨。163 窟正壁为释迦佛，左壁为交脚弥勒菩萨，右壁为依坐姿的阿弥陀佛。特别是 163 窟内的三佛图像，无论是题材，还同配置形式，都为我们判定 127 窟三佛身份提供了重要的图像参考。

至于 127 窟内三佛图像雷同问题，前文已有论述，它是麦积山石窟北魏以来形成的传统，如北魏早期 74、78 窟、中期的 114、128、155 窟，晚期的 122、154 窟。西魏时期的 20、135 窟，北周时期的 45、62 窟，唐代第 5 窟（牛儿堂）等窟内三佛都是这种样式。对于 127 窟左壁龛内弥勒像为结跏坐姿这一现象，在当时也是常见做法。因为弥勒系列经典中，既包括弥勒上生兜率天做补处菩萨，也包括弥勒降生鸡头国转世成佛这两种概念。实际上，毗邻秦州的四川地区五世纪末背屏式佛像中就已经出现褒衣博带式佛装、结跏趺坐的弥勒像，如四川茂汶出土的南齐永明元年（483）比丘玄嵩造无量寿佛弥勒佛碑的正面龛内弥勒佛像：磨光高肉髻，宽鼻长耳，双手分别施无畏印、与愿印，身穿双领下垂式袈裟，结跏趺坐于龛内（图 3-26）。①出土于成都市西安南路

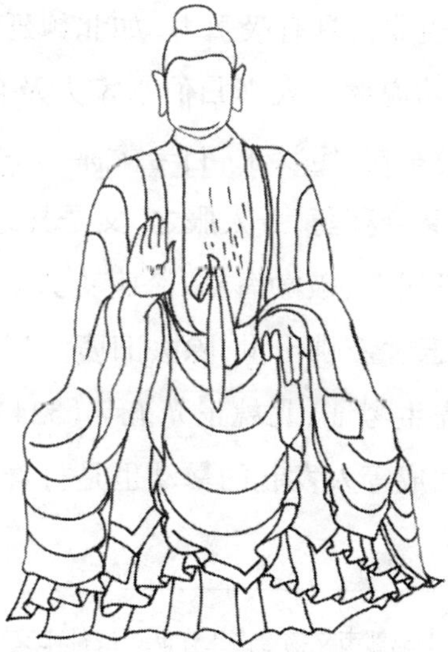

图 3-26　四川茂汶南齐永明元年弥勒佛像
采自《文物》1992 年第 2 期，第 68 页

①袁曙光《四川茂汶南齐永明造像碑及有关问题》，《文物》，1992 年第 2 期，第 69 页，图版 1。

的南齐永明八年(490)背屏式弥勒造像更是表现出这一图像特征:佛身穿褒衣博带式佛装,结跏趺坐于束腰须弥座上,左右各一胁侍菩萨立像,其中左侧菩萨左手下垂持瓶,右手上举托钵。背面浅浮雕一房形龛,内一头戴宝冠、菩萨装交脚弥勒坐像,左右各一胁侍菩萨,一双手托钵,一左手于胸前持瓶。近底部刻两行发愿文:"齐永明八年庚午岁十二月十九日,比丘释法海/与母为亡父造弥勒成佛石像一躯,愿现/在眷属、七世父母龙华三会口登初首,一切/众生普同斯愿。"[①]四川地区的佛装弥勒及其一佛二菩萨的组合形式可能对后来秦州地区麦积山石窟此类造像产生了一定影响。

北魏晚期,由于社会动荡不安,弥勒下生转世成佛的思想被反抗北魏统治的起义者用来宣扬建立一个由儴佉圣王治世的太平国度,这里人人福寿绵长,同时又有弥勒降生,龙华树下三会说法,度化众生,令人向往,也非常具有吸引力。如北魏延昌四年(515)冀州沙门法庆就以此为口号,劝说渤海人李归伯举家人及乡众起义,法庆封李归伯为"十住菩萨、平魔军司、定汉王,自号大乘,杀一人者为一住菩萨,杀十人者为十住菩萨,又合狂药,令人服之,父子兄弟不相知识,唯以杀害为事。于是,聚众杀阜城令,破渤海郡,杀害吏人。……所在屠灭寺舍,斩戳僧尼,焚烧经像,云:'新佛出世,除去旧魔。'"[②]后被冀州刺史元遥率军镇压。据唐长孺先生考证,北魏正光五年(524),山西南部一带五城郡山胡冯宜都、贺悦回成等人发起的暴动也是打着弥勒下世成佛的旗号。[③]正是在这种时

①成都市文物考古工作队、成都市文物考古研究所《成都市西安路南朝石刻造像清理简报》,文物,1998年第11期,第6页,图版4。

②北齐·魏收《魏书》卷19上《景穆十二王》,京光王条,北京:中华书局,1974年,第445~446页。

③唐长孺《北朝的弥勒信仰及其衰落》,唐长孺《魏晋南北朝史论拾遗》北京:中华书局,1983年,第199~200页。

代背景下，佛装弥勒像在中原北方地区大量出现。如河北曲阳出土的曹市奴等造弥勒佛二胁侍菩萨像，其中佛立姿，身穿褒衣博带式袈裟，三片式衣裾，呈燕尾形外摆，佛座阴刻发愿文"正光元年(520)八月廿七日上曲阳县曹市奴母张思自为己身敬造弥勒像一躯上为皇帝下为一切含生之类后为七世先亡见存男女眷属愿托生天宫一时成佛"。同样出土于曲阳的杨天仁等造弥勒佛坐像，佛头部残缺，身穿垂领式袈裟，衣带打结外露，结跏趺坐于须弥座上。基座背面刻发愿文:"真王五年正月八日上曲阳城内唯那杨天仁等二百人邑义为亡邑义造弥勒像一区(躯)上为皇帝下为受苦苍生见在邑义同生净国在佛文法边佛德法愿愿成佛所求如意。"文中的"真王"系北魏边民起义军使用的年号，真王五年系公元 528 年。[①]这两身弥勒像一尊为立佛，另一尊则为坐佛。而前文提及的北齐天保年间安阳小南海中窟左壁弥勒佛同样也为立佛，可见这一时期弥勒造像样式并没有特殊规定。

右壁上方通壁绘《西方净土变》，正中殿内绘一佛二菩萨，殿外前方两侧各绘一阙台，近大龛上方绘七宝莲池、八功德主。佛殿外及阙周围均绘有高大乔木，殿前绘歌舞娱佛场景，佛殿台基下及阙周边立有众多弟子及信众眷属，空中绘数身飞天，流云、花卉穿插其间。这幅西方净土变中并未表现出北齐时期南响堂山第 1、2 窟前壁上方浮雕的莲花化生、九品往生等情景。也没有出现隋唐时期敦煌莫高窟类似经变中所绘的九品往生、十六观、四十八愿等具体内容。甚至还夹杂有无量寿经和观无量寿经的某些图像因素，正好也反映了北朝末年西方净土思想在陇右及秦州地区流行初期的状况，并不影响对这幅壁画内容性质的认定。由此，可以确定其对应下方大龛内主尊坐佛为阿弥陀佛。

---

①故宫博物院编胡国强主编何欣副主编《故宫收藏曲阳造像》，北京：紫禁城出版社，2009 年，图版 12、14。

关于127右壁龛内阿弥陀佛样式问题，如果仅从佛像本身来看，阿弥陀佛并没有固定的图像特征，佛教经典中也没有相关的特征性描述，它最具个性之处仅仅在于寿命极长，故也有无量寿佛之名。对于其图像特征，有的学者在仔细研究后认为“仅靠图像本身来判读阿弥陀佛几乎不可能。迄今为止，在实际研究工作中判辨阿弥陀佛的一个主要办法，是看胁侍菩萨，即观世音和大势至。”[①]由此可知，北朝佛教图像中，与大乘佛教中的诸佛一样，阿弥陀佛图像没有明确规范。目前所见实例也确实如此，如炳灵寺169窟6号窟内泥塑无量寿佛及左、右的观世音和大势至菩萨，其中佛体态雄建，磨光高肉髻，身穿袒右半披肩袈裟，结跏趺坐于宝装覆莲台上。[②]出土于成都万佛寺及川西北茂汶地区南齐永明年间的阿弥陀造像也是结跏坐姿。大概到北魏晚期以后，随着西方净土思想盛行，才基本形成以结跏趺坐和倚坐两种样式，如麦积山北魏晚期开凿的163窟右壁主尊，隋代开凿的摩崖浮雕西方三圣（13窟）和67窟正壁主尊等，至于毗邻的长安以及中原北方其他地区类似特征的造像比比皆是，恕不再举例说明。实际上，正是因为阿弥陀佛像没有明确的造像仪轨标准，信徒们只是根据经典内容塑造出它们心中的阿弥陀形象。因此，麦积山127窟右壁龛内阿弥陀佛为结跏坐姿也是符合常理的。

从龙门和云冈北魏晚期三壁三佛窟主尊样式的多样性现象，我们可以看出，开窟者或功德主对三佛造像具体形象并没有非常严格的图像学意义上的规定，一定程度上受到地域造像风格的影响，以及功德主个人或家族对供养对象样式的理解，其中特别是弥勒和阿弥陀，在形式上是很难加以区分的，前者是由于《弥勒上生经》和《弥勒下生经》中对这尊未

---

①李凇《论唐代阿弥陀图像的否定问题——与曾布川宽教授商榷》，李凇《长安艺术与宗教文明》，北京：中华书局，2002年，第51~52页。

②甘肃省文物工作队、炳灵寺文物保管所《中国石窟·永靖炳灵寺》，北京：文物出版社，1989年，图版20。

来佛的描述分别是以菩萨和佛的形象出现的。后者则由于相关经典中并没有具体神格特征描述，这种图像制作方式对北方地区产生了很大影响，包括关陇在内的许多石窟寺三佛造像中都能看到它的影子。但总的看来，当时信徒们还是依照佛教图像仪轨来制作三佛造像。

在关中地区，由于东晋以来不断迁徙形成的民族成分复杂性，北魏时期在佛教造像特征上形成了南碑北窟的分布格局，关于以长安为中心的南部造像碑的分布情况，罗宏才做过详细研究，他认为又可以分为长安地区、环长安地区和环长安以外的关中地区等三个区域，从形式上主要体现为佛、道共存的混合图像特征，就佛教题材而言，主要以一佛二菩萨造像和千佛造像居多。[①]以延安为中心的北部石窟群多数开凿于唐宋以后，部分开凿于北魏中晚期以后的石窟寺不仅规模小，而且多数带有家族或佛教邑社组织特征，具有较强的封闭性和地方性特点，普遍受外界影响不大，造像题材、技法和内容等方面也多表现出地域特征。因此，这一地区总体上北魏晚期以来受三佛思想影响而创作的佛教造像并未形成主流，相应的三佛造像材料也不多。

而以秦州和泾州为中心的陇东南则不同。十六国以来一直是佛教传播的主要区域之一，开窟造像方面有着悠久的历史传统。南北朝时期也是当时东西和南北交通的要道，能不断接受包括佛教在内的各种文化思潮影响。从秦陇及相邻地区北魏晚期石窟寺三佛题材来看，无论是形式还是内容，都有许多与麦积山 127 窟三佛相似例证，如华亭石拱寺石窟保留有许多三壁三佛窟，其中第 6 窟正、左、右三壁各一立佛，每壁均为一佛二菩萨。第 8 窟正壁一坐佛，左壁不详，右壁二佛并坐。第 9 窟正壁主尊为释迦、多宝，左、右壁各一坐佛。第 11 窟正、左、右三壁各一坐佛，

①罗宏才《中国佛道造像碑研究——以关中地区为考察中心》，上海：上海大学出版社，2008 年，第 128~176 页。

主尊胁侍均为左右各一菩萨,佛装均为褒衣博带,衣带胸前打结外露,分两缕下垂，衣裾为三片式或四片式，[①]与麦积山127窟正壁坐佛非常相近;庆阳北石窟西魏229窟也是三壁三佛窟,每壁龛内均为一坐佛二菩萨,佛的形象及佛装方面也没有明显差别。[②]永靖炳灵寺北魏晚期开凿的三壁三佛窟中,法华思想的造像色彩则较为明显,如126窟正壁主尊为二佛并坐,左壁主尊为交脚菩萨,右壁主尊为一坐佛。128窟正壁主尊为二佛并坐,左、右壁各一坐佛。132窟正壁主尊为二佛并坐,左壁主尊为交脚菩萨,右壁为一坐佛。144、146窟内三世佛组合样式相同,均正壁主尊为二佛并坐,左、右壁各一坐佛。[③]从这几处石窟三佛图像特征分析,石拱寺、北石窟的三佛个体特征不是十分明显,前者个别窟龛中能反映出法华造像思想。后者则与麦积山127窟一样,不借助其他图像很难将窟内三佛具体身份加区分。炳灵寺石窟由于过去佛和未来佛形象比较明显,因而窟内的三佛图像内容相对清晰。上述各具特色的三佛组合样式说明陇右地区这一时期三佛造像主要受到了云冈和龙门地区影响,其中主要表现的是法华禅观思想,但并不排除反映其他内容和性质的三佛组合,在单尊佛的具体形象方面由于地域差异而表现不尽一致。同时,由于洛阳地区西方净土思想兴起，阿弥陀在传统的三佛造像中开始出现，麦积山石窟由于地缘上的优势，可能比较早地将其融入了三佛造像体系,成为三世佛造像中一个新的题材,这对于鉴别和区分陇右地区其他石窟寺样式相同的三佛造像身份具有一定参考和指导意义。

---

①魏文斌《甘肃华亭石拱寺石窟调查简报》,《敦煌研究》,2007年第3期,1~11页。

②甘肃省文物工作队、庆阳北石窟文物保管所编《庆阳北石窟寺》，北京：文物出版社，1985年,第85页。

③炳灵寺文物保管所编《炳灵寺石窟内容总录》,甘肃省文物工作队、炳录寺文物保管所《中国石窟·永靖炳灵寺》,北京:文物出版社,1989年,第238~250页。

第三节　127 窟壁画内容的讨论与分析

1. 127 窟壁画内容简介

127 窟是麦积山北朝时期壁画保存最丰富和完整的一个窟，窟内正壁上方绘《涅槃变》，下方龛两侧绘礼佛图。左壁上方绘《维摩诘变》，下方龛左侧绘佛说法，右侧绘菩萨及诸弟子。右壁上方绘《西方净土变》，下方龛左侧已模糊不清，似绘佛传故事，右侧壁画内容因残毁严重已无法辨识。前壁上方绘《七佛变》，下方甬门两侧绘《地狱变》。窟内顶部正、左、右三披绘《萨埵太子本生》，前披绘《睒子本生》，顶部正中绘《帝后升天图》。

(1)涅槃变

绘于正壁上方，纵 2.20、横 8.22 米，画面正中绘佛说法图，左侧绘八王分舍利，右侧绘释迦临终遗教。其中佛说法图彩绘剥落现象严重，多数内容已模糊不清。大致可辨释迦端坐于宝盖之下，左右各绘一胁侍菩萨，菩萨身后各绘一株枝繁叶茂的大树。佛面部及身躯大部分已剥落无存，依稀可辨佛体态清秀，低平肉髻，短颈削肩，结跏趺坐于方形束腰须弥座上，内着偏衫，外穿垂领式宽博袈裟，双手于胸前做说法印。身后绘数层同心圈形头光和弧形背光，最外侧绘莲瓣形火焰纹大背光。佛上方近顶部绘装饰华丽的圆形宝盖，由于泥皮残损，表层彩绘多已脱落无存，仅可见华盖顶部等距绘莲花宝珠，四角各缀饰一条帛带，随风飘扬，垂及佛座，末端坠饰宝珠。华盖最外侧各缀饰一条由璎珞流苏，分别从两身胁侍菩萨像外侧绕出下垂至地面。华盖两侧各绘一株圣树，数缕树枝呈伞状散开。树下各绘一身胁侍菩萨立像，其中佛左侧菩萨色彩剥落严重，仅存大形，依稀可辨束发髻，前侧饰一宝珠，头略前倾，面形方圆清秀。细颈削肩，戴宽边项圈，肩部两侧各饰圆镜状饰物。身穿交领宽袖袍服，下着长裙，帔帛膝前十字交叉后上绕搭双臂后下垂至地面。双脚呈八字形跣足立于圆形覆莲台上，头部后侧绘数层同心圆形头光。右侧胁侍菩萨体态、身姿、装束等大致同左侧菩萨，依稀可辨右臂上扬前伸，右手掌平伸，似托一物，帔帛于腹前十字穿环后绕臂下垂至地面（图3-27）。

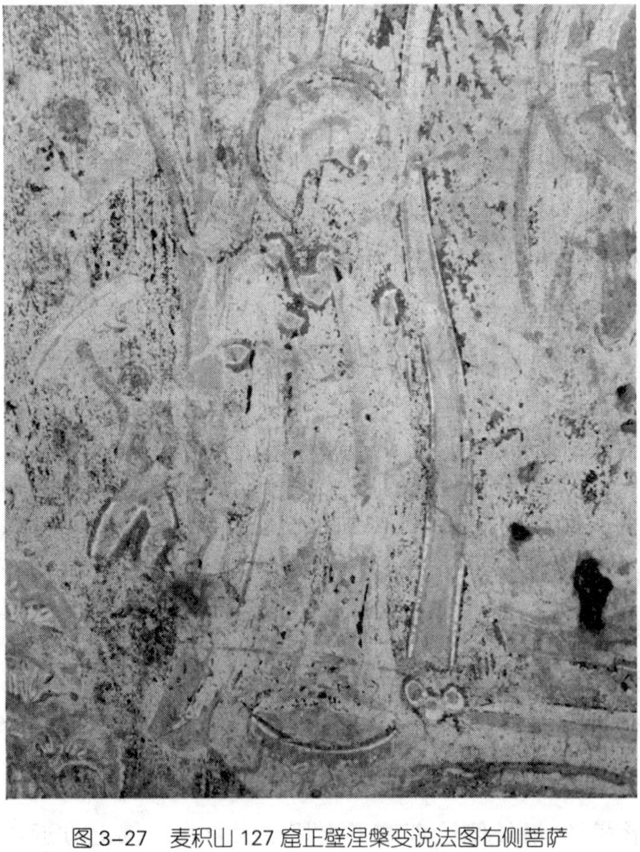

图3-27　麦积山127窟正壁涅槃变说法图右侧菩萨

佛说法图左侧绘八王争舍利，在画面略偏右位置斜向绘一方形场地，四周设一圈由圆形树木隔成的围栏，内筑一高台，其上并列绘8只圆腹细颈舍利瓶。在围栏上等距设置旗杆,其上端系旌幡,迎风向后飘扬,方形场地正门上方饰一组火焰纹饰,以示这里佛圆寂火化的荼毗场所。围栏内右后侧,佛结跏趺坐,其身旁众弟子和世俗信众簇立。围栏外左侧画面因色彩剥落而模糊不清,仅靠近荼毗所处可见绘一形体高大的骆驼,背负重物正在行进,前方一穿袍服的胡商牵绳。这组画面下方绘两身武士,各持一盾牌,以示争斗。他们下方隐约可见绘一对羽葆和一柄华盖,具体人物形象已模糊不辨,推测为前来争夺舍利的某国国王。在国王前侧,绘一上饰莲花宝盖的轿辇,在十余身骑具装铠的武士护卫下前行,以示分得舍利而归(图 3–28)。画面右侧绘释迦临终遗教,中间部分基本剥落无存,仅存上半部分及底部少许。内容多已模糊不清,色彩剥落、残损严重,依稀可辨如下:画面左侧近正中坐佛左胁侍菩萨身旁,纵向绘一呈 S 形流淌的河流,河岸右侧绘两株大树,树干平行部分的画面已残损无存,树冠平行部分的画面基本保存,但色彩已斑驳陆离,内容模糊,依稀可辨绘上、

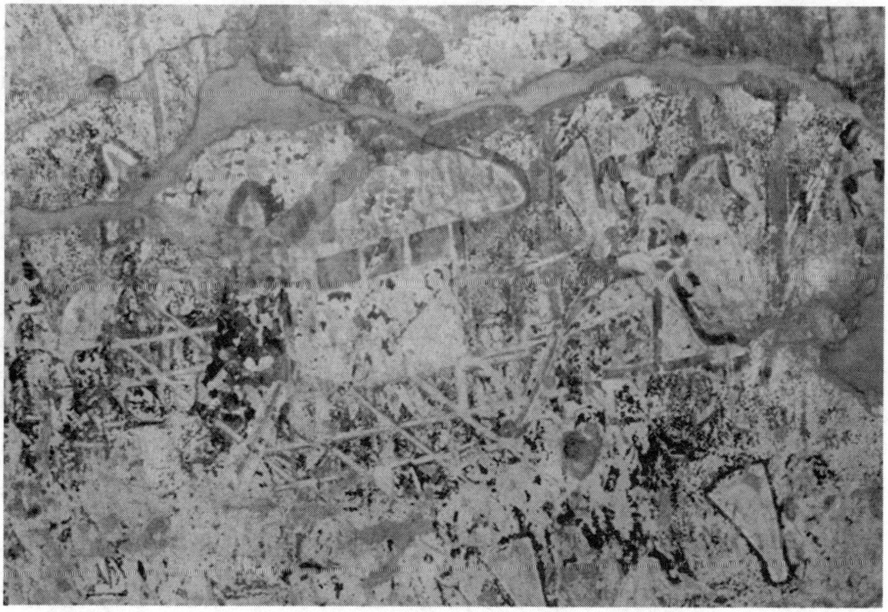

图 3–28　麦积山 127 窟正壁涅槃变中分舍利场景

下两组呈纵向排列的人物形象，下边一组近树冠处绘一组世俗人物形象，正中为一国王，头戴荷叶形高冠，脚穿高头履，国王头顶绘圆形华盖，两侧各绘一羽葆。四周绘10多位侍臣，可辨有的戴笼冠，有的戴介帻。其中右侧两身侍卫上穿窄袖宽袍，下穿束口裤褶，其中一身双手持羽葆。国王及侍臣上方绘天龙八部人物，隐约可辨绘前后两排人物。前排并列绘五身，均上身袒露，下着束腰长裙，裙带打结后，于膝前分两缕下垂及地，帔帛搭肩绕臂后下垂，略向后飘扬。大致可辨内至外第一身头戴小冠，似在回首与第二身人物交谈，具体形象已模糊不清，但清晰可见一条巨大的蛇形龙自颈后沿右肩缠绕至胸前，龙首沿胸腹之际弯曲下延，几乎前伸至第二身人物脚面。第二身人物头及胸以上部分涂深绿色，线描部分已不清楚，仅略存眉目，胸腹部分显著前倾，双手合十于胸前，帔帛在双肩后侧飞扬，绕至胸前后贴膝下垂至地面。第三身人物上身原施红色，因色彩铅化而呈现为黑色，面形方圆，五官已模糊不清，但可辨发髻呈爆炸式向后飞扬，类似升腾的火焰，帔帛搭肩绕臂下垂至地面。第四身冠饰不清，仅存五官轮廓，腼胸而立，左臂前曲上扬，似托一物，右臂曲肘于胸前，手持一椭圆形，类似棒球杆的器物，斜搭于右肩之上。第五身面部已不清晰，通体色彩已铅化成黑色，可辨左手曲至左胸外侧，似持一物。右手微曲外扬，五指展开，帔帛搭肩后自胸前，外撇搭双肘后下垂至地面；后排人物可辨并列绘五身，其中第1~3身上半部分通体施石绿，头略上仰，面容仅存轮廓，但五官明显较为狰狞。左至右第1身穿垂领窄袖袍服，双手合十于胸前。第2身上身袒露，颈部似缠绕一巨环，下着长裙。第3身左手弯曲上扬前伸，右手持一方形盾牌于胸前。第4~5身头部呈白色，五官及身躯部分已变黑而模糊不清。在国王及侍臣右侧并列绘前后两排人物，前排由并列而坐的9身比丘组成，均内着偏衫，外穿垂领宽袖袈裟，跪坐于圆形坐垫之上，多数面向国王一侧。在众比丘之后，并列绘10身世俗人物，头部因与背景颜色混为一体而难以辨识，个别隐约可见绘有冠饰，脑后垂有冠带。均身穿交领宽袍大袖衣衫，双手笼于袖中，置于胸前，虔恭而立。在后排世俗人物后侧并列绘两株大树，通及壁面顶部，枝繁叶茂。从这两排人物形象上分析，有国王、信众、天龙八部等，而画面主体残失，但从残留两棵大树的情景推测，这一组画面应该绘制的是释迦牟尼于拘尸那城娑罗双树下欲涅槃时，梵天、帝释、世俗信众等劝请佛陀不要涅槃的场景。这组人物右侧绘释迦金棺示足（图 3–29），巨大

图 3–29　麦积山 127 窟正壁涅槃变中的金棺示足场景

的金棺高置于跪坐比丘身后的坛台之上，斜向绘制。棺内释迦仰卧，内穿偏衫，外穿垂领宽博袈裟，下着长裙，头及肩部略抬起，脚下仓促赶来的大弟子迦叶，他双膝跪地，面相苍老，略带悲怆，双手捧着佛足。在金棺左侧，数身弟子簇拥而跪，悲伤之情，溢于言表。金棺示足右侧绘释迦临终说法，高大华丽的宝盖之下，佛低平肉髻，身穿宽博袈裟，半跏趺坐于须弥座上，双手置于胸前，做说法印。身后同心圆形头光及莲瓣形背光，内绘升腾的火焰纹。宝盖部分已风化剥落，但缀饰的飘带、璎珞、流苏等清

晰可辨。佛左、右各绘一身胁侍菩萨，均束发高髻，面容清秀，细颈削肩，身穿宽博衣衫，颈饰宽边项圈，双肩各配一圆镜状物，垂带分2~3缕垂至胸部两侧。帔帛搭肩绕臂下垂。在菩萨身后及宝盖四周绘有众多听法弟子及信众。面画底部隔离栏上方多已剥落无存，残留部分烟熏、风化严重，内容已无法辨识，仅隐约可见左侧绘数身世俗人物形象，右侧已模糊不清，似绘一排比丘形象。

正壁下方正中开一圆拱形敞口浅龛，两侧原绘有壁画，上、下两侧均用横向彩绘隔离带加以标示。其中左侧上方隔离带宽0.20、长3.46米，下方隔离带宽0.16、长3.46米。右侧上方隔离带宽0.21、长3.24米，下方隔离带宽0.16、长3.24米。两边的下侧隔离带距地均0.50米。由于风化剥落、人为刻画等因素导致画面残损严重，内容多已无存。但上方残留部分依稀可辨两侧所绘内容基本一致，均为面向正中佛龛行进的武士队列，分上、中、下三排，其中上排较为清晰，可辨武士头戴兜鍪，身穿铠甲，手持三角形旌旗，队列中迎风飞舞的旌幡最为醒目，数量众多，纵向排列有序。虽然主要人物及场景已不清楚，但从现存情况推测本组壁画应是反映当时王公贵族礼佛场景。

（2）维摩诘变

绘于左壁上方，纵2.30、横4.48米，左侧中后部残损较为严重，内容已无法辨识，其余部分尽管烟熏、风化、剥落现象较多，但内容基本清晰。画面上方绘一排高大树木，正中大树之下立有吉祥天女（图3-30），束发高髻，面容秀丽，细颈削肩，穿对领束腰宽袖袍，下着曳地长裙，帔帛搭肩绕臂向后飞扬，身后衣裙处饰杂裾垂髾，动感十足。她面向文殊部众，左臂微曲前伸，掌心向上，托举一方盘，右臂上扬，五指展开，做散花状。她身后不远绘一顶方形重盖宝帐，帐楣四周等距饰莲花宝珠和蕉叶。帐幔沿四根帐柱扎束起来。帐下床榻之上，维摩诘靠隐几倚坐，冠饰已模糊不清，身穿夹领宽袖袍服，下着长裙。体态清癯，面带微笑，左臂微曲前伸，手持一羽扇，正在与文殊辩法。帐外左侧两株大树下，立有前后两排听法信众，均束发，头戴方冠，内着偏衫，外穿交领宽袖袍服，下着长裙，脚穿云头高履。双手合十或笼于袖中，虔恭听法。宝帐右下方基本残损无存，仅右前方可辨绘一株大树，树下一头戴笼冠，身穿束腰宽袖袍服的男子在回头张望，他身旁尚可见绘一长柄团扇，下方亦绘有两排人物，仅残存数身，可辨 3 身为男性，装束大致相同，其间绘一体形略小的侍女，梳双丫髻，体态清盈纤秀，正在向外张望。吉祥天女对面，绘受佛祖指派前来问疾的文殊菩萨（图 3–31），头上方悬浮一圆形华盖，束发髻，戴三瓣式莲花低平宝冠，冠带自耳后前绕搭双肩而下，

图 3–30　麦积山 127 窟维摩诘变中的吉祥天女

图 3–31　麦积山 127 窟维摩变中的文殊菩萨

细颈削肩,身穿宽袖长袍,下着长裙,脚穿云头高屐,左手自然下垂抚膝,右臂上扬齐肩,手持一支长柄如意,倚坐于方形叠涩须弥座上,帔帛膝前十字穿环后绕双肘后下垂至地面。身后绘同心圆形头光,颈饰宽边项圈,两侧各饰一圆镜状物,腕佩手镯,雍容华贵之气跃然而出。头顶华盖边缘等距饰六个莲瓣宝珠,下饰三重方形和三角形组成的垂幔,垂幔四周缀饰有多条飘带,其中侧两条折叠上绕后再下垂,动感十足。华盖两端各镶嵌一龙首,其下各缀饰一条由玉佩、垂缨和花卉组成的流苏。座右前方蹲卧一只狮子,仅露前半身,两前肢作行走姿,昂首向上,呈朝天吼状。

文殊前方绘三排侍立的弟子及菩萨,其中前侧绘众弟子,均内穿偏衫,下着长裙,外穿垂领宽袖袍服,脚穿云头屐。第 1 排两身弟子正彼此交谈,第 2 排绘三身弟子,第 3 排绘 4 身弟子,均拱手笼于袖中,面视前方而立。后侧绘上、下两排菩萨,均束高发髻,前侧饰一莲花宝珠,身穿交领宽袖袍服,下着曳地长裙,脚穿云头屐,双手笼于袖中,胸腹前挺,体态婀娜。其中第 1 排三身,后侧两身正彼此相顾,似在交谈。第 2 排四身,拱手而立,面视前方。文殊后侧上、下交错绘三株大树,上侧一棵,下侧两棵,其间绘上、中、下三排菩萨像,上至第 1~2 排各五身,第 3 排六身,均束发高髻,发饰略有不同,有的前端饰莲花宝珠,有的前端饰宝相花,服饰基本同前,宽大的衣袖下方可辨各有两条帔帛贴体下垂至地面。

在两棵大树下方,绘有大量听法信众,其中左侧绘三排弟子及菩萨,每排 6 身,均双手笼于袖中,面向前方而立。最前排为弟子,装束同前,后两排均为菩萨,束双丫髻,前侧饰摩尼宝珠,可见背部帔帛搭肩绕臂,贴衣裙两侧垂至地面,向后飘动。右侧绘国王夫妇及侍从(图 3–32),其中国王头戴笼冠,头略上仰,身穿宽袖带腰袍服,双臂展开,左、右各一束双丫髻的侍女扶侍,前侧绘两身侍童,各持一柄团扇,右侧绘一侍童,持一长柄方形华盖,四角缀有带饰,其下方绘一侍女,双丫高髻,身穿交领宽袖短袍,下着长裙,脚穿云头屐,左臂曲至胸前,手持一短柄羽毛扇。国王

图 3-32 麦积山 127 窟维摩变中的国王夫妇

身后并列绘 3 身侍女，面容清秀可爱，装束基本相同，其中左侧一身头束小团髻，左腋下挟一凉席。右侧两身梳双丫高髻，一双手捧唾盂，一双手捧钵；王后位于画面左侧，并排而立，形态已模糊不清，隐约可辨身穿交领宽袖袍服而立，身旁绘一束椎形高髻的侍童手持一华盖而立。下方并列绘三身侍女，一双手贴膝而立，另外两身一捧钵，一捧盂，二人似在彼此交谈。

《维摩诘变》下方正中为一圆拱形敞口浅龛，两侧原绘有壁画，由于烟熏、剥落等原因内容具体已不详，仅依稀可辨少数画面。其中圆拱龛外缘两侧壁画各绘一立柱，高 1.60 米。底端因残损样式不详，柱头绘莲花宝珠。画面上、下方均绘有隔离带，均呈青白色。其中左侧上方隔离带宽 0.20、长 1.30 米，下方隔离带宽 0.16、长 1.32 米，距地 0.48 米。画面已模糊不清，隐约可辨正中靠上位置等距绘两株枝繁叶茂的大树，靠下位置则绘横向排列的数座绵延起伏的群山。外侧大树之下，一佛结跏趺坐，低平肉髻，面形圆润，内着僧祇支，外穿垂领式宽博袈裟，双手上举齐胸，似在说法。其内侧数人侍立，均束发高髻，身穿交领宽袖长衫，下着长裙，双手合握于胸前，置于袖中，脚下似绘有圆形莲台，应为听法的诸菩萨。

右侧上方隔离带宽 0.20、长 1.55 米，下方隔离带宽 0.17、长 1.38 米，距地 0.40 米。画面已严重烟熏，依稀可辨画面外侧绘数座起伏的险峻高山，山的左上方及右下方绘数株挺拔的松树。画面前侧从左上角起向右下角斜向绘一排人物，多已模糊不清，隐约可辨正中前排绘一菩萨，束发高髻，身穿交领宽袖长衫，下着长裙，双手笼于袖中，平置于胸前，脚踩一圆形覆莲台，回首转身，似与后侧排列的人物交谈。在后侧斜向绘一排比丘，可辨识者有 6 身，均身穿宽袖长衫，神态各异，中间两身左手前伸，平置于胸前，正与菩萨交谈，其余比丘有的侧身聆听，有的双手笼于袖中侍立，神态肃穆虔恭。在这组人物后方对应位置绘有五个榜题框，斜向依次排开，但具体内容因烟熏而无法释读。在榜题框后侧依稀还绘有人物，除一身尚可辨识部分服饰外，其余已模糊不清。

（3）西方净土变

绘于右壁上方，纵 1.63、横 4.55 米。顶部及右下方残损较严重，但主要内容基本完整。（图 3-33）画面正中绘一屋殿，殿外前面两侧各绘一单

图 3-33　麦积山 127 窟西方净土变（局部）

层庑殿顶式阙，相对而立，阙台表面镶饰琉璃砖，近上部各筑一圈围栏。最外侧绘八宝莲池，池中水波荡漾，水面上长有莲花、莲蕾及莲叶。佛殿两边及阙周围均绘有高大乔木。殿堂主体部分因残损而模糊不清，台基及前侧构栏沿清晰可见。殿内绘一佛二菩萨，佛低平肉髻，前有圆形肉髻珠。面形长圆，弯眉细长目，直鼻小口，双耳贴后颊下垂。短颈、削肩、挺胸，双手于胸前做说法印，半跏趺坐。内着偏衫，外穿垂领式宽袖佛装，衣带胸前打结，外露下垂。佛衣下摆呈八字形，悬垂于束腰叠涩佛座之上，衣裾做 3~4 层。佛身后绘圆形头光及莲瓣形背光，头光为多层同心圆形，背光边缘绘火焰纹。

佛两侧各绘一身胁侍菩萨，均面向佛而立，装束大致相同，束发高髻，前饰摩尼宝珠。面形长圆清秀，弯眉细目，直鼻小口，细颈削肩，腹部略前倾。上身袒露，下着长裙，帔帛腹前十字交叉后再上绕搭双肘垂至双膝，略向后飘扬。身后侧绘同心圆形头光，颈饰宽边圆形项圈，双肩各饰一圆形饰物。双腿微分，脚穿尖头履，立于圆形覆莲台上。两身菩萨手姿不同，左侧菩萨左手微曲于膝前，持一玉环。右臂上扬前伸，手已残毁。右侧菩萨左、右臂均前举，上扬齐肩，左手残毁，右手掌心向外，五指并拢。殿堂台基之上，菩萨左、右各绘两身胁侍弟子，均内穿偏衫，外穿垂宽袖长袍，脚穿云头高履，身后绘圆形头光。前侧弟子双手平置于胸前，托一圆盘，盘中似放置一小口细颈圆腹瓶。后侧弟子双手合十，笼于袖中，虔恭而立。佛殿之前绘乐舞娱佛场景（图 3-34），乐伎面形长圆，均束双丫高髻，前端饰一莲花宝珠，身穿交领束腰大袖长裙，脚穿云头履，体姿清秀婀娜，共有 12 人，分为两组。一组位于佛殿台基前方正中，由 4 人组成，正中置一建鼓，十字形台架上立一竖杆，穿鼓而过，鼓皮表面绘花纹，杆顶端饰一双层宝幢，圆形，上缘均等距饰八个莲花宝珠，下层宝幢边缘等距垂饰四根由璎珞和花卉组成的流苏，末端垂一悬玲。鼓两侧各一乐伎，相对而立，手持鼓槌，做击鼓状。其外侧各绘一身舞伎，腰肢扭动，回首反顾，双手上下舞动，做跳舞状；另一组分别位于台基两侧，4人一组，均跪坐于条形地毯之上，演奏各种乐器。左侧一组内至外第一身前方一方形台架，其上平置一羯鼓，乐伎左手持一鞭状物，上扬过肩，做击打状，右臂前伸，五指抚地。第二身双手各持一钹，举至胸前，做拍打状。第三身胸前置一束腰细鼓，双手做拍打状。第四身双手持一胡角，正在吹奏。右侧内至外第一身双膝之上置一筝，双手做弹拨状。第二身左肩一侧立一凤头箜篌，双手做弹拨状。第三身双手上举，持一笙，做吹奏状。第四身双手持一排箫，正在吹奏。佛殿台基下及阙周边侍立众多弟子及信众眷属(图3-35)，弟子均内穿偏衫，下着长裙，外穿宽袖大袖长衫，脚穿云头覆，双手笼于袖中，置于胸前。其中佛殿左侧乐队后侧，阙之前立有三排弟子，前两排每列5人，第三排2人。阙右侧立有两排弟子，面向佛立，均作观歌舞状，每排4人。阙后侧部分残毁，

图3-34 麦积山127窟西方净土变中的歌舞娱佛

图3-35 麦积山127窟西方净土变中的信众

仅可见树下绘两排弟子,前列 5 人,后列 4 人;佛殿右侧、阙左前方绘三排弟子,前两排每列 4 人,第三排 3 人。阙前侧及右侧绘十余身女眷形象,均梳双丫髻,前端饰莲花宝珠,身穿交领束腰曳地长裙,双手笼于袖中,置于胸前,面向前方而立。其中乐伎身后及阙前侧绘有 4 身,阙右侧绘两排,每列 4 人。阙后侧绘有 6 身。这组女眷后方绘十余身弟子,分为三列,均面向前做观歌舞状,其内侧绘 4 身弟子,背向佛而立,彼此做交谈状。阙后面树木上方部分残毁,可见绘两身飞天,一身双手置于胸前,似托举一物,另一身回首反顾。飘带向后飞扬,四周绘流云、花卉等图案。

《西方净土变》下方正中开一圆拱形敞口浅龛,龛两侧原绘有壁画,同左壁下方布局一样,圆拱龛外缘两侧壁画各绘一立柱,高 1.58 米。底端因残损样式不详,柱头绘莲花宝珠。画面上、下方均绘有隔离带,呈青白色。其中左侧上方隔离带宽 0.20、长 1.70 米,下方隔离带宽 0.16、长 1.70 米,距地 0.45 米。画面因色彩剥落而模糊不清,隐约可辨正中靠左位置绘一株枝繁叶茂大树,树右侧绘一坐佛,磨光高肉髻,身后绘圆形头光,结跏趺坐。佛前侧似绘一匹俯卧的白马,马前方立有一人,佛右侧并列立两人,其上方绘一椭圆形华盖,可能表现的是佛传故事。其右上位置绘一竖向榜题框,内容不详。在该榜题右侧近彩绘立柱处,亦有一竖向榜题,其右侧给一椭圆形华盖,其下立一人,身穿交领束腰中袖齐膝袍,下着裤褶,脚穿尖头靴。在画面下缘依稀可辨横向绘绵延起伏的群山。

右侧画面上方隔离带宽 0.21、长 1.30 米,下方隔离带宽 0.16、长 1.20 米,距地 0.53 米。正中画面大部分残毁无存,且褪色、脱落、刻画现象严重,内容已无法释读。仅左侧近彩绘立柱处残存两方竖向榜题痕迹,从左上角起呈斜向递减排列,内容不详。

(4)七佛与地狱变

绘于前壁上方,纵 1.47 米,横 8.22 米。壁面并列绘七辅形态、装束、大小等基本相同的佛说法图,佛均面形方圆,低平肉髻,前饰圆形肉髻珠。弯眉细目，直鼻小口，双耳平贴后颊。细颈、端肩、挺胸，双手于胸前施说法印，半跏趺坐。上身内着偏衫，有的胸部束带，衣带胸前打后结下垂。外披袈裟，其中六身坐佛袈裟表面绘田相纹。均下着长裙，衣裾做多重折叠，呈八字形悬垂于佛座前。佛座束腰叠涩方形，台座底缘饰覆莲瓣；坐佛均饰背项光，头光圆形，做 5~7 层同心圆状。背光莲瓣形，做 5~6 层，最外缘绘升腾的火焰纹。坐佛上方饰装饰华贵的宝盖，顶部呈弧形，边缘等距饰莲花宝珠和蕉叶，其下依次为鱼鳞形和三角形垂饰，并饰有宝珠。宝盖前端等距垂有四条帛带，中间两条帛带上挑后再分别与外侧两条重叠后自然下垂，帛带末端呈菱形，并缀饰珍珠。宝盖上端两侧饰兽首，衔流苏、璎珞、宝珠等垂饰，垂饰物末端各悬挂一个鸾玲。宝盖两侧分别各绘一棵枝繁叶茂的大树（图 3–36）。每身坐佛两侧均绘有数量不等的菩萨、护法力士或弟子，这些胁侍人物神态、体姿各异。其中前壁左至右第一身坐佛两侧各绘一身菩萨。左侧胁侍菩萨（以坐佛为方向，下同）低平发髻，前端饰莲花宝珠。面型长圆清秀，弯眉细目，高鼻小口。背后绘 6 层同心圆形头光，上身袒露，下着长裙，颈佩宽边项圈，两端各一圆形饰物，其下缀飘带。戴手镯，帔帛于胸前

图 3–36　麦积山 127 窟前壁七佛（局部）

十字穿环后上绕，再搭小臂自然下垂。腰姿微扭，左手自然下垂，右手举至胸前，做拈花状。脚穿平头履，立于圆形覆莲台上。右侧菩萨体态、装束基本同前，但帔帛十字交叉于胸前，左手部分残毁，右手举至胸前，似持一物，两身菩萨均面向佛虔恭而立（图 3–37）。第二身坐佛左侧绘一身护法力士，发髻前端饰一宝珠，凝眉、高鼻、突目，唇上有胡须，扭头左顾，胸腹前挺，左手举至胸前，五指张开，掌心向外，右手握拳，举至胸前，双足略分，立于圆形覆莲台上，体态威猛魁梧。上身袒露，下着长裙，帔帛胸前十字穿环，再搭臂向后飞扬。右侧护法力略显清秀，装束大致相同，面向佛而立。右手上扬至右肩，五指分开，掌心向外。右手自然下垂前伸，持一金额刚杵状兵器，脚穿平头履，立于圆形覆莲台上。其后立一弟子，身材矮小，内着偏衫，外穿垂领式宽袖长袍，双手合握于腹前，脚穿圆头履，向佛而立。第三身坐佛左侧胁侍菩萨已残毁无存，仅外侧可见一弟子双手合十，面向佛而立。右侧菩萨面容娇美，神态装束同前，左手自然下垂至膝前，右手举至颌下，脚穿平头覆立于圆形覆莲台下。其身后绘有三身弟子像，两身较高大，内侧一身手持莲蕾，外侧一身双手合握于袖中，举至胸前。两人相对而视，似

图 3–37　127 窟前壁七佛图中的胁侍菩萨

在交谈。他们前面绘一面容苍老、上身袒露，骨瘦如柴的弟子，面向两身年轻的弟子，双手合十，似在礼敬。第四身坐佛左侧菩萨帔帛腹前十字交叉，左手举至胸前，掌心侧向上扬，右手自然下垂。其外侧绘两身面容苍老的弟子，前侧一身双手交叠于腹前，扭头回视。（图3-38）。右侧菩萨左手上举前伸，五指合拢，掌心向下，似提一物，右手残毁。第五身坐佛左侧似为一弟子，头略上仰，内穿袒右偏衫，腰部束带，衣带打结后分两缕下垂，外着披右肩袈裟，腹部前挺，双手合十，举至左肩，脚穿云头履，曳在裙裾之下，立于圆形覆莲台上。其后绘两身弟子，前面一身穿宽袖长袍，双手齐肩，托举一博山炉，回头与后面一身弟子交谈。后者面相娇美稚嫩，似一比丘尼，双手前伸齐肩，俯首垂目，正专心聆听。右侧菩萨帔帛胸前十字交叉，左手上举至左肩，五指并拢，掌心向内下垂。右手曲至右腋下，掌心向内，持一桃形玉环。双足左右分开，立于圆形莲台之上，面向佛虔恭而立。其身后绘一弟子，面相苍老，身穿袒右偏衫，与菩萨背向而立，右手前伸，正与第四身坐佛的胁侍弟子交谈，形态生动。第六身坐佛左侧胁侍菩萨内着偏衫，外穿宽袖长袍，下着束腰长裙，左手微曲于膝前，持一桃形玉环，右手扬至胸

图3-38　127窟前壁七佛图中的弟子

前，做拈花状，脚穿云头履，立于圆形覆莲台上。其身后一弟子，双手平置于腹前，笼于袖中，脚穿云头履，虔恭而立。右侧菩萨挺胸、鼓腹，身穿交领束腰长袖大袍，下着长裙。左手前伸，提一净瓶，右手上扬齐肩，五指呈拈花状，脚穿云头履，立于覆莲台上。第七身坐佛左侧绘一弟子，面容清秀，内穿偏衫，下穿长裙，外着袈裟，双手高举齐肩，持一香熏，脚穿云头履，立于圆形覆莲台上。身后一弟子，身材矮小，面相稚嫩，内着偏衫，外穿交领宽长袍，双手笼于袖中，置于胸前，脚穿云头履而立。右侧绘一弟子，面容苍老，装束同左侧弟子，右手持一莲花盏，左臂曲至左肩，五指并拢向下，做抚盏状。脚穿云头屐，立于圆形覆莲台上，面向佛而视。

前壁七佛图像下方正中为甬门，两侧绘《地狱变》，两组画面之中有横向纹饰隔离带分开。其中甬道左侧壁画绘阎罗殿军礼及十善十恶图，甬道左侧壁面绘地狱变相。画面因烟熏、刻画残损较为严重，但大部分内容已模糊不清。左侧壁面上方隔离带为绿边蓝底折枝纹饰，宽 0.22、长 3.36 米，下方隔离带为蓝边红底折枝纹饰，宽 0.21、长 3.36 米，距地表 0.35 米。甬门右壁前半部分绘阎罗殿场景，院墙斜向、方形，墙头覆瓦，前侧正中设一硬山顶式门楼，正脊之上，鸱尾对立，由于烟熏严重门楼具体细节不详。院内绘一高台基，周边设围栏，台基上筑一高大的硬山顶式殿堂，屋顶覆瓦，正脊之上，两个反翘的鸱尾格外醒目。宽阔的殿堂之内，头戴高冠，身穿宽袖袍服的阎君跽坐于矮几之后，系于腰际的蔽膝于矮几之下前展平铺。阎君对面，一头戴笼冠，身穿宽袖长袍，腰系玉带的官员正俯首躬腰，似在汇报。两侧各侍立三名头戴介帻，身穿裲裆铠的武士。台基之下，右侧一亡者双膝跪地，双臂上扬过头，仰天长号，似在倾诉，他的身旁，一身材高大的鬼卒弓步站立，左手叉腰，右手高举过头，似持一蛇。左、右两侧院墙之下，各绘五名等距侍立、手持长矛的武士，神态威严肃穆。

画面后半部分绘呈上、下排列的两组院落。其中上部为一坞院式建筑，方形院落，墙头覆瓦，单间式硬山顶门楼。院内建筑两进式结构，中间为庭院，前侧为三间式屋宇，后侧为双层式硬山顶楼阁，屋顶正脊之上立有一人，身穿交领中袖长袍，右手抚膝，左臂前伸，手持一件亡者衣衫，正在招魂。此画面前有一竖向榜题，内竖向墨书："此人行十善 / 得天道时"。在这方榜题和阎罗殿之间绘有四身飞天，呈菱形排列，以示在前方导引亡灵。在这组飞天右侧有一竖向榜题，内竖向墨书："诸天罗汉 / 迎去时"。这组坞院下方绘一方形院落，下方侧向开一角门，歇山式门楼。院内左右各一排厢房，后侧一歇山顶式房屋，屋内厅堂之上并列坐三人。屋顶站立一人，装束、神态大致同上，亦手持亡者衣衫，正在招魂，他身旁有一竖向榜题，内竖向墨书："此人行十□□/ 鬼军礼亲入 / 地狱时"。他脚下屋宇右侧墙面，依稀可见搭一扶梯。院子庭院正中，立有武士，戴头盔，穿铠甲，左手指厅内安坐的三人，右手持长矛，似在交谈。院外角门一侧，立一武士，他的对面绘三名骑具装铠的武士，头戴兜鍪，身穿裲裆铠，一手搂马绳，一手持长矛。马背饰"寄生"。身后两武士正反向策马疾驰。他们前方的画面烟熏残毁不辨，在近甬道门隐约可见绘一身穿宽袖红袍长衫的人物躬身作揖（图3-39）。甬门右侧通壁绘地狱变相，壁面上方隔离带为绿边蓝底折枝纹饰，宽0.24、长3.06米，下方隔离带

图3-39　麦积山127窟前披下方地狱变（局部）

为蓝边红底折枝纹饰，宽0.25、长3.04米，距地表0.40米。整幅画面被线条分割为上、中、下三排，并斜向等距分成五等分，一共形成21个斜向单元格，其中每排中间的5个方格完整，共计15个。由于壁面烟熏严重，许多方格内壁画内容已无法辨识，相应单元格内榜题字迹多已模糊不清。[①]现略加以陈述，上至下第一排，左至右第一幅烟熏严重，隐约可辨一小鬼弓身前行，左手持一长矛。前方画面残毁，仅存一人头部形象，似在反映驱赶亡魂入地狱的情形。第二幅画面正中给一口镬锅，锅内火焰升腾，两侧各立一狱卒，均面向镬锅，躬身，双手上举后扬，做抛物状，右下角绘一罪人双膝跪地，镬下方一名小鬼正在添柴加火，系反映镬汤地狱情景。右下角隐约可辨一榜题框，字迹已全部脱落。第三幅隐约可辨下方两侧各立一小鬼，其余烟熏、刻画严重，内容不辨。右上角绘一榜题框，内墨书："此人生时好□□/今登刀山地狱。"第四幅画面正中绘两个小鬼相向而立，其中左侧一身体前伸，臀部后倾，双手合握于胸前，似在拉扯。他对面的小鬼侧身扭腰，双手也合握于胸前，正在奋力后揣。右上角绘一榜题框，内墨书："此人生好时拆浮图/寺庙今入截臂地狱"，可知反映的是截臂地狱场景，锯子和罪人已无法辨识。第五幅因烟熏、刻画，画面已无法辨识，左上角绘榜题框，墨书："此人生时□□/□□□□□/今入炭火地狱"。上至下第二排，左至右第一幅因烟熏、刻画，无法辨识，隐约可见右下角一狱鬼部分身躯，左上角绘榜题框，内容不详。第二幅左上角绘一榜题框，内容不详。隐约可辨画面正中绘一火柱，周围环绕有三个狱卒，系反映火柱地狱。第三幅隐约可辨两个狱卒正把一罪人置于铁床之上，上方正中绘一榜题框，墨书："此□生时□行/□今入□□地狱"，系反映铁床地狱。第四幅画面因烟熏、刻画严重无法辨识，隐约可见正中绘一狱卒，

①由于窟内潮湿、壁画自然损毁速度很快，原有的许多内容现已无存，为方便读者了解这幅地狱变原貌，笔者在释读过程中，参考了张宝玺先生和唐冲先生两位学者此前释读成果。

右上角绘一榜题框，内墨书:“此人□时□□□□/ 肉今入□□□狱”,佛经记载“食肉者坠粪秽地狱”,故此图可能表现的是粪秽地狱。第五幅隐约可辨画面正中绘一铁磨,周围三个狱卒正在奋力推动,上方一名狱卒站立,双手高举,似将一罪人投入磨眼。右上角绘一榜题框,内墨书:“此人生时 /□□今入□/ 磨□□”。上至下第三排,左至右第一幅因烟熏、刻画严重无法辨识,隐约可见一小鬼左手持剑立于画面正中,余则不详,右上角绘一榜题框,字迹不详。第二幅画面因烟熏、刻画严重无法辨识,右上角绘一榜题框,内容不详。第三幅画面因烟熏、刻画严重,隐约可辨画面左侧绘一动物,其后绘一狱卒,右上角绘榜题框,内容不详。第四幅画面因烟熏、刻画严重无法辨识,左上角绘一榜题框,内墨书:“此人生□□/ 裸□衣□衫□/ 今人寒冰地狱”。第五幅画面中隐约可辨一罪人倒地,两罪人似在黑暗里小心前行,周围满是锋利的尖刀,左上角绘榜题框,内墨书:“此人生时□/□□明今入黑暗地狱”。

(5)萨埵那太子本生

绘于窟内顶部正、左、右三披,其中正披底宽7.35、顶宽 4.75、高 1.23米,由于画面剥落、残毁严重,内容略述如下:壁面从左至右残存为三块相对完整,且互相并不相连的画面,每幅画面均残损成不规则状,使得每幅画面内容只零破碎,在中部右侧上方,还残存有两小块壁画,内容已模糊不清。其中右侧残存面积约 0.9×0.8 米,画面略呈弧形,可辨正中绘车舆,车厢前部有踏板,下缘四周绘云雷纹装饰图案,两侧有车厢板,其外侧各斜插一面旌旗。车前端尚可见残存一根龙首车辕。车厢上方镶嵌一圆形双重华盖,四周饰三角形垂幔及珠饰,华盖顶部四周等距饰摩尼宝珠及花蔓草。车内国王头戴小冠,身穿交领宽袖袍服,下着长裙,端坐于车内。车舆左侧及后方,十余名头戴笼冠,身穿交领大袖衫、下着长裙的侍从正骑马簇拥前行,在车舆右侧也可见两名装束基本相同的侍从正在骑马疾行。车马队伍右下方绘杂草树木,其间一只麋鹿安然觅食,其余部分残毁无存(图3-40)。中间残存面积约1.8×1.3米,略呈矩形,其中右半部分上侧基本残毁,仅存右上角少许壁画残片。画面正中底部突起一山峰,将整幅画面分为左、右两个部分。左侧上半部分因色彩脱落已模

图3-40 麦积山127窟正披中的车马出行

糊不清,仅右下角可见两只麋鹿正在山间觅食饮水。下半部分仅存车舆,两旁为茂密的树木。车舆形状及装饰方法同前,马车为双轮结构,车辕为三根,应为双马牵引。驾车的马及国王已不知所踪,车厢后侧旌旗也已垂下,车辕旁一身穿裲裆甲的武士侍立。旌旗右侧,两名头戴笼冠,身穿交领大袖长衫的侍从正在交谈,场面十分安静,表明此时大队人马已到达目的地,车舆正在休息和等待。右侧上半部分已残毁无存,下半部分中心场景仍为上饰双重华盖的车舆,此时车厢后侧斜插的旌旗下垂,四周骑马侍从簇立,车舆前侧情形因画面色彩剥落而模糊不清,依稀为反映迎接国王下车前行的场面。这组人物的上方为数株高大的乔木,下侧为平缓的山坡、流淌的溪水,以及茂密的草丛。

左侧残存面积约0.8×1.3米,画面基本呈矩形,上半部色彩脱落现象严重,依稀可辨绘一座高耸入云的山峰,山脚下生长着郁郁葱葱的深林,画面底部也绘有枝繁叶茂的树木。其间绘一组人物,正中为头戴小冠的国王,体形明显较其他人物高大,头顶绘一圆形华盖,下缘缀饰彩带。身后两侧各一侍从手持一长柄羽葆。国王周围环绕着十余名侍从,均头戴笼冠,身穿交领宽袖长衫,下着长裙,脚穿尖头履。国王面前,一戴冠男子身穿宽袖袍服,双膝跪地,正向国王诉说。他的左侧树下,并排站立两人,面部已模糊不清,身穿交领窄袖短袍,正在聆听。其余部分残毁无存。这部分内容根据推测应是表现大车国王听闻噩耗后率群臣眷属前往探视萨埵太子舍身饲虎地点的情形。

窟内顶部左、右披呈梯形,内容依然为萨埵太子本生的一部分。其中左披底宽3.80、顶宽1.34、高1.48米,画面略有残损、剥落,但主要内容清晰可辨。整幅画面绘一方形城郭殿宇。城郭方形,墙面包砖,直缝砌筑,上下层之间不错缝。正、左、右三面均开有城门,城门处均筑凸出墙外的门墩,其下开门洞,门洞上方为用平梁和叉手组成的三角形木构梁架。门墩上方建三层式门楼,单檐庑殿式顶,上加鸱尾,门楼两侧设有踏步。在门楼两侧又各筑一凸出城墙外的方墩,其上各筑一高达三层的朵楼,平面呈方形,顶部类似庑殿顶,颇显玲珑精致。在城墙转角又各出一方墩,其上各筑一座三层式角楼,其样式基本同朵楼。城门外两侧对称建母子阙楼,母阙通体涂黑色,细长挺拔,呈束腰形。上建三层阙楼,每层均建有平坐和栏杆,并依次略向外倾斜,顶层结构与朵楼相同。子阙附在母阙内侧,通体施绿色,平面呈方形,高仅及母阙一半,略显粗壮,上建单层式阙楼,四周设平坐和围栏,单檐歇山式屋顶。城墙内绘一方形宫庭院落,正、左、右三面与城门相对,各筑一宫门,其下筑门墩,其中正壁门墩上建三层式门楼,结构、样式与城门楼相同。左、右宫门楼则为单檐庑殿顶式结构,正脊上设鸱尾,宫门面阔三间,下并列开三门。各宫门之间以矩折式回廊相连，共同形成一座封闭式殿庭。宫城内正面筑一高台基，其四周包砖，正面铺台阶。台基之上建大殿，进深两间，由两座前后相连的单檐庑顶式建筑构成。由于泥皮脱落、残损等导致画面已不完整，但画面主要内容依然可以释读，萨埵太子舍身饲虎的主要情节围绕着城池展开：城池正门两侧各绘两名头戴风帽，身穿垂领长袍的武士站立，一队人马浩浩荡荡从城门鱼贯而出，前面因画面残损而不详，后侧可见绘两个头戴笼冠，身穿大袖长袍的男子策马前行，其中前面一人仅存下半部分。他们后侧，四名头戴介帻，上穿裲裆甲，下着裤褶的侍从紧紧骑马跟随（图3–41）。人物表情欢快愉悦，马四蹄翻飞，奋力疾驰，欢快之情，跃然而

图 3–41　麦积山 127 窟舍身饲虎中的回宫报信

出，体现出三位太子出游的欢乐场面。在出行队伍两侧绘有许多茂盛的高大乔木，在下面一排主要由杨柳组成的树林中，两位头戴笼冠的男子表情紧张，一前一后策马疾驰奔向城门。他们前方，一名侍从立在树下，忐忑不安地看着急促返城的两位太子，这组画面主要反映了两位太子在

看到弟弟舍身饲虎的惨烈场景后，急忙回宫报信的情形。随之，故事情节转向宫廷之内，太子扑跪在台基之下，五体投地，正在哭诉他弟弟在山中舍身饲虎的经过，台基上大殿之内，惊闻噩耗的国王昏厥在床榻上，两名侍从慌忙赶上前后搀扶。他们右侧绘3身头戴介帻、身穿交领宽袖长袍，外罩裲裆甲的武将表情愕然，一人双手抚胸，另外两人手持笏板，均目视远方，仿佛还没有从这一噩耗中清醒过来，似乎不相信已经发生的事情。台基下太子左侧，并列站立四名武士，均头戴介帻，身穿交领长袖宽袍，下着长裙。最内侧1身手持盾牌，第2身双手置于胸前，第3~4身均双手持一长柄武器，前部因残损不辨，他们低声交谈，似乎正在议论这刚发生的事情。而右侧城门口，四名头戴风帽，内穿交领长衫，下着长裙，外罩垂领长袍的侍卫，正在闲聊，表情十分轻松，丝毫不知太子舍身饲虎的事情，与上边画面中人物神态和表情形成鲜明对比，更衬托和渲染出故事的中心思想。

顶部右披底宽2.50、顶宽1.05、高1.10米，画面除顶及右侧外缘部分略有残毁外，保存基本完好，主要故事内容尚大致可以辨识：画面正中绘一座险峻山峰，其间怪石林立，草木丛生。山峰底部绘三组树木，呈三角形分布，其间平地之上，一只母虎低头蹲坐，体态盈弱无力，母虎四周环绕着七只刚刚出生的小虎，或卧或蹲，嗷嗷待哺。在山峰右侧下方，一人正奔力往山峰顶上攀爬，而另一人则试图阻止他，被萨埵太子甩开后，四肢张开，跌向地面。这个场景系反映看到饥饿母虎的萨埵太子心生大悲，毅然决定舍身饲虎，以挽救几只小虎生命，在骗过他的两位兄长和摆脱侍从阻拦后，向山顶攀爬的情形。山峰顶部因画面残毁而不详，山峰中部空白处的树梢上方，隐约可辨绘一正在坠落中的人物，当系表现从山顶跳下的太子。在前述群虎下方，亦绘一组老虎，其间隐约可见躺着一个人，七只小虎正在舔食着尸骸。与上方有气无力的群虎相比，这组老虎神态凶猛，奔走有力，或在进食，或在咆哮，表现出在食用萨埵太子后而再获新生的情形(图 3-42)。山峰左侧山脊之上,两只麋鹿一前一后,遥相呼应,正在飞奔。山峰右侧下方,绘一较平坦的草地,听闻噩耗的国王在

图 3-42　麦积山 127 窟右披舍身饲虎

两位太子、诸大臣和侍从簇拥下来到萨埵太子舍身饲虎的现场。国王及王后还未从悲戚缓过神来,在侍从搀扶下向前探视,他们身后绘一华盖及两柄羽葆,以示身份尊贵。国王夫妇四周,头戴笼冠或介帻、身穿宽袖长袍的群臣和侍卫们静静站立,以示哀悼。

(6)睒子本生

前披壁面《睒子本生》画面呈梯形,底宽 7.35、顶宽4.61、高 1.30 米。整幅画面的故事情节呈横卷式从右向左展开,主要包括国王狩猎、误射睒子、国王报信、睒子父母哭尸、帝释天施救等情节,其间以绵延起伏的群山,穿插绘出的怪石、林木等画面加以分割,以渲染和突出故事内容。在画面最左侧,画师又采用穿插式叙事结构,巧妙地将睒子本生的中心思想和故事高潮部分安排到画面黄金分割位置上, 起到画龙点睛的作用。

故事从画面右侧边缘开始，画面中一辆三辕龙首车舆静静地停在树林旁的草地之上，车厢上方插有一个双层圆形宝盖，四周等距装饰莲花宝珠。车后侧斜插有两杆旌旗，显示出主人高贵的出身。车舆下方和后侧，簇立着许多头戴介帻和小冠，身穿交领宽袖短袍，下着裤褶的武士、侍卫，他们有的在四下张望或彼此交谈，有的在牵引战马，有的手持弓箭静静站立，有的正在紧张忙碌和准备兵器。给人一种出征前，军队中所特有的焦躁、紧张气氛。似乎为冲淡和调节这种场景，在人群下方草坪上，几匹马卧在地上吃草，又给人透露出一种安静、平和信息。车前方一排大树之下，群臣和侍卫拱护之下的伽夷国王已经做好狩猎前的最后准备，他正在整理自己的王冠。两侧头戴小冠，身穿宽袖短袍，外罩裲裆铠，下着长裙的文武群臣拱手侍立。国王身后，头戴笼冠的侍者或持羽葆，或双手笼于袖中安静等待。在群臣下方，两名头戴介帻，身穿交领短袍，下穿束口裤褶的武士各托举一只猎鹰，正在等待出发的命令。群臣上方，三名武将正在热烈交谈，仿佛正在商议此次狩猎的线路、安全等问题。在这组画面右上侧，是绵延起伏的群山，一个山洞之中，似乎可以看到睒子正安坐禅修，眼前的群山和无尽的森林使他对即将发生的一切毫无所知。

第二组画面占据着整幅壁画中间约三分之一位置，表现出紧张、激烈的狩猎场景，左侧几名骑马驾鹰的武士来回奔跑，正式宣告了围猎开始。远处上、下两侧都是波浪起伏的群山，隐约出现的旌旗则表示事先已到位的各组人马正在有序地将各种野兽驱赶至预定河谷地带。在长满各种草木、山石遍布的河谷之中，虎、豹、野猪、麋鹿、野兔以及各种飞禽正在拼命逃窜，在它们两侧及后方，头戴笼冠，身穿交领长衫或裲裆铠，下着长裙的武士们骑着战马，身体前倾，引弓搭箭，正在全力追逐着各自的猎物，紧随其后的步卒也不干落后，努力呵斥鹰犬捕猎前方草丛中窜出的野兔，构成一幅紧张、激烈，充满动感的狩猎场面（图3-43）。

第三组画面由五个情节组成，占据着整幅画面右侧的三分之一。四

图 3-43　麦积山 127 窟正披睒子本生(局部)

散奔逃的野兽中,跑在最前面的是几只麋鹿,它们已窜至在河边喝水的鹿群之中。而此时,因担心惊扰鹿群而身披鹿皮,正弯腰用瓦罐在河中汲水的睒子被眼前躁动不安的鹿群所困惑,到底发生了什么?当他还没有明白的时候,伽夷国王的利箭已经射中他的胸膛!可惜的是,这一情节由于画面残损而缺失。在这处缺损处的前方,发现误伤睒子的国王懊恼不已,他站在睒子对面,仔细聆听睒子诉说自己与盲父母在深山修道的故事,以及他对他死后谁来赡养盲父母这一问题的担忧,国王身后站着几个头戴笼冠的侍臣,在睒子身后不远处,瓦罐被抛在一边。紧接着画面直接跳跃到画面右下角,山脚下两个并列开凿的尖拱形山洞前,惊闻噩耗睒父向后跌倒在地,睒母双膝跪地,双手上扬,号啕大哭。站在他们面前的伽夷国王身体前倾,正试图伸出手去拉睒父,他身后的群臣也是局促不安。接着画面向后一转,一排树木之后,国王和群臣簇拥着睒子父母赶往河边去看望中箭死去的睒子(图 3-44)。最后一组情节也达到了故事的高潮,睒父双膝跪地,用他的双手抱着睒子头部,睒母五体投地,伏在

图3-44 麦积山127窟前披睒子本生(局部)

睒子尸身旁,悲痛欲绝。国王和群臣立在一旁,不知所措。正在此时,奇迹发生了,被睒子孝心、父母爱心和国王真心感动的帝释天化做仙女,飘然而来,手持净瓶正在给睒子口中灌入起死回生的灵丹妙药。而此后睒子复活时,种种美妙奇幻的景象画师再没有描绘,而是留给了观瞻者去想象和体味。

(7)帝后升天图

绘于窟内顶部长方形藻井内,纵1.32、横4.68米,画面分前后两部分,前一部分正中绘一身形象高大的天人,形似菩萨,束发髻,戴三瓣式莲花宝冠,面形方圆,细颈削肩,下着束腰长裙,挺胸腆腹,双手置于胸前,其中左手平置下展,五指并拢,掌心向内,右手掌心侧置于胸前,跣足立于圆形覆莲台上。帔帛搭肩绕臂于胸前十字穿环后再绕双肘向后飞扬。颈饰宽边项圈,肩两侧各饰一圆形饰物,其下垂的三缕飘带随风向后飞扬。天人四周绘飘动的流云,其间点缀有绘数颗莲花宝珠,其上端饰忍冬纹。围绕着菩萨前后、上下、左右绘十余身供养飞天,均束双丫高发髻,前端饰一莲花宝珠，面形长圆清秀，上身袒露或穿交领宽袖短袍，下着长裙，帔帛搭肩绕臂，穿肘向后飞扬。他们或紧随菩萨身旁，或两两前后呼应，手持香熏、供养品，双腿折叠呈 V 字形，翻飞于流云之间（图 3-45）。后一部分正中绘一乘四龙驾驭的车舆，两侧还各装饰一对巨大鸟翅，与车厢两侧护板处斜插的旌旗一齐迎风向后展开。车舆上方罩一柄双层圆形宝盖，上端边缘等距饰莲花宝珠，下层宝盖边缘缀饰飘带。车厢内坐一身穿束胸宽袖对襟袍服的贵妇，束发高髻，头略上仰。车舆左侧，前侧绘一摩羯鱼形怪兽，大嘴张开，尾部上卷，鱼鳍从头一直延伸至尾部，神态凶恶。其后一怪兽，面目狰狞，长发后飘，上身袒露，下着裤褶，疾奔如飞。车舆四周绘有十六身头戴笼冠，身穿交领宽袖袍服，下着裤褶的侍卫，各骑一龙，彼此互应，簇拥在车舆周围。其中最前面外侧两个侍卫各手持一个多节旌杖，车舆四周外围四角，各有一名侍卫手持一种长柄垂缨旌杖。这两组画面共同置于呈水波状排列的流云之上，构成一个前呼后应、统一向前奔腾的有机整体（图 3-46）。

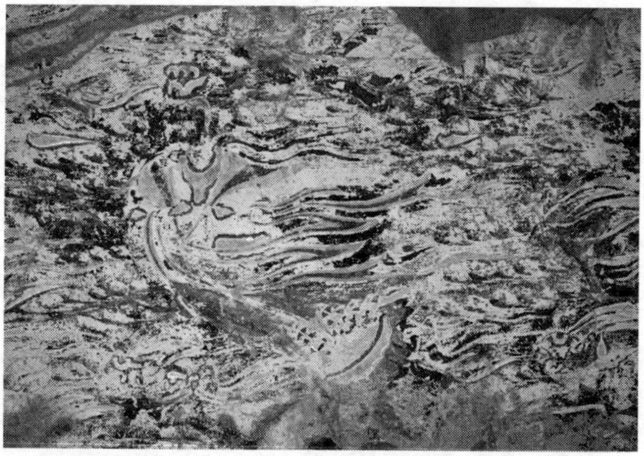
图 3-45　麦积山 127 顶部帝后升天图（前部）

图 3-46　麦积山 127 窟顶部帝后升天图（局部）

2. 相关壁画内容的探讨与分析

(1)127 窟壁画所体现的佛教思想综述

众所周知,佛教美术图像相对于枯燥、高深的佛教经典而言,能够更形象直观地展示它所表现和传承的佛教思想,以达到教化目的,使信徒皈依三宝、去恶从善。或者直接利用图像进行禅观、礼拜等宗教实践活动。南北朝时期,经过佛教徒数百年的不懈努力和传播,各种佛教经典已经深入当时中国社会各阶层之中,特别是在中原北方地区,汉文化背景影响下的大乘佛教思想也广为人们所接受,为佛教寺院和石窟寺内壁画作品的创作提供了前所未有的契机和平台。在北魏晚期以来的麦积山石窟大型窟龛中,也成为一种潮流和时尚,除本文所讨论的 127 窟外,西崖中上层开凿的 135 窟内也存在着类似现象,其窟龛形制、大小,造像题材等与 127 窟相差无几,窟内四壁也绘制有诸多壁画,除正壁《涅槃经变》(图 3-47)、左壁外侧下方残存的《维摩诘经变》和右壁部分保存较好的说法图外,其余内容多因残损风化严重而模糊不清,就题材和内容而言,

图 3-47　麦积山 135 窟正壁涅槃变中的佛说法图

较 127 窟要简单得多，但并不影响它也是模拟自佛教寺院壁画这一事实。这种表达方式在当时长安大型佛教寺院中可能已成为一种潮流，这直接影响到距此不远的秦州麦积山石窟相关窟龛的开凿和营建之中。实际上，从 127 窟形制安排上已表现出这种特性：窟内造像相对于窟龛空间而言体量过小。使窟内各个壁面在视野显上得十分开阔，这样的安排和做法，就是为更好地反映和体现出壁画所宣扬的以涅槃和净土为核心的大乘佛教思想。因此，开窟者对 127 窟内壁画题材的选择与安排上经过了精心设计：窟内最显著的正壁绘制涅槃经变，特别是正中的一佛二菩萨说法图，完美展现出佛为拯救众生，仍以“实不灭度”法相驻行世间，一方面体现出大乘涅槃的真谛，另一方面也突出世间一切众生皆有佛性的主题思想和“常、乐、我、净”的涅槃观。左壁绘制的维摩诘经变，用最常见的维摩、文殊对座问疾形式重点阐释“不思议解脱、成就众生和净佛国土”宗旨，以点化众生来理解和掌握大乘修行的成佛之道。右壁绘制的西方净土则为虔心修行者展示出一个永不退转、彻底摆脱生死轮回和无忧无虑的佛国世界。前壁上方的七佛强调和表现了佛法的久远真实和绵延不绝，从而进一步增加佛教徒修行的信念和动力。下方的地狱变则用令人毛骨悚然的画面告诫修行者在具体实践中行善积德、个人品行和佛教戒律的重要性。顶部四披的本生故事则重点宣扬了修行者在通往涅槃和净土之路上的布施、奉献和牺牲精神，并且融入了中国传统儒家文化所倡导的忠君、孝道思想。顶部正中的帝后升天图展现出本窟功德主美好的愿望。

下面笔者拟对 127 窟各个壁画所绘内容逐一加以诠释和阐述，以期更好地理解和体会当时功德主所要表达的佛教思想和窟内壁画图像中所蕴含的宗旨。

(2)正壁涅槃图像的分析与研究

窟内正壁绘制涅槃经变。涅槃为梵语 nirvana 音译，也译作泥洹、泥目等,其意译为圆寂、寂灭或灭度,在佛教中的含义是烦恼的灭除或熄灭,引身出的主要含义则是达到无烦恼的境界。[①]涅槃本身是印度佛教哲学中非常复杂的一个问题,它起源于印度教和耆那教,后来被佛教所吸收,并加以批评和改造。在印度原始佛教和小乘佛教的涅槃观中,前者注重实践,主张通过修行,灭除烦恼,达到伦理和心理的宁静、平和。后者则主张寻找一个世间之外的涅槃世界,把涅槃看成是生灭法灭后而得一寂灭;而在大乘佛教看来,涅槃是本性之学,一切众生皆有佛性,既"一切众生莫不是佛,亦皆泥洹。"[②]就是说涅槃是众生的成佛之性,而佛性的显现,也就是成佛,就是得大涅槃。[③]总之,涅槃既是佛教哲学的基本概念,也是佛教修行的最高理想,既摆脱生死轮回的痛苦,达到"常、乐、我、净"的永恒境界。

综观汉译涅槃经典,主要包括两类,一类是宣讲灰身灭智的小乘经典,如《杂阿含经》、《中阿含经》、《长阿含经》、《增一阿含经》、《俱舍论》等,内容上主要强调"诸行无常、诸法无我、涅槃寂灭"思想,[④]教诲修行者如何解脱生、老、病、死、忧、悲等诸苦,最终达到寂灭,不再沉沦于六道轮回之中,以追求真正意义上的自我解脱。另一类是弘扬佛陀常住无有变易,一切众生悉有佛性的大乘经典,如东晋法显《大般涅槃经》、北凉昙无谶《大般涅槃经》(世称北本),南朝慧严、慧观《大般涅槃经》(世称南本),以及刘宋智猛《般泥洹经》等,这几部经典汉译时间均五世纪上半叶,其中后世最流行的当属北本《大般涅槃经》。据研究,该经所引用经典之广,涉及内容之丰富,表明它的编纂历经非同寻常,同时也说明其成文

①单正齐《佛教涅槃思想之演变》,《青海社会科学》,2004年第1期,第124~128页。

②《妙法莲花经疏》,《续藏经》第1辑,第4册,第408页。

③方立天《中国佛教哲学要义》(上册),第159页,北京:中国人民大学出版社,2002年。

④单正齐《原始佛教涅槃概念辨析》,《哲学研究》,2008年第7期,第112~114页。

较晚。[①]可以说集成了大乘涅槃观的思想精华，着重强调“方便显涅槃”，[②]即指佛涅槃后并不与世间隔绝，还要常驻世间，为众生说法，教化众生升入佛道。这一观念在竺道生等人注解和弘扬之下，迅速在南北各地传播开来。

根据研究，佛教涅槃图像最早出现在中亚和犍陀罗一带，可能是受到古希腊文化罗马石棺上表现死者手法影响而产生的，具体表现形式为释迦横卧于娑罗双树之间的寝台上，大迦叶礼示佛足，释迦周围环绕众多弟子、末罗族人、梵天、帝释天、执金刚神、树神等人物。[③]在巴米扬石窟则表现为涅槃与弥勒图像的结合。受此影响，随着佛教东传，中国新疆也大量出现反映涅槃思想的图像，其中最具代表性的首推克孜尔石窟。根据统计，克孜尔有壁画的 80 多个洞窟里，其中 53 个洞窟内绘有涅槃图像，所占比例高达 65%左右，在克孜尔早期的 47、48、77 等大像窟甬道后室正中均设有高大的涅槃台，其上原安置有卧佛，这也是小乘佛教将涅槃视为最高果位的反映。这一时期涅槃图像内容比较简单，除卧佛外，相应壁面仅绘制有伎乐天供养和少数举哀弟子形象。在发展期的 38、114 等窟中，涅槃图像则相对丰富起来，除上述内容，还出现了反映《长阿含经·游行经》描述的须跋陀罗先佛入火，梵天、帝释天、拘尸那城力士前来供养等内容。到大致相当于内地北朝末期的繁荣期时，以 161、189、205 等为代表的窟中涅槃图内容更加丰富，开始出现密迹金刚、八王争舍利、焚棺等场景，绘画位置也从原来的后室转到窟内左、右两壁和

①刘永增《敦煌莫高窟隋代涅槃变相图与古代印度、中亚涅槃图像之比较研究》，《敦煌研究》，1995 年第 1 期，第 16~34 页。

②姚卫群《佛教的涅槃观念》，《北京大学学报》(哲学社会科学版)2002 年 5 月，第 39 卷第 3 期，第 32 页。

③宫治昭著贺小萍摘译《关于中亚涅槃图的图像学的考察——围绕哀悼的形象与摩耶夫人的出现》，《敦煌研究》，1987 年第 3 期，第 94~101 页。

前壁明窗。但是,在窟内相关图像形式上一直保持着克孜尔传统的涅槃与弥勒组合,集中宣扬小乘佛教一佛一菩萨思想,重点突出释迦的前世累行、现世业力和未来授记的完整个人形象,依然体现着小乘一切有部“唯礼释迦”的特点。[①]图像中表现出的须跋陀罗先佛入灭、大迦叶施礼佛足等内容与犍陀罗和巴米扬地区的涅槃图像表现出较强的承袭关系。

在江苏连云港孔望山,公元2世纪的摩崖雕刻中有已出现涅槃图像,一块红色大石头被雕成卧佛状,周围以阴刻和浅浮雕方式刻画出众多男、女信众,面向卧佛,呈悲泣状。其从形式和技法上看,它采用了中国传统的汉画像石技法制作,与印度美术作品没有作任何承袭关系,应该是依据相关佛经制作而成。这一图像的出现,与当地秦汉时期社会经济发达,神仙方术盛行有很大关系。[②]同时也说明涅槃思想很早已在中国出现,但时是关于其图像来源目前仍无定论。

在中国内地,涅槃图像的出现与相关经典翻译和大乘涅槃思想传播有密切关系。在大乘佛教的般若、宝积、大积、华严、涅槃等五部经中,涅槃部位于首位,它对汉地佛教的影响可想而知。实际上,东汉初年佛教传入中原到魏晋南北朝,再到隋唐时期,反映涅槃思想的经典翻译就从未停止过。如东汉支谶译《胡般泥洹经》一卷,三国支谦译《大般泥洹经》两卷,西晋竺法护译《方等泥洹经》两卷、帛法祖译《佛般泥洹经》两卷,此后法显、昙无谶、慧观、智猛等人所译的《大般涅槃经》前文已述,在这些关于涅槃的经典中,后世最推崇者当属昙无谶译北本《大般涅槃经》,成为佛教信徒弘扬和宣讲的理论基础。

从文献记载情况来看,涅槃思想的弘扬和《涅槃经》的研习南北朝时

①霍旭初《龟兹石窟艺术》,乌鲁木齐:新疆人民出版社,1994年,第22页。

②连云港市博物馆《连云港市孔望山摩崖造像调查报告》,《文物》1981年第7期,第1~7页。

主要集中在南方地区，前者代表人物有被誉为“涅槃圣”的竺道生，在涅槃研习时“遍历众师，备闻异释，潜时积时，以穷其妙，融治百家，……后开筵讲说，四远名宾，负袠而至”的刘宋庄严寺释昙斌，[①]释“涅槃”为“安乐”[②]的萧齐上定林寺的释僧柔，释“涅槃”为“解脱”的萧齐太昌寺释僧宗，[③]释“涅槃”为“无为”的萧齐祇洹寺释慧基等。[④]这一时期讲诵《涅槃经》的高僧也不在少数，如庐山慧远的弟子刘宋道场寺释法庄，晚年游学关中，从僧睿受学，诵《大涅槃》、《法华》、《净名》等经。[⑤]萧齐天保寺释道盛，“幼而出家务学，善《涅槃》、《维摩》，兼通《周易》”。[⑥]萧齐灵味寺释宝亮，“讲诵众经，盛于京邑。讲《大涅槃》凡八十四遍，《成实论》十四遍，……《维摩》二十遍，《法华》等经亦近十遍，道俗之徒三千余人，咨禀门徒常盈数百”。[⑦]在北方地区讲诵《涅槃经》的有释昙度，曾游学建康，备贯众典，致力于《涅槃》、《法华》、《维摩》等，《高僧传》中称他“探索幽微，思发言外”。[⑧]北魏济州释道成，“善《涅槃》、《法华》，为魏主元宏所重，其时驰名魏国”。[⑨]洛阳融觉寺比丘昙谟“最善于禅学，讲《涅槃》、《华严》，僧徒千人”。[⑩]但总的看来，当时北方地区没有南方讲诵涅槃的风气炽盛。

关于内地涅槃图像的出现时间，依据文献，在涅槃思想盛行的南方地区很早就已经在寺院中出现了涅槃造像，如南朝刘义庆编著的《世说

---

①《大正藏》，第50册，第373页。

②《大正藏》，第50册，第376页。

③《大正藏》，第50册，第378页。

④《大正藏》，第50册，第379页。

⑤《大正藏》，第50册，第407页。

⑥《大正藏》，第50册，第375页。

⑦《大正藏》，第50册，第381页。

⑧《大正藏》，第50册，第375页。

⑨《大正藏》，第50册，第375页。

⑩北魏·杨衒之尚荣译注《洛阳伽蓝记》卷4《融觉寺》条，北京：中华书局，2012年，第323页。

新语·言语二》中有这样两个故事，一个是关于东晋太尉庾亮，他有一次进入佛寺，当看到卧佛时说“此子疲于津梁，于时以为名言”。这里的津梁意思为摆渡、架桥，比喻佛接引、普度众生，文中所提的卧佛应是涅槃像。另一个是关于东晋吏部尚书张玄之和著作郎顾敷小时候的故事：“张玄之、顾敷是顾和中外孙，皆少而聪慧，和并知之，而常谓顾胜，亲重偏至，张颇不厌。于时，张年九岁，顾年七岁。和与俱至寺中，见佛般泥洹像，弟子有泣者，有不泣者，和以问二孙，玄谓：‘被亲故泣，不被亲故不泣。’敷曰：‘不然，当由忘情故不泣，不能忘情故泣。’”[①]在这两则故事中，都提到佛寺中塑有卧佛，而且后者还提到卧佛周围还塑有因佛涅槃而呈现出不同表情的弟子，已经比较完整地体现出涅槃思想。这说明东晋时期建康寺院中已经有涅槃像出现。根据《南朝佛寺志》记载，梁武帝时期，在他大力倡导下，建康城内已出现专门以弘扬大般涅槃思想为主的佛寺，如常乐寺“牛头山前之古刹也，与延寿院相邻，唐改资善院，南唐又号为福昌焉”，涅槃寺“梁天监七年(508)沙门僧宠所造也，在建康县北二十里”。[②]通过这些事例可知，南朝时期建康的佛教寺院中，仍塑有许多涅槃像，今均已无存。仅四川境内保存有少量萧梁时期的涅槃图像，如成都万佛寺梁普通四年(522)康胜造释迦立像龛背面浮雕有经变故事，其中右上方刻一方形宝帐，内1人双手平直，仰卧于床榻之上，其前方浮雕有两组人物，分别为侍臣环绕的国王和女仆环绕的王后，正在迎接对面从天而降的飞仙，这可能是一组具有四川地方特色的涅槃图像。[③]另一块出土于万佛寺的释迦立像龛正面背项光右方则明确浮雕有一组涅槃图像，右侧背

①南朝·宋刘义庆编撰柳士镇刘开骅译注《世说新语全译》，贵阳：贵州人民出版社，1996年，第72、79页。

②杜洁祥主编《中国佛寺志史志汇刊》第一辑(第2册)台北：明文书局，1980年，第281、294页。

③刘知远、刘廷壁编《成都万佛寺石刻艺术》，北京：中国古典艺术出版社，1958年，图版2。

光内缘下方斜向浮雕一具棺椁，棺首呈尖形，释迦仰面躺于棺椁之内，内侧一弟子弓身伏腰，一手伸于棺内，抚摸释迦，他旁边有两名弟子身体也略前倾，呈现出关切之情。此外，在棺椁外缘还环立有一圈共计 11 身弟子，均拱手挺胸，默默侍立。这组图像上方略有残损，可见三人呈前、中、后排列，正在演奏乐器，系表现伎乐供养场景。背光外缘上方浮雕一座五层方形楼阁式舍利，塔的台基四周可见有数名弟子正在叩首跪拜，系表现起塔供养场景。它的下方画面较模糊，隐约可辨佛陀仰躺于毗荼台上，四周众弟子合手合十环立，棺前似有几身人物，但具体形象已不辨，可能表现先佛灭度的须跋陀罗。[①]1994 年四川彭州出土的中大通五年(533)释迦双身背屏式造像，背面上部浮雕造像，分为上、下二层，上层为释迦示涅槃、诸弟子围绕恸哭，下层佛结跏趺坐说法，最下部刊造像题记："弟子尹文演为亡妇梁敏，造释迦变身像一躯。愿现在父母、兄弟、眷属及过去七世父母，往生西方，面睹弥勒。"[②]

在北方中原地区，由于佛教义学远不如南方发达，僧俗各界对涅槃理论的研习也没有南方兴盛，因此，涅槃图像出现要比南方地区晚一些，数量也不多。据记载，北魏后期已出现专门供奉涅槃佛像的寺院，如西域乌场国胡沙门昙摩罗"聪慧利根，学穷释氏，至中国，既晓魏言隶书，凡所闻见，无不通释，是以道俗贵贱，咸归仰之，作祇洹寺一所，工制甚精。"[③]乌场国既指《魏书·西域传》中的乌苌国，位于今巴基斯坦斯瓦特河谷一带，是犍陀罗造像艺术重要的发源地之一。而目前所见实物最早的当属开凿于北魏中期的云冈 11 窟西壁如来佛龛前沿台基上浮雕的涅槃变。

---

①刘知远、刘廷壁编《成都万佛寺石刻艺术》，北京：中国古典艺术出版社，1958 年，图版 3。

②雷玉华《成都地区南朝佛教造像研究》，成都文物考古研究所编著《成都考古研究》(一)，北京：科学出版社，2009 年，第 632 页。

③北魏·杨衒之尚荣译注《洛阳伽蓝记》卷 4《法云寺》条，北京：中华书局，2012 年，第 285 页。

释迦仰身平躺在双树之间的寝台上，头朝右侧，枕前一弟子双手抚佛头，脚下迦叶顶礼佛足。画面两侧各一供养人双手持博山炉虔恭而立，其身侧各两身弟子，身穿窄袖袍服，双手合十而立。最外缘各浮雕一卧狮，形成一幅完整的涅槃供养图像(图3-48)。云冈石窟北魏晚期的36、38窟

图3-48　云冈11窟涅槃图

采自《中国石窟·云冈石窟》(二)，文物出版社，1994年，图版83

中也保留有涅槃图像，第36窟东壁浮雕的涅槃图中，佛高发髻，身穿对领束腰齐膝袍，双手贴膝伸直，仰卧于寝台之上。周边浮雕5身人物，均披头散发，身着异服，或抚棺，或抚胸，或双手上扬，或低头垂立，表情十分悲伤，应是表现拘尸那城附近末罗族人闻佛涅槃后的情形。第38窟后室正壁涅槃图像内容比较丰富，分上、中、下三层，中层为主体，佛双臂贴体垂直伸展，仰卧于舟形寝台上，一比丘蹲跪于地，双手抚佛头。大迦叶稽首佛足。佛身旁浮雕有5人手扶金棺，低首垂立，痛不欲生。由于比较模糊，具体形象不是很清楚，其中个别人物头形较大，头发散乱，可能表现的是女性。佛头上方，释迦坐于棺首，表示金棺说法。其右侧上层，5身比丘神态恭敬，双手合十于胸前，低首礼佛。卧佛下层并立6身伎乐天，

手持各种乐器，正在演奏。由于风化严重，仅可辨有琵琶、腰鼓、横笛、排箫等，表示伎乐供养；[①]龙门石窟涅槃图像最早见于北魏孝明帝时期(516~528)开凿的普泰洞北壁佛龛左侧，画面之中，右侧为一间殿堂，

①云冈石窟三幅涅槃图的相关图版参见赵昆雨《云冈石窟佛传故事雕刻艺术》，南京：江苏美术出版社，2010年，图版26、78、79。

四周垂饰帐幔，殿内释迦头朝右侧，枕一月牙形枕，头略右偏，双手伸直，双足并拢，仰卧于带围屏的床榻之上，四个弟子隔着围屏，远远观看，仅仅露出头部，悲泣之情，溢于言表。左侧为一饰帐幔的小隔间，内二弟子身穿袈裟，双手合十，并排而坐，两人上方正中横梁上，悬挂一大钟（图 3-49）。魏字洞北壁佛龛左侧上方，画面内容略较普泰洞丰富，左侧浮雕一座四周饰垂幔的殿堂，殿内释迦头朝右侧，仰卧于带围屏的床榻之上，身旁内侧并排立有 6 身弟子，最后一身可辨双手抚摸佛足，当为迦叶。围屏后面立有 5 身弟子，仅露出头部。殿堂右侧并排凿一圆拱形小龛，内雕一立佛二胁侍菩萨，以示释迦说法，[①]另外一例见于河北邯郸南响堂山石窟北齐时期开凿的第 5 窟，该窟内主尊为三世佛，前壁上方浅龛内雕一涅槃像图，娑罗双树之间，一座长方形宝帐，上饰莲花焦叶，下垂多重帐幔，两侧为莲花础立柱。帐内释迦身穿紧身袈裟，仰卧于床榻之上，头朝左侧，枕一方枕，双手平直，双足并拢。床前一身穿大袖长袍的女子抚榻大哭。床脚迦叶礼敬佛足，床头一隐约可见一弟子双手捧佛头。内侧并列坐

图 3-49 龙门普泰洞涅槃图

①龙门文物保管所、北京大学考古系编《中国石窟·龙门石窟》(一)，北京：文物出版社，1991 年，图版 79、91。

8身弟子，有的双手合十，有的一手抚膝，一手扬至胸前，表情各异。[①]

陇右地区北朝时期的涅槃图像目前所见最早的当属炳灵寺北魏晚期16、132窟。16窟涅槃像横长8.6米，原位于炳灵寺窟区中部下方，1967年刘家峡水库修建时，为防止被水淹没，按“迁离原址，易地保护”原则先拆迁分成8箱，搬至地势较高的144、145窟，2002年才最终安置于炳灵寺石窟对面新建的卧佛院中，[②]这尊卧佛头枕方枕，身穿轻柔贴体的袈裟，右肋累足而卧，左臂贴体伸直展平，右手曲枕于右颊之下，表情宁静安详。132窟东壁门上方凿浅龛内也浮雕一身横长2.1米的涅槃像，右肋而卧，头下高枕，身穿圆领通肩袈裟，身后彩绘舟形背光，高肉髻，通肩袈裟，头前跪1身弟子，手抚方枕，表情凝重，身后8名弟子举哀，均身穿袒右袈裟，绘有头光。或手持法物，或双手合十，或掩面哭泣，表情各异。体姿神态基本同前，上方并列站立8身弟子，卧佛头前方，是一幅单独表现涅槃的图像。[③]

麦积山北朝时期的涅槃造像最早出现于北魏晚期133窟10号造像碑中，碑中图像上栏右侧隔栏中浮雕一辅涅槃经变，帷帐之下，释迦穿通肩袈裟右胁卧于垂饰帐幔的棺床之上，身后三位头披长发，穿帔帛、饰项圈的女性，或摸佛首，或抚佛身，表情悲痛欲绝。佛脚下跪一弟子，双手摸佛足。佛头方向，一个头挽发髻，身着短衣长裤的男子，背着包袱，正匆匆赶来。稍后西魏135窟正壁出现了大幅涅槃变壁画，尽管多数画面已残损，但依然大致可辨正中绘一佛二菩萨说法，左侧绘八王争舍利，右侧绘金棺涅槃。相比之下，北周26窟顶部彩绘《涅槃经变》保存较好，正披最

---

①陈明达、丁明夷主编《中国美术全集·雕塑编·13·巩县天龙山响堂山雕刻》，北京：文物出版社，1989年，图版151。

②王亨通《保护炳灵寺第16窟始末》，郑炳林、石劲松主编《永靖炳寺石窟研究文集》（下册），兰州：甘肃文化出版社，2011年，第1096~1099页。

③王亨通、杜斗城《炳灵寺石窟内容总录》兰州：兰州大学出版社，2006年，第132页。

上方绘数身翩翩起舞的飞天及纷纷散落的曼陀罗花，其下为奔流的阿利罗跋提河。左侧绘释迦说法图：佛坐于六角形须弥座上，为众弟子做临终说法，上方有装饰繁缛华丽的宝盖，周围侍立众弟子及比丘，姿态各异，或立或跪。佛座前绘一博山炉，绘莲花底座，两侧饰忍冬纹，左、右各有一狮子，背相蹲立。卧狮左侧两人站立，前者为穿铠甲、戴头盔，脚蹬战靴的密迹金刚。后者为束发髻，上着圆领衫，下着裤的须跋陀罗尊者。卧狮右侧绘 7 身世俗信众，均双手合十而跪，恭听佛法，其中一人手持供养品。画面右侧为金棺涅槃场景，正中释迦头枕长方形枕，仰卧于金棺之内，脸部略右偏，表情安详。众弟子簇拥于佛灵柩周围举哀，佛周围弟子或抚胸，或仰首，或抚棺，痛不欲生。金棺下方，大迦叶手握佛足，扭身询问阿难。壁面右下角绘焚棺场景，画面中部绘一人头，系表现密迹金刚颠坠于地。焚棺场景前绘一人扑向火焰，当为先于世尊而入灭的须跋陀罗尊者，四周绘八株娑罗树，表明此地与左侧最后说法的场景是同一个地方。众弟子的哀伤苦痛与佛祖的安详平和形成明显对比，使画面极具感染力。左披顶绘三排比丘、供养人等僧俗信众，其中比丘内着僧祇支，外穿通肩袈裟，供养人束发戴冠，穿交领长衫，领口宽而低，足蹬云头履，手中或持雀尾炉，或捧莲蕾，或托举供物，井然有序。他们后方绘一力士，身穿铠甲，双脚撇开，手持法幢。右坡绘四排僧俗信众，有比丘、供养人、诸天、各国王子、胡商等，场面井然有序，肃穆安静。①

敦煌莫高窟涅槃图像出现相对晚些，最早者当属北周时期 428 窟西壁绘制的涅槃图，它不是作为一种单独题材出现，而是与诞生、说法、降魔等共同构成了佛传故事，释迦涅槃形体略右倾，双手贴体平直伸展，头枕方形枕，绘有头光和身光。佛头部一弟子举哀，脚下绘迦叶探足。卧佛

①麦积山石窟艺术研究所《中国石窟·天水麦积山》，北京：文物出版社，1998 年，图版 255、257。

上方树下绘十余身穿白衣的末罗族人举哀，卧佛下方绘12身穿袈裟的弟子，双手合十而立。[①]隋唐以后，各种绘塑的涅槃图像明显增多，不再赘述。

北方地区造像碑中的涅槃图像出现时间也大致在北魏晚期，从现有资料分析，主要是作为佛传故事一部分出现的，并没有严格意义上的涅槃变图像，从时间上看，主要集中在北魏末年至东、西魏时期。从分布地域上看，多集中在中原、关中及其毗邻地区，现略做介绍。如东魏天平二年(535)中岳嵩阳寺碑，原碑无存，碑文如下："无像无言，形名应世，七步举手，播宣苦谛。声光振动，濯我尘滞，化息双林，终归实际。"[②]从内容可知，该碑图像包括佛说法、七步生莲、双树涅槃等，应该是一组反映佛传故事的雕刻。浚县武平三年(572)碑雕刻有树下降生、涅槃和交脚弥勒菩萨等内容。[③]山东临沂天统五年(569)造像碑记情况也大致如此，碑文内容："慕佛双林，图镂真容，睹慈妙相，夙夜乾恭。阴阳迭布，物故万盈，悲同彫(凋)落，刊名留名。"[④]这似乎是一幅专门表现涅槃经变的图像。西魏大统十七年(551)宁氏宗族造像碑背面上层左龛刻有释迦涅槃图像，佛横卧其中，头前方为摩耶夫人，脚下为前来致丧的大菩萨。右龛内释迦棺敛，棺椁前后各一弟子，左上方刻思维菩萨，表示未来将继承佛统的弥勒。[⑤]山西沁县南涅水出土有许多北魏至宋代的石刻造像塔，其中北魏晚期的两座石造像塔中就保存有极具当地特色的浮雕涅槃图像，一组图像中，上方为枝叶交合的娑婆双树，下方释迦头朝右侧，头枕方枕，右肋而卧，身后并排立四身弟子，均双手合十而立，脚下一弟子跪坐，手摸佛

①贺世哲《敦煌莫高窟的涅槃经变》，《敦煌研究》，1986年第1期，第1页。

②王昶《金石萃编》卷30，上海：宝斋石印社，清·光绪癸巳(1893)年版。

③周到吕品《河南浚县造像碑调查记》，《文物》1965年第3期，第35~36页。

④陈景星等《临沂县志》卷12，中华民国五年(1916)刊本。

⑤李静杰《造像碑的涅槃经变》，《敦煌研究》，1997年第1期，第75页。

足，应为迦叶，具体形象已模糊不清。另一组涅槃图更简单，枝叶交合的娑罗双树下，浮雕一口前高后低的棺材，一弟子双手抚棺，神态悲泣。棺材末端刻出双脚并拢向上的佛足，身穿袈裟的迦叶正在低头俯看。[①]秦州一带北魏晚期的造像塔和造像碑中也出现有涅槃图像，如秦安县博物馆收藏的西魏时期四面造像塔中，其中一面为浮雕的涅槃龛像。[②]收藏于甘肃省博物馆的庄浪卜氏造像塔，下至上第二层右侧浮雕涅槃像，释迦头枕一方枕，身穿袈裟，仰面而卧。头上方一弟子双手捧佛首，脚下雕迦叶视佛足，内侧并列 6 身弟子，双臂上扬，仰面号哭。主龛下长方形小龛内刻有三身伎乐人像，外侧两身胡跪吹角，中间 1 身手舞足蹈，数件似饶状乐器缚于全身，这一图像应是拘尸那罗城末罗族人对释迦涅槃后所做的伎乐供养场景。[③]

通过对以上两晋南北朝时期各种涅槃图像的梳理和考察，我们不难看出，新疆地区出现的涅槃图像深受小乘佛教“唯礼释迦”观念影响，其中释迦与弥勒结合、须跋陀罗先佛入灭、迦叶探视佛足等内容与犍陀罗和巴米扬地区的涅槃图像表现出较强的承袭关系，而繁荣期涅槃图像中出现的密迹金刚、八王争舍利、焚棺等场景则与内地涅槃图像的反传有密切关系。中国内地南方地区由于涅槃义学发达，因此在建康等地出现了专门供养涅槃像的寺院，而实物图像则见于六世初期的成都地区，除焚棺、起塔供养等内容表达的比较清晰以外，其余部分图像特征并不十分明显，在人物数量、具体内容、背景处理等方面体现出较多的四川地方

①郭同德《山西沁县南涅水的北魏石刻造像》，《文物》，1979 年第 3 期，第 91 页；曹雪霞《南涅水石刻造像的民间特色——浅谈石刻艺术在沁县的传承与发展》，《文物世界》，2011 年第 4 期，第 32 页，图版 6、7。

②张宝玺《甘肃佛教石刻造像》，兰州：甘肃人民美术出版社，2001 年，图版 175。

③俄玉楠《甘肃省博物馆藏卜氏石塔图像调查研究》，《敦煌学辑刊》，2011 年第 4 期，第 77 页。

特色，如佛头方向所在棺椁一侧呈尖形、类似芭蕉的娑罗双树等。

北方地区最早的涅槃图像大致出现于五世纪末或六世纪初的云冈石窟，大量出现则集中在北魏晚期。从图像构成形式上看，无论是南方，还是北方，初期涅槃图像内容相对简单，卧佛身边只有弟子，佛的卧姿均为仰卧式，释迦仰面朝天，双臂伸展贴体，双足并拢，有的还带有迦叶探足或弟子抚头情节。涅槃地点也不是娑婆双树，而是殿堂中帷帐之内的围屏式床榻之上，这一特征在北方地区更为突出。显然，这一阶段的涅槃图像与中亚、犍陀罗及新疆地区类似内容和形式都有很大差异，带有强烈的中原地区传统丧葬礼仪特征，信众并没有真正理解大乘佛教中所宣扬的涅槃思想含义，很大程度上将其看作是对逝者的纪念和供养，当然还是在依据相关涅槃经典基础之上，如云冈11窟和龙门普泰洞内的涅槃图。

随着大乘佛教涅槃思想被越来越多信众的接受和理解，涅槃图像的内容和形式也开始发生明显变化，多以佛传故事组成部分的形式出现，内容也更加丰富，更接近于其所弘扬的“常、乐、我、净”思想和“众生皆可成佛”的信念，佛姿态也开始变为右肋而卧，身穿通肩袈裟，涅槃之地也用娑婆双树加以表示，摩耶夫人等女眷举哀、迦叶探足、临终说法、众弟子信众举哀、须跋陀罗先佛入灭、香花伎乐供养、焚棺起塔等相关经典中所描述的内容也陆续表现出来，如云冈35、38窟，麦积山133窟10造像碑，以及四川地区的相关背屏式造像等，它们尽管在具体相关人物和场景方面因地域不同而略有差展示，但与相关经典描述大致吻合，如关于摩耶夫人等女眷举哀之事《佛升忉利天为母说法经》载：“阿那律即便升入忉利天上，往摩诃摩耶所报丧。摩耶夫人闻子涅槃，即与无量诸天女等眷属围绕，作妙伎乐，烧香散花，歌颂赞歌，从空来下，趋双树间……前至棺所，头顶作礼。”[①]须跋陀罗先佛入灭事迹见东晋·法显《大般涅槃经》

---

①《大正藏》第12册，第1012页。

“尔时须跋陀罗前白佛言:‘我不今忍见天人尊入般涅槃。我于今日,欲先世尊入般涅槃。’佛言:‘善哉’时须跋陀罗,即于佛前,入火界三昧而般涅槃。”[①]释迦身后佛、弟子、信众绕佛举哀的情形《经律异相》载“复有一亿恒河沙菩萨,位皆十住……乃至十方佛及弟子,六道大众,见涅槃相,悲号啼哭不能自持。”[②]等。

北朝末期,这种趋势变得更加清晰和丰富,如麦积山北周26窟、莫高窟北周428窟、南响堂山第5窟中的涅槃图像等。除与佛传故事共同出现涅槃图像外,同时还盛行单独表现佛涅槃的图像,如永靖炳寺16、132窟就是如此。前者为专门的涅槃窟,后者与该窟内的释迦、多宝、弥勒共同构成三世佛造像题材,完全体现出与佛教本生或本行故事中涅槃图像不同的佛学思想,在这类图像中,涅槃不是作为释迦生平一部分来加以表现,而是更注重强调如来化身的涅槃变相,主要出现在窟龛造像之中,这也是相关涅槃图像考察过程中应注意的问题。

麦积山127窟涅槃变图像正是当时北方地区大乘涅槃思想成熟的标志之一,它在承袭中原地区佛传故事中涅槃图像过程中,依据大乘思想对其内容进行了进一步丰富,故事场景和布局方式也发生了变化。从简单的释迦涅槃、中国式弟子举哀、迦叶探足等发展到包括八王争舍利、焚棺供养、临终遗教、金棺说法等诸场景的绘合表现。布局上也采用取中国传统的横卷式结构,同时人们视觉焦点的中心为释迦驻世说法,以及左右对称配置的八王争舍利、临终遗教等都是以强调教化世间众生成佛为核心理念。细节处理上也充分体现这一原则,如正中佛说法图中胁侍菩萨上方各绘一株大树,这与传统形式上的佛说法场景有明显不同,意在暗示涅槃前的佛在说法。同时,两侧菩萨的出现则强调了大乘菩萨行

①《大正藏》第1册,第204页。

②《大正藏》第53卷,第18页。

在助力众生成佛之路的功能与意义。涅槃场景中众多梵天、信众、弟子、世俗人物等也更好地体现出大乘涅槃经的内容和图像特征。

(3)左壁维摩诘图像的分析与研究

《维摩诘变》系根据《维摩诘所说经》绘制而成，该经梵文名 Vimalakirti-nirdeśo,也称为《不可思议解脱法门经》,是大乘佛教中一部非常重要的经典,带有较浓厚的净土思想。其汉译本最早可追溯至东汉中平五年(188)严佛调在洛阳翻译的两卷本《古维摩诘经》,三国两晋南北朝时期,随着中国在社会和思想方面发生巨大变革,《维摩诘经》受到当时中国知识分子阶层的极力推崇,先后六次被译成汉文。其中后秦鸠摩罗什译本最为流行,该经主要包括佛国品、方便品、弟子品、菩萨品、文殊师利问疾品、不可思议品、观众生品、佛道品、入不二法门品、香积佛品、菩萨行品、见阿閦佛品、法供养品、嘱累品等十四品。经中主角维摩诘的仪度风范、谈吐举止成为两晋南北朝时期贵族、名士、名僧竞相模仿的对象,维摩诘形象也成为当时画家和佛教寺院、石窟寺中最常见的题材之一。可以说,维摩诘思想对中国宗教、哲学、文学、艺术等诸多领域都产生了深远影响。

随着维摩诘经的盛行和传播,关于该经义理的注疏、演讲等也非常普遍。南北朝时期著名的高僧如僧肇、慧远、竺道生、道辨、法安等都先后为其做过注或义疏,演讲过该经的僧人更是不计其数,如陇西籍高僧释僧镜一生中曾先后注疏过法华、维摩、涅槃等大乘经典。①这些对《维摩诘经》从上层社会向普通民众传播都起到很好作用。齐梁之际,维摩诘思想在南方地区非常盛行,无论是僧侣、士族名流,还是王公贵族,均十分

①《高僧传》卷7《宋下定林寺释僧镜》条载“释僧镜,姓焦,本陇西人,迁居吴地。后入关陇,寻师受法,累载方还。停止京师,大阐经论。后东返姑苏,复专当法匠,……宋世祖籍其风素,敕出京师,止定林下寺。频建法聚,德众云集。著《法华》、《维摩》、《泥洹义疏》,并《毗昙玄论》,区别义类,有条实焉。”(梁·释慧皎汤用彤校注《高僧传》,北京:中华书局,1997年,第304页。)

崇信，同时也带有儒释并重特征。萧梁对维摩的信仰表现为对其义理的探讨和研究，奉持戒律，以及劝营功德。[①]这一时期，北方地区轻义理、重修行的局面在北魏皇室倡导下也得到很大改观，如北魏孝文帝即大力提倡讲唱佛教义理，《广弘明集》卷24收录的孝文帝《听诸法师一月三入殿诏》说："门下。崇因赞业，莫若宗玄。禅神染志，谁先英哲。故周旦著其朋之诰，释迦唱善知之文。然则位尊者以纳贤为贵，德优者以亲仁为尚。朕虽寡昧，能无庶几也。先朝之世。经营六合。未遑内范。遂令皇庭阙高邈之容。紫闼简超俗之仪。于钦善之理、福田之资，良为未足。将欲令懿德法师时来相见。进可飡稟道味，退可饰光朝廷。其勅殿中听一月三人。人数法讳，别当牒付。"[②]同卷《帝令诸州众僧安居讲说诏》也说："门下。恁玄归妙，固资真风。餐慧习慈，实钟果智。故三炎检摄道之恒规，九夏温诠法之嘉猷。可勅诸州令此夏安居清众，大州三百人。中州二百人，小州一百人，任其数处讲说。皆僧祇粟供备。若粟尠徒寡不充此数者，可令昭玄量减还闻。其各钦旌贤匠，良推睿德，勿致滥濁惰兹后进。"孝文帝不仅提倡佛教讲说之风，而且本人也善于此道，史称他"雅好读书，手不释卷。五经之义，揽之便讲。学不师受，探其精妙。史传百家，无不该涉。善谈《老》、《庄》，尤精释义。"[③]他也多次前往平城永宁寺参加法会，号召官员参与佛教义理探讨。[④]此后北魏诸帝也多有类似举动，如"世宗笃好佛理，每年常于禁中，亲讲经论，广集明僧，标明旨义。沙门条录，为《内起居》焉。上既崇之，下弥企尚。至延昌中，天下州郡僧尼寺，积有一万三千七百二十

---

①何剑平《中国中古维摩诘信仰研究》，成都：巴蜀书社，2009年，127~156页。

②《大正藏》，第52册，第272页。

③北齐·魏收《魏书》卷7《高祖纪下》，北京：中华书局，1974年，第187页。

④《魏书》卷114《释老志》载："承明元年八月，高祖于永宁寺，设太法供，……太和元年二月，幸永宁寺设斋。赦死罪囚。三月，又幸永宁寺设会，行道听讲，命中、秘二省与僧徒讨论佛义，施僧衣服、宝器有差。"北京：中华书局，1974年，第3039页。

七所，徒侣逾众。"[①]在这种大背景下，一些宣讲涅槃、成实论的高僧也兼修维摩，如释昙度善"备贯众典，涅槃、法华、维摩、大品，并探索微隐，思发言外，……撰成实论大义疏八卷，盛传北土。"[②]而专研于佛教义理的沙门和文人也普遍受到社会重视，代表人物如道登、道辩、昙度、僧宗等。[③]其中专讲维摩的僧俗信众也不在少数，如北魏宣武帝元恪，史称他"雅爱经史，尤长释氏之义，每至诵讲，连夜忘疲。……(永平二年十一月)乙丑，帝于式乾殿为诸僧、朝臣讲《维摩经》。"[④]诸王公中崇信维摩者如淮阳王尉元、河东王苟、东阳王丕、淮南王他等，史称"尉元、苟、丕、他并容貌壮伟。大耳秀眉。四十年中三长月六守斋持戒无替。于时诵维摩经。"恒州刺史陆政也是"平直无私。守道寡欲。有长仁之操。善文雅之容。口诵维摩以为论本。时人高尚，莫敢抗谈。"[⑤]北魏大臣崔光"每为沙门、朝贵请讲《维摩》、《十地经》，听者常数百人，即为二经义疏三十余卷。识者知其疏略，以贵重为后坐疑于讲次。凡为所诗赋铭赞咏颂表启数百篇，五十余卷，别有集。"[⑥]当时北方地区对维摩的信奉不仅见于王公大臣，也见于胡猷，如北魏末年，关中羌胡人康维摩，他曾率部守锯谷，后被北魏大将源

①北齐·魏收《魏书》卷114《释老志》，北京：中华书局，1974年，第3042页。

②梁·释慧皎汤用彤校注《高僧传》卷8《齐伪魏释昙度传》，北京：中华书局，1997年，第293页。

③《续高僧传》卷6《魏恒州报德寺释道登传七》称道登"年造知命，誉动魏都，北土宗之"(《大正藏》，第50册，第472页。)；同卷《魏洛阳释道辨传六》称道辨"及对孝文，不爽帝旨。由是荣观显美，远近欽兹。剖定邪正，开释封滞。是所长也"；《高僧传》卷八《齐京师太昌寺释僧宗》称僧宗"善大涅槃、及胜鬘、维磨等，每至讲说，听者将近千余。"(梁·释慧皎汤用彤校注《高僧传》，北京：中华书局，1997年，第328页。)

④北齐·魏收《魏书》卷8《世宗纪》，北京：中华书局，1974年，第215、208页。

⑤唐·法琳《辨正论》卷4《十代奉佛篇下》，《大正藏》，第52册，514~515页。

⑥北齐·魏收《魏书》卷67《崔光传》，北京：中华书局，1974年，第1499页。

子雍生擒。[1]作为胡人,他取名维摩显然有希望借维摩诘不可思议神力来保佑自己的含义,也说明了当时维摩经在社会各界中已被广泛传扬和信奉。

西魏时期,由于宇文泰非常崇尚南朝及中原地区的礼仪文化,对佛教徒优礼有加,甚至鼓励儒士修习释家经典,这些举措使带有强烈士族文化特征的《维摩诘经》更为盛行,不仅内地,连远在西北一隅的敦煌也非常流行。在存世敦煌文书中,根据黄永武《敦煌遗书最新目录》统计,关于《维摩诘经》的多达 1039 种,内容涉及经文、义疏、讲经文、唱词等,在敦煌汉文写佛经中居第五位,[2]这与贺世哲先生的统计结果略有出入。[3]但总的看来,有关《维摩诘经》各种文本总量应在 1000 件左右,这部经典在当时的影响由此可见一斑,其中就有不少西魏时期王公贵族、僧侣及普通士民关于《维摩经》写本或义疏,以期治病祈福,得道成佛。如北魏延昌二年(513)癸巳张颙写《维摩义记》(罗福苌译《伦敦藏目》),西魏大统三年(537)正月十九日许瓊瓊写《维摩经义记》(北京存辰 032 号),大统五年(539)四月十二日比丘慧能写《维摩诘经注》(斯 2732 号),大统五年(539)六月十三日比丘慧隆写《维摩诘经义记》(罗福苌译《伦敦藏目》),大统十四年(548)十月五日普济寺法鸞写《维摩诘经义记》(伯 2273 号)等。而其中影响最大者当属西魏瓜州刺史、东阳王元荣,他在敦煌造写有大量发愿经书,其中就有相当数量的《维摩经》,如他曾在普泰二年(532)造《摩维疏》百部,其后题记曰:"大代普泰三年,岁次壬子,三月乙丑朔,

---

①北齐·魏收《魏书》卷 41《源贺传》附子怀子《子雍传》载"时子雍新平黑城,遂率士马并夏州募义之民,携家席卷,鼓行南出。贼帅康维摩拥率羌胡守锯谷,断䴙棠桥。子雍与交战,大破之,生擒维摩。"(北京:中华书局,1974 年,第 930 页。)

②黄永武主编《敦煌遗书最新目录》,台北:新文丰出版公司,中华民国 75 年。

③根据贺世哲先生的统计结果,各种与《维摩诘经》相关的卷子总数约 930 卷。贺世哲《敦煌莫高窟中的维摩诘经变》,《敦煌研究》,1982 年试刊第 2 期,第 62~87 页。

廿五日己丑，弟子使持节散骑常侍都督领西诸军事车骑大将军开府仪同三司瓜州刺史东阳王元荣惟天地□□，王路否塞，君臣失礼，于兹多载。天子中兴，是得□息叔和，诣阙修变，弟子军□，填患□□叔和，早得迴还，敬造《维摩疏》百部供养”。与元荣相关的《维摩诘经》写卷还见于英藏敦煌文献斯4415号及上海博物馆藏8962号文书及日本五岛美术馆收藏的敦煌写本题记等，上述写经均涉及敬造包括维摩、法华、涅槃、金光明等相关经典内容。

除上述相关《维摩诘经》文献资料外，南北朝时期还出现有大量维摩诘图像。尽管《维摩诘经》来自印度，但维摩诘像却产生于中国，其最显著特征是维摩诘具有“清羸示病之容，隐几忘言之状”，以符合经中“方便品”和“入不二法门品”要求，这与魏晋时期崇尚清谈玄学的风气有很大关系。《历代名画记》中就有关于顾恺之和陆探微画维摩诘像的记述，[①]而现存最早的维摩诘像则见于甘肃永靖炳灵寺169窟北壁后侧绘制的维摩诘单身像，一方形扎束式帷帐内，维摩诘束发髻，面形圆润，颈饰项圈，身穿袒右式袈裟，扭身侧视，左手举至胸前，坐姿不详，下卧长榻，似正在谈论。身后绘圆形头光，头上方绘饰垂幔的圆形华盖。左侧绘一扎束发髻，身穿裹身袈裟的侍者，身后绘圆形头光，立于一侧，面向维摩诘。两人之间上方竖条榜题内墨书“维摩诘之像、侍者之像”。[②]五世纪中叶以后，维摩诘图像开始出现文殊、维摩对座形式，以示《维摩诘经》问疾品内容。南方地区反映维摩变的图像发现较少，主要有成都市西安路出土的萧梁时期三佛并坐像背面浮雕维摩变，内容较为简单，画面正中为一带覆莲瓣座的香炉，左侧维摩诘头戴高冠，身穿宽袖袍服，双手笼于膝前，

---

①唐·张彦远《历代名画记》北京：人民美术出版社，2004年第113~114页、第128页。

②甘肃省文物工作队、炳灵寺文物保管所《中国石窟·永靖炳灵寺》，北京：文物出版社，1989年，图版37。

持一团扇，跽坐于床榻之上，上置方形帷帐。前侧为吉祥天女，梳双丫高髻，面容清秀，下着大袖袍服，长裙曳地，脚穿高履。右侧文殊菩萨束发高髻，帔帛腹前十字穿环，安坐于须弥座上，头上方置一宝盖，边缘饰莲花宝珠，两侧饰瓔珞，显得十分华丽。宝盖前侧舍利弗侍立，后侧一身立佛，身穿袈裟，背后饰莲瓣形背光，两侧簇立有三身弟子像，可能是表现释迦派遣文殊前往维摩诘处问疾情形。[①]而这类图像在北方地区石窟寺中保存较多，如云冈第1、2、6、7、8、13、14、24、30、31、35等37个窟龛中都浮雕有维摩诘造像题材，时间集中于云冈第二期至第三期(471~524)之间，其中第1、2、8窟等时代较早窟龛中浮雕维摩诘像基本以主尊形式出现，此后阶段的维摩诘像则以维摩、文殊对坐形式出现，并含有表现问疾品、香积品、菩萨行品、观众生品等内容；[②]龙门石窟维摩变图像最早见于古阳洞北壁第三层魏灵藏龛内，维摩诘游戏坐姿，屈膝倚靠凭几，手持麈尾，背后设有屏风。对面文殊坐于华盖之下，右手前伸，指向维摩，表现二人正说法论道的场景。此后，在宾阳中洞、莲花洞等窟内的小龛和壁面上，出现有大量表现这一题材的浮雕图像，其所采用文殊在左、维摩在右的配置方式对中原北方地区的维摩诘造像产生了很大影响。根据统计，从太和中期到景明、正始年间，龙门石窟中维摩、文殊对座图像共计有129铺，多位于小龛主尊背光两侧或龛楣上方两侧，始于孝文帝迁洛前后，盛于宣武、孝明二世，东魏、北齐以后衰退。[③]龙门维摩诘图像从最初简单的对坐形式，发展到后来，开始出现吉祥天女、舍利弗、莲花、众多菩萨、弟子等形象，表明构图其可能来源于相关的维摩诘经画卷。在北魏晚

---

①成都市文物考古工作队、成都市文物考古研究所《成都市西安路南朝石刻造像清理简报》，《文物》，1998年第11期，第9~10页，图18。

②张华《云冈石窟中维摩诘和文殊菩萨造像的探讨》，云冈石窟研究院编《2005年云冈国际学术研讨会论文集·研究卷》，北京：文物出版社，2006年，第239~250页。

③张乃翥《龙门石窟维摩诘变造像及其意义》，《中原文物》，1982年第3期，第40~45页。

期的路洞，已开始出现初具雏形的维摩变图像。[①]不仅龙门石窟，当时洛阳附近的巩县石窟第1窟列龛中也浮雕有维摩、文殊像，嵩县铺沟石窟现存的殿堂窟内也有反映维摩、文殊变的浮雕图像，[②]类似题材也见于太原天龙山西魏时期开凿的第3窟东壁龛外两侧，[③]北齐开凿的安阳小南海中窟前壁[④]等处。

这一时期维摩诘图像除大量出现在北朝晚期以来的石窟寺中外，在中原和关中地区城乡之间大量分布的造像碑中。如美国大都会博物馆1930年收藏有一件来自河南登封或淇县的北魏造像碑，碑阳上方阴刻有维摩诘变相图，其内容已十分丰富，涉及《维摩诘经》中的文殊师利问疾品、不可思议品、观众生品、佛道品、入不二法门品、香积佛品等品序。[⑤]在该图像下方阴刻两层供养人像，并附"维摩主轻车将军平州录事参事军资兰思远/维摩主张充/"等共12行题记。[⑥]根据题记内容可知该碑本为立寺纪念碑，建寺时间在北魏永熙二年(533)，表明当时中原地区已经出现非常成熟的维摩诘变图像。类似图像内容频见于北魏末年及东、西魏时期的造像碑中，如美国旧金山亚洲艺术博物馆收藏的北魏永熙二年(533)赵见愔等人造像碑额上部阴刻的维摩变则以图文并茂形式表现了维摩诘变相，它雕刻于供养人上方，各个情节以方格形式对称布局，分上、下两排。上排正中帐内为释迦牟尼，身后刻圆形头光及莲瓣形背项

---

①王振国《龙门石窟与洛阳佛教文化》，郑州：中州古籍出版社，2006年，第21~22页。

②宿白《洛阳地区北朝石窟的初步考察》，龙门石窟研究所编《龙门石窟研究论文选》，上海：上海人民美术出版社，1993年，第41页。

③李裕群《天龙山调查报告》，《文物》，1991年第1期，第32~55页。

④河南省古代建筑保护研究所《河南安阳灵泉寺石窟及小南海石窟》，《文物》，1988年第4期，第1~14页。

⑤庄申《北魏石刻维摩变相图考》，《大陆杂志》，第17卷，第8期，第244~246页；第9期，第284~288页。

⑥题记内容参见北京图书馆金石组编《北京图书馆藏中国历代石刻拓本汇编》第6册，中州古籍出版社，1989年，第96页。

光。佛左侧帷帐之内刻维摩诘，头扎束巾，身穿宽博垂领大袖长袍，身体略后倾，左手扶床榻，右手平置，执一羽扇，坐卧于床榻之上，榻前地面放置一双鞋，像前刻题记“此是维摩诘讬疾方丈室时”。其身后方格内刻一国王听法，左右各一侍臣，旁边刻题记“此是诸大国王来听法时”。佛右侧文殊菩萨头戴花冠，颈饰项圈，身穿长衫，双手合握于胸前，握一长柄状物，结跏坐于方形束腰叠涩须弥座上。侧身扭头，面向维摩，似在争辩，动感十足，文殊上方一圆形华盖，上饰蕉叶宝珠，下饰垂幔和飘带，迎风向后飞扬，画面空白处浮雕有数朵花卉、流云，像前刻题记“此是文殊师利问疾维摩诘时”。其后侧刻维摩诘与舍利弗相谈，旁边刻题记“此是维摩诘见舍利弗，我见释迦牟尼佛土清净时”。下排正中格内雕一地神双手举，托一博山炉，两侧饰对称展开的忍冬花卉。左侧格内前侧一天女，束发高髻，身穿宽博衣衫，帔帛绕臂向后飞扬，双手举于胸前做撒花状，她面前膝下一人正双手合十于胸前，执一莲蕾，呈跪拜状，旁刻题记“此是天女以花散菩萨大弟子时”。天女身后一方形叠涩高台座，上并排坐两身菩萨，周围花瓣纷纷飘下，旁刻题记“此是诸大菩萨坐狮子座时”。右侧格内正中刻一束腰叠涩须弥座，上方立一阙形楼阁建筑。其前面刻舍利弗及两名弟子，一立姿一跪拜，旁刻题记“此是舍利弗请天女□花去时”。建筑后侧刻 6 身弟子，一身双手抱须弥座，回头扭视。三身并排跪拜，另二身双手合十而立，各执一长茎莲花，旁刻题记“此是大弟子礼拜二狮子座时”（图 3–50）。画面雕刻精美、内容丰富，布局紧凑，动感十足，且主题思想突出，是一幅非常成熟的维摩诘变相图。此后两魏时期造像碑中也有此类变相，如美国纽约大都会艺术博物馆收藏的东魏武定元年（543）造像碑上也有类似维摩诘变图像。[①]而且，从龙门维摩诘造像供养人题记可知，当时维摩诘信仰广泛见于北魏社会各个阶层，上至王公贵族，下至

①刘兴珍、郑经文《中国古代雕塑图典》，北京：文物出版社，2006 年，图版 5~86。

图3-50 北魏永熙二年(533)赵见憘等人造像碑
采自王景荃《河南佛像石刻造像》

普通官吏和民众,可见维摩诘思想在当时北方地区已产生了重要影响,随着《维摩诘经》的传播,关中及长安地区造像碑中也开始出现这一题材,如陈哲敬私人收藏的西魏大统八年(542)佛三尊造像碑背面浮雕中,上部正中一坐佛结跏坐于尖拱形龛内,左侧文殊菩萨束发高髻,面容清秀,帔帛胸前十字交叉,上绕穿肘下垂。游戏坐于束腰叠涩座上,双手举自胸前,五指展开,神采飞扬。头上方为一顶饰有山花焦叶和帷幔的华盖,并缀饰有四条飘带。右侧维摩诘头戴方形冠,手持团扇,身穿交领宽袖袍服,下着长裙,踞坐于方形帷帐之内的床榻之上,帐杆上方等距装饰有莲花,两侧扎束帐幔。①现藏于美国波士顿美术博物馆的西魏恭帝元年(554)薛氏造佛像碑,碑上方残损部分原来表现的内容是就是维摩、文殊说法论道。②西安博物院收藏的西魏大统三年(537)造像碑上半部浮雕有一幅维摩变,歇山顶大殿之内,文殊、维摩左、右对坐互视。文殊菩萨束发高髻,颈饰项圈,身穿袈裟,左

①觉风佛教艺术文化基金会《中国古佛雕——哲敬堂珍藏选辑》,台北:艺术家杂志社,1989年,图版20、21。

②刘兴珍、郑经文《中国古代雕塑图典》,北京:文物出版社,2006年,图版5~89。

手斜置于腹前，执一桃形玉环，右手齐肩，五指并拢，掌心侧向，跽坐于覆莲台上。身后立一菩萨，束双丫高髻，穿交领大袖袍服，下着长裙，脚穿圆头履，立于覆莲台上。维摩头戴小冠，身穿交领宽袖袍服，倚坐于隐几之内，左手抚隐几，右手持扇，其下为覆莲台。身后立两身束发高髻、宽袖长裙的侍女。维摩、文殊正下方雕一力士，双手各托举一座莲台，其上各立一身束发，穿交领大袖长裙的侍童，立在维摩、文殊中间，共同托举一盘供品。画面上方空隙处雕出三身束发高髻的菩萨头像，以示听法菩萨。画面下方力士两侧各浮雕五身弟子，身穿袈裟，多数侧身面向中心而坐，有的正彼此交谈，构成一幅完整、统一的维摩诘变(图3-51)。美国旧金山亚洲艺术博物馆收藏的西魏大统十三年（546）佛碑像正面上方刻一殿宇，歇山顶，鸱尾反顾，阑额之间装饰人字形栱，阑额下方及两侧立柱均扎束帐幔。殿内文殊、维摩相向对坐，其中维摩位于左侧，头戴小冠，手持麈尾。文殊位于右侧，束发高髻，右手前伸上扬。两人均穿垂领宽袖袈裟，结跏坐于束腰方形叠涩座上，身后各侍立一弟子，身穿袈裟，脚蹬平头履，侧身恭听

图3-51 西魏大统三年(537)造像碑

图3–52 西魏大统十三年造像碑正面

辩法(图3–52)。[①]类似题材也见于同一时期陇右地区,如永靖炳灵寺西秦开凿的169窟6号龛内已出现维摩诘画像,尽管形式简单,但远早于麦积山石窟,它可能与当时经青海道往返于巴蜀、陇右之间的高僧有一定关系。而开凿于北魏晚期的炳灵寺128窟正壁上方设二个小龛,内文殊、维摩对坐。其中文殊束发高髻,帔帛胸前十字交叉,下着衣裙,坐于方台之上。维摩束发髻,面形瘦长,身穿交领内衣,外罩褒衣博带式袍服,手持麈尾,坐于帐内。[②]103、104窟为一组反映文殊、维摩对坐的小龛,前者为长方形龛,由于残损风化较严重,除文殊菩萨外,其余部分已模糊不清。后者为方形帷帐龛,维摩诘右手持扇安坐,其他内容亦已风化不清。[③]麦积山北魏晚期133窟10号佛传故事碑中,不仅重点突出表现法华思想的多宝、释迦和弥勒的竖三世佛造像,而且图像中还融入了维摩、文殊对坐说法场景。在造像碑下层释迦说法龛左侧上方雕一殿宇,屋檐下装饰帷帐,帐内维摩、文殊相向对坐,维摩位于右侧,头戴莲花宝珠冠,身穿交领宽袖袍服,右手持麈尾。文殊束发高髻,上穿偏

---

①金申编著《海外及港台藏历代佛像珍品纪年图鉴》,太原:山西人民出版社,2007年,第96页。

②王亨通、杜斗城《炳灵寺石窟内容总录》,兰州:兰州大学出版社,2006年,第123页。

③甘肃省文物工作队、炳灵寺文物保管所《中国石窟·永靖炳灵寺》,北京:文物出版社,1989年,第247页。

衫，下着长裙，帔帛胸前十字交叉，双手扬至胸前(图3-53)。在陇东一带，开凿于北魏晚期的华亭石拱寺11窟也发现有类似题材，该窟前壁上方并列开三龛，正中龛内主尊为释迦牟尼，左、右各凿一帷幕形龛，左侧龛内雕文殊菩萨，右侧龛内雕维摩诘，龛外及帐前各有数身弟子侍立，系表现《维摩诘经·问疾品》中相关内容。①这一时期的造像碑中也有许多反映维摩、文殊题材的图像，如甘肃省博物馆收藏的庄浪卜氏造像塔第二层右面龛内浮雕维摩、文殊对坐说法。文殊位于左侧，束发高髻，左手持如意，右手握衣襟。维摩位于右侧，头戴小冠，身穿袍服，左手隐于袖中，右手持麈尾。两人相向而视，头上方各饰一华盖，踞坐于仰覆莲台之上。身后各立一束发高髻，身穿大袖袍服，下着长裙的菩萨，颈部后方各饰一桃形头光(图3-54)；庄浪县博物馆收藏的一件四面造像塔残件中，

图3-53 麦积山133窟10号造像碑中的维摩、文殊辨法

图3-54 庄浪卜氏造像塔中的维摩、文殊辨法

①魏文斌《华亭石拱寺石窟调查简报》，《敦煌研究》，2007年第3期，第6~7页，图9。

其中一面龛内浮雕维摩、文殊图像，由于风化残严重，大致可辨帷帐之下，维摩、文殊并列坐于条形坛台之上。文殊居左，束发髻，双手置于胸前，下着长裙，帔帛膝前十字交叉。维摩居右，头戴冠，身穿袍服，游戏坐姿，右腿下垂，左手抚膝，右手上扬，持一团扇。上方并列浮雕一排人物头像，仅存大形，当为前来听法的菩萨、弟子（图3–55）。

西魏时期，陇右地区石窟寺和造像碑中表现维摩、文殊题材的图像依然盛行。如麦积山123、102窟正壁为坐佛，左、右壁分别塑维摩诘和文殊对坐像，这时的维摩诘头戴荷叶角巾，面容清秀，体态消瘦清盈，颇具南朝画家顾恺之笔下"清羸示病之容，隐几忘言之状"的神韵（图3–56）。

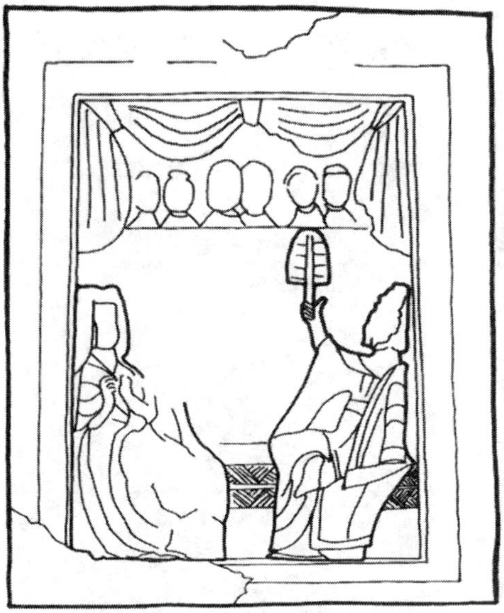

图3–55　庄浪博物馆藏西魏四面造像塔中的维摩、文殊

图3–56　麦积山102窟右壁维摩诘像

类似图像也见于135窟左壁外侧下方的彩绘维摩诘等。甘肃省博物馆收藏的出土于秦安的西魏禄文造像碑分三层开龛，其中上层浮雕维摩变，表现内容为问疾品，左侧表现内容为不可思议品。庄浪县博物馆收藏的

良邑造像塔左面龛内也有表现维摩、文殊对坐的图像。[①]从上述陇右一带石窟寺和造像碑中维摩、文殊图像分布情况来看，北魏晚期兴盛于南朝和中原地区的维摩诘思想及相关图像很快就影响到这一地区，从发现实例的分布情况看，以靠近长安的秦州一带居多，陇东及陇中地区相对较少，表明维摩诘造像题材对陇右地区的影响是一个逐渐扩散的过程。

敦煌莫高窟中维摩诘图像出现相对晚一些，大致在北周至隋初，如这一时期前后的425、433、277、262、417、314、380、419、420等十余个窟中都绘有《维摩诘经变》，其画面布局多为中间主尊大龛，两侧分别为维摩、文殊，或者画面正中绘释迦或弥勒，左侧绘维摩、右侧绘文殊。到唐宋以后，莫高窟的《维摩诘经变》依然盛行，其画幅场面和内容变得更加宏大复杂，并带有更加明显的世俗化倾向。[②]敦煌北朝末年至唐宋时期维摩诘信仰的流行，在一定程度上也是当时整个北方地区维摩诘信仰的缩影。实际上，在中原北方一带，其流行虽然晚于南方地区，但两者时间上差异也不是很大，如日本东京集田栋一氏收藏的一件北魏太和元年(477)金铜释迦像，其背光背面线刻浮雕像，正中龛内释迦、多宝对坐，龛外左侧维摩头戴尖帽，身披菱格纹窄袖大氅、手持麈尾，身倚床榻，似在侃侃而谈。龛外右侧文殊束发高髻，面形圆润，身后有圆形头光，上身袒露，下着长裙，结跏趺坐于方形须弥座上，帔帛搭肩绕臂，向后飞扬，[③]这种金铜像多为民间供奉，它表明从五世纪末，维摩诘信仰可能已普遍作为大乘佛教思想的重要内容而为北方民众所接受。

---

①张宝玺《甘肃佛教石刻造像》，兰州：甘肃人民美术出版社，2001年，图版168、192。

②参见贺世哲《敦煌莫高窟壁画中的维摩诘经变》，《敦煌研究》，1982年2期。第62~85页。

③陈清香《敦煌壁画中的维摩经变》，汉学研究中心《第二届敦煌学国际研讨会论文集》，台北：上海印刷厂股份有限公司，民国80年，第378页、图版2；石松日奈子《维摩和文殊造像的研究——作为中国南北朝时期佛教艺术左右对置表现的一个例子》，龙门石窟研究所《龙门石窟一千五百周年国际学术研讨会论文集》，北京：文物出版社，1996年，第10页，图3。

以上所及只是维摩诘图像出现及流布的大致情况，其图像内容也逐步从早期单一维摩诘像演变为维摩、文殊对座，这种对坐图像形式的出现，再辅之以侍者等形象，是《维摩诘经·问疾品》内容的一种表现方式。根据学者们的研究成果，这种变化最初仍始于维摩诘画像产生的东晋南朝时期，齐梁之际画家袁倩可能最初创作了维摩诘变，他作品中的维摩变以长幅卷轴画形式加以表现，类似顾恺之的《洛神赋图》和《女史箴图》，以相对独立、并列性故事情节来表现维摩变，这与佛教寺院和石窟寺中出现的维摩变在形式上仍有一定区别，但开启了维摩变图像的先河。①根据裴孝源《贞观公私画史》记载，最早画《维摩诘变相图》者为萧梁时期陆探微的学生袁倩，《历代名画记》中无名氏对袁倩所画《维摩诘变》也给予了高度评价“又维摩诘变一卷，百有余事，运思高妙，六法备呈，置位无差。若神灵感会，精光指顾，得瞻仰威容，前使顾、陆知惭，后得张、阎骇叹。”②文中所述该画中“百有余事”，可见其内容之复杂。此后，隋唐时期许多著名画家均在长安寺院内创作有多幅场面宏大的维摩诘变相图，如荐福寺西廊菩提院、安国寺大佛殿、定水寺大殿东壁、敬爱寺大殿、圣慈寺西北禅院等。③遗憾的是，这些作品现已全部无存，其发展变化过程我们并不清楚。目前，北朝时期最成熟的维摩诘变当属绘制于麦积山127窟内的西魏作品，这幅经变的粉本来源不详。当然，其最直接的影响肯定是来自西魏国都长安。这里，我们也注意到同时期北方地区以《维摩诘经·问疾品》为核心的维摩诘变相出现还是比较早的，如甘肃永靖炳灵寺169窟北壁后侧西秦时期绘《维摩诘变》，正中绘一佛，坐于圆形华盖之下，身后绘背项光，旁边竖条榜题内墨书“释迦牟尼佛”。左侧

---

①金维诺《壁画维摩变的发展》，《文物》，1959年第2期，第3~8页。

②唐·张彦远《历代名画记》卷6《袁倩条》，北京：人民美术出版社，2004年，第135页。

③唐·张彦远《历代名画记》卷3《记两京外州寺观画壁条》，北京：人民美术出版社，2004年，第49、60、68、70页。

被后世壁画叠压，情况不明，右侧绘一头戴花冠，颈饰项圈的菩萨立像，右手齐肩，似托举一物，身后绘圆形头光，头顶上方绘两朵莲花，竖条形榜题内墨书“维摩诘□”。①毫无疑问，这幅以释迦牟尼为主尊说法图在表现《维摩诘变》，类似布局结构也见于北魏晚期的华亭石拱寺和北朝末期敦煌莫高窟中出现的《维摩诘变相》壁画中，可能是陇右地区一种常见的表现方式。图中胁侍菩萨样式的立像正说明当时维摩诘形象还未形成一种标准样式，仅仅是画师依据自己对《维摩诘经》中主人公形象理解创作而成的，或者是说南朝顾恺之创作的维摩诘形象还没有被北方地区认可和接受，类似例证如云冈第 6 窟南壁屋形龛内维摩诘像，头戴尖帽，面形圆润，颌下一缕长须，身穿对领窄袖束腰长袍，腰部系一宽衣带，双足并拢，垂坐于胡床之上，其形象与南朝宽袍大袖、面容清秀的维摩诘大相径庭。南北之间维摩诘形象上的区别表明，尽管《维摩诘经》在南北佛教中都颇受重视，但在北魏孝文帝南迁洛阳和实行汉化政策之前，南北之间包括佛教文化在内的交流并不是十分紧密，这种情况随着北魏政治中心从平城向洛阳转移后才开始发生改变，南朝地区以秀骨清像为主要特征的维摩诘形象开始为北方地区所认可和接受，而且这种变化主要集中体现在维摩诘变图像中。

上述大量例证表明，北魏末年至西魏阶段，北方地区的佛教艺术中心洛阳、长安等地已经出现成熟的维摩诘变相图，其具体内容和题材很大程度上受到了南朝维摩诘变图像影响。由于这一时期洛阳处于东、西魏两大政权之夺的中心地带，从潼关到洛阳均成为双方的主要战场，给洛阳地区佛教发展带来了毁灭性灾难。东魏元象元年（537）“东魏侯景、高敖曹等围魏独孤信于金墉。太师欢帅大军继之；景悉烧洛阳内外官寺，

①甘肃省文物工作队、炳灵寺文物保管所《中国石窟·永靖炳灵寺》，北京：文物出版社，1989 年，图版 41。

民居存者什二三”。[1]战后约十年，杨衒之于武定五年（547）调查洛阳寺院，但见“城郭崩毁，宫室倾覆，寺观灰烬，庙塔丘墟，……京城表里，凡有一千余寺，今日寥廓，钟声罕闻。”[2]可见持续不断的战乱给洛阳地区带来了前所未有的破坏。在这场战事之前，龙门石窟依然有开龛造像之举，龛内主尊两侧辅助内容中仍然有部分维摩、文殊对坐题材，且多附有侍者及闻法比丘形象，如东魏天平二年（535）古阳洞南壁东魏长孙僧济造弥勒龛，东魏天平四年（537）普泰洞南壁道显造释迦龛和古阳洞南壁孙思香造观世音龛等。[3]战事之后，邺城和长安分别成为东、西魏新的佛教艺术中心，维摩诘变这一具有鲜明南朝士族和中原文化特色的题材则更被锐意改革进取、全力模拟南朝文化的宇文泰关陇军事集团所看重。因此，麦积山西魏127窟维摩变图像的出现，正是这种大的时代社会背景的真实反映，在一定程度上弥补了中原北方地区此类图像较少的不足。

从构图形式和内容情节上看，127窟左壁上方《维摩诘变》主要汲取了中原地区北魏晚期以来盛行的以文殊师利问疾品为核心的图像表现形式。对这幅画面所反映的内容，学者们有不同看法。张宝玺认为主要表现了问疾品、方便品和观众生品的相关内容，画面左侧饰山花蕉叶帷帐内，形似博学睿智的老者是维摩诘，右侧头戴宝冠、手执如意倚坐于束腰座上的是文殊菩萨；[4]项一峰研究后认为幅画内容主要包含了《维摩诘经》中的问疾品、方便品、香积佛品和见阿閦佛品，体现了《维摩诘经》所弘扬的宗旨四说：一不思议，二成就众生，净佛国土二行，三以因果，四以

①宋·司马光《资治通鉴》卷158《梁纪十四》，北京：中华书局，2007年，第1891页。

②北魏·杨衒之尚荣译注《洛阳伽蓝记》，北京：中华书局，2012年，第6页。

③常青《龙门石窟北朝晚期龛像浅析》，龙门石窟研究所编《龙门石窟一千五百周年国际学术会议研讨会论文集》，北京：文物出版社，1996年，第44~73页。

④张宝玺《麦积山石窟壁画叙要》，麦积山石窟艺术研究所编《中国石窟·天水麦积山》，北京：文物出版社，1998年，第193页。

权实二智。在对相关画面内容释读中，认为左侧帷帐之中模糊不清者为文殊，右侧众菩萨弟子天人簇拥的宝盖之下倚坐者为维摩诘。①他们关于这幅图像的研究对本文起到了很好的参考和启发作用。佛教中任何一幅经变画都是依据相关经典内容，再经画师的理解和想象后创作而成。有时为说明主题，还附以相关文字，如前文提到的北魏永熙二年(533)赵见憘造像碑。127窟维摩变仅右侧下方成列站立的供养人旁隐约可见有墨书榜题，惜字迹已无法辨识。其余部分由于画面斑驳陆离，无法判断最初是否有榜书题记。因此，我们只能依据图像内容加以比较分析。

关于这幅壁画图像前文已做过详细描述和释读。这里笔者同意张宝玺先生的意见，画面左侧帷帐里模糊不清的人物应是踞坐于床榻之上的维摩诘，而右侧宝盖之下倚坐者当为文殊。因为维摩诘作为居士，更多地具有世俗人物性质，而且秦汉以来帷帐一直是中国世俗贵族最喜爱的家居用品之一，将维摩诘安置于帷帐之中，更符合当时人们生活习惯和审美习俗。同时，宝盖是佛教庄严饰物中最神圣的一种，北朝时期佛像装饰中多见此物，如127窟前壁七佛均装饰有华丽的宝盖。文殊作为这幅经变图像中佛教的最高代表，装束宝盖也是情理之中。纵观北朝时期的石窟寺、造像碑、金铜像等相关反映维摩的变图像中，两人的基本装束和选择的坐具绝大多数为维摩居于帷帐之内，而文殊则倚坐于华盖之下，具体例证前文已多有列举，不再赘述。

文殊师利问疾品是维摩经变图像的核心所在，北朝时期所见的各种维摩变相都是以此为对称中心而展开的，127窟这幅维摩变也不例外，出于平衡画面需要，两组图像之间有意突出了吉祥天女形象。画面左侧帷帐之中的维摩诘是否“示疾以卧”，由于残损模糊而无法辨识，但从其

①项一峰《维摩诘经》与维摩话经变—麦积山127窟维摩诘经变壁画试探》，《敦煌学辑刊》，1998年第2期，第97~101页。

头部较为接近帐幔顶部分析，当为坐姿，画家的这种处理手法更有利于表现他与对面倚坐的文殊菩萨讨论佛理。帷帐周边及下方较为空荡的处理手法则寓意以佛性真空本体相呈，阐发佛性本体无病，因众生病故病，众生不病则病灭。同时也在阐明调心之法，并缕析何是菩萨正行，这也是两人辩论的主题，以期信众从中获得无上妙理。对面文殊四周侍立多排菩萨弟子天人等，甚至在维摩帷帐上缘也立有一排，这一安排也旨在表现问疾品场景：

> 即时八千菩萨五百声闻，百千天人皆欲随从。于是，文殊师利与诸菩萨大弟子众及诸天人恭敬围绕入毗耶离大城。尔时长者维摩诘心念，今文殊师利与大众俱来，即以神力空其室内，除去所有及诸侍者，唯置一床以疾而卧。①

画面正中吉祥天女左臂平置于胸际前伸，掌心向上，托一椭圆形盘，右手后举上扬，体态优雅。正是对这幅图像内容的不同释读导致学者们有的认为是观众生品，有的认为是香积佛品。前者主要是说两人辩法过程中，维摩诘因文殊“云何观于众生”等问题而发表自己的见解。而后有天女出现，散花于丈室：“时维摩诘室有一天女，见诸大人闻所说法便现其身，即以天花散许菩萨大弟子上。花至诸菩萨即皆堕落，至大弟子便著不堕，一切弟子神力去花不能令去。尔时天女问舍利弗：何故去花？答曰：此花不如法，是以去之。天女曰：勿谓此花为不如法，所以者何？是花无所分别。”②天女因机设教，说明大乘菩萨深悟相对之虚妄，知一念无明之不可破、不必破，故不为一念无明所转，而小乘弟子还没有破掉对分别的

---

①《大藏经》，第14册，第544页。

②《大正藏》，第14册，第532页。

执着，故花不能去的道理，在故事情节表现上很有戏剧色彩，后者主要是说辨法之中的维摩诘察觉到舍利弗腹饥欲食，便以神通力作“化菩萨”前往众香国向香积如来乞取香饭，“……化菩萨既受饭与诸大人具承佛圣旨，及维摩诘化。须臾从彼已来在维摩诘舍，维摩诘即化为九万师子床严好如前，诸菩萨皆坐讫，化菩萨奉佛具足之饭与维摩诘，饭香一切薰维耶离，及三千大千世界皆有美香。”①在此过程中，维摩诘向随行而来的众香国菩萨介绍此婆婆世界众生“刚强难化”，借以宣说大乘菩萨应以十事善法、四摄、八无疮疵法摄化众生。

通过与经典内容对照分析，称其表现香积佛品并不恰当，因为若将这身菩萨装天女视作该品中的“化菩萨”，那么其周围还应有表现出众多来至香积国的菩萨，且“化菩萨”奉饭对象是维摩诘，而非面向文殊。类似表现香积佛品的绘画在敦煌莫高窟隋唐五代时期的维摩变中特征已十分鲜明，如初唐332窟中化菩萨，头略上仰，双手捧一球形圆钵于胸前，单膝跪于圆形覆莲座上。②五代98窟中化菩萨脚踩祥云，双手捧钵装香饭，单膝跪于维摩诘面前。他身后双阙之间，两股祥云奔流而下，云头之上各绘6身手捧香饭的菩萨，其含意一目了然，③而127窟维摩诘变中并没有类似场景，且在吉祥天女对面绘有一排弟子像，最前端一身弟子明显较其他人形象略显高大，应是画师有意突出舍利弗，故基本可以确定这组图像反映的是天女散花戏弄众弟子，并与舍利弗相互对答场景。在众人脚下地面，尚可见一朵朵石青色花卉，可知画中吉祥天女左手前伸所持的是一花篮，而非饭钵。右手后举上扬是表现向前来听法诸菩萨弟

①《大正藏》，第14册，第552页。

②敦煌文物研究所编著《中国石窟·敦煌莫高窟》（第三卷），北京：文物出版社，1987年，图版79。

③敦煌文物研究所编著《中国石窟·敦煌莫高窟》（第五卷），北京：文物出版社，1987年，图版10。

子抛花的一个动作。散花仪式本是佛经中表示对佛法的赞叹，在这里却成为引发天女与舍利弗之间辩论的巧妙施设，从而也再次伸明了大乘佛理的绝对之义。

维摩诘经中方便品主要说维摩诘是一位"深植善本，得无生忍，辩才无碍，游戏神通"的大乘菩萨，他常常出入宫廷、学堂、妓院、酒肆等各种场所，广设无量方便以饶益众生。还示疾以诲导众生，并借机向前来问病的国王、大臣、长者、居士、婆罗门及王子、官属等宣说"是身无常"，"为苦为恼，众病所集"，有种种过患，并不真实，故不足为估，而"当乐佛身"，众生应生起求得正觉之心才是治除此身病患的根本。画面中一般表现为众人探病维摩诘，并且以国王率领大众这一场景居多。127窟维摩诘右壁下方清晰地表现了这一情形，人物分为上下四列，依次为菩萨、弟子、国王及世俗信众，原每列右上方均有墨书榜题，框内应书写各色人等问疾事宜，故这组画面系反映方便品。

关于127窟维摩诘变的见阿閦佛品的画面释读也有诸多难以服人之处，原研究者认为这幅壁画中绘有许多树木，并将其与见阿閦佛品中"及菩提树诸妙莲花能于十方作佛事者"一语联系起来，认为是"维摩、文殊对坐说法时，维摩诘心念不起于座接妙喜国作佛事的情景。"[①]这一解释显然有着空泛。众所周知，见阿閦佛品主要讲舍利弗询问维摩诘的前生来历，后者没有直接回答他，而是讲解了一通"菩萨虽没，不尽善本，虽生，不长诸恶"等诸法幻相理论。当释迦向舍利弗点出："有国名妙喜，佛号无动，是维摩诘于彼国没，而来生此"。"阿閦"意即"无动"，众人思见阿閦佛。于是，维摩诘"入于三昧，现神通力，以其右手断取妙喜世界置于此土"。[②]也就是人们常说的"手接大千"，绘画中一般表现为维摩诘右掌上

---

①项一峰《维摩诘经》与维摩话经变—麦积山127窟维摩诘经变壁画试探》，《敦煌学辑刊》，1998年第2期，第98页。

②《大正藏》，第14册，第555~556页。

绘彩云，其上画阿修罗头顶须弥山，手擎日月，立于大海，以此象征大千世界，须弥山顶有佛菩萨众，代表妙喜世界之阿閦如来等被接来此。如敦煌莫高窟第 335 窟北壁初唐时期绘制的维摩诘变右上角即有表现这一情形的画面。①经笔者对 127 窟维摩诘反复观察，并未发现有表现此类情节的画面，故不存在表现见阿閦佛品的相关内容。

通过上述分析，笔者认为这幅维摩变中问疾品、方便品和观众生品图像特征明显，不存在争议。关于其他品序从图像上看，似乎有一点线索，但理由尚不十分充分。这里仍想谈谈自己的看法，以期抛砖引玉，使这幅北朝时期维摩诘图像研究能达到一个新高度。除上述三品内容外，这幅图像中可能还包含有弟子品和不思议品内容，理由如下：

首先，画面左侧维摩诘宝帐右上角大树之下、吉祥天女后侧，立有前后两排共计 9 身弟子形象。从经文描述和已知北朝维摩变图像看，前来听法的诸菩萨弟子天人等均立于文殊一侧。维摩一侧因"示空"说法的需要，除吉祥天女外，几乎不安排其他人物。但这幅图像中不同，除右上角 9 身弟子外，帷帐右下角亦可见一头戴小冠的男子扭头探视维摩诘，身后跟随一个手持长柄团扇的侍童，可能是表现方便品中贵戚问疾的场景。那么上方弟子就好解释了，笔者认为是表现弟子品的相关内容。该品中释迦知维摩示疾，遂遣声闻弟子前往探视，但以舍利弗、大目连、大迦叶等为首的众人各述其或于宴坐习禅，或于为人说法，或持钵乞食，或解说戒律等时都曾被维摩诘问难并为其挫败，因此辞以不堪问疾之任。通过佛陀与弟子的对答即赞颂了维摩诘的辩才殊胜，又褒扬了大乘佛教和突出了主题思想。同时，在视觉上也起到了平衡画面的作用。

其次，画面右侧文殊须弥座右前方绘有一只昂首扬尾的卧狮，在以

①敦煌文物研究所编著《中国石窟·敦煌莫高窟》(第三卷)，北京：文物出版社，1987 年，图版 61。

前画面释读中从未被关注过，笔者认为它的出现是为了表现不思议品故事。该品主要叙说“借座灯王”这一典故，借以宣说大小相容、久暂互摄等诸佛菩萨不思议解脱境界及其方便力用，并启发小乘声闻归心大乘。佛经中称：“文殊师利言。居士。东方度三十六恒河沙国有世界。名须弥相。其佛号须弥灯王。……其师子座高八万四千由旬严饰第一。于是长者维摩诘。现神通力。即时彼佛遣三万二千师子座高广严净。来入维摩诘室。诸菩萨大弟子释梵四天王等昔所未见。其室广博悉皆包容三万二千师子座。无所妨碍。……尔时维摩诘语文殊师利。就师子座。与诸菩萨上人俱坐。当自立身如彼座像。其得神通菩萨即自变形。为四万二千由旬坐师子座。诸新发意菩萨及大弟子皆不能升。”[①]可见画面中文殊座旁的狮子意在暗示维摩以神通力从须弥灯王处借来的神奇无比的狮子座，在前文所述北魏赵见禧碑中表现为二菩萨坐狮子座，形式比较简单。此外也借鉴了这种表现手法，意在表现除文殊以外的其他菩萨声闻弟子因业力不足而不能升座。这与后来敦煌莫高窟初唐335窟北壁维摩变中狮子背负方形须弥座踏云而来的方式有很大区别。至于这幅壁画中是否还存在它品序尚有待于进一步研究。

（4）右壁西方净土图像的分析与研究

净土思想经典早在汉魏两晋时期就已传入中土，如安世高译的《无量寿经》、《大乘方等要慧经》，支娄迦谶译的《佛说无量寿清净平等觉经》，支谦译《大阿弥陀经》，康僧恺译《无量寿经》、《阿弥陀经》，竺法护译《无量寿经》等，在南方地区引起很大轰动，特别是高僧慧远等123人在庐山白莲结社，共期往生西方净土的举动，更是在僧俗各界产生深远影响，也有力推进了净土思想在南方地区的传播。鸠摩罗什重译的《阿弥陀经》辞藻华丽，宣讲流畅，意境优美，对信众颇具吸引力。北魏晚期时，

---

①《大正藏》，第14册，第546页。

高僧昙鸾在菩提流支影响下,和他的弟子道绰、善导等毕生致力于弘扬西方净土思想,昙鸾所倡导的心中念想和称名念佛等简易修行法门使广大信众对往生西方净土产生极大冲动和渴望,也使其很快在社会各阶层中普及开来,并在北方地区掀起西方净土信仰高潮。这些经典对两晋南北朝时期西方净土造像和西方净土思想形成起到至关重要的推动作用。

净土是指净化的国土,就是净化众生,远离污秽和恶道的世界,也是佛、菩萨和弟子居住的地方,更是佛教众生仰望和毕生追求的目标和理想。在早期印度佛教中,净土是一种很原始的思想,《阿含经》中就有所反映,经中指出,众生要摆脱现实的痛苦,可以独身到安静的地方,如山中、森林或石窟去修行禅定,到一定程度后就可以升天,摆脱痛苦。到后来大乘佛教时期,各种净土思想纷纷传播开来。随着诸多佛教经典在中国的翻译和传播,各种佛教净土观念也得到迅速传播,其本身在传播中也经历了一个发展、变化的过程,其中最为流行的当属弥勒净土和弥陀净土,从语源学和语义学上看,两者都与古波斯和古印度的太阳神和光明之神密陀罗有密切关系。因此,北朝时期弥陀也常被译为无量光或无量寿佛。[①]从流行情况来看,弥勒信仰要略早一些,但就整个北朝时期净土思想的传播和流布来看,弥陀信仰则更兴盛一些。早在汉魏两晋时期,著名高僧安世高、支娄迦谶、康僧铠、竺法护等已经翻译出多种反映弥陀净土思想的中译本,[②]这些经典对两晋南北朝时期弥陀造像和西方净土思想形成奠定了理论基础。从分布情况看,无论是从规模上、还是时间上,南方地区都要略早于北方地区。后者还呈现出明显地域性特征,主要集中在河

---

①普慧《略论弥勒、弥陀净上信仰之兴起》,《中国文化研究》,2006年第4期,第138~140页。

②主要有汉桓帝时安世高译《无量寿经》和《大乘方等要慧经》,灵帝时支娄迦谶译《佛说无量寿清净平等觉经》、《般舟三昧经》,三国时期支谦译《大阿弥陀经》、《慧印三昧经》,康僧恺译《无量寿经》、《阿弥陀经》,西晋竺法护译《无量寿经》。

南、河北和山东、山西一带，其他地区相对较少，隋唐以后这种状况才发生改变。

五世纪中叶以来，中国社会进入前所未有的混乱时期，战争频繁。人们朝不保夕，精神生活非常痛苦，无论是士族阶层，还是普通百姓都处在极度迷惘阶段。在持续动荡不安中，人们脆弱、短暂的生命急需一种永恒的精神安慰。正如方立天先生所言"人生苦难的悲叹，对生死离别的哀伤，对人生命运的执着，对人生慰藉的寻觅，对来世幸福的追求，成为东晋时代人生哲学的典型音符。"①这一时期中国社会中以王弼、郭象为代表的思想家引用老庄哲学理论，极力宣扬以"天人之际"为核心的玄学理论，通过论述天道与人事之间的关系，以"无"和"贵无"思想作为认识和调解社会关系的基础，这套理论得到当时统治阶级和士族知识分子的极力推崇。而此时传入中国的佛教由于自身理论艰涩难懂，加之文化差异，中国人只是将其视为神仙方术一类的学说，并没有在社会上传播开来。为此，佛教徒在佛经翻译和宣传重点上特别重视迎合玄学和社会现实需要，可以与玄学比附牵强的般若类经典因此被大量翻译，也引起了当时统治者和思想界的重视，从而打开了中国人了解和接受佛教的窗口。这样，名僧与名士在思想观念、生活情趣、行为爱好等方面可以相投契合、互感共鸣，如东晋孙绰专门著《道贤论》，以当时七位高僧来比拟竹林七贤，玄佛合流成为一种时代风尚。此后，一些著名高僧，如支遁、道安、慧远、鸠摩罗什、僧肇、道生等也开始以佛学理论家身份登上历史舞台，并使佛学真正摆脱玄学向独立的、中国化道路上前行。此时，已完成其历史使命的般若类经典变得沉寂下来，各种反映大乘佛教思想的涅槃、净土、维摩、法华等经典被陆续翻译过来，成为社会上倍受尊崇和研习的佛教理论，西方净土思想也正是在这种背景下逐步被中国佛教信徒所接受和

①方立天《魏晋南北朝佛教》，《方立天文集》（第1卷），北京：中国人民大学出版社，2006年，第59页。

向往。

随着《无量寿经》、《观无量寿经》、《阿弥陀经》等西方净土经典的翻译和传播，东晋时期以建康为中心的南朝境内，各种关于无量寿和阿弥陀的图像崇拜频见于文献记载，如支道林撰《阿弥陀佛像赞〈并序〉》[①]就生动描绘了当时一幅反映西方净土庄严世界的佛画作品。竺道邻在山阴昌原寺铸无量寿像，竺法旷为之立殿。[②]戴逵、戴颙父子在山阴灵宝寺制作无量寿佛像，[③]襄阳檀溪寺沙门释道安在郭西精舍铸丈八金铜无量寿佛。[④]东晋元兴元年(402)，慧远在庐山东林寺与谢灵运、宗炳、戴逵、刘遗民等名士、高僧 123 人，集于庐山般若云台精舍，于阿弥陀佛像前，结社念佛，立誓往生西方净土，并撰诗赞咏，还编成《念佛三昧诗集》。[⑤]由于慧远在当时颇具影响，有力促进了西方净土思想在南方传播。这一时期南方地区关于无量寿佛的实物资料也显著增多，如出土于四川成都万佛寺的刘宋元嘉二年(425)浮雕净土图像(具体内容上学者们还存在一定争议[⑥])、萧梁时期浮雕变相，[⑦]出土于四川茂汶的南齐永明元年(483)无量寿佛、弥勒佛造像碑，[⑧]南齐永明二年(484)僧佑主持、法度负责建造的摄山西崖无量寿佛及二胁侍菩萨像，以及法悦、智靖负责完成的光宅寺丈

①《大正藏》，第 52 册，第 19 页。

②《大正藏》，第 52 册，第 358 页。

③唐·张彦远《历代名画记》，北京：人民美术出版社，2004 年，第 124 页。

④《大正藏》，第 52 册，第 414 页。

⑤《大正藏》，第 52 册，第 351~352 页。

⑥长广敏雄认为是本生图，《南朝的佛教刻画》，《六朝时代の美术研究》，东京：美术出版社，1969 年；张肖马、雷玉华认为是净土变相，《成都市商业街南朝石刻造像》，《文物》，2001 年第 10 期；吉村怜认为是观世音普门品变相，卞立强、赵琼译.《天人诞生图研究》，北京：中国文联出版社，2002 年；李静杰则认为是带有四川地域特色的佛传图，《四川南朝浮雕佛像考察》，《石窟寺研究》，北京：文物出版社，2010 年。

⑦赵声良《成都南朝浮雕弥勒经变与法华经变考论》，《敦煌研究》，2001 年 1 期，第 34~42 页。

⑧袁曙光《四川茂汶南齐永明造像碑及有关问题》，《文物》，1992 年第 2 期，第 67~71 页。

八无量寿金铜像等。[①]北方地区目前发现最早的反映西方净土思想的造像当属永靖炳灵寺169窟6号龛内西秦建弘元年(420)泥塑无量寿佛及观世音、大势至二菩萨像。此外还有洛阳龙门石窟北魏时期雕造的无量寿像,[②]敦煌西魏大统初年的285窟西方净土说法图,[③]河北曲阳修德寺出土的诸多北齐阿弥陀和无量寿造像,[④]以及邯郸南响堂山第1、2窟浮雕西方净土变等。在北朝晚期造像碑中也发现有类似图像,如北周保定四年(564)赵迴昌等150人造《圣母寺四面像碑》的西面龛内造无量寿像,东面龛内造无量寿佛胁侍观世音菩萨。[⑤]北齐武平三年(572)四面造像碑中,正面下层龛内雕一结跏坐佛,旁镌铭文曰:"阿弥陀大像"。[⑥]

上述材料表明,南北朝时期以无量寿信仰为主要特征的西方净土思想非常盛行。南方造无量寿像的事迹要多于北方,从四川、湖北到江浙都发现有类似实物佐证或文献记载,同时期北方地区要少一些。但从现存实物来看,其范围东起中原,西至陇右、敦煌均有发现,这种现象说明,当时佛教传播中,净土与法华、涅槃、维摩等佛教信仰一样,均是佛教徒供奉、观像和礼拜等佛事活动的主要内容之一。由于南方地区义学发达,因此相关文献材料中记载较多,而北方地区注重宗教实践,实物较文献的保存又比较困难,因此有关记述也相对少一些。就西方净土思想传播而言,南方地区由于庐山慧远的巨大影响,使这一区域内僧俗各层对西方净土思想的接受和理解要较北方地区早一些。但是,由于慧远的西方净

①《大正藏》,第50册,第412页。

②刘景龙、李玉昆《龙门石窟碑刻题记汇录》,北京:中国大百科全书出版社,1998年,第127~132页。

③陈明、施萍婷《中国最早的无量寿经变》,《敦煌研究》,2010年1期,第19~27页。

④杨伯达《曲阳修德寺出土纪年造像的艺术风格与特征》,《故宫博物院院刊》,1960年第6期,第43~52页。

⑤王昶《金石萃编》卷36,南京:江苏古籍出版社,2007年,第4~612至4~615页。

⑥周到、吕品《河南浚县造像碑调查记》,《文物》1965年第3期,第25页。

土个人修行主要依据《般舟三昧经》，侧重于禅观念佛，也就是六时中与大众在法堂中坐禅入定，来观想佛的相好，这种以观想念佛为主的佛法三昧并没有突破印度禅法范围，只能被少数“上根者”所接受，一定程度上也影响到西方净土思想在南方地区的传播。[①]而真正使西方净土信仰走向普通民众，并被广泛传播的功绩当属北魏末年活动于洛阳一带的高僧昙鸾，他和弟子道绰、善导等人所宣扬的西方净土法门简单易行，他们极力提倡的“持名念佛”法门与此前高僧所谓“持名念佛”有本质区别，既口念佛号者勿须进入禅定和观想两个复杂、高深阶段，直接可以往生西方净土，几乎成为一张没有成本的、廉价的通往天国的门票，正如鸠摩罗什译《阿弥陀经》中所说那样：“有善男子善女人，闻说阿弥陀佛，执持名号，若一日，若一日，若二日，若四日，若五日，若六日，若七日，一心不乱，其人临命终时，阿弥陀佛，与诸圣众，现在其前。是人终时，心不颠倒，即得往生，阿弥陀佛，极乐国土。”[②]如此简单易行的修行法门深受社会各阶层喜爱，深深体现出对人生终极关怀的提倡和强调，也是释迦信仰的升华，成为佛教庞大信仰体系中最具特色和魅力的部分之一，可以说是昙鸾在弥陀信仰发展史上的一大贡献。由昙鸾 - 道绰 - 善导系提倡的念佛法门，在注重实相念佛和观想念佛的同时，转向持名念佛，提倡口念之法，很快赢得普通民众认可和接受，也使西方净土思想在北方地区迅速流传起来，特别是昙鸾一系活动过的洛阳、邺城一带表现得更为突出。这样，也就不难理解为什么响堂山石窟会在北齐时期出现主题明确的西方净土变浮雕作品。

长安、陇右、敦煌一带北朝时期西方净土图像特征不是十分清晰，但在西方净土思想传播方面却也有着深厚理论基础，其中五世纪初活跃于

①温金玉《昙鸾—道绰—善导系宗派学意义辨析》，《中国哲学史》，2006 年第 3 期，第 56 页。

②《大正藏》，第 12 册，第 347 页。

长安一带的鸠摩罗什僧团对其起到很大推动作用，鸠摩罗什本人不仅翻译有《阿弥陀经》，他译的《十信毗婆沙论》、《思维略要法》、《大智度论》等经典中也有弘扬弥陀净土信仰的内容，这些经典对于关中、陇右一带僧人接受西方净土思想提供了理论支持，如鸠摩罗什门下"关中四子"之一的僧叡就是坚定的西方净土信仰者："初叡善摄威仪，弘赞经法，常回此诸业，愿生安养，每行住坐卧，不敢正背西方。后自知命尽，忽集僧告别，乃谓从曰：'平生誓愿，愿生西方，如叡所见，或当得往，……'于是入房洗浴，烧香礼拜，还床向西方合掌而卒。是日同寺咸见五色香烟，从叡房出，百秋六十七矣！"[①]长安太后寺慧通也是一位弥陀信仰的追随者，史称他"常祈心安养，而欲栖神彼国。微疾，乃于禅中见一人来，形甚奇严，语通言，良时至矣。须臾见无量寿佛光相晖然。通因觉禅，具告同学所见，言讫便化。异香在房，三日乃歇。"[②]另一位与玄高同时期的凉州高僧慧崇也是弥陀净土的信仰者，他于北魏太平真君五年(444)与玄高一齐在平城遇害，当时僧正法达在梦幻与玄高对话时，后者明确告诉他："吾愿生恶世，救护众生，即已还生阎浮。崇公常祈安养，已果心矣。"[③]上述事例说明北魏前期长安和凉州一带的僧人中有一部分是信奉西方净土信仰的，但与同时期南方地区相比规模和数量都很小。针对这种现象，有学者研究后认为是由于鸠摩罗什关中学派的"性空本无"学说和"唯心净土"学说影响的结果，而且西方净土信仰沉寂的局面一直到北朝中后期时，随着地论师和昙鸾的倡导之后才重新转盛。[④]麦积山127窟现存的这幅带有弥陀信仰的壁画正是在这种时代背景下，受长安和洛阳地区西方净土思想影响而创作的。

---

①梁·释慧皎撰汤用彤校注《高僧传》，北京：中华书局，1997年，第245页。
②梁·释慧皎撰汤用彤校注《高僧传》，北京：中华书局，1997年，第416页。
③梁·释慧皎撰汤用彤校注《高僧传》，北京：中华书局，1997年，第412~413页。
④刘长东《晋唐弥陀净土信仰研究》，成都：巴蜀书社，2000年，第44页。

关于麦积山127窟右壁图像,学者们多认定为西方净土变,金维诺先生称这幅经变内容“广殿净宫,青台紫阁,莲池伎乐,法音梵舞,创西天极乐之净域,实为现存大型经变嚆矢。”[①]还引《广弘明集》里东晋高僧支道林撰《阿弥陀佛像赞并序》中关于西方净土的描绘“西方有国,国名安养,……其佛号阿弥陀,晋言无量寿……男女各化育于莲花之中,无有胎孕之秽也,馆宇宫殿,悉以七宝;……苑囿池沼,蔚有奇荣。飞沉天逸于渊薮,逝寓群兽而率真,闾阖无扇于琼林,玉响天谐于箫管。”[②]来加以类比,认为这幅西方净土变和永靖炳灵寺169窟无量寿造像及相关壁画内容等均受到当时南朝造像绘画艺术影响所致。[③]此外,张宝玺、董玉祥、王惠民、魏文斌、沙武田等均持相同或类似观点,[④]认为它是中国现存最早的西方净土变图像。

也有学者认为这幅作品表现的不一定是西方净土, 而是娱佛场景,宁强指出这铺壁画“以音乐表演为中心,既有击鼓弹筝的乐师,也有翩翩起舞的舞者,佛与二菩萨四弟子或坐或站立于正面屋檐下观看。他们头上均有圆光,以示与世俗众人之别。两边是汉式阙楼和大树,树林中有大批男女前来观看表演。因此该画也有可能描绘的是以‘音乐供养’来娱佛的场面。”[⑤]张同标也认为中国北朝时期最早的西方净土变当属南响堂山

---

①金维诺《西方净土变的形成与发展》,《佛教文化》,1990年第2期,第31页。

②《大正藏》,第52册,第196~197页。

③金维诺《西方净土变的形成与发展》,《佛教文化》,1990年第2期,第31页。

④张宝玺《麦积山石窟壁画叙要》,《中国石窟·天水麦积山》,北京:文物出版社,1998年;张宝玺《麦积山石窟北朝壁画》,《甘肃石窟艺术绘画编》,兰州:甘肃人民美术出版社,1997年;董玉祥《麦积山等石窟的壁画艺术》,《中国美术全集·绘画编》卷17《麦积山石窟壁画》,北京:人民美术出版社,1987年;王惠民《敦煌净土图像研究》,台北:佛光山文教基金会出版,2001年;魏文斌、吴荭《甘肃中东部石窟早期经变及佛教故事题材考察》,《敦煌研究》,2002年第3期;郑炳林、沙武田《麦积山第127窟为乙弗皇后功德窟试论》,《考古与文物》,2006年第4期。

⑤宁强《从偶像崇拜到观想天国——论西方净土变相之形成》,敦煌研究院编《段文杰敦煌研究五十年纪念文集》,.北京:世界图书出版公司,1996年,第145页。

第 1、2 窟前室壁面浮雕净土变相，并认为它借用了古印度“舍卫城大神变造像”形式，并结合净土佛典而创制。[①]尽管学术界对这幅图像内容认定存在分歧。但是，从相关文献图像资料分析结果来看，至少在北魏晚期，以长安、洛阳为中心的北方地区净土思想已开始流行。这对陇右及河西地区石窟寺造像和壁画创作还是产生了一定影响。由于这一带佛教义学远不如南方发达，加之相关净土经典被佛教信众理解并接受还需要一个时间过程。因此，在西方净土图像内容创作中不可避免地会产生一些杂乱性和复合性，笔者认为，这并不影响它要表达的西方净土世界这一主题和中心思想。

众所周知，西方净土变所依据的净土三经中，以曹魏·康僧铠译《无量寿经》最早，其次为姚秦·鸠摩罗什译《阿弥陀经》，最晚为刘宋·畺良耶舍译《观无量寿经》，加上后来北魏·菩提流支译《往生论》，构成了净土系的理论基础。可以说这一系净土经典的翻译和传播前后历时一百多年，到六世纪初才广为民众所熟知和接受。而真正意义上的西方净土变，到隋唐时期才达到成熟和高峰阶段。因此，隋唐以前关于西方净土变图像内容的判定，由于当时信徒对净土三经内容理解上的不同，在具体图像表现方面也呈现出差异性，这就对我们释读类似图像内容造成很大困难。基于这样的认识，我们就不难理解，为什么学者们在四川南朝浮雕造像碑相关内容释读上会出现那么大分歧。同样的道理，麦积山 127 窟净土图像释读中也存在类似现象。

这幅净土变最中心的场面是殿堂之内、台基之上的一佛二菩萨四弟子，佛殿尽管残损严重，但大形依稀可辨，可以说画师对殿堂的描绘非常简单，不仅殿堂屋顶没有精心描绘，而且殿前的两根立柱也仅是装饰性，丝毫不符合建筑规范，表明佛殿并不是画师想表述的主要内容，而殿堂

①张同标《中国早期净土变相的型制与渊源》，《武陵学刊》，2011 年第 5 期，第 98~104 页。

下部的台基、围栏，却是精描细绘，这种现象与《阿弥陀经》中对西方净土世界的描述非常相近：

……七重栏楯，七重罗纲，七重行树，皆是四宝周匝围绕，是故彼国名曰极乐。又舍利弗，极乐国土有七宝池，八功德水充满其中。池底纯以金沙布地。四边阶道，金银琉璃颇梨合成。上有楼阁，亦以金银琉璃颇梨车，赤珠玛瑙而严饰之。池中莲花大如车轮，青色青光，黄色黄光，赤色赤光，白色白光，微妙香洁。①

经中没有过多强调佛殿庄严，却有阐述“七重栏楯”之语。画中殿前两侧对称的阙楼被描绘的高大壮观，壁面镶嵌琉璃，歇山式庑殿顶屋脊飞翘，阙的中部围栏环绕，正面开门，宛若空中楼阁，极尽奢华。这一景象与《无量寿经》中西方极乐世界关于讲堂、精舍、楼阁等皆以七宝装饰的描绘比较接近：

又讲堂精舍宫殿楼观皆七宝庄严自然化成。复以真珠明月摩尼尼宝。以为交露复盖其上。内外左右有诸浴池。或十由旬。或二十三十。乃至百千由旬纵广深浅各皆一等。八功德水湛然盈满。清净香洁味如甘露。②

殿内的一佛二菩萨明显较旁边的弟子形象高大（图3-57），特别是正中坐佛，面形方圆，头顶饰肉髻珠，弯眉细目，双手做说法印，身穿垂领式宽博袈裟，衣裾呈八字形悬垂于座前，半跏趺坐于束腰叠涩方座之上，

---

①《大正藏》，第12册，第347~348页。

②《大正藏》，第12册，第271~272页。

图3-57 麦积山127窟西方净土变中的佛、菩萨与弟子

双手做说法印。身后饰华丽的背项光，神态恬静安详。左、右菩萨也是束发高髻，面容姣好，体姿婀娜，身穿宽袖大衣，下着长裙，帔帛胸前十字交叉，脚踩圆形覆莲台。可以看出，画师不仅将这组人物安排在中心位置，而且也最具佛像庄严特征，应是有意突出西方净土世界中的阿弥陀、观世音和大势至形象，但《阿弥陀经》中并没有对观世音和大势至的具体说明，而是统称阿弥陀佛和诸圣众。《无量寿经》中，却有专门颂扬西方三圣及其各种供养的美妙场景：

佛告阿难，彼国菩萨……以弘誓功德而自庄严。普欲度脱一切众生。阿难，彼佛国中，诸声闻众身光一寻，菩萨光明照百由旬。有二菩萨最尊第一，威神光明，普照三千大千世界……一名观世音，二名大势至……命终转化生彼佛国。阿难，其有众生生彼国者，皆悉具足三十二相。智慧成满深入诸法，究畅要妙神通无凝，诸根明利。……恭敬供养诸佛世尊，随心所念。华香伎乐缯盖幢幡，无数无量供养之具，自然化生应念即至，珍妙殊特非世所有。转以奉散诸佛菩萨声闻大众，在虚空中化成华盖，光色晃耀香气普熏。其华周圆四百里者，如是转倍，乃覆三千大千世界，随其前后以次化没。其诸菩萨佥然欣悦，于虚空中共奏天乐，以微妙音歌叹佛德，听受经法欢喜无量。……无量寿佛，为诸声闻菩萨大众颁宣法时，都悉集会七宝讲堂，广宣道教演畅妙法，莫不欢喜心解得道，即时四方自然风起，普吹宝树出五音声，雨无量妙华随风周遍，自然供养如是不绝，一切诸天皆斋天上百千华香万种伎乐，供养其佛及诸菩萨声闻大众，普散华香奏诸音乐。①

《观无量寿经》中也有类似观想以及西方净土世界的描述："一切众生自非生盲，有目之徒皆见日没，当起想念。正坐西向谛观于日，令心坚住，专想不移，见日欲没状如悬鼓。……是为日想。……次作水想，想见西方一切皆是大水，见水澄清，亦令明了，无分散意。既见水已当起水想，见水映澈作琉璃想。此想成已，见琉璃地内外映澈，下有金刚七宝金幢，擎琉璃地，其幢八方八楞具足。……映琉璃地，如亿千日不可具见，琉璃地上，以黄金绳杂厕间错。……悬虚虚空成光明台，楼阁千万百宝合成，于台两边各有百亿花幢无量乐器，以为庄严。八种清风从光明出，鼓此乐器，演说苦空无常无我之音。"②显然，主尊图像的绘制与这两部经典有密切关系，但在具体内容上还有所区别，如《观无量寿经》十六观中的莲

①《大正藏》，第12册，第273~274页。
②《大正藏》，第12册，第342页。

花观、佛像观、观世音观、大势至观等描绘的内容与本图像仍有一定差异：在这幅图像中，西方三圣均未坐于莲花台上，佛的宝相装饰也相对简单，佛左、右胁侍菩萨神格特征也不十分明确，没有出现经中所述的观世音菩萨头戴化佛冠，大势至菩萨头戴宝瓶冠，表明这幅图中的西方三圣并非依据《观无量寿经》绘制，应是根据《无量寿经》的描述创作而成。

佛殿台基上各绘两身带头光的弟子，其中前侧弟子各托一圆盘，内各置一细颈圆腹净瓶（图3-58）。台基下面得簇立数十身弟子，阙楼四周亦绘数量众多的听法弟子，其间也掺杂绘有许多世俗女性信众。阙楼上方，画面的两个上角部分原各绘2身飞天上下排列，相向而来，现右侧部分已残损剥落，仅存飘带一角。北朝佛教图像中，菩萨手持净瓶的形象比较常见，仅麦积山石窟北魏、西魏泥塑造像中就有许多例证，如122窟右壁左侧菩萨、142窟正壁右侧菩萨、44窟正壁左壁菩萨、172窟正壁右侧菩萨等。①但同时期壁画中，弟子手托净瓶的形象却非常少见。净瓶也可以称作宝瓶，是佛教重要法器之一，其本身与古代印度社会的水崇拜现象有密切关系，佛教传入中国后，宝瓶所蕴含的功能和含义也很快被具有相同农耕

图3-58 麦积山127窟西方净土变中的托瓶弟子

①天水麦积山石窟艺术研究所编《中国石窟·天水麦积山》，北京：文物出版社，1998年，图版76、112、182、188。

文明的中国佛教徒所吸纳和接受,并很快成为观音崇拜的重要象征性器物之一。[①]这幅壁画中佛两侧手托净瓶弟子像所表现的功能和含义尚有待于进一步考察,但考虑到阿弥陀佛的胁侍菩萨中,观音像具有手持净瓶的图像特征,大势至像同样也具有头戴宝瓶冠的图像特征。古代中国又是一个等级制度森严的社会, 由修行果位相对较低的弟子来奉持净瓶,视觉上更能体现出佛与菩萨的庄严和神圣。因此,笔者认为台基上胁侍弟子的这一图像特征还是与西方净土有一定关系。而壁画上方楼阁两侧飞天完全可以看作是《观无量寿经》里关于诸天形象描述的具体表现。

根据佛经描述,在西方净土世界,阿弥陀佛说法时,四周围绕的只有菩萨和弟子,但在这幅壁画中,却掺杂有数量不少身穿宽袍大袖世俗装的女信众,这一现象也是部分学者否认它是西方净土变的重要原因。但笔者认为,出现这种现象有其特殊的历史原因:

首先,西方净土绘画的创作与其他经变、本生故事一样,主要依赖于相关佛教经典,其构图样式的出现、形成和发展应该有一个循序渐进、逐步完善和被信众认可的过程。如前所述,仅净土"三经一论"的翻译和传播先后经历了一个多世纪,而且在净土思想传播中,南方的江浙、荆楚、巴蜀是重点地带,北方地区则以洛阳、邺城一带为主,麦积山所在的秦州则属于南北交汇地带, 它所接受到净土经典本身就带有多元性特征,并不是始终受到一种净土经典思想影响。因此,难免掺杂有功德主个人理解和地域等因素,正如一些中国古代信仰问题研究的学者所言:"中国民众的信仰具有鲜明特点,对于绝大多数中国民众来说,给予宗教以及他们生活有诸多关系的、各种神明的信仰、供奉,与其说是出于对超凡力量的敬仰以求自我精神解脱,倒不如说是出于一种十分实际的生存欲来得

---

①郑筱筠"试论观音净瓶、杨枝与中印拜水习俗",《云南师范大学学报》,2001年第4期,第82~83页。

到廉价的现实利益。所以中国民众的宗教仪式鲜有庄重、宁静，而表现为热闹喧天，人神共娱，他们的宗教意识也就少了一些虔诚与罪恶感，多了一些功利和戏谑”。[①]作为初期形态的麦积山西魏 127 窟西方净土变正具备这一特征，创作者在绘制这幅壁画时，除杂糅了净土三经的相关描述外，还加入世俗女性供养人等经典中没有提及的内容，以期满足功德主往生西方净土的愿望。

第二，将净土经典思想转化为佛教造像相对较为简单和容易，而将转化为被广大信众普遍接受的净土变相则不是一件容易的事情，4~5 世纪僧俗各界所撰《阿弥陀像赞》等描绘净土变相的文献材料多是一些溢美华丽、充满梦幻和想象力的文学辞藻，如支道林笔下的净土世界是“……馆宇宫殿。悉以七宝。……冥霄霣华。以阖境神风。拂故而纳新。甘露征化。以醴被蕙风。导德而芳流。圣音应感而雷响。慧泽云垂而霈清。”[②]南齐永明四年(486)沈约为乐林寺主比丘尼释宝愿造无量寿绣像题赞曰：“镂玉图光，雕金写质。亦有淑人，含芳上律。绚发绮情，幽摛宝术。缛文内炳，灵姿外溢。水耀金沙，树罗琼实。现符净果，来应妙祑。毓藻宸闺，胜华梵室。”[③]从这些词句中我们并不能看出西方净土变相的图像内容，只能是对其大概图像特征有所了解。换句话说，并不比我们从《阿弥陀经》中感受到的内容丰富多少。因此，对这一时期净土变相中是否绘有世俗人物形象我们并不清楚，也就不能简单地因为这个理由就将其排斥于净土图像之外。

第三，画面内殿堂前方，两阙之间最引人注目的则是由 12 名舞乐伎组成的乐队，正中绘一建鼓，它是一种源于中国本土的乐器，在先秦两汉

---

①侯杰、范丽珠《世俗与神圣一中国民众宗教意识》，天津：天津人民出版社，2001 年，第 15 页。

②《大正藏》，第 52 册，第 197 页。

③《大正藏》，第 52 册，第 212 页。

时期起着沟通人与神、人与天之间联系的重要作用。在魏晋时期世俗礼仪中，它常被安排在大殿台阶西侧，作为祭礼中的主要乐器使用。而出现在这方净土变中的建鼓，被摆在乐队中心位置，两侧各一名舞伎翩翩起舞，其他乐器也在鼓点指挥之下，共同构成一组欢快、和谐的天国乐队，建鼓在这里的核心作用不言而喻，显然是外来佛教对中国传统乐器中建鼓功德移植、借鉴的结果。从宗教意义分析，以建鼓为中心的演奏场面也是西方净土世界的一种表现形式，《观无量寿经》中称：

> ……想于西方，云何作想，凡作想者，一切众生自非生盲，有目之徒皆见日没，当起想念。正坐西向谛观于日，令心坚住，专想不移，见日欲没，状如悬鼓。既见日已，闭目开目，皆令明了，是为日想，名曰初观。……次作水想，想见西方一切皆是大水，见水澄清，亦令明了，无分散意，既风水已当起水想。……悬处虚空成光明台，楼阁千万百宝合成，于台两边各有百亿花幢无量乐器，以为庄严。八种清风从光明出，鼓此乐器，演说苦、空、无常、无我之音，是为水想，名第二观。①

这段经文中指出，十六观中的日想观要求往生西方净土的信众首先要观想落日，而日落景象与悬鼓的样子很相似。所以，悬鼓与观想落日具有相同意义，悬鼓即中国古代文献所称的建鼓，《隋书》中载："……夏后氏加四足，谓之足鼓。殷人柱实之，谓之楹鼓。周人悬之，谓之悬鼓。近代相承，植而实之，谓之建鼓。"②可见，虽然建鼓各个时代名称不同，但其最主要特征是悬在空中。十六观中的水想观描述里，内容更加丰富，包括

①《大正藏》，第 12 册，第 342 页。

②唐·魏征《隋书》卷 15《音乐志下》，北京：中华书局，1973 年，第 376 页。

光明台、诸宝装饰的楼阁，以及台前的花幢无量乐器，并明确指出鼓此乐器，就能发出苦、空、无常、无我之声。这些空泛的、流满想象力的语言，在画师笔下，为让信众易于了解，将其绘制成画面视觉焦点上以鼓为中心的乐队，无疑是一种很好的表现方式。因此，笔者认为，台基之下，装饰华丽的建鼓不仅是乐队的灵魂和中心，还可以看作是《观无量寿经》中观想场景的具体表现。

此外，这幅经变画中还有多处明确表现西方净土世界的景象。如画面中祥云缭绕，围绕殿堂和阙楼共绘有七株大树，在表演场地前方绘一道围栏，其下绘七宝莲池、八功德水。由于画面残损剥落，仅左侧保存较好，水面莲花盛开，莲叶摇曳（图3-59）。

图3-59 麦积山127窟右壁西方净土变中的七宝莲池

这些内容在净土三经中均有不同形式的表述，以示莲花化生。其中七重行树、七宝莲池和八功德水等都占有重要篇幅。对于同时期具有类似特征的壁画内容，前辈学者们已经有明确研究结论，段文杰先生认为莫高窟西魏249窟说法图就已经具备西方净土变雏形。①史苇湘先生认为莫高窟北魏以来画有莲花、宝池的大型说法图，实际都可看作是早期的‘西方净土变’。②贺世哲先生

①段文杰《早期的莫高窟艺术》，《中国石窟·敦煌莫高窟》，北京：文物出版社/平凡社，1982年，第173~184页。

②史苇湘《关于敦煌莫高窟内容总录》，《敦煌莫高窟内容总录》，北京：文物出版社，1996年，第227~258页。

认为莫高窟北魏 251 窟南北壁东侧带有伎乐歌舞供养、碧波莲池的大型说法图一铺初步显示了佛教西方极乐世界的意境，[①]从敦煌现存北魏至西魏阶段带有西方净土色彩的各种说法图来看，这一时期莫高窟还未形成真正意义上的西方净土变，其表现元素只有莲池、莲花、伎乐歌舞等内容。而麦积山由于地理位置上的优势，对兴起于南方和中原地区的西方净土思想接受速度显然要快，它表现西方净土图像内容当然也相对丰富一些。

因此，从上述这些情况综合分析，麦积山 127 窟右壁上方壁画无疑是一幅初具规模和基本图像特征的西方净土变。在图像中综合体现了净土三经所描绘的内容，构图形式明显受到成都地区净土图像的影响，以伎乐为核心的表现方法对此后隋唐时期西方净土图像的绘制产生了深远影响，在中国北朝西方净土变图像形成和发展过程中起到承上启下的作用，具有无可比拟的学术意义和研究价值。

(5)前壁上方七佛图像分析与研究

前壁绘画分为上、下两个部分，甬门上方整个壁面绘制七佛，下方甬道两侧绘地狱变，其中左侧为地狱图，右侧为十善十恶及阎罗殿军礼图。

关于七佛信仰的起源、图像组合、所体现的内在佛教思想及其社会意义等等，许多学者都做过探讨和研究，[②]七佛又称“过去七佛”，根据相

---

①贺世哲《关于敦煌莫高窟的三世佛与三佛造像》，《敦煌研究》，1994 年第 2 期，第 1~20 页。

②贺世哲《莫高窟第 285 窟北壁八佛考释》，，《1990 年敦煌学国际研讨会文集·石窟考古编》，沈阳：辽宁美术出版社，1995 年；魏文斌、唐晓军《关于十六国北朝七佛造像诸问题》，《北朝研究》，1993 年第 3 期；魏文斌《七佛、七佛窟与七佛信仰》《丝绸之路》1997 年第 3 期；赖鹏举《丝路佛教的图像与禅法》，中坜：财团法人圆光佛学研究所，2002 年；张宝玺《甘肃佛教石刻造像》，兰州：甘肃人民出版社，2001 年；王雁卿《云冈石窟七佛造像题材浅析》，P251~256 页，云冈石窟研究院编《2005 年云冈国际学术研讨会论文集·研究卷》，北京：文物出版社，2006 年；贺世哲《敦煌图像研究——十六国北朝卷》，兰州：甘肃教育出版社，2006 年；董华锋、宁宇《南、北石窟寺七佛造像空间布局之渊源》，《敦煌学辑刊》，2010 年第 1 期等。

关佛经典籍的解释,“七佛”指释迦牟尼(sakyamuni)以及在他出现之前悟得正觉的6位佛,依次为毗婆尸(Vipásin)、尸弃(sikhin)、毗舍(viš vahu)、拘留孙(krakucchandha)、拘那含牟尼(kanākamuni)和迦叶(kāsyápa)。[①]由于汉译佛经中对梵音汉译理解不同,也导致七佛名称在不同经典中也有所差异(表3)。七佛图像最早源于印度,在早期印度原始佛教的阿含类经典中,就有诸多关于七佛信仰的记载,如东晋·僧伽提婆译《增壹阿含经·序品》、前秦·昙摩难提译《增壹阿含经·十不善品》和姚秦·佛陀跋陀罗、竺佛念共译《长阿含经》卷一《大本经》等均对七佛品序做了详细介绍,并对七佛家族、种姓、说法、成道、胁侍弟子情况及佛本生等都做了具体描绘。东晋·佛陀跋罗译《观佛三昧海经·念七佛品》更是对观七佛的福报做了美好描述:

……(毗婆尸)若有众生闻我名者礼拜我者。除却五百亿劫生死之罪。汝今见我消除诸障。得无量亿旋陀罗尼。于未来世当得作佛。……(尸弃)复更增益无量百千陀罗尼门。复更增广得见百千无数化佛。于未来世过算数劫。于其中闻恒得值遇诸佛世尊生菩萨家。……(毗舍)见此佛已复更增进诸陀罗尼三昧门。于未来世必定不疑生诸佛家。……(拘留孙)见此佛者。常生净国不处胞胎。临命终时。诸佛世尊必来迎接。……(拘那含牟尼)见此佛者。即得百亿诸三昧门无数陀罗尼。若出定时。常得诸佛现前三昧。……(迦叶)见此佛者得寂灭光无言相三昧。于未来世恒住大空三昧海中。……[②]

①《大正藏》,第15册,第693页。

②《大正藏》,第15册,第693页。

表3　魏晋南北朝时期佛经中七佛名称一览表

佛经名称	曹魏·失译《七佛父母姓字经》	晋代·失译《七佛八菩萨所说大陀罗尼神咒经》	前秦·昙摩难提《增壹阿含经》卷四十四《十不善品》
七佛名称	维卫、式、随叶、拘楼秦、拘那含牟尼、迦叶、释迦文尼	维卫、式、随叶、拘留秦、拘那含牟尼、迦叶、释迦牟尼	毗婆尸、式诘、毗舍罗婆、世楼孙、拘那舍尼、迦叶、释迦牟尼
佛经名称	后秦·佛陀耶舍、竺佛念《长阿含经》卷一《大本经》	后秦·佛陀耶舍《四分律比丘戒本》	东晋·僧伽提婆《增壹阿含经》卷一《序品》
七佛名称	毗婆尸、尸弃、毗舍婆、拘楼孙、拘那含、迦叶、释迦牟尼	毗婆尸、尸弃、毗舍婆、拘楼孙、拘那含、迦叶、释迦文	毗婆尸、式诘、毗舍婆、拘留孙、拘那含、迦叶、释迦文
佛经名称	东晋·佛陀跋陀罗《佛说观佛三昧海经》卷十《念七佛品》	刘宋·法天《佛說七佛经》	萧梁·失译《虚空藏菩萨问七佛陀罗尼呪经》
七佛名称	毗婆尸、尸弃、毗舍、拘留孙、拘那含牟尼迦叶、释迦牟尼	毗婆尸、尸弃、毗舍浮、俱留孙、俱那含牟尼、迦叶波、释迦牟尼	毗婆尸、尸弃、毗舍、拘楼孙、拘那含牟尼、迦叶、释迦牟尼

正是由于佛教徒大力弘扬信奉七佛的福报，使得七佛信仰在还没有佛像的时候，就已成为佛教传播和流行的题材之一。如公元前三世纪印度桑奇大塔第一塔北门浮雕中，就以并列雕刻的七棵树或七个塔代表过去七佛。随着佛教向外传播，在公元2~3世纪犍陀罗佛教艺术中，开始出现一些表现七佛及弥勒菩萨的浮雕造像，如印度拉合尔博物馆收藏的舍卫城现大神变浮雕下部，释迦佛居中，过去六佛及弥勒菩萨分列左右。巴基斯坦白沙瓦博物馆收藏的过去七佛与弥勒菩萨浮雕中，七佛并排而立。[①]日本私人收藏的3世纪佛像基座上，也浮雕有形态基本相同的并

①张宝玺《甘肃佛教石刻造像》，兰州：甘肃人民出版社，2001年，第13页。

排七佛立像，最右侧还浮雕有一身菩萨装的弥勒立像。[①]佛教传入中国后,各种反映七佛造像和绘画的实物或文献记载在魏晋南北朝时期一直没有间断过。如开凿于3~4世纪的新疆克孜尔石窟中,第80窟主室正壁圆拱形龛上方,正中彩绘一交脚坐佛,其上方绘一排七身结跏趺坐的佛。[②]第38窟东、西甬道外壁上各绘有坐于舍利塔中的七佛像,第47窟主室、后室及第77窟后室原均塑有七佛立像。[③]此外,克孜尔114、97等反映降伏六师外道的绘画中,主尊释迦佛的上方多绘有一排略呈弧形排列的七佛形象。[④]十六国北凉统治时期的酒泉、敦煌、吐鲁番一带,先后发现有14件高度在15~90厘米之间、残损程度不一的圆锥形石造像塔,其最突出特征就是在塔的中部浮雕八个小龛,内置七佛一菩萨造像。[⑤]莫高窟北朝时期反映七佛的造像较少,如西魏285窟北壁八佛彩绘,贺世哲先生认为是依据当时敦煌地区非常流行的《大方等陀罗尼经》绘制的无量寿佛与过去七佛组合形式。[⑥]永靖炳灵寺早期窟龛中,也保留有七佛图像,如169窟南壁的七佛一菩萨造像,北壁彩绘七身立佛(原应为前四后三排列,现仅存第七释迦牟尼佛榜题)。[⑦]北魏晚期的126窟正壁主尊释迦、多宝佛上方壁面浮雕有七佛禅定坐像。128窟东壁窟门上方浮雕七佛立

---

①宫治昭著、李萍译《犍陀罗美术寻踪》,北京:人民美术出版社,2006年,第153页,图版9。

②姚士宏《克孜尔石窟部分洞窟主室正壁塑绘题材》,新疆维吾尔自治区文物管理委会员/拜城县克孜尔千佛洞文物保管所/北京大学合编《中国石窟·克孜尔石窟》(第三卷),北京:文物出版社,1997年,第178~186页。

③魏文斌《七佛、七佛窟与七佛信仰》,《丝绸之路》,1997年第3期,第36页。

④赵莉《克孜尔石窟降伏六师外道壁画考析》,《敦煌研究》,1995年第1期,第146~155页。

⑤张宝玺《北凉石塔艺术》,上海:上海辞书出版社,2006年,第16~17页。

⑥贺世哲著《敦煌图像研究——十六国北朝卷》,兰州:甘肃教育出版社,2006年,第342~347页。

⑦董华锋、宁宇《南、北石窟寺七佛造像空间布局之渊源》,《敦煌学辑刊》,2010年第1期,第99~109页。

像。[①]此外，在老君洞清理出的北魏晚期壁画中，也发现有三铺七佛图像（门壁两侧各一铺，右壁中层一铺），其中两铺还残存有墨书七佛题名；[②]开凿于北魏永平年间（509~510）的庆阳北石窟 165 窟和泾川南石窟第 1 窟还出现了以七佛为主尊的殿堂窟；固原须弥山石窟的北周窟龛中，也保留有一些七佛图像，如第 46 窟中心柱南北壁佛龛的龛楣上浮雕有七身禅定坐佛。[③]

云冈石窟也出现有许多以七佛为主尊，如第 10 窟南壁拱门与明窗之间帷幕龛内的七身坐佛，第 11 窟西壁中层的七身立佛、南壁东侧的七身坐佛，第 36-2 北壁中层的七身立佛，第 5、11、14、17、28 等窟内小龛龛楣上也多浮雕有七佛坐像。[④]龙门石窟许多北魏小龛龛楣和窟内主尊造像头光中也多浮雕有七佛。如慈香洞正壁主尊的头光中环绕有七佛，莲花洞、普泰洞、天统洞北壁龛群上方均并列刻有七佛，莲花洞宋景妃造释迦像龛、明胜造释迦像龛龛楣均浮雕有七佛坐像。古阳洞壁面许多北魏中晚期小龛龛楣也浮雕有七佛坐像，如齐郡王元祐造弥勒像龛、法光因患造释迦像龛、慧蓉造像释迦像龛、高树等造像龛等；[⑤]洛阳周边的巩县、渑池等地石窟寺中也多见类似七佛题材，如巩县第一窟西壁第 2、3 龛，第二窟中心柱南壁下方的两个小龛、东壁外侧第 3 龛，第四窟中心柱

---

①甘肃省文物工作队/炳灵寺文物保管所编《中国石窟·永靖炳灵寺》，北京：文物出版社/平凡社，1989 年，图版 86、91。

②甘肃省博物馆、炳灵寺石窟文物保管所《炳灵寺石窟老君洞北魏壁画清理简报》，《考古》，1986 年第 8 期，第 735~736 页。

③宁夏回族自治区文物管理委员会/中央美术学院美术史系合编《须弥山石窟》，北京：文物出版社，1988 年，图版 69。

④王雁卿《云冈石窟七佛造像题材浅析》，云冈石窟研究院编《2005 年云冈国际学术研讨会论文集·研究卷》，文物出版社，2006 年，第 251~256 页。

⑤相关图版详见龙门文物保护管理所/北京大学合编《中国石窟·龙门石窟》（一），文物出版社/平凡社，1991 年。图版 42、60、78、64、111、113、146 等，以及同书中所载温玉成《龙门北朝小龛的类型、分期与洞窟排年》中相关插图。

南面上层的小龛等,其龛楣之上均浮雕有七佛禅定坐像;[①]渑池鸿庆寺石窟尖拱龛和盝顶龛的龛楣上,也多浮雕有七佛坐像。[②]

在众多海内外收藏的北魏时期的金铜及石质造像以及造像碑中,笔者也检索到部分反映七佛图像的例证,如日本大和文华馆藏北魏延兴二年(472)张□伯造释迦像背面浮雕有禅定七佛,同年款藏于日本书道博物馆的黄□相造坐佛碑正面小龛龛楣上浮雕七身坐佛。[③]大阪市立美术馆藏的石灰岩北魏三尊佛立像,其主尊头光中浮雕有七身呈环形排列的禅定坐佛,均刻有莲瓣形背光。[④]现藏于东营市博物馆的北齐张郭造像碑,其圭形碑首也浮雕有略呈弧形排列的七佛禅定像。[⑤]瑞士瑞特保格博物馆藏杨文憘造佛三尊像头光中有线刻七佛坐像,大阪市立美术馆藏太和十六年(492)郭元庆造太子思维像的龛楣上浮雕七佛坐像,纽约大都会美术馆太和十九年(495)赵氏一族造如来立像头光中浮雕七佛坐像,旧金山亚洲艺术博物馆藏的北魏佛三尊像头光中浅浮雕七佛坐像。[⑥]东京根津美术馆藏的北魏四面造像碑背面坐佛龛楣上浮雕七佛坐像,其中正中一身略大;[⑦]在甘肃境内现存的造像碑和造像塔中,也发现有反映七佛图像的例证,如合水县平定川弥勒菩萨造像龛龛楣及庄浪卜氏造像塔正

①相关图版详见河南省文物研究所编《中国石窟·巩县石窟》,文物出版社/平凡社,1989年,图版7、11、45、163等。

②李文生《渑池鸿庆寺石窟》,龙门文物保护管理所/北京大学合编《中国石窟·龙门石窟》(一),文物出版社/平凡社,1991年。

③金申《中国历代纪年佛像图典》,文物出版社,1994年,图版22、第33页,图版23,第34页。

④林保尧《佛像大观》,台北:艺术家出版社,1997年,第103页。

⑤丁明夷主编《中国石窟雕塑全集·6·北方六省》,重庆:重庆出版社,2001年,图版191。

⑥林树中主编《海外藏历代中国雕塑》,南昌:江西美术出版社,2006年,图版176、190、211、719。

⑦孙迪《中国流失海外佛教造像总合图目》,第二卷,北京:外文出版社,2005年,第324~325页。

面底层的佛说法图上方，均浮雕有七佛禅定坐像。[①]

在一些史料中也有关于七佛图像的记述，如唐代张彦远《历代名画记》卷五载："（卫）协之迹最妙，又七佛图，人物不敢点眼睛。顾恺之论画云：七佛与大列女，皆协之迹，伟而有情势。"[②]宝唱撰《比丘尼传》卷 1 中有关于比丘尼昙罗造"七佛龛堂"的记载，[③]道宣撰《续高僧传》卷 9 中有释慧远梦到"七佛八菩萨"的故事，[④]《洛阳伽蓝记》中也有殿堂中供奉七佛的描述。[⑤]关于七佛信仰，到隋唐宋五代以后，依然可以见到许多相关实物资料，并融入了药师七佛等内容。如唐代善业泥像中释迦像头光中就有呈圆形排列的七佛，[⑥]浙江瑞安市的宋代七佛塔，[⑦]山西稷山县元代兴化寺七佛说法图[⑧]等都是其中的代表之作（图 3–60）。

图 3–60　稷山兴化寺七佛（局部）

---

①张宝玺《甘肃佛教石刻造像》，兰州：甘肃人民出版社，2001 年，图版 88 及第 25 页庄浪卜氏造像塔线描图。

②唐·张彦远《历代名画记》，北京：人民美术出版社，2004 年，第 108 页。

③《大正藏》，第 50 册，第 936 页。

④《大正藏》，第 50 册，第 492 页。

⑤北魏·杨衒之尚荣译注《洛阳伽蓝记》卷 4，大觉寺条载："永熙年中，平阳王即位……環所居之堂，上置七佛。"北京：中华书局，2012 年，第 327 页。

⑥震旦艺术博物馆编《佛教文物选粹》，台北：财团法人震旦文教基金会，民国 92 年，第 133 页。

⑦叶挺铸《宋兴福寺七佛塔考略》，《东方博物》第三十八辑，第 43~53 页。

⑧孟嗣徽《兴化寺壁画》，《紫禁城》，1998 年第 3 期，第 50~53 页。

127窟七佛在构图上采用横排并列方式,各铺说法图之间用树木加以分割,并巧妙运用胁侍弟子的举止和神态彼此又构成一幅完整的七佛说法图,体现出画家高超的绘画技巧和构图能力,使整幅图面视觉上浑然一体,给人以极强的震撼力。从绘画技法上看,这组七佛图采用了中国传统的线描手法,即在事先处理好的粉底墙面上,用毛笔以淡红色朱线起稿,将佛像、胁侍菩萨与弟子、树木等勾勒出来,形成整体框架。然后填涂底色,既根据画面内容需要,画家分别使用朱砂、石青、石绿、白粉、黑色等对画面进行填涂, 特别是对集中体现佛像庄严的宝盖及其饰物,坐佛面部、服饰等采用重叠填涂的方法,对于陪衬佛像的菩萨像服饰尽量使用明快、醒目的矿物颜料进行勾勒和填涂,以区分画面和突出主尊坐佛。

127窟七佛布局形式与中亚及犍陀罗地区2~4世纪流行的七佛一菩萨并列式或八字形布局、新疆克孜尔石窟七佛一菩萨的对称式布局、河西地区北凉石塔中所见的七佛一菩萨环列式七佛图像组合均有明显差异。而且从麦积山现存北朝早期造像来看,弥勒造像也并不是秦陇一带流行的主要题材,目前仅165、169等少量窟龛中保存有明确的交脚菩萨造像,与同时期麦积山窟龛中大量盛行的三佛造像相比,这种反差显而易见。就麦积山现存西魏以前七佛图像考察情况来看,从图像学上而言,目前能看到的七佛题材仅见于100、128、155、163等为数不多的几个窟龛之中。其中开凿于北魏中期的100、128窟左右壁上方均开凿有六个小龛, 与下方大龛内的释迦坐佛共同构成七佛,128窟前壁上方原并列开有上、下两排小龛,每排七个,每龛内安置一身禅定坐佛,从而形成标准的七佛图像。同样开凿于北魏中期的155窟,正壁龛内主尊为坐佛,龛外正壁左右各设上、下两层坛台,其中上层坛台左、右各安置三身坐佛,与龛内主尊坐佛构成七佛组合。左壁上方并列开六个小龛,而右壁上方则并列开七个小龛,这样,左壁龛内的坐佛与下方大龛内的坐佛也构成七佛，右壁上方则直接表现为七佛，这种情况的出现可能也是 155 窟正处于北魏孝文帝改革时期所致。开凿于北魏晚期的 163 窟则左、右壁上方均并列开七个小圆拱龛，用以安置七佛。①放置于 133 窟内西魏初年的 11、16 号造像碑中，则保存有许多七佛图像。11 号碑上方三排均为横向并列高浮雕的七佛坐像，身后均浮雕莲瓣形背光，背光之间浮雕莲蕾及莲叶，第三排七佛坐像除正中一身为正视外，其余六身均相互侧视，做交谈状，巧妙地将七身坐佛融为一体，也增加了碑刻画面内容的生动性（图 3–61）。16 号碑以中部帐形龛为中心，其上、下方分别高浮雕两排七佛坐佛，身后均浮雕莲瓣形背光，背光之间浮雕莲蕾及莲叶。其中上方第一排坐佛均坐于覆莲台上，正中一身被突出处理，可能是表现释迦牟尼佛。第二排的七身坐佛均身穿圆领通肩袈裟，体态、身姿完全相同。帐形龛下方的两排坐佛在神态、体姿上没有变化，唯一区别在于上排均身穿褒衣博带式佛装，下排坐佛均身穿圆领通肩式佛装。

图 3–61　133 窟 12 号碑中的七佛
采自《中国石窟·天水麦积山》

①李西民、蒋毅明《麦积山石窟内容总录》，天水麦积山石窟艺术研究所编《中国石窟·天水麦积山》，北京：文物出版社/平凡社，1998 年，第 283~286 页。

从这些例证可以看出,麦积山石窟北魏至西魏七佛图像主要是表现过去七佛,并未强调未来弥陀菩萨下界成佛观念和思想。因此,其直接图像来源并非西部地区,也就是说麦积山石窟中的七佛图像并不是受到中国新疆或河西地区七佛形式影响而产生的。接着,我们考察一下与秦陇地区关系比较密切的陇中、陇东境内的石窟及云冈石窟中北魏时期七佛图像的情况,其中永靖炳灵寺与麦积山石窟之间的关系最为密切,特别是在十六国后秦、西秦统治时期,两地之间在僧侣往来,人口迁徙,政治、经济、文化交流与传播等方面均十分频繁,相关事迹在《十六国春秋》、《晋书》、《资治通鉴》、《高僧传》、《魏书》等史籍和文献中均有记述。炳灵寺169窟始建于西秦建弘元年(420),其南壁保存的七佛一菩萨并列式七佛与2~4世纪犍陀罗地区七佛图像非常接近,[①]北壁保存的彩绘七佛在形式上为前四后三布局,类似的雕塑实例也见于台北丝绸之路佛教图像整合中心收藏的七佛浮雕造像,这也是1~4世纪中亚地区"目前所知唯一一件单独七佛而没合并菩萨的造像。此件造像其两侧切痕整齐,整件之皮壳一致,故原造像亦只有七尊"。[②]所以,从某种意义上而言,炳灵寺西秦七佛图像应该是受到中亚影响所致。而开凿于北魏晚期126、128窟中的七佛图像则与前者有很大不同,126窟七佛位于正壁主尊释迦、多宝上方浮雕第一排,下排正中为浮雕的思维菩萨像,两侧仍为姿态不同的七佛组合题材。128窟七佛位于前壁窟门上方下排,其两侧各浮雕一身树下思维菩萨像。在老君洞发现的北魏晚期七佛画像也是如此,其中两组在配置位置上与麦积山127窟七佛也有相似之处,上述现象表明,炳灵寺北魏时期的七佛图像与法华信仰之间存在着密切关系,七佛题材的出现,旨在强调释迦佛法的久远实成,用以代表过去的无量诸

①董华锋、宁宇《南、北石窟寺七佛造像空间布局之渊源》,《敦煌学辑刊》,2010年第1期,第103页。

②赖鹏举《丝路佛教的图像与禅法》,中坜:圆光佛学研究所,2002年,第35页。

佛,[①]而与弥勒之间也没有必然联系,已经将七佛单独作为法华禅观的一种题材置于窟内,在表现形式这一点上,与麦积山127窟七佛有一定相似性,但两者之间在所反映和体现的思想内涵上,还是有所差别的。

在同时期陇东地区,北魏泾州刺史奚康生开凿的泾川南石窟1号窟和庆阳北石窟165窟是甘肃境内明确以七佛为主尊的殿堂窟,每身立佛均配有胁侍菩萨立像,弥勒菩萨则被安置在主尊对面窟门两侧,在形式上与克孜尔80窟有些类似,但考虑到上述两窟顶部大量浮雕"萨埵太子本生"、"睒子本生"、"阿私陀占相"、"太子习艺"、"宫中观舞"、"逾城出家"、"犍陟辞别"等反映释迦本生和佛传故事题材的作品,故开窟者主要目的在于突出释迦地位。窟内七佛具有典型的褒衣博带特征,其大小、形态、装束等基本一致,且均为立佛,显然是受到云冈二期窟龛中相关七佛造像影响的结果。关于北石窟165窟中的七佛所反映的佛教思想,有学者结合该窟前壁两侧的倚坐菩萨和交脚菩萨形象及其所代表的含义,认为是借助于修习礼忏等相关法门,以便往生弥勒净土。[②]

云冈石窟是由北魏皇室营建的大型石窟寺,代表当时最杰出的造像艺术水平和最流行的窟龛建筑形式,同时也反映出当时最盛行的佛教思想。云冈二期窟龛中开始出现各种形式的七佛造像,其布局形式主要包括两种:一种是以七佛为主要题材安置于壁面或方形幕龛之内,如第10、11、13窟内的七佛。另一种七佛则主要装饰于尖拱形龛楣或龛楣之上,也有的装饰于方形帷幔之下,以结跏趺坐姿居多。龛内主尊包括弥勒、释迦多宝、释迦等三种形象,其数量不少。如以弥勒为主尊的有第5、11、14、16、17、28、39等窟,以释迦多宝为主尊的有第11、13、14、32-9、26

①张元林《敦煌北朝时期〈法华经〉艺术及其信仰考察》,《敦煌研究》,2006年第5期,第16~23页。

②于向东《南北石窟寺的造像思想初探》,《兰州大学学报》(社会科学版)第35卷,第2期,2007年,第47~54页。

等窟,以释迦为主尊的有第 2、5、11、16、38 等窟。甚至出现有以七佛为主尊的造像龛,如 36-2 窟。[①]由此可见云冈石窟七佛不仅吸纳了河西地区七佛一菩萨组合形式,而且单独的七佛立像或坐像也显著增多。最主要变化则体现在以七佛作装饰的小龛主尊造像上,除传统交脚弥勒外,释迦或释迦多宝的数量急剧增多,这充分反映出当时民间佛教信仰思想变化情况。其对当时北方地区影响显而易见,陇东地区南、北石窟寺以七佛为主尊的造像布局应源于此。而将七佛直接开凿于窟内壁面或作为龛楣装饰的手法对以龙门石窟为中心的洛阳地区北魏中晚期佛教造像产生了重要影响,类似例证本文前面已列举不少,不再赘述。

从图像内容上看,127 窟中的七佛画像体态清秀,五官俊美,肉髻低平,前侧明显有一个圆形肉髻珠,佛双手均做说法印,身穿典型的褒衣博带式佛装。胁侍菩萨着装也多为宽袍、大袖、长裙,帔帛以腹前十字穿环或十字交叉后再搭肘下垂居多,脚穿平头或云头履,均带有北魏孝文帝改制以后中原北方地区流行的“秀骨清像”特征。佛座及莲台底部均饰有整齐排列的覆莲瓣,这种装饰方法在龙门石窟北魏浮雕七佛图像中已经应用。[②]从单铺组合形式上来看,127 窟七佛胁侍包括菩萨、弟子等形象,与云冈、洛阳地区石窟寺中的七佛图像相比,内容要丰富得多。云冈石窟中的七佛之间几乎没有什么装饰,而龙门石窟中的七佛之间已有所装饰,除原有的莲瓣形背光和小龛外,还装饰有莲蕾、莲花等,北魏晚期七佛图像中开始出现胁侍形象,特别是佛发髻正中绘制肉髻珠的做法,显是受到龙门宾阳中洞主尊造像发髻样式影响的结果。

---

①王雁卿《云冈石窟七佛造像题材浅析》,云冈石窟研究院编《2005 年云冈国际学术研讨会论文集·研究卷》,北京:文物出版社,2006 年,第 251~256 页。

②龙门文物保管所、北京大学考古系编《中国石窟·龙门石窟》(一)图版 176、177 中所表现的古阳洞北壁第 2~3 层小龛龛楣中,七佛均结跏趺坐于覆莲台上,其两侧的胁侍菩萨、弟子也均立于圆形覆莲台上。

综上所述，麦积山 127 窟七佛图像的出现与早期河西地区盛行的弥勒崇拜中的七佛造像没有直接关系，它与北魏中期以后同处于陇右地区炳灵寺石窟中出现的七佛一样，基本位于窟内的正、左、右三壁或门壁上方，共同构成释迦系主尊造像的组成部分。这种样式主要是受到了以云冈、龙门为代表的中原北方地区石窟造像中七佛题材的影响，而这一题材的流行与北魏晚期以来释迦崇拜的盛行有密切关系。

127 窟七佛图像中胁侍菩萨和弟子的出现，不仅是形式和内容上的变化，更是当时佛教信徒严格依据佛经弘扬七佛思想的一种表现。后秦·佛陀耶舍、佛竺念共译的《长阿含经》中，关于七佛三会说法的描述中称：

毘婆尸如来三会说法。初会弟子有十六万八千人。二会弟子有十万人。三会弟子有八万人。尸弃如来亦三会说法。初会弟子有十万人。二会弟子有八万人。三会弟子有七万人。毗舍婆如来二会说法。初会弟子有七万人。次会弟子有六万人。拘楼孙如来一会说法。弟子四万人。拘那含如来一会说法。弟子三万人。迦叶如来一会说法。弟子二万人。我今一会说法。弟子千二百五十人。①

《佛说观佛三昧海经·念七佛品》中关于七佛说法的描绘中称：

“…过去久远有佛世尊名毘婆尸佛。…一一光中无数诸天声闻比丘菩萨大众。以为侍者。…尸弃世尊…及诸菩萨声闻大众。诸天眷属以为围遶。…”②

①《大正藏》，第 1 册，第 2 页。
②《大正藏》，第 15 册，第 693 页。

此外,《佛说七佛经》、《七佛父母姓字经》等经典中均有关于七佛弟子情况的记述,这些耳熟能详的经典对画家创作心目中七佛说法图提供了丰富素材和想象空间,麦积山127窟七佛图出现诸多胁侍菩萨和弟子形象也正是源于此。

127窟七佛顶部的宝盖和两侧的圣树也是很值得关注的题材。宝盖,又称华盖,本是一种遮风避雨的日常工具。在古代中国,华盖是一种身份象征和社会地位的体现。两汉魏晋南北朝之际,华盖基本成为权贵的专属之物,其样式为圆形,中间有一直柄或曲柄,华盖四周边缘多垂饰有流苏。关于华盖在中国佛教中的运用,最早见于东汉时期,《后汉书》曾载汉桓帝"设华盖,以祠浮图、老子"。[①]十六国南北时期,出现了各种装饰华盖的佛教造像,如甘肃省博物馆藏泾川县出土十六国时期金铜如来坐像,[②]美国旧金山亚洲艺术馆收藏的北魏延兴二年(472)二佛并坐铜造像、日本东京根津美术馆藏太和十三年(489)贾法生兄弟造二佛并坐像背面、日本个人收藏北魏太和七年(483)追远寺僧造版铸佛三尊像等。[③]云冈石窟第6、7、9、10、12、14等窟的佛像上方,也多刻有华盖装饰。[④]可见早在4~5世纪中国佛教图像中,华盖已经成为显示佛像庄严的重要器具之一。佛经中关于华盖护持佛、菩萨的记述也不少,如东晋·瞿昙、僧伽提婆译《增壹阿含经·须陀品》载"……是时。梵天王在如来右。释提桓因在如来左。手执拂。密迹金刚力士在如来后。手执金刚杵。毘沙门天王手执七宝之盖。处虚空中。在如来上。恐有尘土坋如来身。"[⑤]东汉·支娄迦

①刘宋·范晔撰唐·李贤等注《后汉书》,北京:中华书局,1973年,第320页。

②东京国立博物馆《中国国宝展》,2004年,第106页。

③金申《中国历代纪年佛图典》,北京:文物出版社,1994年,图版24、50、37。

④王雁卿、马志强《云冈石窟的宝盖龛和宝盖》,《北朝研究》(第七辑),北京:科学出版社,2010年,第222~244页。

⑤《大正藏》,第2册,第664页。

谶译《佛说伅真陀罗所问如来三昧经》载："……其佛上便有三十万里珍宝华盖。而覆盖座盖间而有珍宝铃。周匝其边。悉皆垂珠。从其垂珠间。其音声悉遍三千大千之刹土。……散伅真陀罗上。则时伅真陀罗。以右肩悉受华。其华不堕地。便持是华供养散佛上。其华于佛上。便化作珍宝华盖。覆蔽千佛刹。其华盖者。一一处悬亿百千珠宝。……伅真陀罗念诸坐佛。欲持宝华盖遍覆其上。应时坐三昧。其三昧名严盖。则时诸坐佛上皆有华盖。及诸菩萨比丘僧。其会者各有华盖。以手拥盖抵。诸菩萨比丘僧会者。皆持华盖供养上诸佛。……"[①]佛经里对华盖的神奇描述也激发起佛教徒在绘画中对这种庄严饰物的描绘，127 窟七佛宝盖正是这种情绪的反映，它不仅装饰有各种焦花山叶、摩尼宝珠，镶嵌着珠玉、鸾铃的垂带等，而且不带盖柄，直接悬浮在佛上方，可谓神奇无比。某种意义上讲，也是外来佛教艺术中国化的一种具体表现，当然在这种改造过程中，也保留有某些外来因素，如宝盖下方的折叠垂幔和三角形垂饰，日本学者认为是受到西方艺术影响的结果。[②]与宝盖一样，圣树也是佛像庄严纹饰中常见的题材。释迦牟尼生平许多事迹都与树有密切关系，如诞生、思维、成道、说法、涅槃等。由此而衍生出的过去七佛事迹中也与树有密切关系，《佛说长阿含经》中称："……毗婆尸佛坐波罗树下成最正觉。尸弃佛坐分陀利树下成最正觉。毗舍婆佛坐娑罗树下成最正觉。拘楼孙佛坐尸利沙树下成最正觉。拘那含佛坐乌暂婆罗门树下成最正觉。迦叶佛坐尼拘律树下成最正觉。我今如来至真。坐钵多树下成最正觉。……"[③]可见树在佛教绘画艺术中起着重要作用。南北朝时期的中国山水文化十分发达，当时人们将优美的山水之处当所理想的生活空间，

①《大正藏》，第 15 册，第 351、355~356 页。

②水野清一、长广敏雄《云冈石窟的装饰意义》，《云冈石窟》第四卷序章，京都大学人文科学研究所，1952 年。

③《大正藏》，第 1 册，第 2 页。

不仅产生了以谢灵运、陶潜为代表的山水派文学巨匠，而且达官贵人日常生活中也非常看重山水环境，这种气氛也影响到当时佛教寺院营建，[①]作为禅修场所的石窟寺自然也选在山水优美之处。麦积山地处秦岭山区，植被茂密，相比起佛经中名称古怪的圣树，画家在佛画创作中可以参考和借鉴的树木种类很多，来源于生活的灵感远比画从未见过的树要容易得多。127 窟七佛图像中的树木主要分为两种：一种类似柳树；另一种原来可能为阔叶乔木，由于色彩褪变、脱落严重，现仅可见挺拔舒展的树木枝干（图 3-62）。与张彦远笔下南北朝时期树木“列植之状，则若伸臂布指”[②]的描绘非常相像。根据学者们的研究成果，上述两种树木均属于“中原式圣树”，[③]在具体形象上与南京西善桥南朝墓葬中出土的《竹林七贤与荣启期》画像砖中的柳树也非常接近，两者在树木与人物之间的关

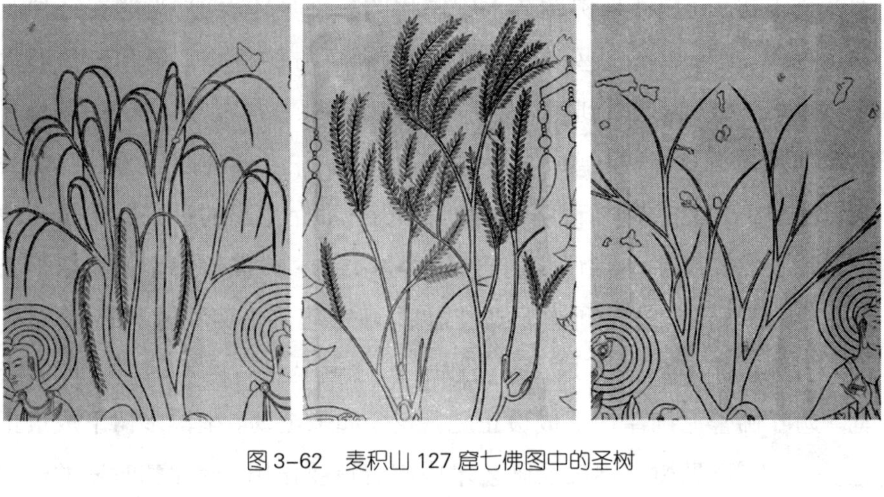

图 3-62　麦积山 127 窟七佛图中的圣树

①关于当时寺院园林化描述可参见范祥雍校注北魏·杨衒之《洛阳伽蓝记》卷 4，开善寺条（上海：上海古籍出版社，1982 年。）和唐·许嵩《建康实录》卷 17《梁帝纪上高祖武皇帝》（上海：上海古籍出版社，1987 年。）

②唐·张彦远《历代名画记》卷 1《论画山水树石》，北京：人民美术出版社，2004 年，第 16 页。

③赵声良《敦煌壁画风景研究》，北京：中华书局，2005 年，第 47~88 页。

图 3-63　南京西善桥竹林七贤图

系处理上也非常相似(图 3-63)。同样,北魏晚期龙门石窟开凿的窟龛中,也大量使用这种“中原式圣树”来装饰门楣、佛龛或主尊造像,如路洞门楣上方须弥山的两侧及洞内南北壁的主尊和小龛两侧。[①]这与稍后中国北方地区佛教图像中同样盛行的、源于印度和西域地区的“芒果系圣树”在形象上有很大差别,[②]表明 127 窟七佛图像中圣树的表现方式主要是受到中原和南朝地区影响。

通过以上论述,可知麦积山 127 窟前壁七佛图像是中原地区相关七佛造像和七佛思想影响的结果,但在绘画技法和艺术风格上更多地受到了当时南朝画风影响。同时,也是对云冈和龙门石窟等中原地区七佛图

---

①王振国《龙门路洞调查报告》,《中原文物》,2000 年第 6 期,第 4~26 页。

②赵声良《敦煌壁画风景研究》,北京:中华书局,2005 年,第 47~88 页。

像样式的继承和发展，是外来佛教艺术中国化的代表性作品。在这个过程中，由传统七佛一菩萨的三世佛信仰发展为单纯的七佛信仰，并成为石窟造像中的重要题材，表明北朝末年释迦崇拜再度成为佛教传播的主流思想之一。

(6)前壁下方地狱图像分析与研究

地狱是佛教传入中国以后新出现的一个概念，梵文为 Niraya(泥梨)或 Naraka(那洛迦)，魏晋时期相关地狱经典翻译中多将其译成“泥梨”、“地狱”、“太山”、“太山狱”等，这几种译名意思基本相同，专指人由于生前作恶，在死后遭受种种苦楚的另外一个世界，意在劝诫佛教信徒生前谨遵戒律，多行善事，以免死后堕入令人毛骨悚然的地狱世界。关于佛教地狱思想的传播，最早见于东汉时期安世高译《佛说十八泥犁经》和《佛说罪业应报教化地狱经》，此后有支娄迦谶译《道行般若经·泥犁品》以及三国·支谦译《大明度经·地狱品》和维祇难译《法句经·地狱品》等。两晋南北朝时期此类经典明显增多，主要有西晋·法立、法炬译《大楼炭经·泥犁品》，竺法护译《方等般泥洹经·度地狱品》和《修行道地经·地狱品》，元罗叉译《放光般若经·泥犁品》，东晋·竺昙无兰译《佛说四泥犁经》、《佛说铁城泥犁经》、《佛说泥犁经》，后秦·鸠摩罗什译《小品般若波罗蜜经·泥犁品》，佛陀耶舍、竺佛念译《长阿含经·世纪经地狱品》，北魏·般若流支译《正法念处经·地狱品》，萧梁·宝唱译《经律异相·地狱部》等，这些经典在翻译和传播过程中，不断与中国传统儒家文化冥界思想相融合，对地狱思想在现实世界中存在功能和依据提供了丰富的理论支持。特别是随着外来高僧对中国传统冥界观理解的加深，开始逐步采用与之相对应的意译词汇，到南北朝时，才正式用地狱一词代替此前各种称谓，这个转变过程也历经了很长时间。根据学者们研究，可能是安世高等地狱经典初译者是将汉语的单字“地”与“狱”连缀为一个形象生动的词汇，赋予了佛教地狱思想强烈的中华文化色彩。用“狱”表示极苦，而“地”完全是初译者发挥敏思睿智，地狱一词则是将中国传统冥界思想融会贯通运用的结果，[①]并被后世汉译相关经典所普遍采用。在早期佛教经典翻译中也是一种常见现象，找到两种不同文化之间相互对应的词汇并不是一件易事，正如梁启超先生所言："翻译之事，遗辞既不易，定名尤最难。全采原音，则几同不译；易以汉语，由内容所含之意，差之毫厘则谬以千里。"[②]在古代，中国儒家文化和印度佛教文化中对人死后世界的认识和感知是不相同的。前者经过先秦、两汉时期的不断发展和完善，逐步形成了由黄泉、幽都再到蒿里和泰山的冥界思想体系，认为人死后鬼魂都将归由泰山府君管理，从而进入另一个阴曹地府世界，既通常所谓的"泰山治鬼"说。对此，魏晋时期曹丕《列夷传》、甘宝《搜神记》、刘义庆《幽明录》等当时志怪小说中都有一些相关故事表述。在中国人眼中，它完全是一个与人间世界相对应的社会，有自身管理体系，也讲人情世故，也有贪赃枉法现象。所以，由生转死，进入阴间世界是正常现象，这与古代许多民族和地区关于人进入死后世界的观念有很大不同，没有种种阻挠和苛刻的条件，显示出华夏民族在构筑死后世界方面的一种独特观念；后者受生死轮回、三世业报等思想影响，认为人死后在进入另一个世界时，他的鬼魂要接受审判，即根据其生前是否作恶或行善等行为来决定这个人的"来世"，而且无法抵赖，如《冥祥记》中关于对刘萨荷鬼魂审判的情形："有人执笔，北面而立，谓荷曰：'在襄阳时，何故杀鹿？'跪答曰：'他人射鹿，我加创耳。又不啖肉，何缘受报？'时即见襄阳杀鹿之地，草树山涧，忽然满目。所乘黑马，并皆能言。悉证荷杀鹿年月时日，荷惧然无对。"在佛教描绘的冥界中，有罪者所受种种酷刑往往令人不寒而栗，更重要的是，

①侯慧明、赵改萍《论汉魏六朝时期佛教的地狱思想》，《宗教学研究》，2008 年第 1 期，第 183 页。

②梁启超《中国佛教研究史》，上海：三联书社，1988 年，第 252 页。

信佛和不信佛在死后世界的待遇也有显著差别，如《幽明录》中说康阿得死后进入地狱，他看到“因未侍佛时的亡父、亡母、亡叔、叔母，皆著械，衣裳破坏，身体脓血。得前行，见一城，其中有卧铁床上者，烧床正炽。凡见十狱，各有楚毒。狱名‘赤沙’、‘黄沙’、‘白沙’，如此七沙。有刀山剑树，抱赤铜柱。”而此间信奉佛教的弟子待遇则大大不同，在康阿得返还的路上，他又“复见七八十梁间瓦屋，夹道种槐。名曰‘福舍’，诸佛弟子往中。福多者上升天，福少者往此舍。”[①]巴丘县巫师舒礼，死后魂灵前往泰山，路上在福舍见到“百千间屋，皆悬帘置榻，男妇异处。有念诵者、呗唱者，自然饮食，快乐不可言。”而他由于生前从事祭祀被泰山府君认为“汝佞神杀生，其罪甚重，上热熬。”随后“（舒）礼见一物，牛头人身，持铁叉，叉礼投铁床上，身体焦烂，求死不得。经累宿，备极冤楚。府君问主者，知礼寿未尽，命放归。仍诫曰：‘勿复杀生淫祀！’礼既活，不复做巫师。”[②]通过这些因果报应故事，我们可以看到，佛教徒在宣扬这些故事时，其中已经借鉴了许多中国传统冥界观念中的词汇和人物，泰山府君就是被引用最多的地狱官吏之一，他作为地狱之主阎罗王的高级助手，掌握很大权力。这种带有中土特色的描绘和表述方法也更容易被信徒所理解、接受和认同，实际上也是外来佛教地狱观念与中国传统冥界思想融合的一种具体表现。同时通过对比，我们也可以发现，印度佛教所宣扬的冥界与中国传统冥界是有一定差异的，它更会利用人们对死后未知世界的本能恐惧和神秘好奇心来强调信奉和弘扬佛法的好处，借以推动佛教传播，客观上对于人们形成扬善弃恶的世界观有一定进步和积极意义。

由此可知，地狱思想是外来印度佛教在中国传播、发展过程中新出

---

①南朝·宋刘义庆撰郑晚晴辑注《幽明录》，北京：文化艺术出版社，1988年，第171~172页。

②南朝·宋刘义庆撰郑晚晴辑注《幽明录》，北京：文化艺术出版社，1988年，第170页。

现的事物，对于地狱思想在印度的出现、形成和发展，以及它在中土佛教传播中所发挥的作用等问题，许多学者都做过详细研究。[①]南北朝时期，随着佛教广泛传播，各种相关地狱经典翻译也达到一个高潮，根据日本学者的研究成果，仅僧佑《出三藏记集》卷四《新集续撰失译杂经部》中就收录有《铁成泥梨经》等 21 种已失译的相关地狱经典。[②]正是这些有关地狱经典的盛行，并与中国固有的冥界、鬼神思想融合后，使地狱观念很快被中国信众普遍接受，在北朝末年至隋唐时期，基本形成具有中国特色的地狱思想和图像体系。

南北朝时期，虽然地狱经典已十分流行，但目前所发现的相关地狱图像却并不多见。从现存文献资料分析，南北朝前期，地狱观念对中国信众的影响主要是通过民间文学传唱方式来传播的，它一般与中国传统冥报思想相结合，通过神仙、志怪、冥报、传奇小说等形式来加以表现，内容不仅含有佛经，还杂糅有道教、中国古代神话传说等各种内容，代表性著作有王琰的《冥祥记》、刘义庆的《幽明录》、甘宝的《搜神记》、陶潜的《搜神后记》、颜之推的《冤魂志》等，主要以各种因果报应故事为主。如《冥祥记》和《冤魂志》中都记载有武昌太守张绚枉杀奴仆而遭应的记述："梁武昌太守张绚常乘船行，有　部曲，役力小不如意，绚便躬捶之。杖下臂折，无复活状，绚遂推置江中。须臾倾见此人从水而出，对绚敛曰：'罪不当

①胡文和《论地狱变相图》，《四川文物》，1988 年第 2 期；杜斗城《"地狱变相"初探》，《敦煌学辑刊》1989 年第 1 期；侯旭东《东晋南北朝佛教天堂地狱观念的传播与影响——以游冥间传闻为中心》，《佛学研究》，1999 年；韦凤娟《从"地府"到"地狱"——论魏晋南北朝鬼话中冥界观念的演变》，《文学遗产》，2007 年第 1 期；范军《中国地狱传说与佛教伦理》，《华侨大学学报》(哲学社会科学版)，2007 年第 3 期；郑文、张方《地狱观念的本土化与早期的地狱经变图》，《新疆艺术学院学报》2008 年 3 月，第 6 卷，第 1 期；侯慧明、赵改萍《论汉魏六朝时期佛教的地狱思想》，《宗教学研究》，2008 年第 1 期。

②道端良秀《中国佛教思想史の研究》，东京：平乐寺书店，1979 年，第 93~94 页。

死，官枉见杀，今来相报。'即跳入绚口。绚因得病，少日而死。"[①]到北朝中后期，开始出现表现地狱内容的冥界故事，如杨炫之《洛阳伽蓝记》卷二《城东条》就记叙有"崇真寺比丘慧嶷，死经七日还活，经阎罗王检阅，以错名放免"的事迹，[②]这些文学作品在当时社会各阶层拥有广泛市场，为佛教地狱观念传播起到重要作用。

关于地狱图像的出现，目前所见最早材料是发现于陕西富平的北魏太昌元年(532)樊奴子造像碑，原碑无存，但《关中石刻文字新编》保留有该碑录文，第三列画像一屋无四壁，古所谓堂无四壁曰"皇"是也，室中榻上坐一神人，做鞫狱状，其右题云："此是阎罗王治口"；神座之前，画二羊作跪诉状，又画一人缚于架上，一人持刀屠割之，题字云："此是屠仁(当作"人")今常(当作"偿")羊命"。又画一人缚于柱上，题字云："此是囗道大神囗罪人"。又画二人裸身荷长枷，题字云："此人是盗今囗此人加头部"。又画一神人坐胡床上，手执长戈，前画六道轮回像。"[③]大致同时期陕西耀州吴标兄弟造像碑上也出现类似内容。[④]此外，出现地狱图像较早的还有收藏于陕西耀县药王山博物馆北魏末年雷氏五十人造像碑，该碑右侧阴刻有阎罗审案图像："有一髯须戴冠的老者坐一榻上，右手伸出，持一木杖。后有一侍女为老者执华盖，前面有一吏面向老者，右手握笔，左手持薄，似在听老者命令，记录一些东西。其下方一身穿短衣男子用绳索套拉一坐地者脖颈，后者紧抱前者大腿，身后数人手持鞭子，做抽打

①《大正藏》，第53册，第871~872页。

②尚荣译注《洛阳伽蓝记》，北京：中华书局，2012年，第108页。

③毛子林辑，顾燮光校印，《关中石刻文字新编》，《石刻史料新编》(第二十二册)，卷1，台北：新文丰出版公司，1985年，第10~11页。

④StephenF.Teiser. Having Once Died and Re-turned to Life Representations of Hell in Medieval China. Havard Journal of Asiatic Studies. Vol48.2. 1988.pp439，456，460；刘淑芬《五至六世纪华北乡村的佛教信仰》，《史语所集刊》，1993年7月，第521页。

状。”[①]这块造像碑录文见马长寿先生《碑铭所见前秦至隋初的关中部族》一书，根据碑文记载，该碑系雷檷等五十人“减割家珍、专心罄口、采山买山、延聘巧匠”[②]精心制作而成，其主尊为供奉弥勒，但在碑的一侧专门表现地狱图像，表明地狱思想在当时已广为关中一带民众所接受。石窟寺中最早的地狱图像见于龙门石窟，在宾阳北洞上方一个小龛内浮雕释迦立像，两侧分别为阿难、迦叶，释迦形象与大多数同时期佛像有所区别，同时具有佛、菩萨和弟子的特征，最重要的是佛右手平举齐肩外伸，掌心向上，沿五指间阴刻五条线，每条线间均阴刻图像，从左至右依次为飞天、双手笼于胸前而立的人物、一匹奔跑的马，以及一身似裸体跪拜的人物，还有一组线内原刻内容不详。这组图像当是指代表天、人、地狱、牲畜、恶鬼等五个司命运神王，以表现五道轮回观念。[③]

早期地狱图像研究中由于存世材料过少，导致一些唐宋时期相关地狱图像被一再引用，以讹传讹。如克孜尔石窟 199 窟主室东壁的彩绘地狱图（图 3–64），[④]原绘于唐初，但其构图形式依然为陈列式，多少还带有

图 3–64　克孜尔石窟 199 窟主室东壁彩绘地狱图

①郑文、张方《地狱观念的本土化与早期的地狱经变图》，《新疆艺术学院学报》2008 年 3 月，第 6 卷第 1 期，第 15 页。

②马长寿《碑铭所见前秦至隋初的关中部族》，北京：中华书局，1985 年，第 90~91 页。

③李义生：《龙门石窟的新发现》，《文物》，1980 年第 1 期，第 2~3 页，图版 5、6。

④新疆维吾尔自治区文物管理委员会/拜城克孜尔千佛洞文管所/北京大学考古系《中国石窟·克孜尔石窟》（三），北京：文物出版社，1997 年，图版 199。

北朝地狱图像特点。而为学界所引用的新疆库姆图拉79窟正壁右侧地狱变相图(图3-65),根据相关考古调查资料,该窟实际开凿年代为公元9~10世纪,甚至晚于唐代,是一个具有典型回鹘风格的窟龛。[①]这组图像明显是受到汉地晚唐以来地狱报应思想影响绘制而成,与北朝晚期的地狱图像在构图形式上有一定相似性,体现出边疆地区地狱图像传播中的滞后性特征。在有的文章中,还把这幅图像当作陕西耀县药王山博物馆藏北魏末年雷樹等五十人造像碑中的地狱图像,[②]有误。

图3-65　库姆图拉79窟地狱变

《库木吐喇石窟内容总录》,文物出版社,2008年,第28页

上述造像碑中所发现的地狱图像相对比较零乱,内容也带有明显选择性,其时代和分布地域多在北魏中晚期关中、长安、华北一带的乡村地区,这种现象非常符合当时民间佛教传播的特点,可以说与当时南北朝流行的志怪、神异小说中有关佛教因果报应故事内容有异曲同工之妙。综合地狱思想在当时洛阳地区传播情况, 这类图像的出现并非偶然,如前文所举的崇真寺比丘惠凝死后七日还回,经阎罗王检阅,以错名放免的神异故事。[③]而《续高僧传》中关于北周静蔼由一介儒生转而信奉佛教

①新疆龟兹石窟艺术研究所编《库木吐喇石窟内容总录》,北京:文物出版社,2008年,第28页。

②郑文、张方《地狱观念的本土化与早期的地狱经变图》,《新疆艺术学院学报》2008年3月,第6卷第1期,第15页,图5。该图版在张金东《论阎罗形象的本土化历程》(扬州大学2010级硕士论文)中亦被误认为是雷氏造像碑图版内容。

③尚荣译注《洛阳伽蓝记》,北京:中华书局,2012年,第108页。

的关键正是由于他在游观寺院的地狱变相壁画之后做出的。[①]由此，我们也可想象当僧人在乡间对那些皆不识字或识字不多的乡村居民传道布教时，若伴以生动的地狱图像来讲解生死轮回的报应观念，必能收到很好效果，可见地狱思想在当时已是深入人心。

但总的看来，北朝晚期尚未发现有完整反映地狱变图像的造像碑、寺院壁画或石窟寺壁画。隋唐以后大量有关地狱图像才成为当时石窟和寺院壁画的主要题材，这种现象并不偶然。事实上，它反映出当时佛教信徒对地狱观念的认同和感知带有很强的选择性和现实目的性，而没有系统地将其作为一个完整的经变图像体系来看待，类似情形大致也见于同时期其他经变图像的形成过程之中，充分反映出外来佛教艺术在与中国传统文化融合进程中的碰撞与冲突。大约在北魏末年至西魏初期，这种情况有了显著改善，绘于麦积山 127 窟西魏时期的地狱变相则是这种变化数不多的实物例证之一，无论从构图形式，还是图像内容都远远超过了北魏晚期关中、华北地区出现的地狱图像。

麦积山 127 窟地狱变在中国地狱图像形成和发展历史中带有鲜明的承前启后特征，与北魏晚期地狱图像相比，其构图形式和情节已带有明确按经典内容绘制的特征。整个前壁下方甬门两侧构成一幅完整的地狱变相，从左向右展开，甬门左侧壁画主要表现十善和阎罗殿对答，右壁表现因生前行十恶而入地狱受刑图。左壁整幅画面由两个部分组成，一部分是行善者死后飞天、罗汉迎请往生西方极乐世界，或被军礼迎请至阎罗殿审验；另一部分则集中表现阎罗王在殿内对亡者生前善恶之事进行校审场景。

---

①《续高僧传》卷 23 载：释静蔼，姓郑氏，荥阳人也……甫为书生，博志经史。诸郑魁岸者咸皆异之，谓兴吾宗党其此儿矣。与同伍游寺，观地狱图变，顾诸生曰："异哉。审业理之必然，谁有免于斯酷者？"便强违切谏，二亲不能夺志，郑宗固留，蔼决烈爱缚，情分若石，遂独住百官寺，依和禅师而出家。（《大正藏》，第 50 册，第 626 页。）

在整个迎请画面中，带有浓郁的中国传统丧葬文化色彩，两处院落屋顶均绘有死者家人手持死者衣服招魂情景，它表现的是中国古代丧礼中“复”这一概念：《礼记·檀弓下》载“复，尽爱之道也，望返诸幽，求诸鬼神之道也。”就是生者希望死去的亲人能够在鬼神帮助下，死而复生。[①]具体仪式则表现为复者——通常是死者的一位家属，带上死者的一套衣服，从东面屋檐爬上屋顶，面朝北方，一面挥舞死者衣服，一面呼唤死者名字，重复三声后，复者抛下衣服，地面有人接住，并将衣服覆盖到死者身上，随后，复者从西边屋檐下来，复礼就此结束，被称之为“复”。[②]右侧所绘四周带围墙，正殿位于高台之上的一组建筑，所反映内容与中国故有阴曹地府观念以及佛教阎罗王思想都有着一定关系。

先秦时期人们认为死后世界为黄泉或幽都。[③]秦汉以来，随着魂魄二元框架概念的形成，当时人们认为人死后魂归泰山，魄归于蒿里或梁父，从而进一步形成了泰山治鬼说法，既泰山成为冥界最高官府所在地，由泰山府君管辖。[④]这一思想也被魏晋时期人们所继承，如曹丕《列异传》、干宝《搜神记》、刘义庆《幽明录》等作品中均有类似故事内容。在中国古代阴曹地府观念中，冥界官员往往也由现实社会中死去的人来担任。所以，无论它的建筑样式，还是管理模式，与现实社会中的官署没有什么本质区别，有秉公办事，也有贪赃枉法，这点和佛教地狱思想有很大不同，与死者生前善恶行为没有太大关系。因此，在当时鬼怪小说中，由于错点

---

①徐吉军《中国丧葬史》南昌：江西高校出版社，1998年，第118页。

②余英时著侯旭东等译《东汉生死观》，上海：上海古籍出版社，2005年，第131页。

③《左传·隐公元年》：“遂寘姜氏于城颍，而誓之曰：‘不及黄泉，不相见也。’既而悔之。”（王守谦、金秀珍、王凤春译注《左传全译》（上），贵阳：贵州人民出版社，1990年，第5页。）；屈原《招魂》：“魂兮归来，君无下此幽都些。土伯九约，其角觺觺些。”

④韦凤娟《从地府到地狱——论魏晋南北朝时期鬼话中冥界观念的转变》，《文学遗产》，2007年第1期，第17页。

名录而误入地府死而复生的例子很多,如《幽名录》王志条载,世居钱塘的琅琊人王志妻子早亡,独自抚养两个孩子。后来王志暴死后来到地府,他看到的官署为“朱门白壁,状如宫殿。吏朱衣素带,玄冠介帻……悉珠玉相连接,非世间仪服。”由于惦念两个年幼的孩子,故王志请求泰山府君许他还阳,以照顾孩子。后者被他的恳请所打动,又给了他三十年阳寿。[①]同样，由于当时佛教传入,《幽明录》中也记录有不少反映因果报应、三世轮回的故事。如石长乐、舒礼、赵泰等条均专门讲死后地狱中见闻故事。生平信佛的石长乐死后前往地府,有两人专门在荆棘丛生的路上为其开道,旁观者叹道:“佛弟子独乐,得行大道中!”后经录者校审,石长乐尚有四十余年阳寿,遂安排车骑、吏属送其回到世间。他路上所见地府建筑样式为“七八十梁瓦屋,中有阁十余梁,上有窗向。”[②]可见这些故事中的阴曹地府建筑与世间并没有任何显著区别,127 窟地狱变所绘阎罗殿也正是这种时代背景下的产物,具体情节尽管已模糊不清,但通过上述相关志怪小说的描述,可知其主要情节表现的是阴曹府君及其主者审校死者场面,而这位主者就是我们通常意义上所认定的佛教中的阎罗王。

关于阎罗王及其所在宫殿，南北朝汉译佛典已有记述,《长阿含经》中称:“阎浮提南大金刚山内,有阎罗王宫。王所治处纵广六千由旬,其城七重,七重栏楯,七重罗纲,七重行树,乃至无数众鸟相和悲鸣,亦复如是。然彼阎罗王昼夜三时,有大铜镬自然在前,若镬出宫内,王见畏怖,舍出宫外。若镬出宫外,王见畏怖,舍入宫内。有大狱卒,捉阎罗王卧热铁上,以铁钩擗口使开,洋铜灌之,烧其唇舌,从咽至腹,通彻下过,无不焦烂,受罪讫已,复与诸婇女共相娱乐。彼诸大臣同受福者,亦复如是。佛告

①刘义庆著,郑晚晴辑注《幽明录》,北京:文化艺术出版社,1988 年,第 137~138 页。
②刘义庆著,郑晚晴辑注《幽明录》,北京:文化艺术出版社,1988 年,第 172~173 页。

比丘:有三使者,云何为三,一者老、二者病、三者死。有众生身行恶,口言恶,心念恶,身坏命终,堕地狱中,狱卒将此罪人诣阎罗王所。"[①]《大楼炭经·泥犁品》中也有类似描述:"佛言,大铁围山外,阎浮利天下南,有阎罗王城。纵广二十四万里,以七宝作七重壁。七重栏楯,七重刀分,七重行树。园观浴池,周匝围绕。金壁银门,银壁金门……有种种树叶花宝,出种种香,种种飞鸟,相和而鸣。佛言,人身行恶口言恶心念恶,死后堕此阎罗王泥犁中者。泥犁旁便反缚罪人,以见阎罗王白王言,此诸人悉不孝于父母,不承事沙门道人,不畏后世禁忌,愿王随所知而罚之。"[②]从这两部经典中可以得到两个信息,一是佛经对阎罗王宫殿的文字描述与极乐世界中的殿宇几乎没有差别,具体内容上却比较空泛,大同小异,某种意义上体现出佛家平等精神。二是缺乏对阎罗王本身形象的具体描绘,而且他本人也由于前世罪孽,每天三更要受铜镬之刑,与其他受刑者本质上没有差别,大大强化了佛教世界众生平等理念,起到时时告诫信徒行善守戒的作用。随着佛教地狱观念的传播,阎罗王及其宫殿也被佛教信徒按中国人的想象方式进行了改造和创作。在南北朝人们心目中,它和当时官署没有差别,就是其翻版,而没有采用佛经中所描绘的那种富丽堂皇的阎罗王宫。对于阎罗王形象处理也采取了一种模糊化技法,如当时鬼怪小说中多称其为主者,故事中常见主角则是中国人普遍认同的泰山府君。前面所述北魏末年樊奴子造像碑和雷氏造像碑中的阎罗王也表现为一个年长位尊的老者,而非中国传统意义上的帝王形象。这种现象一方面印证了佛经中最初的阎罗王本身就没有具体的图像特征;另一方面也体现出佛教地狱思想核心在于通过极力宣扬地狱刑罚之残酷, 来劝诫人们孝顺父母、礼敬帝王、承事沙门、遵守戒律等等,正如《铁城泥犁经》所言:

---

①《大正藏》,第1册,第126页。

②《大正藏》,第1册,第287页。

阎罗闻之即问泥犁旁,是何等声?旁即言:是呼声者,是前过泥犁中者。阎罗言:是皆不孝父母、不畏天、不畏帝王、不承事沙门道人、不畏禁戒者。阎罗即复呼人前,对言:若非恐阎罗言,今汝解脱去,当复为人作子者,当孝顺事长年,当畏帝王禁戒,当承事沙门道人。端心、端口、端身。人生在世间时,罪过小且轻,死在地下泥犁大且重。得沙门道人,当承事其道,当得阿罗汉者。①

127 窟地狱变完美地体现出这一特点。从北魏末期关中、长安一带专门表现因果报应、六道轮回的初期地狱图像中摆脱出来,以弘扬相关地狱经典思想为核心,在充分融合中国传统丧葬文化内涵的基础之上,比较完整地展现出死者因生前善恶之行或升天堂或经阎罗王审校打入地狱受苦的全部过程,而且重点放在了地狱受刑的表现上,相关内容整整占了半幅墙壁。右壁画面被斜向锯齿状线条分割为 21 个单元格,正中 15 个单元格内容完整。对此,有学者认为根据两晋南北朝时期所译《佛说罪福报应经》《大楼炭经》及《长阿含经》相关章节表现的是十四地狱。②这种说法有一定道理,因为在地狱图像形成初期,其内容往往表现出多种相关经典思想。只是十四地狱的提法与当时诸经典中所言的四大地狱、八大地狱、十大地狱、十六地狱、十八地狱等均有一定出入,且与中国人传统数字观念也不相符。作者主要是根据 127 窟构图形式及内容、发展情节等进行的客观推测。实际上 127 窟地狱受刑场面是对东晋人昙无兰在《铁城泥犁经》中所述内容的一种图像表现,该经在叙述了阎罗王对亡

①《大正藏》,第 1 册,第 828 页。

②唐冲《浅议麦积山石窟的地狱变相》,《敦煌研究》,2003 年第 6 期,第 67~68 页。

者五问后转称：

汝身所作自当得之，对已毕。泥犁旁即牵持去。将诣一铁城。是第一泥犁阿鼻摩。……中有大釜长四十里，泥犁旁叉刺人而内之，如是无央数中皆有火，人遥见之皆恐怖战栗。……久久四门复开，人得出，自以为得脱。复入第二鸠延泥犁中，人足著地者即焦，举足肉复生。有东走者、西走者、南走者、北走者，周匝地大热，数千万岁乃竟，自以为得脱。复入第三弥离摩得泥犁中。……复入第四邹罗多泥犁中，其中有山，石利如刀，人皆走上其巅……足皆截剥，地石皆如利刀。……复入第五阿夷波多桓泥犁中，其中有热风，相逢避之不能得脱。……复入第六阿喻操波泥桓泥犁中，多树木皆有刺，树间有鬼，人入其中者，鬼头上出火口中出火。……复入第七槃蓰务泥犁中，其中有虫，虫名鹑。……诸泥犁中人皆复得出自以为得脱，复入第八堕檀罗泥渝泥犁中，其中有流水人皆堕水中，水边有刺棘，水热过于世间汤镬。走欲上岸边，有鬼持逆刺人腹内其中，不能得出入皆随水下流，复有鬼激如钩取。……反入第七泥犁，鬼逆问汝去，何以复还入第五，复还入第四，从第四复还入第三，复还入第二，复还入第一阿鼻摩泥犁。……阎罗言：是皆不孝父母、不畏天、不畏帝王。不承事沙门道人，不畏禁戒者。人生在世间时，罪过小且轻。死在地下泥犁，大且重。得沙门道人，当承事其道，当得阿罗汉者。诸泥犁道皆为闭塞，一对皆毕，诸泥犁中人皆得出。[①]

从上述经文中可知，生前作恶者在泥犁地狱中受苦是一个诸层体

①《大正藏》，第1册，第828~829页。

验、反反复复的过程，这样才会在信徒心中产生震撼和畏惧。127 窟地狱图正是这种情形的表现，每格中图像内容不是十分复杂，简单明了，并辅助于榜题文字说明，集合当时许多当时相关地狱经典内容，将死者生前恶行和死后所受诸苦一一对应起来。由此可知，该图反映的是南北时期盛行的八大地狱思想，在表现技法上也以横列陈述式展开，并非诸一对应经文，因此称其系十四地狱是有待商榷的。

关于地狱中受刑场景由于烟熏、刻画、脱落等原因多数已模糊不清，内容不详。从残存画面分析，与唐宋以后地狱图像内容相比，情节相对简单，多数由 1~2 个鬼卒、刑具和少量受刑者组成，画师为使观者明白其所代表含义，在作品完成时还特意加注相应的墨书榜题。从内容上看，包括刀山、截臂、炭火、铁床、粪秽、铁磨、寒冰等地狱，所蕴含的意义更为明确，较之北魏晚期地狱图像中以因果报应为主题的地狱图像更具有说服力。这些地狱图像除体现了上述《佛说罪福报应经》、《大楼炭经》、《长阿含经》中相关内容外，在一定程度上还有意渲染地狱的阴森、恐怖。正如《冥祥记》中程道慧所见的"城皆是地狱，人众巨亿，悉受罪报，见有掣狗，啮人百节，肌肉散落，流血蔽地。又有群鸟，其喙如锋，飞来甚速，欻然而至，入人口中，表里贯洞。其人宛转呼号，筋骨碎落。"[①]画面中所采用的斜向田格状处理方式，目的不仅在于对具体地狱内容进行描绘，应该还有将地狱看作是一个整体，既有城堡的意味。某种程度上也体现了《观佛三昧海经》中描绘的阿鼻地狱场景：

地狱纵广正等八万由旬，七重铁城，下十八鬲，四面剑林亦十八行。东方复有十八小地狱，以为围绕。南方十八鬲以为围绕。西方十八鬲以为围绕。北方十八鬲以为围绕。地下自然有

①《大正藏》，第 53 册，第 709 页。

炽猛火,烧燃铁城铁网俱炽,一切热焰周迴还旋。……若有众生犯五逆者,身满其中受如此苦,昼夜不息间无空缺。……罗刹狱卒以热铁叉逆刺其眼睛。……刀轮上刺直徹心髓,驶疾如风。各以铁叉叉罪人腰,直上而走。……自忆前世百生、千生、百千万生所作诸罪。①

这种以地狱场景为主的图像表达方式一方面准确体现出相关地狱经典所宣讲的要义,另一方面也成功地糅合了中国传统冥界思想图像因素,为我们探索和研究中国地狱图像形成和发展历史进程提供了重要线索,具有无可比拟的研究价值。

关于127窟前壁上方的七佛图像与下方甬门两侧所绘的地狱变之间的关系,张宝玺先生曾做过专门研究,他通过释读东汉《受十善戒经》中相关内容,认为前壁绘画为一铺完整的十善十恶图。②笔者认为尚有商榷之处:

首先,从画面上看,七佛图下方被一条宽约25厘米的连续的卷草纹装饰带与下部的地狱变分隔开来,两者之间谈不上是一幅完整画面。127窟前壁上部本身是一幅单独反映七佛说法的经变画,下部亦是一铺以宣扬十善业为中心的地狱变。

其次,开窟者将两幅经变画刻意安排在一起是有其考虑的,表明两者之间确有一定关系。东晋僧伽提婆译《增壹阿含经·十不善品》中释迦牟尼与阿难关于持戒问题的讨论中,首先阐明了犯杀生、贪逸、妄语、嫉妒等戒律来世将会沦入地狱、恶鬼、畜生等三道。随后,在他与阿难、大目

---

①《大正藏》,第15册,第652页。

②张宝玺《麦积山石窟壁画叙要》,《中国石窟·天水麦积山》,北京:文物出版社,1998年,第196–198页。

干连等弟子的对话中,引用过去七佛众生世界中清净无瑕秽的事迹来说明持戒遵律的重要性和必然性,以劝诫众弟子远离十恶道,提高自己的修行,早成正果。[①]东汉《受十善戒经·十恶业品》中称:

……尔时应教,优婆塞某甲,优婆夷某甲,汝今应当一心数息系念在前。过去七佛,现在释迦牟尼尊佛,及弥勒等未来诸佛,教念佛已应作是言。七佛僧听,释迦牟尼诸佛僧听,……持此受斋功德,不堕地狱、不堕饿鬼、不堕畜生、不堕阿修罗。常生人中正见出家得涅槃道,若生天上恒生梵天,……佛告舍利弗:若有受持此十善戒,破十恶业,上生天上为梵天王,下生世间作转轮王。十善教化,永与地狱三恶道别,譬如流水至涅槃海,若有毁犯十善戒者,堕大地狱,经无量世受诸苦恼……[②]

南北朝时期,也有关于七佛出世救度堕入地狱众生的经典流传,如刘宋·法天译《佛说七佛经》称:"……有大国王名满度摩,彼王妃后名满度摩帝。尔时,毗婆尸佛从兜率天降下阎浮,入于母腹住胎藏中,放大光明照诸世间无有幽暗,而诸恶趣一切地狱,日月威光亦不能照,佛光所及,忽得大明……"[③]上述所引几部经典中,均对七佛在引导众生修行十善、远离十恶道,以避免堕入地狱等三恶道而受诸刑等思想进行了弘扬,将七佛与地狱变紧密结合起来,而 127 窟前壁这两幅图画被安排在一起,正是开窟者所想追求和表达的愿望,它对于劝导信徒行善弃恶,提高个人品德和修行具有积极而进步的社会意义。

---

①《大正藏》,第 2 册,第 786~787 页。

②《大正藏》,第 24 册,第 1023~1029 页。

③《大正藏》,第 1 册,第 152 页。

(7)顶部萨埵太子本生图像的分析与研究

127窟顶部左、右两披分别表现了萨埵太子本生的两个重要情节：舍身饲虎和回宫报信。正披内容由于残损成数块而不完整，从现存画面情况看，整体上以带有叙事性的车马人物出行图为主，董玉祥先生认为是穆天子拜会西王母。[①]该幅壁画临摹者唐冲先生经过长期观察和研究，并从佛教典籍考释、绘画技法和风格，题材和内容等方面认真比较分析，得出它是萨埵太子本生故事一部分的结论。[②]笔者赞同后一种说法。关于正披壁画上、下两侧已脱落的内容，从现存壁画分析，多数当为山石草木或飞禽走兽，当然也不排除有其他内容的可能性，如起塔供养等。总之，正披壁画在形式上表现的是闻信后的国王带人前往太子饲虎地点这一情节。

舍身饲虎是佛教传入中国内地后被广泛传播的本生故事之一。本生指释迦成道以前，以各种不同身份行菩萨的行为和德业。对此，佛经中多有提及，如《大般涅槃经》称："何等名为阇陀伽经？如佛世尊本为菩萨修诸苦行。所谓比丘当知：我于过去作鹿、作罴、作獐、作兔、作粟散王、转轮圣王、龙、金翅鸟，诸如是等行菩萨道时所可受身，是名阇陀伽"[③]。《瑜珈师地论》称："云何本生？谓于中宣说世尊在过去世彼彼方分，若死若生行菩萨，行难行行，是名本生。"[④]《修行本起经》中对这种累世修行的意义及功能也有详细说明："佛言：'宿命无数劫时，本为凡人。初求佛道以来，精神受形，周遍五道，一身死坏，复受一身，生死无量……所以感伤世间贪意……自勉而特出。是以世世勤苦，不以为劳。虚心乐静，无为无欲。损

①董玉祥《麦积山等石窟的壁画艺术》，《中国美术全集·绘画编17·麦积山石窟壁画》，北京：人民美术出版社，1987年，第198~201页。

②唐冲《麦积山127窟正壁斜披壁画略论》，《丝绸之路·学术专辑》1998年，第65页。

③《大正藏》，第12册，第694页。

④《大正藏》，第30册，第419页。

己布施，至诚守戒。……仁活天下，悲穷伤厄。慰沃忧戚，育养众生。救济苦人，承事诸佛。别觉真人，功勋累积，不可得记’。”[①]这类经书通过不同故事，借褒扬佛前世功德，阐述大乘佛教普度众生的基本思想，以此规劝信众修持大乘菩萨行，广行善事，多积功德，以慈悲喜舍之心，度一切众生。每则故事主人公又几乎都在经文最后指明是“即我身是”，即主人公是释迦佛的前世。佛正是通过这样一些故事，启示佛弟子及信众，以我为榜样，勤求善法，广积功德，饶益众生。[②]据巴利文佛经记载，佛教本生故事大约540多种，舍身类本生故事占有相当比例，其中许多我们耳熟能详，如月光王施头、快目王施眼、须大拏施象、尸毗王割肉贸鸽、毗椤竭梨王身钉千钉等。但是，对中土影响最大的当属摩诃萨埵舍身饲虎和睒子本生。有意思的是，这两个本生故事均出现在麦积山127窟，且占据着窟内顶部四披，对其所蕴含的意义我们将分别加以分析和探讨。

根据研究成果，萨埵太子舍身饲虎并不见于印度佛经早期所描述的本生故事中，应该是大乘佛教形成以后，佛教徒们认为原来的割肉、剜眼、施头等不足以彰显佛陀伟大的舍身精神，为激起信徒的崇敬和仰慕而创作出来的故事。[③]从早期佛教图像来看，关于舍身饲虎的内容也仅发现有一例，[④]在中国僧人西行相关史料记载中则零星有所反映，如《洛阳伽蓝记》卷五北魏末年宋云西行日记中载：“十二月初入乌场国（今巴基斯坦斯瓦特河谷一带），北接葱岭，南连天竺。土气和暖，地方数千，民物殷阜，匹临淄之神州。原田膴膴，等咸阳之上土。鞞罗施儿之所，萨埵投身

①《大正藏》，第3册，第462页。

②李富华《“佛说睒子经”导读—佛书中的‘孝经’》，《佛教文化》，1997年第1期，第14~16页。

③郭良鋆《“投身饲虎”本生梵汉比照》，《南亚研究》，2002年第1期，第65~67、84页。

④高田修《敦煌故事画与敦煌壁画——专论敦煌前期的本缘故事画》，敦煌文物研究所编著《中国石窟·敦煌莫高窟》（二），北京：文物出版社，1984年，第205页。

之地。临俗虽远，土风犹存。国王精食菜食长斋。晨夜礼佛。"[①]唐代西行僧人关于舍身饲虎圣迹的记载更加丰富，如《大唐西域记》卷三载"从此复还呾叉始罗国(印度西北部小国)北界渡信度河，南东行二百余里度大石门，昔摩诃萨埵王子，……其南百四五十步有石窣堵波，摩诃萨埵悯饿兽之无力也，行至此地乾竹自刺以血啖之，于是乎兽乃噉焉。其中地土洎诸草木，微带绛色犹血染也，人履其地若负芒刺，无云疑信，莫不悲怆。"[②]类似记载也见于道宣《释迦方志·遗迹篇第四》，其内容可能也是来自玄奘游记。从上述记载中可以看出，舍身饲虎故事大概产生于今天印度西北部和巴基斯坦交界的犍陀罗一带，至少从北魏末年到唐初相关佛陀舍身饲虎事迹在当地仍然流传，有利推动了其在中国境内的传播。

关于萨埵太子舍身饲虎经典汉译本主要有东晋失译《佛说菩萨本生经》、北凉·昙无谶译《金光明经》、北凉·法盛《佛说菩萨投身饲饿虎起塔因缘经》、北魏·慧觉译《贤愚经》、萧梁·僧旻《经律异相》以及北宋·绍德、慧询共译《菩萨本生鬘论》等，这几部经书中都有关于舍身饲虎本生故事。但在具体内容和侧重点上各有不同，《佛说菩萨投身饲饿虎起塔因缘经》主要强调起塔供养这一情节，《佛说菩萨本生经》则简单记述为"佛言：我为尸毗王时，为一鸽故割其身肉，兴立誓愿除去一切众生危险。摩诃萨埵太子时，为饿虎故放舍身命。"[③]真正涉及故事主要内容的只有《金光明经》、《贤愚经》和《经律异相》，而且这三部经典中关于萨埵太子饲虎的情节、内容、背景资料等方面也不尽相同。《金光明经·舍身品第十七》中称国王摩诃罗陀的三个王子在林中游玩，遇到只奄奄一息的母虎，周围七只小虎嗷嗷待哺。此时，小王子为证成无上法身，决心以身饲虎，

---

①《大正藏》，第51册，第1020页。

②《大正藏》，第51册，第886页。

③《大正藏》，第3册，第119页。

他在支走两位兄长后。又回到老虎所在之地，将衣服脱下挂在竹枝上，爬到高山上，用竹子刺破颈部，然后纵身跳下悬崖，坠至虎旁，以身饲虎。待两位王子回到现场，看到此景后忙回宫报信，而此时睡眠中的王妃梦到双乳被割、牙齿脱落，又梦见三只雏鸽中最小的一只被鹰所食，惊恐不已。此时，侍者已知噩耗，遂将此情形告诉王后，王妃赶忙转告国王，眷属、大臣、国民等无不悲号泣哭。国王遂乘象车率众奔向舍身之处，途中遇到两位王子，父子相抱痛哭，他们一同返回宫殿，国王命两位王子去安慰母亲。随后，国王夫妇将服饰、璎珞等散给大众，在竹林中收集起三太子的舍利，并建七宝塔供养。此时，佛向阿难讲述了故事对应的人物。而佛由于因缘故，使神力使七宝塔隐藏不现。[①]《经律异相·萨埵王子舍身六》转引自《金光明经》，故内容基本相同。[②]

《贤愚经·摩诃萨埵以身饲虎品第二》则与这两部佛典略有出入，经中称三位王子与国王夫妇、群臣等一起外出游玩，途中休息时候，三位王子到密林中玩耍，看到一只母虎和两只幼虎卧在地上，因饥饿所迫，母虎欲食幼子，小王子决心舍身饲虎，他和两位兄长一起离开后不久，既找借口回到饥饿的母虎处，用锐木刺开血管，让母虎添食他的鲜血，并进而被恢复了体力的母虎所噬。他的两位兄长感觉不对返回原地时，仅残留有血迹和尸骸。两人顿时昏厥过去，此时休憩中的王后梦到饿鹰在追食林中的三只鸽子，其中最小的鸽子最终被鹰扑食。惊醒的王后忙命人去找三位太子，不一会，苏醒过来的两位王子向父母讲述了弟弟舍身饲虎的情形，他们忙赶到现场，看到惨状后昏厥了许久才醒过来。此时，已生住兜率天的摩诃萨埵空中现身，向父母讲述了摆脱生死轮回，往生佛国的修行之道，初悟后的国王夫妇遂将太子遗骸用七宝函收藏，并起塔供养。

①具体经文内容参见《大正藏》，第 16 册，第 354~357 页。

②具体经文内容参见《大正藏》，第 53 册，第 176~177 页。

最后，佛向阿难讲述了故事对应的人物。[①]

唐·义净《金光明最胜王经·舍身品第二十六》[②]记述与《贤愚经》基本相同，内容又略有变化，如称国王为大车，虎也变为产七子，末尾的供养宝塔也被佛以神力没入地。显然是综合《金光明经》和《贤愚经》相关内容的结果。撰于这一时期的《要行舍身经》称"于空王佛时，以悟空理即萨埵王子，施身饿虎饲于七子。"[③]仍然汲取了此前虎有七子的说法。宋代《菩萨本生鬘论·投身饲虎缘》也基本采纳了《金光明经》和《经律异相》中舍身饲虎的内容，并进行了改造，去掉了末尾佛所言的本生中人物对应情节。[④]

通过以上主要记载有摩诃萨埵舍身饲虎的经文来看，其内容基本相同，但具体细节上还是有所不同，《金光明经》、《经律异相》均称是三位太子外出游玩遇饿虎，且虎产七子。摩诃萨埵是在支走两位兄长后，自己脱下衣服，悬于竹林。然后爬上悬崖，以竹刺颈后投崖饲虎。他的母亲有感而做噩梦，在得知噩耗后遂与国王一起外出探寻并途遇两位太子，在返回王宫后，国王夫妇散去财物，前往摩诃萨埵饲虎处，收拾遗骸并起塔供养，但塔被佛陀以神力隐而不现；《贤愚经》则称三位太子与国王夫妇等一起出行，中途脱离队伍玩耍而遇饿虎，且虎仅有二子，摩诃萨埵饲虎的过程也和前者记述不同，系亲自走到饿虎身边，以利木刺开血管，让饿虎添食鲜血，进而被吞食。此后情节基本相同，但没有关于王宫的描述，起塔供养成为整个故事的结尾。可见其是不同版本的产物，对中国新疆和内地影响也不尽相同，特别是在石窟壁画内容表现形式上，这一点后面还要具体论述。

---

①具体经文内容参见《大正藏》，第4册，第353页。

②具体经文内容参见《大正藏》，第16册，第451~454页。

③《大正藏》，第85册，第1416页。

④具体经文内容参见《大正藏》，第3册，第333页。

在中国境内，舍身饲虎思想的传播显然经历了一个从西到东的过程，据现有材料，最早的舍身饲虎图像材料见于新疆地区，其中以克孜尔石窟居多，第 17、38、47、69、114 等窟龛主室券顶两侧壁或后室壁面均绘有摩诃萨埵舍身饲虎本生画。[①]形式基本相同，与其他众多本生故事一样，分别绘制于壁面上整齐排列的菱形方格内，由于空间狭小，内容也是简明扼要：四周为起伏的群山，画面上方绘摩诃萨埵从悬崖上纵身下跃，主体部分为摩诃萨埵仰卧于地，一大二小三只老虎正在啖食太子（图3-66）。类似的舍身饲虎场景也见于库木吐喇石窟第 63 窟，[②]森木赛姆千佛洞第 43 窟，[③]克孜尔尕哈石窟第 11、14、16、23、31 等窟。[④]

图 3-66　克孜尔 38 窟萨埵那本生
采自《中国石窟·克孜尔石窟》（一），北京：文物出版社，1989 年，图版 116

①新疆维吾尔自治区文物管理委员会、拜城克孜尔千佛洞文保所、北京大学考古系《中国石窟·克孜尔石窟》（一），北京：文物出版社，1989 年，图版 116、151；《中国石窟·克孜尔石窟》（二），北京：文物出版社，1996 年，图版 146。以及马世长《克孜尔中心柱窟主室券顶与后室的壁画》，《中国石窟·克孜尔石窟》（二），北京：文物出版社，1996 年，第 174~226 页。

②新疆维吾尔自治区文物管理委员会、库车县文物保管所、北京大学考古系《中国石窟·库木图拉石窟》，北京：文物出版社，1992 年，图版 145。

③朱英荣《龟兹石窟研究》，乌鲁木齐：新疆美术摄影出版社，1993 年，第 114 页。

④丁明夷《记两处典型的石窟——森木赛姆与克孜尔尕哈石窟》，张国领、裴孝曾主编《龟兹文化研究》（三），乌鲁木齐：新疆人民出版社，2006 年，第 714~716 页。

河西一带北朝时期舍身饲虎图像主要出现在敦煌莫高窟，其内容和图像形式远比新疆地区丰富，场面也更加宏大，代表性作品如北魏254窟南壁后侧中层的萨埵太子本生图（图3-67），由遇虎、投崖、饲虎、父母

图3-67　敦煌北魏254窟萨埵那本生
采自《敦煌莫高窟》（第一卷）文物出版社，1981年，图版36

抱尸痛哭、起塔供养等五个主要情节组成。画面布局紧凑、环环相扣，气氛紧张热烈，比较完整地表现出经文要义。稍后北周428窟东壁南侧也保存有一幅萨埵太子本生图，画面分为上、中、下三组条幅，以平面陈述式按右至左展开，上下画面之间以“S”形连接，生动、完整地描绘《金光明经》中摩诃萨埵舍身饲虎的全部情节，堪称一幅完美连环画。另外，北周299窟顶部西披、[①]301窟顶部南披和东披[②]等也绘有类似题材，它们与麦

①相关图像分别见敦煌文物研究所编著《中国石窟·敦煌莫高窟》（一），北京：文物出版社，1981年，图版36、37、168、169、197。

②敦煌文物研究所编著《中国石窟·敦煌莫高窟》（二），北京：文物出版社，1984年，图版2、4。

积山127窟萨埵本生壁画有异曲同工之妙，体现出两地之间的紧密关系。隋代莫高窟壁画中也多有此类题材出现，如419窟人字顶东披，302、417窟人字顶西披等均绘有带有连环画性质的萨埵太子本生。[①]除敦煌以外，这一地区的酒泉文殊山万佛洞西壁、北壁保存的本生故事画中也包括尸毗王割肉贸鸽、摩诃萨埵舍身饲虎等内容。[②]进入中原北方地区以后，北魏中后期开凿的许多石窟寺中都保存有类似题材。如云冈第7窟主室西壁下层尖拱龛左端残存有一组浮雕，延续折向北壁，构成一幅完整的故事画，具体内容已模糊不清，有学者经辨识后，认为是"摩诃萨埵舍身饲虎"，[③]这也是云冈石窟此类题材仅存的一例。洛阳北魏中后期开凿的宾阳中洞前壁北侧也残存有一幅浮雕的舍身饲虎图，现仅可见内侧部分，表现的是层叠起伏的山峦，其间植有成组的乔木，以示密林，外侧可见一虎蹲卧姿，周围环绕有数只幼虎，摩诃萨埵饲虎情节已模糊不清。[④]

北魏中期，陇东南一带大型石窟寺中萨埵本生题材也比较流行，如泾川南石窟第1窟为覆斗顶，东、北、西三披浮雕有各种佛传故事，南披则浮雕有一组本生故事，由于风化严重，大部分已辨识不清，其中一幅尚能辨识三人出游的场景，应该表现的是舍身饲虎。[⑤]相比之下，地理位置与其呼应的庆阳北石窟165窟顶部西披则保存有一幅比较完整的摩诃萨埵本生，浮雕画面位于西披下层，以平面陈列式展开，共计有五组图案。第一组表现的是宫殿之内，一人半卧，二人坐于其后，另一殿内二人

①高田修《佛教故事画与敦煌壁画》，《中国石窟·敦煌莫高窟》(二)，北京：文物出版社，1984年，第200~208页，图版83、85、10、33。

②甘肃省文物考古研究所《河西石窟》，北京：文物出版社，1987年，第12页。

③赵昆雨《云冈本缘故事雕刻内容及其特征》，《敦煌研究》，2004年第2期，第38~46页。

④龙门文物保管所、北京大学考古系编《中国石窟·龙门石窟》(一)，北京：文物出版社，1991年，图版23。

⑤暨远志《泾州地区北朝石窟分期试论》，《考古与文物》，2009年第6期，第40页。

并坐,殿外一人拱手而立。第二组描绘的一贵族装束的人仰倒在地,两名侍者正在劝慰。第三组中,一群人并排站立,似在送行。第四组表现群山之中,一人倒地,旁边一虎正扑向他,旁边几只幼虎四处张望。第五组内容描绘群山中一名僧侣正在修行。①

这一时期单体造像碑中,也保存有一些反映摩诃萨埵本生浮雕作品,如日本藤井有邻馆收藏的北魏太安元年(455)张永造石佛坐像背面,刻有四排浮雕,最下排为舍身饲虎,画面中间二人并立,戴幞头,穿紧身袍服,双手合十上举,各捧一物,可能系表现国王夫妇,左侧浮雕群山,太子头朝下做坠崖状。右侧萨埵太子仰面而卧,双腿伸直,双手并拢,四周环绕八只老虎,正在噉食尸骸。②美国陈敬哲收藏的北魏延兴二年(472)交脚弥勒造像碑背面刻有三排浮雕,中间部分为舍身饲虎,画面左侧内容模糊不清,隐约可辨为群山起伏,中间似有一人头向下做投崖状,右侧萨埵太子仰面横卧,四周有七只饿虎正在吞食尸体。西魏时期造像碑中也发现有类似内容,如山西芮城大统四年(538)造像碑中浮雕的萨埵本生故事。③此外,甘肃灵台西魏时期新开造像碑阴面中层部分也浮雕有相同题材,集中表现了萨埵太子投崖和饲虎两个主要情节,但其中老虎形象为一大二小,体现出相关经典记载来源的不同。④甘肃省博物馆还收藏有一件秦安出土的西魏石塔,在其A面底层浮雕有一幅生动的萨埵太子舍身饲虎图像:正中为一尖拱形龛,内雕一佛二弟子。龛外下方雕一座二层汉式阁楼式宫殿建筑,左、右各立一阙。故事从左侧下端展开,树下

①甘肃省文物工作队、庆阳北石窟文物保管所编《庆阳北石窟寺》,北京:文物出版社,1985年,第114页,图版19、20。

②金申编著《海外及港台藏历代——珍品纪年图鉴》,太原:山西人民出版社,2007年,第3页。

③李静杰《造像碑佛本生本行故事雕刻》,《故宫博物院院刊》,1996年第4期,第82页。

④张宝玺《甘肃佛教石刻造像》,兰州:甘肃人民美术出版社,2001年,第148页,图版187。

三人并立，以示三位太子出游，其上为若隐或现的林间小路，至龛顶端，浮雕两人匍匐在地，神色惊慌地向崖底下张望。其右侧一人横卧于丛林之下，以示萨埵太子以竹枝刺颈出血。其下方浮雕一人倒立坠崖，底端一虎正在噬人，龛右下侧二人抱着一具尸骸凝视。可以说几乎完整地展现了整个故事情节（图3-68）。[①]现藏于洛阳古代艺术馆的北齐四面造像碑中也浮雕有舍身饲虎内容：在该碑右侧中间龛左侧浮雕一组群山，一人倒挂于峭壁之上，下方一只骨瘦如柴的母虎卧于地上，数只小虎在其身上争抢吸奶，构成一幅简略的舍身饲虎故事。[②]

图3-68　秦安西魏造像塔中浮雕的舍身饲虎

从上述石窟寺和造像碑现存例证可以看出，整个北朝阶段，摩诃萨埵本生故事无论在新疆、河西，还是中原北方地区，都是非常受欢迎的佛教本生题材之一，说明南北朝时期反映佛陀前世善行的舍身饲虎故事被

①俄玉楠、杨富学《秦安西魏石塔诠索》，《新疆师范大学学报》（哲学社会科学版），2014年2月，35卷第1期，第89~90页。

②王景荃主编河南博物院编《河南佛教石刻造像》，郑州：大象出版社，2009年，第361页，图版39。

广泛传扬,这种现象不仅限于佛教造像方面,对当时僧俗各界也产生了很大影响,如《续高僧传》载北周渭滨僧人释亡名曾说:“大丈夫生当降魔,死当饲虎。如其不尔,修禅足以养志。”[①]唐·道宣《广弘明集》中所载梁简文帝唱导文中称:“夫十恶缘巨易惑心涂。万善力微难感灵性。是以摩钳赴火立志道场。萨埵投身必之妙觉。”[②]从其内容来看,这些事例在当时不是个案,而是鼓励僧人和信众修行业道、崇拜释迦的重要形式之一。

南北朝时期,摩诃萨埵本生故事从西向东传播的过程,实际上也是一个大乘佛教教义为适应中土需要的变化过程。与施头、施眼、燃臂、身钉千钉、割肉贸鸽等“施舍”故事相比,舍身饲虎更具有悲壮色彩和佛家慈悲情怀,十分有助于确立释迦伟大、光辉的形象。因此,这一本生故事较其他同类题材更能被信众所理解、接受和喜爱,不时出现在石窟寺壁画和造像碑中,也是新疆地区众多本生故事中在中原内地得以广泛传播的,为数不多的几种。它在内容上也有明显变化,新疆地区的萨埵本生主要情节依据《贤愚经》绘制,如噉食太子的老虎由一大二小组成,这与《金光明经》等绝大多数经文中所述的一大七小群虎有显著差别。但我们注意到,新疆地区石窟寺舍身饲虎图中无一例外,均绘有摩诃萨埵本从崖上纵身下跳这一场景,它与《贤愚经》中所写的摩诃萨埵本平静走到母虎身边躺下,以利木刺血,让虎舔食以恢复体力,尽而噬食自己的描述明显不同。这种变化不是画师为丰富画面内容所做的即兴改变,而是受到《贤愚经》以外经典中所述舍身饲虎故事影响的结果。最大可能是受到《金光明经》影响,之所以这样推断的另一个原因是新疆地区石窟寺中,所有摩诃萨埵本生画面中都没有《贤愚经》中所强调的起塔供养这一情节,而

①《大正藏》,第50册,第482页。
②《大正藏》,第52册,第205页。

《金光明经》中恰恰有以释迦神力隐塔入地的描述。这种现象表明，摩诃萨埵本生故事传入中国伊始就表现为融合多部相关经典内容的特性，其核心目的在于如何能更好地吸引佛教信徒，达到宣扬累世修行、普度众生的目标。

敦煌莫高窟同类题材中在主要体现中原传统绘画技巧的同时，也保留有某些新疆地区特点。如在摩诃萨埵本生故事构图上已全面采用中原地区常见的平面陈述式布局，以把更多故事内容表现出来，使观者一目了然，铭记于心。而不是像克孜尔菱形格中摩诃萨埵本生一样，用主要情节来表现故事内容，虎的数量上则采用《金光明经》中所述的一大七小群虎，与前者明显不同。另外，敦煌摩诃萨埵本生中多绘有起塔供养情节，显然是对《贤愚经》中相关内容的真实再现。结合北魏时期敦煌壁画中常见割肉贸鸽、身钉千钉等本生故事，可知《贤愚经》、《六度集经》等新疆一带盛行经典对敦煌地区影响巨大。此外，在故事中具体人物形象绘画技法上，也带有鲜明的西域绘画晕染特征。

中原北方地区石窟寺中的摩诃萨埵本生图多以平列直述的连环画形式来加以表现，故事内容也较为全面（多数由于残损而模糊不清），但起塔供养这一情节几乎没有发现，萨埵太子周围的虎多数全部表现为一大七小的样式，应该主要是受到《金光明经》和《经律异相》相关内容影响的结果。至于北朝单体造像中的舍身饲虎图像，情况相对要复杂一些。从目前情况看，绝大多数应是受空间限制，仅表现出游、投崖、饲虎和供养等少数几个情节，在偏早时期的北魏延兴二年（472）交脚弥勒造像碑和太安元年（455）张永造石佛坐像中表现得更具有这一特性，在形式上与新疆地区的同类内容有些相似，表明两者之间还是有一定关系。到北朝晚期时，情况明显有所不同，由于这一经典已广为人知，因而单体浮雕上舍身饲虎图像尽管受空间限制，内容简单，但在构图和布局上已表现出非常成熟的平铺式叙事技巧，与寺院或石窟壁画中相同题材的表现手法没有本质差别，而画面中虎的数量，除极少数是依据经典而创作外（如前文提及的灵台新开造像碑），大多数应没有特定经典依据，仅仅是受画面空间限制的结果。

通过以上对南北朝时期舍身饲虎图像的梳理，我们再回到麦积山127窟顶部正、左、右三披所绘的萨埵太子本生壁画，就会发现它的形成、发展过程非常清晰。

首先，麦积山127窟萨埵太子本生壁画极具本土化特色。构图形式上采取了中轴对称、左右展开的平行构图，以正披展现国王、眷属、大臣等盛大的出行场景。左披展示宫中惊闻噩耗和回宫报信，右披展示投崖及舍身饲虎。在作为整体表现的同时，每组内容又相对独立存在，人物层次分明，彼此之间多利用山石、树木、车舆等分隔开来，又彼此呼应，给人一种繁而不乱之感。这种处理手法与宾阳中洞北壁浮雕的萨埵太子本生图非常相近，山峦层峦起伏，树木高大挺拔，两三株排成一列，随风摇曳，很好地渲染、烘托了现场的紧张气氛，应该是后者影响的结果。同时，这种表现方式对敦煌北周时期萨埵太子本生画也产生了影响，并发展成为一种往返式S形构图，使表达内容更加连贯和丰富。正披出行图中，分为前、中、后三个部分，每一单元都以车舆为中心，分别反映了出行、休憩和离车前行场面。装饰有华丽宝盖、龙首车辕、彩绘厢板的车舆，以及大批侍卫簇拥，无疑表明了国王的身份和地位。画面中的密林、山石和数只悠然觅食的麋鹿，表明故事发生的地点是山中密林。具体内容由于画面过于残损已无法释读，根据相关经典记载，均能做出合理解释，如《贤愚经》中称三位太子跟随国王夫妇外出游玩，在途中大队人马休息时，三兄弟脱离队伍前往密林，遇到饥饿的母虎正欲吞食幼虎。而根据《金光明经》，惊闻噩耗的国王遂乘车前往萨埵太子舍身之处，以收敛尸骸。两处经文中都有乘车的记载，从画面内容分析，反映前者的可能性要大一些，体现出西域对中原地区的影响。但总的看来，这幅本生故事所依据经典主要还是中原北方地区盛行的《金光明经》。画师在萨埵太子本生中将这一场景放置在窟内顶部最显著的正披，占据的场面也是这幅本生图中最大的，显然是为突出国王和君主的至高无上，它与本窟功德主的特殊地位有密切关系。

画面左侧绘制有结构复杂、防御功能齐全的城池和宫殿，内部人物安排围绕太子出行，兄长回宫报信，国王、百官等惊闻噩耗而展开，与右披饲虎场景形成良好呼应关系。宫殿和城池在萨埵太子本生图像中出现，整个北朝时期同类图像中并不多见，前文所提的甘肃省博藏秦安西魏造像塔中舍身饲虎图中出现的楼阁式建筑，原文作者认为表现的是起塔供养内容。①但它的复杂程度远超一般意义上北朝时期的楼阁式佛塔，而且这组殿堂建筑两侧还浮雕有一组对称的阙楼，建筑内还浮雕数身人物形象，在表现形式上与麦积山 127 窟左披宫殿有一定相似性，从正视角度看，更像是一组宫殿。故笔者认为其表现的不是起塔供养，而是萨埵太子父母居住的王宫。这种图像内容上的变化正是外来佛教本生故事中国化的真实例证，反映出画师在吸纳外来佛教故事场景方面的创造力和想象力，使信徒更易于接受和理解，也更符合中国人的审美习俗和方式。与五世纪中后期单体造像碑出现的同类题材，以及云冈、龙门石窟萨埵太子本生浮雕图像相比，127 窟萨埵本生故事场面和内容都要丰富和生动得多。充分反映出西魏时期长安地区佛教本生故事画的创作水平和取得的艺术成就，它对此后河西地区敦煌莫高窟萨埵太子本生故事画创作影响也不容忽视。

画面右侧的舍身饲虎是整个故事高潮，画师在表现形式和处理技法不惜笔墨，无论是新疆、敦煌、陇东、（云冈、龙门具体形象不明），还是单

①俄玉楠、杨富学《秦安西魏石塔诠索》，《新疆师范大学学报》（哲学社会科学版），2014 年 2 月，35 卷第 1 期，第 90 页。

体造像碑，萨埵太子投崖和饲虎两个场景是主要表现内容，个别还掺杂有供养场景，投崖人物也主要以近似裸体形式来体现佛经中所述的饲虎前挂衣物于竹林这一情节。麦积山 127 窟则不同，沿着陡峭山崖艰难爬行的萨埵太子衣冠整齐，高昂头颅，步履坚定，勇敢无畏、舍身供养的精神跃然而出，跳崖则与背景山崖基本融为一体，被有意弱化（图 3-69）。

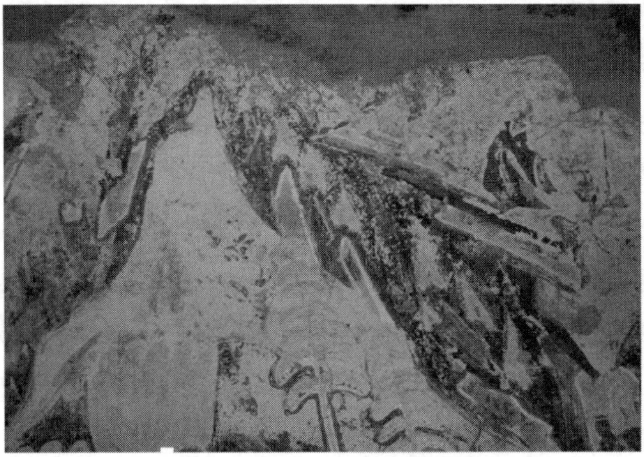

图 3-69　麦积山 127 窟右披萨埵那太子本生（局部）

山底丛林环绕的平地上，一大七小群虎正在噉食尸体。这种处理方式上的变通，既融合了儒家思想要求，又体现出佛家慈悲为怀的精神。这幅画面基本完整，没有反映起塔供养的情节，毗邻位置的正披泥皮已全部剥落，具体内容不详，无法做出判断。但从这部分内容上分析，经典依据主要是《金光明经》或《经律异相》。

其次，麦积山 127 窟萨埵太子本生在绘画技法、人物车马服饰、山石树木等方面具体现出浓郁的中原文化特征，相关故事场景的选择有着特殊寓意。画师在作品创作中，充分运用了魏晋以来的传统绘画技法，先以墨线起稿，然后填涂石青、石绿、赭红等色泽绚丽的色彩，人物、车舆、动物等形象均由疏密有序、流畅自如的线条加以表现。这与以新疆克孜尔为代表的西域绘画有明显差别，后者则大量采用红、黄、赭、灰、绿、蓝、白等各种鲜艳色彩，构成粗细不同的线条来创作壁画内容，非常注重色彩浓淡变化和人体的块面效果，既大量使用晕染法，使人体肌肉感更加突出，有时还填涂金色以增加立体感，可以说带有鲜明的犍陀罗造像和笈多造像艺术特色。人物形象方面，麦积山 127 窟萨埵太子本生中人物全部表现为北魏孝文帝汉化政策后的传统中原士族阶层服饰，国王头戴方冠，身着宽领袍服，下着长裙，安坐于高大、华丽的车舆之上，四周簇拥的文武群臣，头戴笼冠或介帻，身着交领宽袖袍服，下穿长裙或裤褶，外罩裲裆铠，具有鲜明的褒衣博带特征。画中山石树木层次清晰，位置安排疏密有序，样式变化多端，深浅浓淡适宜，色彩明暗丰富，已经具有中国传统山水绘画的基本特征。

正披画面中的车舆更引人注目，基本等距分布于画面正、左、右三个部分，起到引导观者视觉中心的作用。车在中原地区有着悠久历史，根据《考工记》记载，传说中夏已出现制车手工业。商周时期，车已经成为当时贵族阶层日常生产、生活中的重要工具，当时独辕车制作工艺已经十分成熟，大量发现于春秋、战国墓葬中的车马遗物也证实了这点。车在古代六工制作中是最复杂的一种，工序多达数百道，代表着古代国家最高的机械工艺制作水平。车本身也蕴含着中国古代天人合一的思想，圆形车盖和方形车厢分别寓意天圆地方，盖弓为二十八条，以象征天二十八星宿，车轮采用三十根条轮幅，以象征每月三十天等。①此外，古人还根据人体高度、畜力牵引、行驶条件等实际要求，对车辕、车厢、车轮等制作工序和程序都有严格规定，以最大满足乘坐、载货和牵引需要。经过一千多年的发展，到南北朝时期，车作为战争工具的功能已基本消失，转而成为人们外出乘坐和载货的必备之物。但这幅图中的车舆却有明显不同，它的华盖为双重垂幔，边缘等距饰莲花宝珠，四周垂饰璎珞，车厢两侧各斜插旌旗。车轸、车轴、轮幅、车辕等部件装饰华美。而故事环境发生在高山密林之中，显明并不适合车辆使用。因此，其象征意义远大于实际功能。

---

①参见闻人军译注《考工记译注》，上海：上海古籍出版社，1993 年，第 15~32 页。

仔细研究萨埵太子本生故事相关经典，国王闻讯前去为儿子收拾遗骸的行进过程记述并不详尽，仅说乘象舆前行，并无乘车前去的记述，而且这个情节并不是经文重点，但麦积山127窟的萨埵太子本生图中却以显要位置来突出和表现这一场景，可以说意味深长。实际上，它与佛经中的相关记载关系密切，特别是法华系经典中多有关于车舆的描述，如《妙法莲花经》卷二《譬喻品》载："父先所许玩好之具。羊车、鹿车、牛车愿时赐与。舍利弗。尔时长者。各赐诸子等一大车。其车高广坐，众宝庄校，周匝栏楯四面悬铃。又于其上张设幰盖，亦以珍奇杂宝而严饰之，宝绳绞络垂诸花缨。"[①]经中所说的羊、鹿、牛车均是南北时期皇室贵族使用之物，如刘宋文帝每寻幸六宫时，喜欢乘坐羊车，他的妃子潘氏为争宠，使命手下将盐水洒在地上，当羊路过时，便停下舔食，不肯离去，不知内情的宋文帝叹道："羊乃为汝徘徊，况于人乎！于此爱倾后宫。"[②]北朝贵族也喜爱羊车或鹿车，《魏书·李崇传》载，斛律金为旧朝老臣，每逢北齐朝会时，武成帝高湛都安排他乘坐羊车谒见，高湛侍臣李若常私下说："陛下安排羊车、鹿车是迎接谁呢？"[③]可见这种风气在南北地区是通行的。而佛经中长者赐诸子的大车则与本图中的车舆有许多相近之处，显然这幅画的创作者通悉佛经中对车舆样式的定义和描述。

另一方面，南北时期包含摩诃萨埵本生故事的经典中对他父王姓名称谓也不一致，如《贤愚经》中称其为摩诃罗檀囊，《金光明经》中称其为摩诃罗陀，但没有称其为大车的。而唐宋以后关于萨埵太子本生故事中均称其父王为大车，如唐代《金光明最胜王经》和宋代《菩萨本生蔓论》等。联想到麦积山127窟这幅画中多辆华丽车舆的出现，恐怕不是一个

---

①《大正藏》第9册，第13页。

②唐·李延寿《南史》卷11《后妃上》，北京：中华书局，1975年，第321页。

③唐·李延寿《北史》卷43《李崇传》，北京：中华书局，1974年，第1606页。

偶然现象，既然唐、宋时期佛典中都称其为大车王，那么肯定是有经典依据的。摩诃是古印度梵语的音译，意译为大、多或胜。五世纪以来，中原地区传播的主要为佛教大乘学说，梵语称其为摩诃那衍或摩诃衍，既指将人们由苦痛的现实社会通过种种行修抵达幸福的彼岸，其运载工具就是大乘，从字面上也可以理解为船或车。因此，摩诃一词在当时与摩诃衍一样，被看作是大乘佛教的代表性词汇，其内在含意义被符号化，由于北方整体上属于旱缺水地区，进而引申并具有了车的含义。由此可知，127 窟正披壁画中多辆车舆的出现，从出发、前行到静止，其过程又是从王宫开始，到萨埵太子舍身饲虎之处，修成正果之处。暗示着佛教信徒修行中经过"布施、持戒、忍辱、精进、禅定、智慧"等六波罗密法门，从而最终达到涅槃境界。以窟内正披宽大的画面来表现这一场景，应该就是为了展现佛教大乘修行之路大车这一特定概念，它既融入了当时人们所熟知的车的概念，又对其进行了改造，加上许多佛教庄严饰物，以更符合佛经中车的要求（图 3-70）。同时，这一画面从世俗角度和场景来看，反复体现以

图 3-70　麦积山 127 窟正披中的车舆

车为中心的布局结构，也是表现故事主人公的父亲为大车王的一种方式，这一称谓到唐代以后才被最终接受和认可，可能与南北朝时期佛经翻译的时代背景有一定关系。

作为外来佛教典籍，最初译者多为印度、中亚或西域高僧，由于他们对中国语言的认知和理解毕竟有限，而中国成长起来的高僧又缺乏对这些外来经典背景知识的了解。因此译文中常常胡汉夹杂，一方面体现出经典来源的真实性，另一方面也说明在某些具体概念、名称上中外文化还存在着更理解上的差异。而到唐代以后，随着佛教中国化的完成和佛教宗派的形成，经过数百年发展和完善，佛教翻译事业已经非常成熟。佛经中一部分音译内容已被信徒广泛熟知而继续使用，另一部分则因完全达到音、义相通而改称为中国人更为习惯的汉译方式，萨埵太子本生中其父王南北朝经典中称摩诃罗檀囊或摩诃罗陀，唐代以后经典中称摩诃萨埵的父亲为大车王应该是这种佛经概念音译转变的具体表现之一。

第三，麦积山 127 窟萨埵本生构图的来源和形成过程也是外来佛教艺术中国化的具体反映。从现存材料看，这一题材进入中国后，首先在新疆地区广泛传播并间接影响到毗邻的敦煌一带。而后在中原地区造像碑中发现的北魏早期萨埵本生浮雕也具有新疆地区此类图像特征，故事内容表现形式简单，只有饲虎、投崖和供养等几个情节。但虎的数量已明显增多，表明中原地区萨埵本生图像的来源是《金光明经》或《经律异相》，而非西域一带流行的《贤愚经》。五世纪末至六世纪初，随着北魏政治中心南迁，其受中原文化影响进程加快，南方地区流行的横卷式绘画构图也被同期北方地区石窟寺壁画所吸纳和接受。如果这种表现方式在云冈和龙门尚不明显的话，开凿于公元 502~503 年的泾川南石窟 1 号窟和庆阳北石窟 165 窟顶部浮雕的本生和佛教故事中这种横卷式构图技法已经十分成熟，在窟内四壁上方和顶部四披最初均浮雕有场面宏大的各种佛传和本生故事画，显然是对地面大型佛寺殿堂建筑墙壁彩绘壁画的摹拟。说明随着各种相关经典的传播，这种内容丰富、情节复杂的佛传和本生故事画已经非常流行。到北魏末年，这种艺术表现形式更加完善和成熟。西魏初年麦积山 127 窟出现的横卷式大场景壁画也是这种风气影响下的产物，其直接来源应是当时西魏国都长安，此后敦煌莫高窟出现的大幅横卷式壁画也是在中原传统绘画技艺基础之上发展和完善起来的。

综上所述，麦积山 127 窟的横卷式萨埵本生壁画是这个故事传到中土后被融入中国绘画艺术技巧的一个成功范例，也是中国信众对其表达内容进行丰富和完善的一个例证。云冈以及陇东地区的类似图像表明，萨埵本生故事由单幅式转变为横卷式构图首先发生在这一带地区，而后影响到关中和长安地区。由于它主要被绘制于佛教寺院殿堂的壁面，因而保存困难。从这个角度看，麦积山 127 窟现存这幅萨埵本生图像不仅在构图形式和表现方式上特色鲜明，而且主体内容保存基本完整，弥足珍贵，对于我们认识和了解北朝时期本生故事画的发展和演变有着重要价值和参考意义。

(8)顶部前披睒子本生图像的分析与研究

睒子本生是佛教本生故事在中国流传地域最广、流传时间最长的一个，这与中国人传统观念中重视孝道、孝行思想有密切关系。汉译佛教经典中，有关睒子本生记载最早见于三国东吴时期，[①]此后，在两晋南北朝时期，又陆续有 7 部典籍提到睒子及有关事迹，[②]甚至到唐代还有 4 部相

①吴·康僧会译《六度集经》卷 5《睒道士本生》，《大正藏》，第 3 册，24~25 页。

②西晋·失译《菩萨睒子经》，《大正藏》，第 3 册，436–438 页；西晋·圣坚《睒子经》，《大正藏》，第 3 册，438~440 页；前秦·僧伽跋澄等译《僧伽罗刹所集经》卷上，《大正藏》》，第 4 册，116~117 页；北魏·吉迦夜·昙曜《杂宝藏经》卷 1《王子以肉济父母缘》，《大正藏》，第 4 册，448~449 页；东晋·法显《法显传》，《大正藏》，第 51 册，865 页；北魏·杨衒之《洛阳伽蓝记》卷 5 闻义里条（尚荣译注《洛阳伽蓝记》，北京：中华书局，2012 年，第 367 页。）；梁·宝唱《经律异相》卷 10《一切妙见为盲父母子遇王猎所射》，第 53 册，51~52 页。

关经典涉及有关睒子的内容，[①]其生命力远远超过同时期被译成中文的诸多其他佛教本生故事，其在中国古代社会的影响由此可见一斑。

从现存睒子图像资料看，它最早见于印度，在阿旃陀有两例，[②]山奇第一大塔西门北壁内侧浮雕一例，为一个单幅画面，正中浮雕国王和睒子，后者肩抗水罐，两侧分别用交叉变换的手法表现身着猎装和执弓箭的国王和睒子盲父母，以及经帝释天施救后复活的睒子。[③]其中时间最早的当属绘制于公元前1世纪印度阿旃陀第10窟右廊壁面上的睒子本生图，是一幅多场景式画面。而绘制于公元5世纪阿旃陀17窟的睒子本生则呈上、下排列，其内容安排带有明显跳跃性，可能也是为了突出故事主题和中心思想，这种构图方式与公元1世纪的山奇大塔浮雕的睒子本生有很多相似性，被有些学者形象地称为异时同图法。[④]在公元2~3世纪犍陀罗地区也发现有6例片岩浮雕的睒子本生，各场景之间多以树木隔开，同时又具有连续性，这些浮雕作品，都是以横幅多情节连续画面的形式表现睒子本生故事内容，雕刻技法细腻，构图形式新颖，已和印度浮雕有很大区别。

公元3~4世纪，随着佛教传入中国，首先在新疆地区出现了睒子本生图像。目前发现有12例，其中克孜尔石窟发现有十多例，分别绘于第7、8、17、63、69、157、184、198等窟中，而114、178、186窟内保存最为精

---

①唐·玄奘《大唐西域记》，《大正藏》，第51册，881页；道宣《释迦方志》上，《大正藏》，第51册，955页；地波诃罗《方广大庄严经》卷5《大正藏》，第3册，566页；道世《法苑珠林》卷49《忠孝篇》，《大正藏》，第53册，656~658页。

②G. Yazdani. Ajanta,The Coiour and Monochrome Re-productions of the Ajanta Fres-coes based on Photog-raphy, Part, N.Oxford, 1995.

③英约翰·马歇儿著王冀青译《犍陀罗佛教艺术》，兰州：甘肃教育出版社，1989年，第13页，图版10。

④东山健吾《敦煌石窟本生故事画的形式—以睒子本生图为中心》，《敦煌研究》，2011年第2期，1~2页。

美的睒子本生图已被20世纪初勒柯克中亚和新疆探险队剥离并带到德国，现收藏于柏林东方艺术博物馆。此外，在克孜尔孕哈第11窟和森木塞姆第26窟还各发现1幅。新疆地区睒子本生图也非常有特点，全部是单幅菱形构图，画面仅简单描绘出睒子奉养双亲及国王射猎、汲水等主要场景，在构图形式上以对称样式为主，其间用树木加以分割。它也不是单独存在，而是与众多其他本生故事一起被绘制于前室两侧上方壁面。

随着佛教在中原地区传播，5世纪后半叶，北朝小型单体造像中开始出现浮雕睒子本生图像，在表现手法上与新疆地区的睒子本生相似，但构图形式上又有很大差别。新疆地区睒子本生图像安放置于菱形框内，与其他诸多本生故事同时加以表现。而中原地区造像碑中的睒子本生图像全部被安排在造像碑背面，规律性也很强：在整个舟形背光中，被平行隔成3~4栏，最上方栏内浮雕腋下诞生、九龙浴太子等佛传故事。第二层栏内浮雕睒子本生，在表现情节上又与新疆地区有些相同，既只选取睒子汲水、国王误射、奉养双亲、帝释天施药等主要内容。第三层栏内浮雕萨埵太子本生的主要情节，如坠崖和太子饲虎。尤其在本生故事选取方面，中原地区已经出现明显选择性，本文将在后面专门加以论述。这一时期具有代表性造像碑如现藏于日本藤井有邻馆的北魏太安元年(455)张永造石佛坐像背屏背面浮雕的睒子本生图像，位于第2~3层，第二层正中　条河流，睒子手持瓦罐正在汲水，右侧国王骑马张弓搭箭欲射，马的前方一只麋鹿正在奔逃。下方睒子中箭，横卧在地。右侧深山之中，两位老人并坐于山石之上，面对睒子，应是表现奉养双亲的场景。第3层左侧睒子仰卧在地，盲父母跪在两侧，一人扶头，一人抚足，伤心欲绝，睒子上方，帝释天幻化而成的天女双手执药瓶，正准备对睒子施救。画面右侧，头戴胡帽，身穿窄袖袍服，下着裤褶的国王正在安慰石穴之内并坐的盲父母，系表现迦夷国王因误谢睒子，追悔莫及而表示奉养睒子父母的场景（图3-71）；另一尊是美国陈敬哲收藏的北魏延兴二年

(472)交脚弥勒像碑，红砂岩质，舟形背光背面风化、剥落现象较严重，但雕刻内容尚基本清晰。背面浮雕内容分上、中、下三层，睒子本生位于第二层，构图及表现内容与张永造像碑睒子本生浮雕基本一致，可能受画面限制只表现出汲水、狩猎、误射和奉养四个情节(图3-72)。①从这两尊造像碑中睒子本生图像情节和构成方式来看，当时北方民间睒子故事已广为传播，并和萨埵太子本生故事一样，成为人们喜爱的佛教本生故事内容之一。

图3-71　北魏太安元年(455)张永造石佛坐像
采自金申《海外及港台藏历代佛像珍品纪年图鉴》，山西人民出版社，2007年，第5页

图3-72　北魏延兴二年(472)
交脚弥勒造像碑背面
采自金申《海外及港台藏历代珍品纪年图鉴》，山西人民出版社，2007年，第3页

北朝后期，睒子本生图像依然盛行。如河南安阳高寒寺收藏的一尊北齐立佛，根据日本学者水野清一对这身立佛身上所刻法衣图像的考释

①刘兴珍、郑经文《中国古代雕塑图典》，北京：文物出版社，2006年，第214页。

结果，可知其为卢舍那佛，法衣正面描绘了从天界至地狱的六道图，其他部分则刻有佛传故事、须达拏施象、睒子本生、供养人、转轮王七宝、莲花等内容。[①]另一件位于河南登封刘碑村的北齐天宝八年（557）刘碑寺造像碑碑座背面减地线刻有一幅睒子本生图，左半部分已剥蚀严重，模糊不清。右半部分尚存，可见一群骑马武士及部卒，或张弓搭箭，或执刀挥叉，个个奋勇前奔，猎犬紧跟在旁。前方山林怪石之中，狮、虎、兔、鹿等野兽正在狂奔逃命。画面右下角，一对老夫妻并坐于茅草屋中，房前林木葱郁，溪水潺潺。远处河边睒子身披鹿皮在河边汲水，胸口中了一箭，水罐被撇在一边。[②]它与北魏时期造像碑中的睒子本生图像相比，内容更加丰富，位置也非常灵活，似乎已摆脱了以前固定图像格式的约束，表现手法已完全中国化，图像内容更多地融入了中国传统山水画因素和洛阳地区固有的线雕艺术技法，使画面更加生动，更加贴近世俗生活。

除造像碑外，北方地区石窟寺也开始出现睒子本生图像，如云冈第 1 窟和第 9 窟就有类似题材，尽管图像有些残损模糊，但主要内容尚可辨识。第 1 窟东壁下层北侧浮雕的睒子本生图像以隔栏方式展开，分为三段。左侧宫阙之内，国王骑马出行，身后一侍从执华盖。第二栏中，国王引弓搭箭，身旁侍卫簇拥，前方一只麋鹿正在狂奔逃命，右角下画面已模糊不清，隐约可辨一人形，似睒子中箭场景。第三栏内容因严重风化已无法辨识，可以看出，这幅浮雕重点强调了睒子尽孝和中箭过程。[③]第 9 窟睒子本生图像雕刻于前室西、北、东三壁第一层，其中东壁内容已全部风化无存，西、北两壁保存尚好，故事从西壁展开，其中睒子供养盲父母，迦夷国王出宫、射猎，国王探视并安慰睒子盲父母，帝释天施救等主要内容

---

①李玉珉《法界人中像》，《故宫文物月刊》，第十一卷第一期，1993 年 4 月，第 32~33 页。

②王景荃《刘碑寺造像碑研究》，《中原文物》，2006 年第 2 期，第 82 页，图版 6。

③云冈石窟文物保管所编《中国石窟·云冈石窟》（一），北京：文物出版社，1991 年，图版 7。

基本清晰可辨。[①]受云冈石窟此类题材影响，陇东地区开凿于北魏永平二年（509）的庆阳北石窟寺 165 窟顶部也出现了包括睒子在内的本生故事，窟内四壁及顶部原满壁浮雕壁画，现已大部分脱落无存，仅窟顶西披保存有“睒子本生”及“舍身饲虎”。此外，在北披残存有割肉贸鸽，北壁与东壁交接处有浮雕降龙入钵，南壁和东壁交接处浮雕猕猴献蜜等佛传故事。这幅睒子本生也采用云冈第 9 窟中的手法，集中体现主要内容，但图像中国王及随从已是身穿宽袍大袖服装，完全汉化，不同于云冈睒子本生中穿鲜卑服的国王及随从形象。[②]

敦煌睒子本生图像则主要见于莫高窟和西千佛洞，一共有 8 幅，绘制时间集中于北周至隋，其中北周 5 幅，隋代 3 幅。北周睒子本生图像分布于第 299、301、438、461 窟和西千佛洞第 10 窟。隋代睒子本生图像分布于第 302、417、433 窟，[③]这一时期敦煌睒子本生图像内容主要包括奉养双亲、中箭，盲父母抱睒子，帝释天施救等情节。[④]在构图上也很有特点，如西千佛洞第 10 窟，画面从左向右展开，分为上下两列，每组画面之间用树木隔开。故事旁均有墨书榜题，第一组画睒子向盲父母奉食，以及在树旁采摘野果，右上题“睒子将盲父母到山做草屋采 / 甘果供养时”。第二组画为睒子河边汲水，右上榜题字迹已模糊不清。第三组画迦夷国王骑射，侍从紧随，右上方字迹残损“迦夷国王……”第四组画盲父母在

①长广敏雄《云冈石窟第 9、10 双窟的特征》，云冈石窟文物保管所编《中国石窟·云冈石窟》(二)，北京：文物出版社，1991 年，第 200~201 页，图版 20~25。

②暨远志《北朝豳宁地区部族石窟的分期与思考》，《2005 年云冈国际学术研讨会论文集·研究卷》，北京：文物出版社，2006 年，第 96 页。

③第 433 窟内的睒子本生图在 1914—1915 年俄国奥登堡第二次东土耳其斯坦考察队调查莫高窟期间，被掠至俄国，现收藏于俄罗斯艾尔米塔什博物馆。详见艾尔米塔什博物馆编《俄藏敦煌艺术品》(第 1~2 卷)，上海：上海古籍出版社，2002 年。

④蔡伟堂《敦煌壁画中的睒子本生故事画—从俄藏莫高窟第 433 窟睒子本生故事画谈起》，《敦煌研究》，2004 年第 5 期，第 13~19 页。

草庐内修行，屋外国王长跪不起，右上榜题"国王射睒子自向盲父母边……时盲父母在草屋里坐闻国王□□时。"第五组画国王牵盲父母手前行往睒子中箭处，盲父母在睒子尸身旁哭泣。右上榜题"国王牵盲父母手将向……/盲父母到儿边抱睒子。"第六组画帝释天从天而降，为睒子施药，右上榜题"诸天药……"。第七组画盲父母坐于草庐内，睒子立在一侧，国王在旁做说话状。右上榜题"盲父母眼目开明还活……盲父母还国去时。"① 犹如今天的连环画，图文并茂，使观者一目了然。类似形式的睒子本生图像也见于莫高窟 302 窟，亦标注有榜题，但多已模糊不清。画面里山水穿插其中，形成了长卷式山水构图，显然是受到麦积山及中原地区睒子本生图像影响的结果。在敦煌地区现存睒子本生图中，除前述的西千佛洞 10 号窟绘制于窟内东壁，461 窟绘制于西壁大龛龛楣之上外，其他均绘制于窟内顶部。其中 299、301 窟内的睒子本生图像则绘制于窟内顶部覆斗顶四壁斜坡之上，与萨埵太子本生图像共处顶部，各占一半。这种组合形式与麦积山 127 窟顶部四壁组合方式相同，从中可以看到两者之间的共性。

通过对上述印度、中亚到中国新疆、敦煌和内地的石窟寺、造像碑中睒子本生图像的梳理，以及有关睒子佛教文献的传播和翻译情况。我们不难发现，整个北朝时期，睒经本身所特有的孝行故事与中国传统文化中的孝道思想不谋而合，因而很快被中国佛教信众所接受并迅速传播开来，其图像表现形式也经历了一个由简到繁的变化过程，在新疆石窟及中原内地早期造像碑中的睒子本生图像均采用与印度类似的异时同图表现方式，即在有限空间内选择几个重点情节来表达整个故事内容。五纪末以后，随着佛教艺术中国化进程加快，无论是石窟寺内浮雕和壁画、

①录义综合参考蔡伟堂《敦煌壁画中的睒子本生故事画—从俄藏莫高窟第 433 窟睒子本生故事画谈起》，《敦煌研究》，2004 年第 5 期，第 13~19 页；金维诺《'佛本生图'的内容与形式》，《中国美术史论集》(中)，哈尔滨：黑龙江美术出版社，2003 年，156~157 页。

还是造像碑，睒子本生图像表现形式都改成了中国南朝绘画中常用的横卷式叙述方法，内容和情节也变得更加曲折动人，图文并茂。同时，为使画面不过于单调，又或多或少地融入中国传统山水画构图手法，通过山石、树木、河流的巧妙安排，将人物、飞禽走兽等放置于不同的波状起伏线上，使整个画面变得灵动活泼，同时也充满了浓郁的世俗生活气息，视觉上给人以一种美的感受和心灵上的震撼。

北朝时期睒子本生图像中虽然带有孝行内容，但从根本上讲，它依然属于佛教范畴，其中心主题仍然是宣扬佛教的转世轮回、因果报应思想，号召信众笃信佛法、奉行十善、侍亲至孝、尊重贤达，对生灵万物常怀慈愍之心，相信佛主永在，佛法永存。尽管这一时期个别图像中明显有突出睒子孝行意味，但也只能说明在创作中儒家孝道思想对其起到一定影响。因为这一时期相关人物文字表述中仍然忠于经典，无论是睒子，还是国王，他们的身份依然是印度迦夷国人，还没有真正融入中国社会。根据张鸿勋先生研究，它与唐宋以来广泛流传的二十四孝中郯子鹿乳奉亲故事有直接承袭关系，是中国人对古代印度文化吸收、扬弃、改造的成功例证。①因此，在汉至六朝时期历代《孝子传》事迹和反映中国传统孝道思想的北魏画像石棺中都没有郯子的事迹或图像。隋唐时期，随着儒、释真正融合，睒子才正式被引入孝行故事，成书于唐高宗总章元年（668）的释道世《法苑珠林》卷六十一至六十二《忠孝篇·睒子部》也首次将其列入。随着《佛说报父母恩重经》的出现和流行，睒子本生日益与儒家孝梯思想融合，其身份也发生了转变，由印度迦夷国人变成春秋鲁国人，名字也改为剡子或郯子，②在晚唐或宋代正式成为中国二十四孝人物之一。元代

①张鸿勋《从印度到中国——丝绸之路上的睒子故事与艺术》，《天水师范学院学报》，第23卷，第6期，2003年12月，第58页。

②李富华《佛说睒子经导读——佛书中的“孝经”》，《佛教文化》，1996年第1期，第14~16页。

时被郭居敬所编撰的《二十四孝诗》正式收录，成为中国古代孝子中的一员，并出现于墓葬装饰画像中，在北方各地宋、金时期墓室雕刻中多有表现，但内容与北朝时期深山养亲不同，以郯子鹿乳奉亲为主，[①]内容形式也变得单一。同时期石窟寺中，睒子故事仍然盛行，如大足宝顶南宋 17 窟西壁上层的大方便佛报恩经变中依然刻有包括“释迦牟尼佛因地为睒子行孝图”在内的各种本生图像，[②]但其情节已远没有北朝时期复杂，表明睒子孝行故事已完全融入中国传统文化的孝道观念之中。

(9)顶部正中帝后升天图的分析与研究

127 窟顶部藻井彩绘保存完整，表现的是一幅场面热烈的出行图，前面有天人及诸飞天导引。对其内容学者们研究结论并不一致，有的认为是释帝天出游，[③]有的认为是东王公遨游天空。[④]近年来，贺世哲先生通过对南北朝至隋唐时期释、道两家相关经典，敦煌相关文献的综合研究后，得出结论：南北朝时期，帝释天巡视人世善恶之说在社会上相当盛行，127 窟顶部天井中图像应该反映的是帝释天巡视人世善恶情景。[⑤]笔者在诸位前辈学者研究成果的基础之上，通过对壁画原作及摹本反复研究，并综合该窟性质以及时代文化背景等材料初步认定，这是一幅基于佛教帝释天信仰和中国传统丧葬文化思想综合而成的帝后升天图。

---

①相关材料参见杨靖宇《河南林县的几处古墓》，考古通讯 1957 和第 2 期，第 62 页；黄明兰、宫大中《洛阳北宋张君墓画像石棺》，《文物》，1984 年第 7 期，第 79~81 页；长治市博物馆、壶关县文物博物馆《山西壶关南村宋代砖雕墓》，《文物》，1997 年第 2 期，第 44~54 页。

②李巳生《大足石窟》，大足县文物保管所编《大足石窟》，北京：文物出版社，1984 年，第 11 页。

③张宝玺《麦积山石窟壁画叙要》，麦积山石窟艺术研究所《中国石窟·天水麦积山》，北京：文物出版社，1998 年，第 191 页。

④董玉祥《麦积山等石窟的壁画艺术》，《中国美术全集·绘画编 17·麦积山石窟壁画》，北京：人民美术出版社，1987 年，第 202 页。

⑤贺世哲《敦煌图像研究——十六国北朝卷》，兰州：甘肃教育出版社，2006 年，第 292~293 页。

帝释天梵文名Śakra，帝释天为其意译，音译为“因陀罗”，本是南次亚大陆神话中的最高天神，关于他的颂诗和事迹约占古印度史诗《梨俱吠陀》的四分之一。书中，他被尊称为“世界大王”，可以劈山引水，呼风唤雨。也是一位无所不能的战神，常使用的武器包括金刚杵、钩子和网，坐骑为一头白象。佛教产生以后，因陀罗由于在印度社会具有广泛影响力和信仰群体而被很快吸纳到佛教诸神体系之中，居佛教诸天之首，成为佛教最重要的护法神之一。他常用的名字有多种，《大般涅槃经》称：“犹如帝释亦名帝释，亦名憍尸迦，亦名婆蹉婆，亦名富兰陀罗，亦名摩佉婆，亦名因陀罗，亦名千眼，亦名舍支夫，亦名金刚，亦名宝顶，亦名宝幢。”①但通常我们在佛经中常见的有释提桓因、富兰陀罗、摩伽婆、娑婆婆、憍尸迦、舍脂钵低、千眼、因提利、天帝释等等，中印度僧人求那跋陀罗在《杂阿含经》中对此现象做出了具体解释：

> 何因、何缘释提桓因名释提桓因。佛告比丘：释提桓因本为人时，行于顿施，沙门、婆罗门、贫穷、困苦、求生行路乞。施以饮食、钱财、谷、帛、华香、严具、床卧、灯明，以堪能故，名释提桓因。比丘复白佛言：世尊，何因、何缘故，释提桓因复名富兰陀罗。佛告比丘：彼释提桓因本为人时，数数行施衣被、饮食，乃至灯明，以是因缘，故名富兰陀罗。比丘复白佛言：何因、何缘故，复名摩伽婆。佛告比丘：彼释提桓因本为人时，名摩伽婆故。释提桓因即以本名，名摩伽婆。比丘复白佛言：何因、何缘复名娑婆婆。佛告比丘：彼释提桓因本为人时，数以婆诜私衣布施供养，以是因缘故，释提桓因名娑婆婆。比丘复白佛言：世尊，何因、何缘释提桓因复名憍尸迦，佛告比丘，彼释提桓因本为人

---

①《大正藏》，第12册，第564页。

时，为憍尸族姓人，以是因缘故，彼释提桓因复名憍尸迦。比丘问佛言：世尊，何因、何缘彼释提桓因名舍脂钵低。佛告比丘：彼阿修罗女名曰舍脂，为天帝释第一天后，是故帝释名舍脂钵低。比丘白佛言：世尊，何因、何缘释提桓因复名千眼。佛告比丘：彼释提桓因本为人时，聪明智慧，于一坐间，思千种义，观察称量，以是因缘，彼天帝释复名千眼。比丘白佛：何因、何缘彼释提桓因复名因提利。佛告比丘：彼天帝释于诸三十三天，为王为主，以是因缘故，彼天帝释名因提利。佛告比丘：然彼释提桓因本为人时，受持七种受，以是因缘，得天帝释。何等为七，释提桓因本为人时，供养父母，乃至等行惠施，是为七种受，以是因缘，为天帝释。①

帝释天复杂多样的称谓可以看出，主要与其所特有的布施，供养信众财物、饮食，以及他的智慧、生平，供养父母等修行举止有密切关系。帝释天居住于忉利天（三十三天）须弥山之顶的善见城，他以人间百日为一日，寿长一千岁，是可以转世轮回的。按佛教神话，任何行善积德的人，都有可能转生为帝释天，包括佛陀本人在前生的转世轮回中，也曾二十六次转世为帝释天。②帝释天与梵天一样，在佛教中拥有很高的地位，据说释尊下生时，帝释天化现七宝金阶并亲自

在佛左前方手持宝盖，与右侧的梵天一起，护侍佛一级一级走下台阶，他也多次请佛到他的宫殿中讲经。不仅在经典中有很多关于帝释天的记载，早期犍陀罗浮雕艺术中也保留有许多关于帝释天图像，如现藏于巴基斯坦白沙瓦博物馆的佛陀初生七步和初生佛陀灌顶沐浴两幅图

①《大正藏》，第 2 册，第 291 页。

②郭良鋆《帝释天和因陀罗》，《南亚研究》，1991 年第 1 期，第 54~57 页。

图3-73 佛陀初生七步时身旁护卫的帝释天
采自章用秀《石雕造像鉴赏》，年龄出版社，
2009年，图版16

像中都有戴头饰，手持金刚杵的帝释天护卫（图3-73）。该馆收藏的降魔变和菩萨苦修像中也有形象宛如少女的帝释天形象。而收藏于印度加尔各答博物馆的帝释天拜访佛陀浮雕中，头戴高冠，帔帛贴体，双手合十，身后一侍者持华盖，虔恭地走向佛陀，造像非常生动、写实。[①]充分表达出帝释天在印度早期佛教中的特殊历史地位，古代印度人的这种观念也影响到新疆地区佛教造像思想。公元4~5世纪龟兹地区信奉小乘佛教说一切有部，不仅当地寺院发布的梵文通告中表明施主广施财物、饮食的愿望，并特意指出这种行为受到了因陀罗和其余最高神灵所呵护。而且在克孜尔石窟壁画中也出现有许多反映帝释天内容的图像，如第76、77窟中后部壁画，分别表现的是护持说法的梵天、帝释天和带有国王特征的帝释天。[②]另外，克孜尔第80窟主室正壁彩绘带头光的菩萨装男女和伎乐图像，有学者认为表现的是帝释窟说法，类似内容也见于克孜尔第8、58、63、92、99、126、159、175、

①相关内容及文字说明参见英约翰·马歇儿著王冀青译《犍陀罗佛教艺术》，甘肃教育出版社，1989年，图版57、58、67、84、118、123，第44、60页。

②任平山《论克孜尔石窟中的帝释天》，《敦煌研究》，2009年第5期，第62~67页。

178、179、186、206 等十多个窟龛中，表明帝释天信仰在当地十分盛行。[①]南北朝时期，情况发生了变化，尽管汉译《长阿含经》、《杂阿含经》、《增一阿含经》、《大楼炭经》、《过去现在因果经》、《杂宝藏经》、《放光般若经》、《道行般若经》、《大般涅槃经》、《大智度论》、《帝释所问经》、《顶生王故事经》、《出曜经》、《金光明经》等二十多部经典中均有关于帝释天的记述，但主要集中于对兜率天世界的描绘以及帝释天护持佛法等内容，这与中亚、西域区域流行的小乘佛教所描绘的只为佛陀个人服务有明显不同。在中国内地传播的主要是大乘佛教思想，帝释天护持佛陀的作用被相对弱化，逐渐成为佛教神像系列诸天中的一员，神格地位显著下降，职能主要表现在护持佛法方面。在具体图像内容上则围绕释迦展开，如云冈第 6 窟后室东壁南侧下方浮雕的悉达多太子逾城出家中，太子乘马前行，下面四人各捧马的一足，太子后侧，帝释天手持伞盖做罩护状。类似图像也常见于早期犍陀罗浮雕作品中，如分别出土于印度贾玛尔—嘎赫和犍陀罗罗里央·唐盖的浮雕太子逾城出家浮雕像中，均刻有帝释天持伞盖罩护的样子。[②]北魏中后期以来，佛教诸天形象作为护法的例子开始出现在北方各石窟寺，表明包括帝释天在内的诸天已经成为佛教护法神系中重要一员，如云冈第 8 窟甬道两侧浮雕的摩醯首罗天和鸠摩罗天、龙门宾阳中洞门壁的大梵天与帝释天、庆阳北石窟 165 窟前壁帝释天与阿修罗天雕像等。[③]类似的例证并未发现于地近长安的麦积山石窟，那么如何判定麦积山 127 窟顶部正中所绘乘龙人物图像内容与帝释天有关呢？

---

①李崇峰《克孜尔中心柱窟主室正壁画塑题材及有关问题》，巫鸿主编《汉唐之间的宗教艺术与考古》，北京：文物出版社，2000 年，第 209~203 页。

②胡文和《云冈石窟某些题材内容和造型风格的源探索》，云冈研究院《2005 年云冈国际学术研讨会论文集·研究卷》，北京：文物出版社，2006 年，第 218~219 页，图版 10、11。

③张宝玺《北石窟寺第 165 窟帝释天考》，《敦煌研究》，2013 年，第 2 期，第 4~6 页。

首先，我们将其与同时期敦煌249、285窟相关内容进行比较分析：莫高窟西魏初年开凿的249窟为覆斗顶，正中绘莲花藻井，西披画阿修罗，身后须弥山忉利天宫，两侧绘雷公、电神、风神、雨师、乌获、朱雀、羽人等。与之相对的东披比绘二力士捧摩尼宝珠，两侧绘飞天、孔雀、胡人、百戏、玄武等。南披绘乘凤车的帝释天妃（西王母），浩荡的巡天队伍下方绘野牛、黄羊和虎。对应的北披绘乘四龙车的帝释天（东王公），下方绘山林、黄羊等。同期开凿的285窟窟顶为覆斗顶，莲花井心，四周饰以卷草，垂幔铺于四披，藻井四角有兽头衔珠流苏。四披绘飞天、雷神、飞廉、朱雀、乌获、开明、伏羲、女娲等，西壁龛外画供养菩萨、诸天、神将、力士，南侧龛楣之间，绘有五尊护法神依次为毗瑟纽天、梵天、帝释天，以及四大天王中的两位。北侧龛楣之间，亦绘五尊护法神，依次为摩醯首罗天、鸠摩罗天、毗那夜迦，以及四大天王中的两位。①据考证，莫高窟西魏初年大型窟龛的开凿与当时瓜州刺史、东阳王元荣及其家族有密切关系，作为北魏皇室成员，虔诚的佛教徒，元荣家族能迅速地吸纳到当时中原地区流行的佛教艺术题材，那么249、285窟内出现诸多带有中原传统文化特色的图像题材就是很正常的事情。但毕竟窟龛主旨是为宣扬佛教思想服务，因此，这些壁画内容从本质上讲，无论如何是不会脱离这一主题的。它和外来佛教一贯奉行的拿来主义做法相一致，即为迎合中国信徒口味，而将某些中国故有神话人物、怪兽等统统纳入佛教图像体系，或进行中国式改造。如果说285窟西壁彩绘的护法诸天还继承了印度佛教诸天形象的话，那么249窟顶部的帝释天和帝释天妃巡游则完全变成了中国式想象的产物，将中国古代传说中的东王公和西王母故事及其护卫仪仗等全部借鉴过来，与佛经原意已相去甚远。在大致同时期开凿的麦积

①段文杰、施娉婷、霍熙亮《图版说明》，敦煌文物研究所编《中国石窟·敦煌莫高窟》（第一卷）北京：文物出版社，1981年，第213~217页。

山 127 窟地域上接近当时的政治、经济和文化中心长安，它的功德主又是西魏皇室。因此，窟内顶部正中保存的这幅壁画中更有理由和条件用中国传统神话图像来表达它所需要的佛教题材，以体现对一位逝去皇后的祈祷和祝愿。

其次，佛教中帝释天的身份、地位、寓意等都非常符合 127 窟开凿时代和历史背景。从后面章节的论述中，我们可以肯定该窟系当时武都王、秦州刺史、西魏文帝之子元戊为其母亲乙弗氏所营建的功德窟，窟龛形制、造像、壁画等无不围绕这一主题展开，而窟内顶部正中依据帝释天信仰绘制的帝后升天图正是这一愿望的具体表现，下面笔者略加以论述和分析。

如前所述，被吸纳入佛教的帝释天不同于佛、菩萨这一神系，是可以转世轮回的，《别译杂阿含经》载："尔时佛告诸比丘，坚持七行，必得帝释。何以故？昔者帝释为人之时，发初履行，孝顺父母，恭敬尊长，所言柔软，断于两舌，好施无悭，恒修实语，终不欺诳，不起嗔恚，设生嫌恨，寻思灭之。"①《杂尼迦耶·天杂品》中，佛陀告诉众比丘，修持赡养父母、尊敬长者、不诽谤、不贪婪、慷慨施舍、说真话、不嗔怒等七种功德，就可转生为帝释天。《佛本生经》就提到一位居住在波罗奈的商土，乐善好施，死后升入天国，最后转生为帝释天。佛教神话中的帝释天也是一位品质高尚的神祇。仁慈、公正而贤明，是天上人间的道德维护者。天神不守正法，他会予以惩罚。人间国王倒行逆施，他也会除暴安良，类似事迹《佛本生经》中多有记载。同时，根据佛教神话传说，他也是虔诚的佛教徒，日常生活中最重要的职责是保护佛陀、佛法和僧伽，曾与六欲天诸神一起去劝请佛陀投胎降生世间。幼年佛陀在父亲陪同下，前去拜谒神庙时，帝释天与梵天等神显现真身，向幼年佛陀行礼。佛陀成年后，见到生老病死现象，

①《大正藏》，第 2 册，第 384 页。

决意出家，佛陀把割下的头发扔向空中，帝释天凭天眼看到后，则将佛陀的头发装入金盒，安放在忉利天的髻宝精舍中。佛陀在菩提树下修道时，魔军向他进攻，以扰乱其心思。是帝释天吹奏贝螺，护佑佛陀。佛陀得道后，帝释天又和梵天等神劝请佛陀为世人说法。佛陀前往毗舍离城解除瘟疫时，帝释天协助他驱逐恶鬼。胜林池塘枯竭时，帝释天用雨水灌满池塘，以保证佛陀沐浴。佛陀生病时，帝释天持钵侍候。佛陀涅槃时，他又显身，悲哀地念诵颂诗。佛陀去世后，帝释天又承担起保护佛陀舍利的重任。甚至在佛教本生故事中，也常常在关键时刻看到他的身影，如睒子误中毒箭死亡后，帝释天化做天女及时施药救治，使睒子得以复活。帝释天身上体现出的种种善行和所具备的品质也是佛教信徒毕生所追求的目标和理想之一。因此，尽管我们在北朝时期中原及陇东地区所看到的帝释天多是以护法神形象出现的，但并不能否定帝释天思想中其他内容对信徒举止所起到的作用，实际上，莫高窟249窟顶部的帝释天和帝释天妃图像已经流露出这种思想倾向。

如果我们查阅一下北朝至隋唐时期相关画谱记载，就会发现帝释天图像在南北朝时期并不盛行，仅见萧梁时期张僧繇在建康定水寺西壁绘有帝释像，[①]而唐以后关于画家绘帝释像的记载则迅速增加，据《历代名画记》，仅初唐至盛唐阶段，就有吴道子、杨庭光、杨仙乔等画家在长安寺院墙壁上绘过多幅帝释图。[②]《宣和画谱》对唐末赵温其在成都大圣慈寺所绘《帝释》称："大中初，温其于大圣慈寺继父之踪，画《天王》《帝释》，笔法臻妙，世称高绝。"他的儿子赵德齐在大圣慈寺崇福禅院和崇真禅院也绘有《帝释图》。[③]对此，《益州名画录》中也有类似记载。[④]另外，《宣和

①唐·张彦远范祥雍点校《历代名画记》，北京：人民美术出版社，2004年，第60页。
②唐·张彦远范祥雍点校《历代名画记》，北京：人民美术出版社，2004年，第53~61页。
③宋·郭若虚著俞剑华注释《图画见闻志》，南京：江苏美术出版社，2007年，第42~43页。
④宋·黄休复著《益州名画录》卷上，北京：人民美术出版社，1964年，第7页。

画谱》记载吴道子绘帝释像2轴，[①]释道思在长安坊安国寺木塔院内也绘有释、梵八部图像。[②]宋代时，类似记述依然很多，如赵公祐、范琼绘制的《帝释图》[③]以及瓌师绘制的《梵王帝释》[④]等。关于唐宋时期大行其道的帝释图像内容我们已无法得知，其中一部分由于是和天王一起绘制的，故我们大致可以推测其主要表现的仍然是护法形象，侍立在佛的左右。对此，隋唐时期僧人撰写的各种佛教经疏中已有记述，如隋智者大师《摩诃止观》卷五载："复次如来行时，帝释在右、梵王在左，金刚前导，四部后从飞空而行。"[⑤]唐窥基法师《大乘法苑义林章》卷二中载："阿难在中如月满明，帝释在右，梵天在左，侍于阿难，如佛在时。"[⑥]可见，当时帝释、梵天等已与弟子、金刚等诸部众一起进入护卫佛的行列，这一时期帝释天为了与菩萨加以区别，可能已经以帝王相或女相加以表现，并且对元明以后的寺观壁画中帝释天的形象产生了重要影响，如山西稷山县青龙寺大殿元、明之际的帝释圣众图，帝释天头戴进贤冠，身穿冕服，左手于胸前持一长柄香熏，右手微曲，做捡食小鬼跪献的盘中果品状。身后一力士持法幢，左侧侍立一天女。[⑦]明代法海寺壁画中，帝释天作皇后状，双手合十而立，左侧一天女，一手托花篮，一手持莲花。后侧一天女，双手持一宝幢。右侧一天女，双手丁胸前捧一圆盘，内置山石盆景，以示须弥盛境。[⑧]对此，白化文先生已经明确指出："汉化寺院中，帝释天常作少年帝王像，

①《宣和画谱》，《文渊阁四库全书》，台湾商务印书馆，1986年，第813册，第77页。

②唐·段成式著杜聪点校《酉阳杂俎》，济南：齐鲁书社，2007年，第182页。

③宋·范成大著《成都古寺名笔记》，明·杨慎编，刘琳、王晓波点校《全蜀艺文志》，线装书局，2003年，第1263页。

④宋·郭若虚著俞剑华注释《图画见闻志》，南京：江苏美术出版社，2007年，199页。

⑤《大正藏》，第46册，第69页。

⑥《大正藏》，第45册，第271页。

⑦丁凤萍、李瑞芝编《稷山青龙寺壁画》，石家庄：河北美术出版社，2001年，图版1。

⑧金维诺主编《中国美术全集·13·寺观壁画》，北京：文物出版社，1988年，图版133。

而且男人女相，面‘如散华供养天女’，或即径作青年女后像，暗中影响了汉化寺院中的造像意匠。”①由此看来，帝释天女性化趋势最早也可以上溯到北朝晚期，莫高窟249窟顶部帝释天妃的出现在某种意义上可以看作帝释天形象女性化的一种尝试，也是外来佛教艺术形象中国化的表现方式之一。

现在，我们再分析一下当时被西魏文帝废黜至麦积山出家为尼的皇后乙弗氏，根据史书记载，她是河南洛阳人，先祖为青海吐谷浑部落首领，父亲乙弗瑗曾任北魏兖州刺史，母亲是孝文帝女儿淮阳公主，可谓出身高贵。乙弗氏十六岁时被南阳王元宝炬纳为妃子，先后生育有十二个儿女，但大都幼年夭折，仅存活下太子元钦及武都王元戊。535年，在宇文泰拥立下，元宝矩在长安登基，史称西魏文帝，身为皇后的乙弗氏，依然粗茶淡饭，温贤大度，深得文帝敬重。但此时西魏国弱民贫，为笼络北方强敌柔然，文帝迫于形势迎娶柔然首领阿那瓌长女郁久闾氏为皇后，乙弗氏被迫出家为尼，在佛寺修行。后来又被迫迁到秦州与儿子武都王元戊相依为命，但文帝对她念念不忘，这引起郁久闾氏嫉妒，还差一点引发柔然与西魏之间的战争，最终文帝不得不派人赐死自己心爱的女人。临终前，乙弗氏与儿子元戊绝别后，又亲手为服侍过她的几十个婢女剃发出家为尼，然后平静地蒙被自尽。②这条史料中给我们透露出以下几条信息：1. 乙弗氏出身贵族、受过良好的教育，与文帝感情很好。2. 她本人品行端正、笃信佛教。3. 她被废迁往秦州是为了依附儿子元戊，死后也由其子料理后事。这几个理由完全可以使我们相信，在宫廷政治斗争中失宠的乙弗氏把佛教看成了她的精神寄托，良好的教育会使她比旁人更精通佛理。在她死后，太子元钦和武都王元戊会给他们母亲一个体面葬

①白化文著《汉化佛教与佛寺》，北京：北京出版社，2003年，第185~187页。

②参见唐·李延寿《北史》卷13《后妃上》，北京：中华书局，1974年，第506~507页。

礼,并在麦积山开凿127这样的大窟以示祈愿追福。同时,也有深刻的政治寓意。乙弗氏是西魏国内政治斗争的牺牲品,她的自杀是当时各种势力彼此妥协的结果,对此最不满意的当然是他的两个儿子。当时情况下,他们所能做的只有体面地安葬自己的母亲,并希望其早日升入天堂。生前善良、质朴的乙弗氏相对于嫉妒成性的郁久闾氏更令人感到同情和惋惜,她身上这种善的力量与佛教中的帝释天颇具相似之处。佛经中,帝释天每与阿修罗争斗,屡能战胜对方靠的就是人间向善力量的增长来身力转增,胜过以前十倍,以此来大破阿修罗军。对此,《正法念处经》载:"阎浮提人顺法修行,孝养父母,恭敬沙门婆罗门者旧长宿,布施修德,增长天众,减损阿修罗军……身力转增,过先十倍。"[①]《长阿含经》也说:"世间乃有孝顺父母、敬事师长、勤修斋戒、布施贫乏者,增益诸天众,减损阿须伦众。"[②]以善抑恶,以期获得心灵的宁静和安慰,也是两个孩子对母亲逝去后最美好的愿望,佛教中所描述的帝释天恰好具有这种秉性。因此,窟内正中顶部最高位置出现的这幅天人与诸飞天在前面导引,后面云层之中主人乘车舆前行,四周簇拥诸多骑龙侍卫的图像极有可能表现的是乙弗氏转世为帝释天,并前往兜率天的情景。

对于这一推测,至少在图像层面上述有几个问题需要再做一下说明:一是帝释天的女性化问题,除了前面所述理由外,对于这点佛经中只是要求要转世为帝释天必须具备七种功德,但并未强调修行者本身是男还是女。而且犍陀罗早期帝释图像中,有些明显带有女性特点,如现藏于大英博物馆的浮雕菩萨苦修像中,主尊左侧的帝释天体态修长,面容姣好,具有典型的女性特征。[③]在我们所看到的北魏帝释天图像中,多数是

①《大正藏》,第17册,第12页。

②《大正藏》,第1册,第135页。

③英约翰·马歇儿著王冀青译《犍陀罗佛教艺术》,甘肃教育出版社,1989年,第60页,图版80。

以天王护法面目出现。一直到西魏时期，敦煌莫高窟才出现反映帝释天信仰的图像，它的来源也是中原地区，表明当时佛教信徒们对帝释天的理解已经有两种倾向，一种是将其当作纯粹的诸天护法神之一，另一种则将其当成修行的目标和愿望。对佛教徒而言，相对于成佛或摆脱转世轮回而言，修行者所需业力显然要大得多，而转世成帝释天则相对简单易行一些。因此，在当时历史环境下，太子元钦和武都王元戊期待他们的母亲转世为帝释天也是一件合情合理的事情。对于女性能否完成这一愿望，最迟在唐初已有明确相关理论阐述，有学者通过对唐代窥基《妙法莲华经玄赞》和良贲的《仁王护国般若波罗蜜多经疏》相关帝释内容整理，并引湛然《维摩经略疏》卷二《佛国品》中所述："若此间帝释是昔迦叶佛灭后，有一女人发心修塔，复有三十二人发心助修，修塔功德为忉利天主，其助修者而作辅臣，君臣合之名三十三天。"[①]明确指出帝释前身为一女人，与三十二人发心修迦叶佛塔，而升作忉利天主。[②]尽管这一结论在当时有替武则天制造舆论影响的因素，但其所依据的佛教经典可能在北朝时期就已经存在了，间接证明了北朝时期已经存在女性可以转世为帝释天的说法或佛典依据。

二是画面中众多人物乘龙的问题，根据佛经记载，帝释天的乘骑多为象或象舆，但他与龙也有很深的渊源，在被纳入佛教神系之前，他是吠陀中雷霆之神，相传他力大无比，曾杀死恶龙，解放了水，成为恢复宇宙之神。关于他乘龙的记述，汉译佛经中也有提及。西晋法立、法炬译《大楼炭经·忉利天品》："尔时天帝释整衣服，着冠帻。蹈龙王肩上。坐其顶上。两边各有十六小王侍坐。"[③]后秦佛陀耶舍、佛竺念《长阿含经·战斗品》：

---

①《大正藏》，第38册，第581~582页。

②张慧敏《帝释天研究》，2007年四川大学硕士学位论文，第79页。

③《大正藏》，第1册，第295~296页。

"时，帝释既自庄严，备诸兵杖，身被宝铠，乘善住龙王顶上，与无数诸天鬼神前后围绕，自出天宫与阿须伦往斗。"①可见，在中原地区汉译佛经中，已经出现帝释天乘龙的描述。在犍陀罗和克孜尔造像艺术中，帝释天形象则与常人相差不大。而到南北朝时期，随着中国境内佛教诸天护法观念的流行，骑着各种动物或怪兽的诸天形象大量出现，如云冈第 8 窟骑牛的摩醯首罗天和骑金翅鸟的鸠摩罗天，庆阳北石窟 165 窟内前壁右侧乘象的帝释天，敦煌 285 窟正壁的乘象帝释天等。隋唐以后，随着佛教中国化的完成，帝释天再度转为以少年帝王或女相大量出现。可知，反映帝释天乘象或乘龙题材主要出现在南北朝时期，麦积山 127 窟顶部出行图画面中主人公乘坐四龙并驭的车舆，车左侧有两只怪兽一前一后紧随飞奔（图 3-74），画面中更是有十多名侍卫骑龙簇拥前行，犹如神仙或帝王出行一般，这一情形可能是画师在佛经中关于帝释天乘龙描述的基础上进行了引申、夸张和想象。

图 3-74　麦积山 127 窟顶部帝后升天图中的怪兽

此前对这一图像解读中，一种认为是帝释天出游，另一种认为是东王公遨游。笔者认为均有商榷之处。因为根据佛经记载，帝释天是欲界忉利天众神之王，周围常有二千五百万天女陪伴。平时，他在善法堂与众神

①《大正藏》，第 1 册，第 144 页。

议事,并向他们颁发号令。当阿修罗进犯时,他会手持金刚杵,率领诸与阿修罗争斗,直至胜利。相关经典中并未发现关于他巡视天界的描述,而且帝释天出行时,随从人员较为复杂。而这幅图像中,主人公周围是清一色的头戴笼冠,身穿交领大袖袍服的侍卫,或持旌杖,或专心驭龙,或手持乐器,围绕车舆,彼此前后呼应,充分体现出车中主人公的重要性。况且前方还有天人及诸飞天导引,这与帝释天相关描述差异很大。因此,不大可能是帝释天出行图。对于东王公的说法更有不妥之处,根据《元始上真众仙记》记载,东王公系太元圣母所生,又名扶桑大帝或东华帝君,常住碧海之中, 东王公信仰与战国时期楚人的太阳神崇拜有着密切关系,是中国古代神话中的男神,后来被道教列为男仙领袖,常住蓬莱仙岛。据《汉尚方镜铭》描述东王公"身长一丈,头发皓白,人形鸟面而虎尾",而关于他的具体事迹则没有明确记载, 更没有任何关于东王公乘龙的记述。自两汉以来,东王公、西王母均已是中国道教中重要的神仙,麦积山127窟作为西魏皇室开凿的窟龛,并不存在任何佛教以外的图像因素,在这一点上与敦煌249、285窟顶部内容有着显著区别,因此这幅图像不可能表现的是道教东王公内容。

龙在中国古代神话中占有重要地位,乘龙、骑龙、乘龙车等在中国古代神话文学作品描绘中比比皆是,以比喻示成仙、升天、时来运转等含义。如《易·乾》曰:"时乘六龙以御天。"王弼注"升降无常,随时而用,处则乘潜龙,出则乘飞龙,故曰'时乘六龙'也。"《楚辞·九歌·大司命》曰:"乘龙兮辚辚,高驼兮冲天。"《东观汉记·冯异传》:"上曰:'我梦乘龙上天,觉寤,心中动悸。'"《史记·封禅书》:"黄帝采首山铜,铸鼎于荆山下。鼎既成,有龙垂胡须下迎黄帝。黄帝上骑,群臣后宫从上者七十余人,龙乃上去。"可见,到两汉时期,乘龙升天、成仙的观念已经深入人心。南北朝佛经翻译中已经开始部分引入这种说法,北魏时期,随着孝文帝迁都洛阳,汉化政策不断深入,中原传统文化观念对鲜卑贵族的影响也日益深化，如洛阳地区发现的北魏墓葬石棺画中就刻有墓主人乘弯曲的飞龙，身体藏于舟形龙身之内，身后绘乘龙的鼓吹乐伎，二人吹笛，三人吹箫，一人置建鼓，石棺近下缘部刻有各种神态各异的怪兽。[①]这里的龙喻义带着墓主人升入天国。而石棺下侧刻画的各种怪兽在北魏墓志中也有发现，如北魏正光三年(522)《冯邕妻元氏墓志》四缘既刻有各种珍禽异兽，并且带有名称，如礔电、乌擭等。[②]北魏晚期的石窟寺中也发现有类似怪兽，如巩县石窟第 1、3 窟北壁下侧，第 4 窟南壁下侧，第 1 窟南壁天窗左侧等。开凿于北魏晚期的麦积山 133 窟顶部残存壁画中也保存有类似的仙人骑龙驭虎及瑞兽图像，(图 3–75)由于残损较多，原意已不详，推测它应该还是一种将中国传统题材纳入佛教神系世界的表现方式。

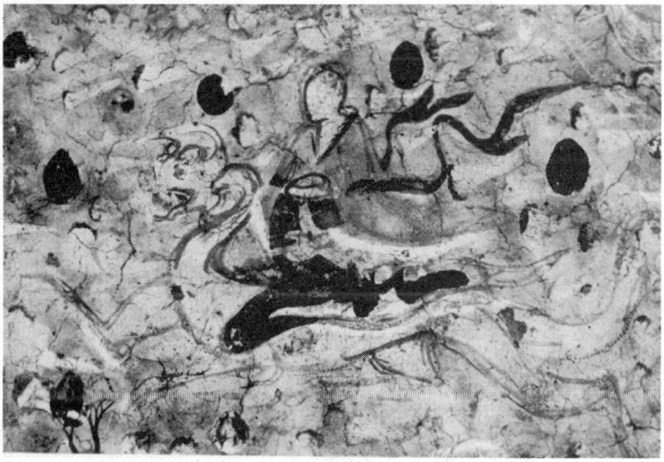

图 3–75 麦积山 133 窟顶部壁画驭虎仙人图

上述例证表明这些已被引入北魏丧葬习俗的、带有中国古代神话特征的图像亦开始为佛教造像艺术所吸纳和借鉴。麦积山 127 窟顶部正中壁画内容正是这些因素共同作用的结果，画师们将这些题材巧妙地植入佛教图像之中，以四龙并驭、装饰了华丽车盖的龙舆来体现主人的尊贵，四周骑龙侍卫簇拥而行的壮观场景彰显出主人异于常人的身份，车旁飞

①洛阳市博物馆《洛阳北魏画像石棺》，《考古》，1980 年第 3 期，第 229~241 页。

②《汉魏南北朝墓志集释》，第 3 册，桂林：广西师范大学版社，第 15 页，图版 57。

奔的怪兽则暗示主人在前往天国的路上。其中数量众多的龙为画面增色不少,既使人浮想联翩,同时也点明了127窟的中心和目的所在。

三是画面中图像前后组合的整体寓意。这幅图像分前后两个部分,后半部分表现的是主人公在众多侍卫和怪兽簇拥下前行,前半部分天人回首顾盼,数身飞天环绕四周,仿佛在引导车队前行的方向,共同构成了一个有机整体。

如果我们将麦积山127窟顶部出行图与敦煌249窟顶部南、北两壁的帝释天妃(西王母)、(帝释天)(东王公)遨游相比较,就会发现两者之间有很多相似性,在249窟北壁图画中,一人端坐于车内,前面有三条龙牵车前行,前后均有飞天或乘瑞鸟的仙人引道或随侍,车厢外侧饰有羽翼,下方有带翅膀的鲸鱼和浮动的大鲵。南壁图画内容结构基本相似,不过将龙换成了凤。两者总体均为前方有引导者,后方主人公乘舆随行,侍卫簇拥在左右,构成一幅完整出行图。根据马世长先生的研究成果,这种图像题材和构图形式与南朝顾恺之《洛神赋图卷》中洛神出行有着密切关系,与曹植《洛神赋》中所言的"腾文鱼以警乘","鲸、鲵踊而平毂"的奇特场景非常相近,应该是受到南朝绘画艺术影响的结果。①与当时远在西陲的敦煌相比,比邻长安的麦积山更容易受到中原和南朝绘画艺术影响。因此,无论从形式,还是内容上,麦积山127窟顶部出行图的主题和内容都更加明确,它只是借鉴了《洛神赋图卷》中洛神出行的艺术形式,内容则完全按照功德主的要求进行了改造,龙的出现代表主人已升天,车舆两侧飞奔的怪兽类似中国古代傩文化中驱鬼的方相氏,②以保证主人在出行路上的安全,车舆四周的骑龙人物则是护侍主人升天的仪仗队

---

①马世长《交汇、融合与变化——以敦煌249、285窟为中心》,巫鸿主编《汉唐之间文化艺术的互动与交融》,北京:文物出版社,2001年,第304-305页。

②孙作云《敦煌画中的神怪画》,《考古》,1960年第6期,第31页。

伍，以显示主人生前的尊贵地位。前面天人和诸飞天接引图与后面主人出行图同向而行，相互呼应。这与佛教中关于信徒奉佛受戒、施行众善，临终魂魄可以升天的说法是相一致的，如《弟子死复生经》称"汝曹等辈，皆当从是人得度，以其人寿命自尽时乃当死耳。魂神自追随行往受。若生天上。天神自当来迎之。若生人中。人中自当来迎之。"[①]图中诸天人前来接引的场景佛经中也有描述，如《妙法莲花经》称"若《法华经》行阎浮提有受持者，应作此念，……若但书写。是人命终当生忉利天上。是时八万四千天女。作众伎乐而来迎之。其人即着七宝冠。于婇女中娱乐快乐。"[②]可见，这幅图画核心部分应是反映西魏皇后乙弗氏升天的图像。实际上，在对于莫高窟第 249 窟天井内容的研究中，有学者也持这种观点，认为反映的是集佛教与中国古代神话思想于一体的《上士升仙图》，[③]这种新见解也对本文所涉及内容起到了很好的启发作用。

总之，127 窟顶部正中保存的这幅帝后升天图，是外来佛教思想与中国传统神话思想结合的产物，在传播过程中，印度原有的帝释天被彻底地进行了中国式改造，他的形象、神格、甚至性别等都发生了巨大变化，成为人类历史上多元文明、多元文化形成和发展的见证。

---

①《大正藏》，第 17 册，第 869 页。

②《大正藏》，第 9 册，第 62 页。

③刘永增《莫高窟第 249 窟天井画内容新识》，敦煌研究院编《2000 年敦煌学国际学术研讨会文集·石窟考古卷》，兰州：甘肃民族出版社，2000 年，第 1~24 页。

第四章

第 127 窟图像内涵及教化功能

127窟正、左、右三壁正中龛内各一坐佛二菩萨，构成三佛造像。它在继承麦积山北魏时期形成的以法华思想为核心的三世佛造像基础上，又融入北魏晚期以来洛阳、长安地区盛行的西方净土和涅槃等大乘佛教思想。因此，在造像题材上出现了以释迦、弥勒和阿弥陀为主尊的三佛新的造像体系，尽管与传统意义上的法华三世佛在题材组合上有所区别，但两者之间还是存在诸多密切关系。

实际上，北朝晚期石窟寺造像中这种组合题材的变化不仅发生在西部的麦积山石窟，如前文所述，在东部地区也有许多类似例证，其中典型代表当属以邺城为中心的响堂系石窟群，许多学者已做过深入的探讨和研究。①在具体造像内容方面，根据研究成果，③主要表现为两种：一种以

---

①丁明夷《北朝佛教史的重要补证——析安阳三处石窟的造像题材》，《文物》，1988年第4期；刘东光《有关安阳两处石窟的几个问题及补充》，《文物》，1991年第8期；颜娟英《河北南响堂石窟寺初探》，《考古与历史文化——庆祝高去寻先生八十大寿论文集》，台北：正中书局，1991年；李裕群《邺城地区石窟与刻经》，《考古学报》，1997年第4期；李裕群《关于安阳小南海石窟的几个问题》，《燕京学报》，新6期，1999年；颜娟英《北齐小南海石窟与僧稠》，《印顺导师九十大秩纪念文集》，台北：东大图书公司，1995年；颜娟英《北齐禅观窟的图像考——从小南海石窟到响堂山石窟》，《东方学报》，第70册，1998年；李玉珉《宝山大住圣窟初探》，《故宫学术季刊》，第16卷第2册，1998年；王振国《关于邯郸水浴寺石窟的几个问题》，《中原文物》，2002年第2期。

②王振国《试论响堂系石窟与地论系石窟的异同》，《2005年云风国际学术研讨会论文集·研究卷》，北京：文物出版社，2006年。

法华经为经典依据，以释迦佛为主的三世佛体系。一种以华严经为依据，以卢舍那佛或释迦、阿弥陀、弥勒为组合的三佛体系。前者功德主多为皇室、各级官吏及民众，代表性窟龛有北响堂北、中、南洞，南响堂第1~7窟等。后者功德主多为北齐名僧，代表性窟龛有安阳小南海中、东、西窟，宝山大留圣窟、大住圣窟，卫辉香泉寺石窟，沁阳悬谷山千佛洞等。由此可知，北朝晚期北方地区这种造像组合上的变化也是相关佛教思想和信仰体系发展、变化的具体表现之一。

麦积山127窟作为由西魏皇室主持开凿的窟龛，其窟内造像和壁画在这方面更具有完整性和统一性，对于这些图像内容的讨论和研究非常有助于了解当时北方地区佛教思想的传承情况，以及特定历史条件和背景下某些图像题材选择的原因和寓意。因此，本章在前文对该窟具体内容释读、讨论和分析基础之上，重点将窟内正、左、右三壁及前壁和顶部内容分成四个部分，从图像学角度进一步加以阐述。

第一节　127 窟图像蕴含和宣扬的佛教思想

1. 127 窟正壁造像和壁画的图像学含义

127 窟图像由造像和壁画两部分组成,其中造像题材布局为三壁三龛,每龛内均为一佛二菩萨,根据前文考证结果,正壁龛内为释迦佛,左壁龛内为弥勒佛,右壁龛内为阿弥陀佛。每尊佛两侧各配一身胁侍菩萨的组合形式也是弘扬大乘菩萨道思想的需要。那么,究竟如何确定这六身菩萨身份呢?由于其在形象上并无显著的神格特征,这儿尊菩萨身份的确定主要还是依据经典和相关图像等。

由于正壁主尊为释迦,故胁侍菩萨应为释迦三尊像中的文殊与普贤。左壁主尊为弥勒,关于其胁侍菩萨身份早期佛典中并没有记载,可能与当时弥勒还具有补处菩萨的特殊地位有一定关系。唐代以后,随着佛教密宗盛行,在曼荼罗坛场神像设置中,弥勒的胁侍菩萨也开始有了名号,如金刚智译《吽迦陀野仪轨》所述曼荼罗坛场中,弥勒菩萨居中,左、右分别为法音轮菩萨和大妙相菩萨,四角各为一天王。[①]可见,唐朝以前

①《大正藏》,第 21 册,第 246 页。

佛装弥勒两旁胁侍菩萨的身份并不好确定,故开凿于西魏初年的麦积山127窟左壁弥勒佛两侧菩萨名号一时也无法确认,推测可能只是当时造像者一种习惯性组合方式,并无其他特殊含义。右壁主尊为阿弥陀佛,其胁侍菩萨理所当然为观世音和大势至。下面,我们首先就127窟这三组造像所蕴含的佛教思想及其所在壁面经变图像内容略加以解读。

127窟佛像虽然没有明确表现为法华三世造像特征,但窟内最重要的正壁位置通壁绘制涅槃变,正壁龛内系特意安置的一组石雕释迦三尊像,其意无外乎在于突出和提高释迦地位。因此,从佛教思想分析,这种图像配置仍然与《法华经》的传播有密切关系。《法华经》是大乘佛教的重要经典之一,它宣扬一切众生皆当作佛,如卷二《信解品》曰:

> 佛亦如是,知我乐小,未曾说言,汝等作佛,而说我等,得诸无漏,成就小乘,声闻弟子,佛勅我等,说最上道,修习此者,当得成佛,我承佛教,为大菩萨,以诸因缘,种种譬喻,若干言辞,说无上道,诸佛子等,从我闻法,日夜思维。精勤修习,是时诸佛,即授其记,汝于来世,当得作佛。①

除了上述“开权显实”、“会三归一”思想外,《法华经》另一思想宗旨则是“久远实成”、“佛寿无量”,认为释迦为“久远实成之佛”,其它佛国世界中的三世十方一切诸佛不过是释迦佛的方便化现,佛遍一切时、一切处,可见释迦图像在法华思想中的独特地位。虽然没有像《大般涅槃经》那样直接宣扬“一切众生皆有佛性”,但经文通篇所表达的意旨却是建立在这一思想基础之上的,即要众生“开”、“示”、“悟”、“入”成佛之根性,其思想和主张得到中国佛教徒的广泛信仰,故被誉为“诸佛之秘藏,

---

①《大正藏》,第9册,第18页。

众经之实体”。①

127窟正壁释迦本尊整体布局为背屏式造像，佛结跏坐于方形叠涩须弥座上，双手做说法印。头光由化佛及对称的伎乐天组成，佛肩两侧各浮雕一半隐身弟子像，其周围对称浮雕莲花化生、飞天及供养菩萨，故这幅图像意在表现佛说法图。两侧相对简略雕出的弟子像则代表迦叶与阿难，他们均为佛十大弟子之一，前者号称头陀第一，他少欲知足，常修苦行，深得佛陀信任，是佛涅槃后第一次结集主持人，负责整理佛陀留下的著述，对经、律、论三藏的形成，以及后世佛教的流传发挥了重要作用。后者多闻第一，长于记忆，据说佛涅槃后第一次结集时就是由阿难当众忆诵佛陀生前所讲的经、律、论，在迦叶圆寂后，由他继承迦叶，继续弘传佛法。图像中迦叶与阿难的出现，意在表现本尊身份和佛法的真实，并无特殊的图像学含义，故这两身弟子像在位置安排上并不突出，不仔细观察甚至容易被忽略。由于旨在宣扬大乘菩萨行思想，所以佛左、右胁侍菩萨被安排在非常重要的位置，分别以单尊形式出现。因此，该龛内一佛二菩萨组合才是所要表达的真正所在。

主尊左、右的文殊、普贤菩萨，在佛教图像上常以释迦胁侍身份出现。根据《文殊师利涅槃经》描述，文殊菩萨出身于婆罗门，诞生之时，也有种种瑞相，后从释迦出家学道，始成正果，号称智慧第一，具有无量神通、无量变现。在释迦说法的四十九年中，他始终伴于左右，最后终于涅槃。凡是大乘法会，都有文殊参加，在辅助释迦，宣扬大乘佛法方面做出了很大贡献。如释迦在宣讲《法华经》时，他始终以首辅菩萨身份出现，当其他菩萨产生疑念时，总是由深悟佛意的文殊菩萨来加以阐明和解释：

是时文殊師利语弥勒菩萨摩诃萨及诸大士，善男子等，如

①《大正藏》，第9册，第62页。

我惟忖，今佛世尊。欲说大法雨、大法雨、吹大法螺、击大法鼓、演大法义。诸善男子，我于过去诸佛曾见此瑞，放斯光已即说大法，是故当知。今佛现光亦复如是。欲令众生咸得闻知一切世间难信之法，故现斯瑞。……为求声音闻者，说应四谛法。度生老病死究竟涅槃。为求辟支佛者，说应十二因缘法。为诸菩萨，说应六波罗蜜，令得阿耨多罗三藐三菩提，成一切种智。[①]

可见文殊在宣扬法华思想方面具有重要作用，而且在引导信众进入涅槃圣境方面也是功德无量，据传佛涅槃四百五十年后，文殊曾于雪山度化五百仙人，使他们进入涅槃境界。“信徒若闻其名，可除却十二亿劫生死之罪，若礼拜供养文殊，世世恒生诸佛之家。”[②]这些为后来唐宋时期文殊崇拜兴起打下了坚实理论基础。

释迦另一身胁侍普贤菩萨又称“遍吉菩萨”，以德行著称，关于他的来历，有多种说法，《观普贤菩萨行法经》称他生于《法花经》所描绘的东方妙净国，与法信仰之间有着密切关系，根据该经记载，普贤菩萨在释迦灭度后，会在法华经的宣讲、教化、护持等方面发挥出难以想象的、奇妙的作用。[③]其他佛典中也有关于普贤菩萨事迹的记述，如《悲华经》称他是转轮圣王的第八子泯图，因发心修行大乘菩萨道而修成正果，被释迦改名为普贤。[④]关于其形象和所居之处，更是充满神奇色彩。按《大智度论》的说法，就是“不可量不可说，住处不可知，若住应在一切世界中住，是故不说。”[⑤]在协助释迦演说大乘佛法过程中，普贤菩萨的主要职责是

①《大正藏》，第9册，第137页。
②《大正藏》，第14册，第481页。
③详见《妙法莲花经》卷二十八《普贤菩萨劝发品》，《大正藏》，第9册，第61~62页。
④《大正藏》，第3册，第191~192页。
⑤《大正藏》，第25册，第134页。

指导信徒如何修行，并起示范作用，经中也有详细记述：

> 佛告阿难：若有众生。欲观普贤菩萨者。当作是观。作是观者是名正观。若他观者是名邪观。佛灭度后佛诸弟子。随顺佛语行忏悔者。当知是人行普贤行。行普贤行者。不见恶相及恶业报。其有众生。昼夜六时礼十方佛。诵大乘经。思第一义甚深空法。一弹指顷。除去百万亿阿僧祇劫生死之罪。行此行者。真是佛子。从诸佛生。①

总之，这两身精美的石雕菩萨像不仅是法相庄严的需要，更是为强调和表现大乘佛教修行中理论与实践并行的重要性，弘扬"一切众生皆有佛性"的涅槃和法华思想，以期信众最终领会佛法，达到觉悟成佛的目标。

正壁通幅绘制包括临终说法、佛入涅槃、八王争舍利等主要情景在内的涅槃经变，类似题材也见于麦积山西魏135窟正壁，尽管后者残损较严重，但从构图、形式及情节安排等方面综合分析，基本可以确定，两者之间所表现和反映的涅槃思想是一致的。自北凉昙无谶译大本《涅槃经》传入内地以来，与此前汉译的各种相关涅槃类经典共同构成了完善的理论体系。它所归结出的"常、乐、我、净"四德，能使信奉者获得一种摆脱生死轮回、不生不灭、超离生死苦恼而永恒安乐境界，从而达到脱离生死苦海、度到彼岸的终极目标。在理论上解决了佛教宣扬的修行善业、获得善报而最终归向何处的问题，也解决了人们对于生死轮回恐惧的精神与心理障碍。因此，研习和讲诵涅槃之风迅速在南北各地盛行起来。如因率先提出"一菩提皆有佛性"的竺道生。在所著《涅槃无名论》中明确指出

①《大正藏》，第9册，第394页。

“涅槃之道，盖是三乘之所归，方等之渊府”的鸠摩罗什弟子僧肇等都是其中杰出代表和涅槃论大师。北朝晚期，随着涅槃思想的广为传播，相关涅槃图像也开始出现，它与公元二至四世纪盛行于犍陀罗、中亚和新疆地区的涅槃经变图像既有一定的联系，也深深体现出中原内地涅槃图像自身特点。

犍陀罗地区的涅槃图像主要以浮雕形式出现，在图像构成方面，正如日本学者宫治昭先生所指出的那样：以右胁侧卧的释迦为中心，往往还带有佛涅槃后与葬礼有关的遗体缠布、遗体搬运、入殓、荼毗等场面，并且还伴有荼毗之后的舍利入城、守护舍利、争舍利、分舍利、起塔供养等诸多情节。此外，还有一些表现释迦从诞生到少年时代，从宫廷生活到出家修行，以及生命最后时刻与涅槃相关的故事，如托胎灵梦、宫廷生活、逾城出家、帝释梵天护持、末罗族人举哀、须跋陀罗先佛入灭、迦叶视足等，画面重点在于表现诸弟子及悲痛的末罗族人，体现出与小乘涅槃经典之间的密切关系，图像来源上带有浓厚的希腊及罗马等西方文化色彩。①而中亚地区流行的涅槃图像中，在继承犍陀罗涅槃图像的同时，明显反映出须跋陀罗火界定、大迦叶礼拜佛足、摩耶夫人登场，以及众人捶胸哀号、揪拔头发、以刀划面等特殊的哀悼情景，其中后两种场景的出现被认为是古代中亚地区女神崇拜的具体表现和当地游牧民族葬俗的真实反映。②佛教美术从印度经中亚传入中国新疆后，涅槃图像无论从局部，还是整体，都发生了显著变化，并成为克孜尔石窟最重要的造像艺术题材。根据统计，在克孜尔近120个绘有壁画内容的窟龛中，涉及涅槃图

①宫治昭著，李萍、张清涛译《涅槃和弥勒的图像学——从印度到中亚》，北京：文物出版社，2009年，第92~115页。

②宫治昭著，李萍、张清涛译《涅槃和弥勒的图像学——从印度到中亚》，北京：文物出版社，2009年，第453~474页。

像的窟龛大约在 50%以上，[①]但这种图像的发展与演变本身也经历了一个过程。在属于克孜尔第一期的平面方形窟中，涅槃图像的地位尚不突出，主要是作为佛传故事内容之一出现，如第 76 窟左壁佛传故事壁画中，上至下依分为三层：第一层左至右依次为腑下诞生、七步生莲、四门出游、树下苦修、魔女诱惑和降魔成道；第二层左至右依次为三幅说法图、帝释窟说法和三迦叶归佛；第三层四幅画面均与涅槃有关，左至右依次为涅槃、送葬、哀悼、入殓等场景。可以看出，佛陀成道后的说法图是强调的重点，同时对涅槃也给予了较多关注。而在属于克孜尔第二期的大像窟和中心柱窟中，涅槃图像则形成真正意义上的独立空间。在大像窟背后方柱两侧，凿有可供右绕低矮甬道和后室，其中后室正壁凿一横长方形平台，上有泥塑大涅槃像，在甬道外侧壁及中心柱后面低台上，原来均塑有塑像，它们与后室内壁画共同来表现围绕涅槃像的天人、诸神、佛弟子和供养者等。代表性窟龛如第 47、48、77 窟等。中心柱窟则多在后室正壁设坛台，上塑涅槃像，或在壁面上直接绘涅槃图，与其对应的中心柱背面绘毗荼，左甬道内侧壁画绘阿阇世王故事，右甬道内侧壁画绘第一结集，外侧壁画绘分舍利。[②]其中涅槃图中四天王和八部诸天神赞叹供养、摩耶夫人的出现，以及荼毗中大迦叶探视佛足等成为克孜尔这一时期涅槃图像的主要特征，代表性窟龛如第 17、38、189 窟等。

关于中原内地的涅槃图像，我们在前面章节已有简述。南北朝时期，由于涅槃经典在南北各地的传播，以及涅槃理论研习的不断深入，相关

---

①详细材料参见刘松柏、周基隆《克孜尔石窟总叙》，新疆维吾尔自治区文物管理委会员/拜城县克孜尔千佛洞文物保管所/北京大学合编《中国石窟·克孜尔石窟》（第三卷），北京：文物出版社，1997 年，第 245~269 页。

②马世长《克孜尔中心柱窟主室主室券顶与后室的壁画》，新疆维吾尔自治区文物管理委会员/拜城县克孜尔千佛洞文物保管所/北京大学合编《中国石窟·克孜尔石窟》（第二卷），北京：文物出版社，1997 年，第 219~226 页。

涅槃图像的制作在北魏晚期开始在南朝和中原北方地区出现，它与犍陀罗、中亚及新疆地区盛行的涅槃图像有显著区别，更多是以中国信众对涅槃的理解以及横卷式构图样式出现。如前面所述龙门石窟中的涅槃图像更像中国传统意义上为逝者举哀的场景，兼有迦叶探足等简单相关内容，远没有中亚及新疆涅槃图像那么复杂，说明这一时期至少在北方中原地区，人们对涅槃的认识和理解还不够深刻，但是已经脱离了将其视作佛传故事一个情节这种观念，表明大乘佛教涅槃观开始被人们所接受。而麦积山西魏127窟大幅涅槃经变的出现，是标志着大乘佛教涅槃观的正式形成。画面正中不再是传统涅槃图像中常见的以右肋而卧的释迦，代之以一佛二菩萨组成的一辅三身说法图，这种变化旨在体现和强调佛陀临终最后说法的重要性，既涅槃经所宣扬的众生皆有佛性。画面左侧的毗荼、分争舍利，右侧的金棺示足、临终说法等均与《大般涅槃经》教义有密切关系。

127窟涅槃经变正中安置佛说法图不仅是图像布局上的一种简单变化，也是当时众生皆可成佛的涅槃思想已经在社会上广泛得到信奉和传播的具体表现。它不再是中亚、新疆地区那种直观的佛涅槃图，通过展示佛陀个体形象的光辉和伟大，从而为广大信徒个人修行提供信仰和精神上的支持。这种图像上的变化某种意义上也是南北朝时期僧俗各界广泛宣扬、研习、讲诵和注疏《大般涅槃经》的具体反映。除第二章已提及的相关事迹及竺道生、释宝亮、释道成等高僧外，还有许事例，如萧齐蜀武擔寺释道汪，“……年十三投庐山远公出家，研综经律，雅善涅槃，蔬食数十余年。”他曾在梁州地区传播佛法，有当地名士费文渊等人从其受业，亦得到刺史张悦敬重，还立有祇洹寺；[1]刘宋山阴灵嘉寺释超进，“本姓

---

①释慧皎著，汤用彤《高僧传》卷7《宋蜀武擔寺释道汪》，北京：中华书局，1997年，第283页。

颛须氏，长安人……神性和敏，戒行严洁。故年在未立，而振誉关中……俄尔旋于会稽，还绍法化。以大涅槃经是穷理之教，每留思踟蹰，累加讲说……大小诸经并加综採，后止于京师，精寻文旨，开畅讲说……及年老失明，犹使弟子唱《涅槃经》，旬中一遍，其耽好若此。”[①]除了这些僧人，在当时世俗民众供养活动中也反映出涅槃观念已深入民心，如西魏大统四年（538）比丘僧演造像题记中称“……僧演减割衣钵之资，造石像一区，金像三区，浮图三级，《大般涅槃经》两部，《杂经》三百口，供养僧、世人，上为国主、百燎、师徒，所生法界之类，咸同正觉。大统四年岁次戊午七月十五日，比丘僧演敬造供养。”该碑高五尺多，正面开龛，四面题字，除僧演等 30 多名僧人外，还有董、郭等信众 20 余人。[②]

通过这些我们可以知道当时僧俗各界对于生死这一问题已经在涅槃经典中找到了答案。人活于世，不免沉沦于各种烦恼、痛苦、忧愁和疾病之中，正如《大般涅槃经》所言“无量众生沈生死海，谁能于中作大船师？是诸众生常为烦恼重病所缠，谁能于中为作良医？”[③]然而，无论是谁，最终都避免不了走向死亡的命运，那么，如何才能摆脱苦海、获得精神上的永恒呢?《大般涅槃经》指明了道路“……又解脱者名曰断绝，如人被缚，断缚得脱。解脱亦尔，断绝一切疑心结缚，如是断疑即真解脱，真解脱者即是如来。又解脱者名到彼岸。譬如大河有此彼岸。解脱不尔虽无此岸而有彼岸。有彼岸者即真解脱。真解脱者即是如来。”[④]所以成佛才是真正的解脱之路，为了显示这种庄严和神圣，画面中才会选取临终示

---

①释慧皎著，汤用彤《高僧传》卷 7《宋宋山阴灵嘉寺释超进》，北京：中华书局，1997 年，第 297~298 页。

②清·王昶《金石萃编》卷 32《僧演造像记》，中国东方文化研究会历史文化分会《历代碑志丛书》（第四册），江苏古籍出版社，1998 年，550~551 页。

③《大正藏》，第 12 册，第 692 页。

④《大正藏》，第 12 册，第 394 页。

教、迦叶探足、金棺说法、供养和分争舍利等场景，借助画面来表现佛陀在临终前三个月已将涅槃之事告知天下，而后这段时间内广布佛法，度化众生，最后在娑罗双树下北首涅槃这一事迹，从而使广大信徒获得感动，以增强和激励他们在成佛修行之路上的信心和勇气。

2. 127窟左壁造像和壁画的图像学含义

127窟左壁龛内主尊为弥勒佛或佛装弥勒菩萨，梵文 Maitriya，音译弥帝隶、梅帝丽、迷帝隶等，汉译为慈氏。在佛教三世佛造像中代表未来佛，在未成佛之前以补处菩萨身份居住在兜率宫净土，将会在释迦牟尼佛灭度后56亿7000万年降世成佛，教化解脱众生。这是一个非常美妙、难以想象的理想天国：

> 时诸垣中有八色琉璃渠，——渠有五百亿宝珠而用合成，——渠中有八味水八色具足，其水上涌绕梁栋间，于四门外化生四花，水出花中如宝花流。——花上有二十四天女。身色微妙，如诸菩萨庄严身相，手中自然化五百亿宝器。——器中天诸甘露自然盈满。左肩荷佩无量璎珞，右肩复负无量乐器，如云住空从水而出。……座四角头生四莲花，——莲花百宝所成，——宝出百亿光明，其光微妙化为五百亿众宝杂花庄严宝帐。……时十方面百千梵王，各持一梵天妙宝以为宝铃悬宝帐上，时小梵王持天众宝以为罗纲弥覆帐上，尔时百千无数天子、天女眷属各持宝花以布座上，是诸莲花自然皆出。五百亿宝女手执白拂侍立帐内。赞曰：七内修四辨外有大梵悬宝铃，天人敬重。八内修总持，外有小梵为纲。九天子天女持花布座，十宝女执白拂侍立帐内，皆由凡除十恶修善戒。菩萨亦持十无无戒之所招感。持官四角有四宝柱，——宝柱有百千楼阁梵摩尼珠以为交络，时诸阁间有百千天女色妙无比，手执乐器，其乐音中演

说苦、空、无常、无我诸波罗蜜。尔时十方无量诸天命终，皆愿往生兜率天宫。①

从经中可知，这里有无数奇珍异宝和雄伟的宫殿，以及盛装曼妙的天女，还有美妙的佛法。弥勒菩萨就居住在第四层兜率天，接引众生共享净土的幸福，在这座天堂乐园里，人们对物质利益和精神世界的任何追求都能实现。待未来弥勒下降人间成佛时，也会随之降生，以达到永久解脱。而弥勒所要降生的这个国度，到处是奇花异果，遍地珍宝，时世安乐，没有怨贼、劫窃之患，城邑聚落，无闭门者，亦无衰恼，水火刀兵，及诸饥馑，毒害之难，人常慈心，恭敬和顺。托生此国的弥勒菩萨仍然感到生老病死的烦恼，于是出家修行，在华林园龙华树下悟道成佛，并亲自在龙树下说法三次，第一次度 96 亿人，第二次度 94 亿人，第三次度 92 亿人，并皆获得阿罗汉果，即著名的“龙华三会”。

可见左壁龛内弥勒佛像代表和反映了佛教信众对未来弥勒净土佛国世界的向往和期待，两侧各配置一身胁侍菩萨从当时相关弥勒经典分析，主要作用在于烘托和彰显主尊地位，并无特殊含义，特别是弥勒左侧胁侍菩萨，面容含笑，身体微微前倾，右手平举前伸，掌心向上，托一盘果品。右手抚胸，虔恭之情，溢于言表，与正壁龛内主尊胁侍菩萨造像在神态上形成了鲜明对比。

左壁上方所绘维摩诘变包含有方便品、弟子品、文殊师利问疾品、不思议品、观众生品等内容，均为《维摩诘所说经》正宗分。不仅是北魏末年以来维摩诘变图像常见的题材，也基本概括了该经宣扬的大乘佛教成就众生、无住为本、不二法门思想。

成就众生即指由菩萨拯救一切众生，以大乘之法教化众生入佛智

①《大正藏》，第 14 册，第 419 页。

慧，也是净土的体现，正如经中所言："众生之类，是菩萨佛土，所以者何？菩萨随所化众生而取佛土，随所调伏众生而取佛土，随诸众生，应以何国入佛智慧而取佛土。随诸众生，应以何国起菩萨根而取佛土。所以者何？菩萨取于净国，皆为饶益诸众生故。"[①]并借以强调宗教实践活动要深入到具体世俗社会中去，在那里认识众生、成就众生、度脱众生，正如释迦在该经弟子品中所言："汝不能知众生根源，无得发起以小乘法"、"我观小乘智慧微浅，犹如盲人不能分别一切众生根之利钝。"[②]以强调大乘经典智慧要远胜于小乘，也体现出众生平等思想。

无住为本是成就众生的基本原则。《维摩诘所说经》认为它是由众生本质所决定的，首先要认识到众生是种种虚幻不实的假相，如水中月、镜中像。同时还要透过现象、假象看到众生的本质，正如维摩诘所言"一切众生心相无垢、妄想是垢，无妄想是净。颠倒是垢，无颠倒是净。取我是垢，不取我是净。"[③]可见无住是众生妄想颠倒的本体，一切现象都建立在无住本体上，它不是离开各种现象、假想，而恰恰是各种现象的本质。大乘佛教般若学以无住、毕竟空为一切法的本体和实相，《维摩诘所说经》正是继承了"心性本净"和一切法皆无实体的思想，将其概括、发展为一切法皆以无住性空为实相本体的本体论。[④]

不二法门是指《维摩诘所说经》根据大乘佛教佛果不离众生原则和众生以无住为本原理，建立起的一种独特宗教实践方法，并将其概括为"不尽有为，不住无为"。所谓不二，就是在性空无住的本体实相上取消对立，消除一切差别。从大乘佛教所倡导的无住本体上说，世间与涅槃、烦恼与菩提、佛与众生等等都是平等、无分别的，他的最高境界就是"默然

---

①《大正藏》，第14册，第419页。

②《大正藏》，第14册，第541页。

③《大正藏》，第14册，第541页。

④伍先林《维摩诘所说经思想试探》，《宗教学研究》，1996年第1期，第48~56页。

无言”。正如入不二法门品中，当诸菩萨各自讲述了他们所理解的不二法门后，文殊请维摩诘也谈谈看法，可他却默默无言。于是文殊师利感叹：“善哉善哉，乃至无有文字语言，是真入不二法门。”《维摩诘所说经》中这种建立在诸法性空无住基础上的不二法门认识论、方法论，属于般若学思想，在大乘佛教思想中很具有代表性，成为大乘般若学思想的核心部分，被龙树认为“入不二法门，是诸法实相门。”[①]成为佛教大乘空宗哲学体系的重要组成部分之一。

除《维摩诘所说经》宣扬的大乘佛教思想外，经中塑造的维摩诘居士把“处世间”当“出世间”，为魏晋南北朝时期封建士大夫信仰佛教开启了一扇方便之门。维摩诘作为一个居士，身居闹市，却对佛教义理入深法门且奉戒清净，成为在家菩萨代表，这种居士佛教修行方式很符合中国人的口味。众所周知，植根于儒、道思想的中国传统文化注重现实人生，不主张脱离现实人生去追求所谓来世幸福。特别是在实现人生价值方面，儒家“修心、齐家、治国、平天下”观念已深入士人心。绝大多数士人不愿出家去过那种与世隔绝，以青灯古佛为伴的寂寞清苦生活，来证得佛果为人生终极目标和价值取向。这种背景下，“出家不必出家”的居士维摩诘就成为最恰当的楷模，较好地解决了他们既眷恋世俗功名富贵，又关心拯救灵魂的思想矛盾，故而深受欢迎。

《维摩诘所说经》不仅抹杀了出家与在家界限，还表现出在家高于出家的倾向。如弟子品中称“居士：‘我闻佛言，父母不听，不得出家？’维摩诘言：‘然，汝等便发阿缚多罗三藐三菩提心即是出家，是即具足。’”[②]这对以孝为本，尊奉“父母在，不远游”古训的士人来说正合其意，并为后来居士佛教盛行提供了理论依据。此外，维摩诘“深达实相、善说法要、辩才

①《大正藏》，第 25 册，第 248 页。

②《大正藏》，第 14 册，第 542 页。

无滞、智慧无阂、诸佛秘藏无不得入”的性格特征也是南北朝时期名士纷纷追逐和模拟的目标。维摩诘“游戏神通、宏达开阔”的行为方式不仅是大乘佛教人物形象的创新,更是对小乘佛教相对保守观念的一种冲击与挑战。“不离世间而得涅槃”的教旨使其在语言和行动上都很大胆,主要表现在维摩诘的“善于智度”和“通达方便”上,他可以入淫舍、酒肆,但都能立其志。在充分享受现世各种欲望的同时,可谓“火中生莲花”,一尘不染,还能从欲火中生出佛智。这种佛既魔、佛法同于世间法的观点,更是从般若理论和宗教实践两个方面把佛教的出世间移到了世俗世界,一定意义上使僧侣生活世俗化,又让世俗人在世间也能像僧侣那样追求出世间的精神世界,自然会受到僧俗各界欢迎。维摩中以举重若轻的豁达态度对待严肃的宗教活动,这种形象鲜明、性格独特的人生态度,与老庄玄学人生观产生了某种契合,对封建士人非常具有诱惑力,也有很强现实意义。

综上所述,左壁图像中弥勒与维摩诘变的结合反映出人们在对未来充满希望的同时, 更关注现实生活中的物质享受和所能得到的福报,体现出一种积极的人生态度。

3. 127窟右壁造像与壁画的图像学含义

127窟右壁龛内主尊为阿弥陀佛,两侧胁侍分别为观世音和大势至菩萨。主尊造像宋代曾经改塑,原貌已不详。两身胁侍菩萨造像为北魏原作,但其身份特征并不突出,与麦积山北魏晚期以来的菩萨造像在形象上基本没有区别,在没有明确题记情况下,是无法根据其本身装束特征加以判断的。出现这种现象的原因笔者认为主要有两点:一是受到秦陇地区及麦积山石窟北朝时期菩萨造像传统影响的结果,主要在于体现菩萨像的婀娜多姿和衬托主尊。而经典中关于阿弥陀胁侍菩萨造像神格描述,由于这一时期观音信仰尚未普及,故并未得到多少表现。现存实例也是如此,如开凿于北魏晚期的麦积山110窟甬门上方绘制的《观世音普门品》中，对于西方三圣形象也是分别用墨书题记标明，其中无量寿左侧一身菩萨右上方榜题框内墨书："此是观世音菩萨，" 而这身菩萨像与壁画内的其他菩萨像上在装束上并没有任何区别；二是相对于当时佛教义学发达的河北、山东和中原一带，秦陇地区的观世音信仰远远没有普及，自然也谈不上此类造像特征的塑造，但最晚在北周时期，长安已经出现具有明确装束特征的观世音造像（图 4–1）。而麦积山西魏造像中出现的持净瓶菩萨（图 4–2）是否为观世音菩萨，目前还不好确定，有待于进一步研究和考察。事实上，如前所述，本文对这组造像的定性主要是依据了

图 4–1　北周观音菩萨立像

图 4–2　麦积山西魏菩萨立像

该龛上方绘制的西方净土变，在整体上将其视作一幅完整的西方净土世界(图 4–3)。

根据研究，阿弥陀佛是大乘十方佛和现在贤劫千佛思想出现后的产物，最初可能出现在西北印度或中亚一带，大约在公元 1 世纪初，佛教徒开始信仰现在十方诸佛，是成佛之道的观念。[1]而西方净土思想在中国的传播最早始于东汉时期，如支谶《般舟三昧经》和失译的《后出阿弥陀佛偈》，魏晋时期以“三经一论”为主的净土经典大量出现，极大地推动了净土思想的流布。此后，东晋庐山慧远和北魏昙鸾对西方净土思想的传播可谓居功至伟。但是就依据西方净土思想创作而成的西方净土变相而言，目前我们所见最早的还是 127 窟右壁这幅图像，它在一定程度上也

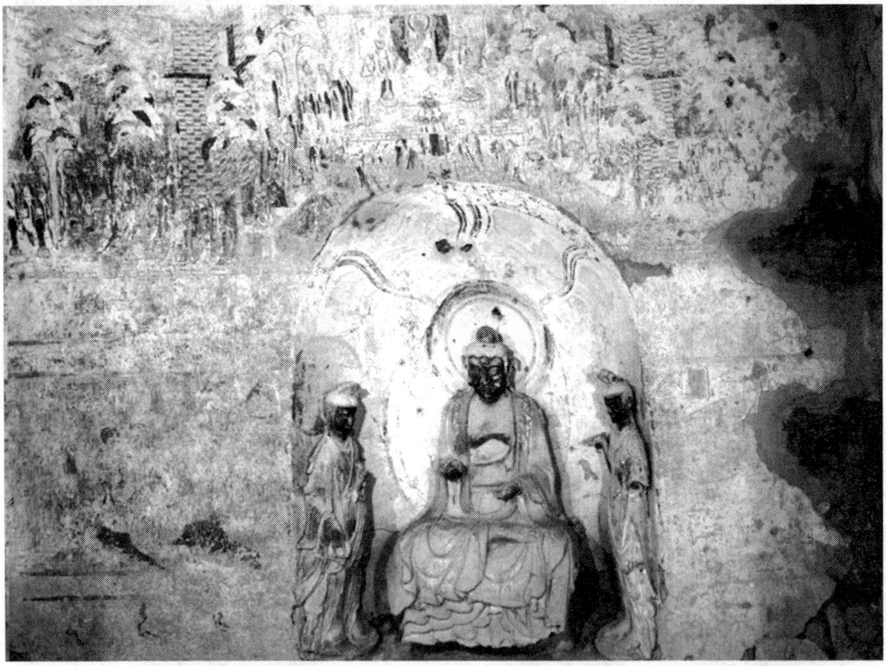

图 4–3　麦积山 127 窟右壁全景

①杨白衣《净土的渊源及其演变》，《华冈佛学学报》，第 8 期，1985 年，第 77~133 页。

代表和反映了当时南朝及中原北方地区西方净土思想的传播发展情况。在信徒眼中，按照阿弥陀佛四十八大愿构建而成的弥陀净土世界主要有以下几个特征：1. 自然环境优美。在那里没有高山险岭，地貌广袤无边，物产丰富。住的是宫殿楼阁，想吃什么有什么，想要什么有什么。那里气候温和，没有春夏秋冬，耳边尽是美妙的音乐，目光所至，尽是珍光宝树。总之，随心所欲，皆可满足。2. 社会和谐、人人平等。在那里没有阶级之分，也更没有统治与被统治一说。佛、菩萨与一切众行都是平等的，这里佛只是教化者，而不是统治者。社会和平安宁，没有自私自利，看不到损人利己，只有自利利他，共求无上菩提。3. 都是身心健康的新人。与充满压迫、痛苦和烦恼的人类社会相比，弥陀净土的新人肉体和心灵都非常清净。众生全部为化生，健康如那罗延，都具有天眼、天耳、他心智、神足、宿命等五神通，身脱苦难，心离麻烦，身具金色，寿命无量，永离三恶道。这个世界的教主阿弥陀和他的两个助手观世音和大势至菩萨都具有三十二相和八十种好，他们的身光、白毫和宝瓶所产生光明能照遍三千大千世界和一切众生，神奇无比。同时，它所倡导的修行法门简单易行，具体可归纳为三种：实相念佛、观想念佛和称名念佛。这样美妙的净土世界自然具有很人吸引力，它的出现，无疑会激起人们对未来世界的美好期盼。

同时，法华与弥陀净土之间也存在着一定关联，《正法华经》中有二处提到了阿弥陀佛之名，《往古品》中称“佛言欲知尔时十六王子乎。答曰不及也。佛言，今皆成无上正真之道，今悉现在处于十方说法救护……西方现在二佛，号无量寿超度因缘如来……”[①]《药王菩萨品》中称“若有女人于五浊世最后末俗，闻是经法能奉行者，于是寿终生安养国，见无量寿

①《大正藏》，第 9 册，第 92 页。

佛，与诸菩萨眷属围绕……”[①]可见奉持、诵读《法华经》也能往生西方净土。对此，学者张元林指出：“通过奉持《法华经》和修习‘法华三昧禅法’，通过观想‘过去七佛’和‘无量寿佛’而达到‘往生妙乐齐登正觉’的果愿，禅、净兼修，正是北朝时期法华信仰与无量寿（阿弥陀净土）信仰相结合的直接反映。”[②]因此，127窟右壁这幅西方净土图像的出现，与当时北方地区所盛行的这些大乘佛教思想有着密切关系。

综上所述，127窟正、左、右壁造像及壁画内容集中体现出大乘佛教的涅槃、法华与净土思想，旨在强调涅槃住世教化众生，不仅仅是“自度”，更重要的是“度它”。正如《法华经》中所言“常说法教化，无数亿众生，令入于佛道，尔来无量劫，为度众生故，方便现涅槃，而实不灭度，常住此说法，我常住于此。”[③]《维摩诘所说经·问疾品》中“现于涅槃而不断生死”[④]的说法也体现出类似思想和观念，其核心目的都在于将众生带入佛道，摆脱现实的苦难。而反映弥勒和弥陀净土的图像则为信徒指明了修行目标和方向，展示出美好的未来，以强化修行者的意志。

4. 127窟前壁及顶部壁画的图像学含义

由于127窟在形制上模拟至殿堂，因此，信众视觉中最重要的正、左、右三壁分别安排了体现大乘佛教思想精髓的涅槃与净土图像，也与本窟功德主为逝者祈福的心愿相契合。同时，窟内前壁和顶部壁画在内容和形式上也完全服务于这个主题和中心思想（图4-4）。

前壁上方通壁绘七佛说法图，从形式上分析，与正壁的涅槃图像形成彼此呼应，起到了强调“佛主常在、佛法永存”这一目的。但与北朝时期石窟寺中常见的七佛形象不同，画面中所表现的人物形象众多，有宝像

---

①《大正藏》，第9册，第127页。

②张元林《北朝至隋敦煌法华艺术研究》，2009年兰州大学博士论文，第98页。

③《大正藏》，第9册，第178页。

④《大正藏》，第14册，第549页。

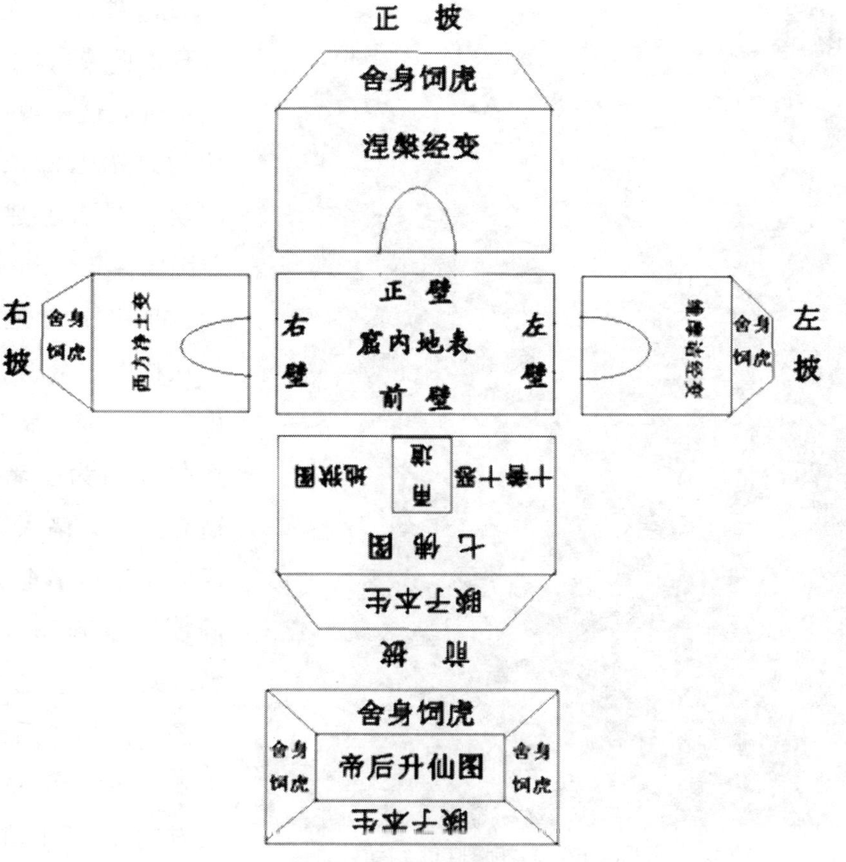

窟顶图像示意图

图 4–4　麦积山 127 窟壁画位置分布示意图

庄严、装饰华美的佛本尊，有助佛说法、宣教的胁侍菩萨，还有神态威猛、护持佛法的力士，以及表情、神态各异的听法弟子，甚至包括一身体姿窈窕、容貌俊秀、神态虔诚的比丘尼(图 4–5)，这些配置与安排显然已不仅是表达传统意义上的七佛和弘扬佛法永恒，它一方面反映出当时佛画艺术家对相关经典内容已了然于胸。另一方面，也体现出外来佛教绘画艺术的世俗化和中土化倾向，在创作过程中更多地融入功德主个人的意愿和想法。对此，有的学者在研究后指出，这幅壁画中出现比丘尼形象，应

图4-5 麦积山127窟七佛图中的比丘尼

该与西魏废后乙弗氏有密切关系。[①]笔者也赞同这一观点，认为这幅七佛说法图明显具有上述双重图像含义。

前壁下方地狱变从构图上分析，它由左至右依次展开，场景先后为生者为逝者招魂，诸天、罗汉、军卒迎请逝者，阎罗殿审判和入地狱。关于它与上方七佛图之间的关系，本文第二章相关章节已有阐述，系七佛出世救度堕入地狱众生，倡导信徒行善弃恶、提高个人品行的一组图像反映。同时，也比较完整地展示了外来佛教地狱观念与中国传统丧葬文化相互融合的一个历史过程。开窟者将地狱变安排在这一位置也与四壁其他内容形成了有机整体，可以想见，观瞻者通过甬道进入窟内，在自然光下，首先映入眼帘中的是宣扬“众生皆有佛性”的涅槃场景，其次左、右壁所描绘的净土天

---

①金维诺《麦积山石窟的兴起及其艺术成就》，麦积山石窟艺术研究所《中国石窟·天水麦积山》，北京：文物出版社，1998年，第172页；郑炳林、沙武田《麦积山第127窟为乙弗皇后功德窟试论》，《考古与文物》，2006年第1期，第82页。

堂则引起修行者对佛国美好世界的向往，最后在转身逆光观看视线最昏暗的前壁下方地狱变图像时，人的情绪瞬间会发生巨大转变：由愉悦变为沉重，从理想回到现实。从而起到很好的警戒作用，无形中在告诫信众，持戒、守律、行善是获得来世福报的前提条件。

顶部四披绘制的本生图像也明显体现出佛教和世俗这两个不同方面的属性。一方面，从佛教上讲，本生图像反映的是佛陀通过累世修行，最终获得正觉的一个过程，其中也蕴含着佛教所提倡施舍和众生平等精神，具有榜样的力量和激励信众的作用。至于开窟者特意选取睒子本生和舍身饲虎这两个故事也是深有其意，笔者推测可能与表述《法华经》忍辱牺牲精神有一定关系，如该经《提婆达多品》曰：

尔时，佛告诸菩萨及天人四众：吾于过去无量劫中，求法华经无有懈惓。于多劫中常做国王，发愿求于无上菩提，心不退转，为欲满足六波罗蜜。勤行布施。心无悋惜，象、马、七珍、国、城、妻子、奴婢、仆从，头、目、髓、脑、身、肉、手足，不惜躯命。时世人民寿命无量，为于法故。捐舍国位，委政太子，击鼓宣令，四方求法。谁能为我说大乘者，吾当终身供给走使。时有仙人来白王言：我有大乘。名妙法华经。若不违我，当为宣说。王闻仙言，欢喜踊跃。即随仙人，供给所须，采果、汲水、拾薪、设食，乃至以身而为床座，身心无倦。……佛告诸比丘，尔时王者，则我身是。时仙人者，今提婆达多是。……令我具足六波罗蜜……十力、四无所畏、四摄法、十八不共神通道力，成等正觉广度众生。皆因提婆达多善知识故，告诸四众，提婆达多，却后过无量劫，当得成佛。①

①《大正藏》，第 9 册，第 34~35 页。

这则本生故事中释迦为求得和弘扬法华经，其前身多作为国王，以常人难以想象的忍辱牺牲精神，不惜地位乃至生命来实现自己让众生成佛的理想。由此可知，127 窟顶部四披的这两幅本生都具有这方面的代表性，也与该窟所宣扬的法华精神非常相符。

另一方面，从世俗角度分析，睒子本生和舍身饲虎故事与中国传统文化都有着密切关系，下文将具体论述，这里主要谈谈它们的共性特征。无论是睒子本生，还是舍身饲虎，艺术家在较为全面展现故事内容本身的同时，又有意或无意地对某些场面进行了突出和放大。如睒子本生中伽夷国王出行和狩猎两个场景几乎占据了整幅画面的三分之二，在舍身饲虎的画面安排中，反映摩诃罗陀国王出行的场景占据了顶部最醒目的正披位置，面积约为整幅画面的 60%。可以说，这两幅绘画都以很大篇幅突出了群臣、侍卫簇拥下的君王，象征他们身份、地位的华丽车舆仪仗，以及数量众多的步骑士卒等，这些现象显然有着炫耀王权和武力的含义，再结合窟内涅槃和地狱图像中所出现的骑具装铠重装士兵以及窄袖短袍、下穿裤褶的轻装步卒，几乎概括了北朝晚期军队人员构成中的各个类型。它应该是当时由关陇军事集团组成的西魏政权崇尚武功的一种真实反映，也是当时东西对峙、南北纷争历史事实的真实写照。

窟顶正中的帝后升天图体现出功德主的美好期冀，与窟内诸多壁画面内容也是环环相扣，彼此呼应。很好地把佛教转世轮回观念与中国传统神话融为一体，既成功地描绘了佛教修行的愿望和目的，又充分表达出 127 窟作为西魏皇后乙弗氏功德窟的教化和纪念功能。

第二节 127窟图像与中国传统文化之间的关系

外来佛教经过汉魏两晋南北朝长达数百年的传播,成功利用社会剧烈变革机会融入了华夏世界。在这个过程中,佛教大致经历了依附、抗衡和融汇三个阶段。同样,中国传统文化在对待外来佛教时,也大体经过了影响、排斥和吸收三个阶段。[①]在两者交流、融合过程中,佛教日益民族化、中国化,最终成为中国传统文化的重要组成部分之一。关陇地区在秦汉时期已是中国传统文化的重要发源地之一,有着深厚历史文化底蕴,定都长安的西魏政权也深受这一传统影响。

127窟是西魏皇室为乙弗氏开凿的功德窟,从根本上讲,其图像中心内容是反映以菩萨行为中心的大乘佛教思想。作为北魏政权承祚者,西魏政权的统治基础是由六镇鲜卑军人和关陇世族豪强共同构成的关陇军事集团,它最初所占据的关陇地区也是中国传统文化非常发达的地区之一。西周、秦、西汉、前秦、后秦、西晋等政权先后在长安建都。西汉时期,这里更是全国政治、经济和文化中心。即使在氐、羌等西北少数民族

①方立天《中国佛教文化》,北京:中国人民大学出版社,2006年,第382页。

控制的前秦和后秦统治时期，最高统治者符坚和姚兴都是汉化程度很高的君主，不仅本人具有高深的儒学修养，他们所掌控下的政权对儒家文化也是倍加尊崇，对汉族士家大族人士的任用及对儒学、儒生的优礼之举相关史料中多有记载，这里不再赘述。经过西晋末年的八王之乱和十六国时期频繁的政权更迭，关陇地区民族问题日益复杂化，许多世家大族纷纷南迁或远徙河西走廊。北魏政权统一北方后，局面开始有所改观。到北魏末年时，仍有许多关陇世家豪强地主控制着当地各级政权，如京兆韦氏、杜陵杜氏、武功苏氏、华阴杨氏、天水赵氏和权氏、陇西李氏、安定梁氏等。

北魏末年，掌控关陇的宇文泰拥戴受高欢胁迫而率部分皇室和大臣西奔长安的魏孝武帝，他奉北魏为正朔，“挟天子以令诸侯”，很快取得关陇豪族的承认和支持。也正是基于此，宇文泰委托苏绰制定颁布天下的《大诰》和《六条诏书》，在一定意义上可以看作是关陇士族的政治、经济和文化主张，其目的就是强调儒家伦理教化。因此，可以说西魏政权建立之初就确立了以周礼为核心的儒家文化思想体系，这种观念和行为在当时社会各个阶层的日常宗教实践活动中也有所体现，从另一个角度看，也是外来佛教汉化和世俗化的现实要求。麦积山127窟壁画在弘扬佛家思想前提下，蕴含着许多中国传统文化因素，以更好地获得信众认可和接受。具体内容上，主要表现在以下几个方面：

1. 绚丽、精美的壁画丰富了中国北朝绘画艺术

魏晋以前中国社会对绘画功能的要求主要是“恶以戒世、善以示后”。故绘画内容主要以表现忠臣孝子、淫妃乱主、烈士贞女等为主的单幅式图画，也包括一些反映贤愚成败、伦理教化画和为死者祈求升天、讴歌功德的墓葬画，无论从绘画内容还是技法上，都表现得比较简略。[①]同

①陈绶祥主编《中国美术史·魏晋南北朝卷》，济南：齐鲁书社·明天出版社，2000年，第21~22页。

时，也有以汉画像石为代表的反映当时社会各阶层物质和精神生活的作品。但总的看来，魏晋以前绘画尚处于稚拙阶段，缺乏深入精致的表达能力，在中国绘画史上，是一个奠基搭架时期。[1]魏晋以来形成的士族阶级在政治、经济享有的特殊地位，以及适合艺术创作的社会环境，使南北朝时期诞生了一大批杰出艺术家，如曹不兴、卫协、戴逵、顾恺之、陆探微、张僧繇、蒋少游、杨子华、曹仲达等，他们先后都创作过许多被后人广为赞誉的绘画作品，也产生了以顾恺之《论画》、谢赫《古画品录》、姚景《续画品录》、宗炳《画山水序》、王微《叙画》等为代表的绘画理论著作，奠定了中国古代绘画理论基础。这一时期，佛教的迅猛传播也带来了许多印度、西域、中亚等地丰富多彩的异域造像和壁画艺术作品，这些风格迥异的作品也激发和带动了当时文人画家对佛教绘画和雕塑作品的创作热情，他们立足于中国传统绘画艺术，根据中国人审美习俗和要求，大胆吸纳和借鉴这些外来美术作品的创作风格和技法，先后创造出以张家样、曹家样等为代表的绘画艺术作品，风靡一时。

随着南北朝时期佛教寺院和石窟寺不断增多，佛教壁画创作也达到了前所未有的高潮。当时开凿于中国西北内陆的新疆克孜尔、敦煌莫高窟、天水麦积山、酒泉文殊山、武威天梯山、张掖金塔寺和马蹄寺等石窟中都保留有许多构图精美、内容丰富、色彩艳丽、技法娴熟的壁画作品，表明当时除了一批名载史册的士族画家外，还有许多不知姓名的民间佛画艺术家，他们也为中国民族绘画艺术的发展和传承做出了重要贡献，127窟壁画的价值和意义也正在于此。

如前文所述，127窟壁画内容直接摹拟于佛教寺院，作为西魏皇家主持开凿的窟龛，所选画师应该是当时长安一带颇具影响的人物，他们的绘画风格、壁画粉本等一般都有严格的师徒或家族传承，以保证作品

①王伯敏《中国绘画史》，上海：上海人民美术出版社，1982年，第68页。

质量。由于年代久远，关于南北朝时期绘画艺术作品，我们今天已无法看到当时艺术家真迹，所能见最接近于的作品也不过是唐宋时期摹本。而麦积山127窟壁画却反映和体现了当时绘画创作的成就。诚然，新疆、敦煌、河西等地也保留有相当一部分北朝时期绘画艺术作品，但由于时间和地域差异，无论是壁画内容的丰富程度，还是构图技法的掌握运用，它们都无法与毗邻长安的麦积山石窟相提并论。因此，通过127窟西魏壁画，我们可以真实感受到南北朝绘画艺术的形成、发展和演变历程。

佛教绘画是南北朝绘画艺术的重要组成部分，它本身也是引发信仰热情、扩大宣传影响的重要工具。不但能形象地传播佛教教义、供信徒礼拜敬奉，还在佛教寺院殿堂庄严过程中起重要作用，被誉为宣扬佛道的第一方便。因此，大乘佛教非常强调绘制佛画的功德。如《贤劫经·四事品》就说"作佛形象坐莲花上，若摸画壁缯氎布上，使端政好。令众欢喜，由得道福。"[①]《贤愚经·阿输迦施土品》还记述有一个关于供养如来画像所得福报故事：

> 今此大国。人民之类。常得見佛礼拜供养。其余小国。各处边僻人民之类。无由修福。就当图画佛之形像。布与诸国。咸令供养。作是念已。即召画师。勅使图画。……于是画师。乃能图画都尽八万四千之像。极令净妙。端正如佛。布与诸国。一国与一。又作告下。勅令人民办具花香以用供养。诸国王臣民。得如来像。欢喜敬奉。如视佛身……布与诸国令人供养。缘是功德。世世受福。天上人中。恒为帝王。所受生处。端正殊妙。[②]

①《大正藏》，第14册，第7页。

②《大正藏》，第4册，第369页。

可见佛画制作本身与造像一样，也是可以获得福报的，这在一定程度上也刺激了佛教绘画创作。南北朝时，由于宣传相关佛教经典需要，内容复杂的经变和本生故事画开始走上历史舞台，这两种题材的绘画又是具体表现佛教思想和佛陀事迹的重要形式之一，它是如何由早期单一情节表现形式演变为连续的、多情节的、长卷式构图，长期以来一直是美术界和学术界探讨的课题，实际上也是外来佛教艺术与中国传统绘画相融合的一个发展和演变过程。127窟绘画则比较成熟地展现了这一切：在壁画整体空间和内容布局上，借助中国传统殿堂结构，将正壁看作中堂，左、右壁视作辅助。把需要重点突出的涅槃与净土图像集中安排于此，并辅以相关窟龛造像加以说明，以起到画龙点睛作用。为衬托和进一步说明佛法永固，指明修行的道路和方法，表现大乘菩萨行的众生平等观念，又分别在前壁绘制了七佛和地狱变，顶部四披安排了本生故事，使观者在视觉上形成一个完整的、连续的欣赏链条和宗教环境，从而倍受感染和鼓舞，也增强了修行的信心和毅力。在空间位置安排上，也有意突出天地之间的关系，窟内正、左、右三壁大龛两侧均绘制一些世俗礼佛场景，以增加参观者的亲切感与现实感。前壁下方的地狱变则使参观者无形中近距离感受到杀生犯戒可能遭受的业报，从而自觉规范和加强自身的守戒行为。经过这一系列较为真实的感受之后，人们视线再次被抬升的画面所吸引，正面是涅槃图像所展示出的“常、乐、我、净”说教，左边是身处世间，以各种权智方便引导众生成佛的维摩诘，右边是永享安乐、美妙无比的西方净土世界，前壁是佛法永存、绵延不绝的七佛。这种安排无形中使人感到佛法的存在，以及真实不虚。近顶部四披的本生图像即显示出佛陀的伟大和难以企盼，又给人一种力量和精神上的鼓舞。而顶部正中龙腾云滚的帝后升天图则展出于画师心目中的天界形象。通过这种画面内容安排，画师自然而巧妙地融入人们想象中的天地境界，使参观者在无形之中受到启迪和教化。

在单辅画面安排上，画师非常重视运用不同构图技法的使用，即突出了主题思想，又丰富画面内容。使参观者在产生浓厚兴趣的同时，又不致产生视觉审美疲劳。在用笔、赋色等绘画技巧方面，画师们在遵循南北朝时期“人大于山，水不容泛”这一特点的同时，又非常注重疏密、远近、浓淡、虚实等各种关系的处理和协调，充分将南朝山水画的创作技巧与人物画的宣教理念相结合，成功将单纯佛画创作与内容复杂、场面宏大的经变本生画融合在一起，开启了北朝末期以来经变、本生故事绘画新篇章。

2. 壁画内容蕴含着中国传统孝道和忠君思想

在中国传统伦理文化中，“百善孝为先”已成为社会各阶层共识。以仁为本的孝道是儒家文化核心，仁的基本含义就是爱人，仁者爱人，爱人者，人恒爱之。《论语·学而》篇曰：“孝悌也者，其为仁之本欤”。就是说孝是仁之根本。儒家“仁之本”所倡导的就是仁爱精神，其实质内涵在于孝之爱亲之中，孝是行仁的根本和起点。孔子认为“夫孝，德之本也，教之所由生也。……身体发肤，受之父母，不敢毁伤，孝之始也。立身行道，扬名于后世，以显父母，孝之终也。”[①]因为有了父母的存在才有儿女，只有子女对父母行孝，才能谈论孝以外的其他道德。儒家倡导的孝文化，经历代圣哲和统治者大力提倡，已经成为中华民族深层的文化积淀，成为评判人之德行的标准。儒家文化创始者孔子也反复强调孝在人们日常生活中的重要性，他在《孝经·三才章》中说：“夫孝，天之经也，地之义也，民之行也。”[②]明确指出孝是德行的根本，一切教化皆由孝生发而来。同时，孝也是天经地义的事和民众本有的自然行为。汉代在董仲舒“罢黜百家，独尊儒术”思想指导下，使原本建立在自然亲情和血缘关系基础之上的孝

---

①李学勤主编《孝经注疏》，北京：北京大学出版社，1999年，第3~4页。

②李学勤主编《孝经注疏》，北京：北京大学出版社，1999年，第19页。

开始逐渐政治化，统治者陆续提出“以孝治天下”、“移孝作忠”、“忠臣必出于孝门”等观念，使忠君思想成为中国传统政治社会的核心和基础，也构成中国传统文化的组成部分。据此确立的以三纲五常为核心的儒家道德、伦理统治秩序，在中国漫长的封建社会中始终发挥着维系社会稳定和人际关系和谐的作用。

佛教传入中国后，在与儒、道等本土文化思想的冲突与调和过程中，也逐步形成了具有中国特色的佛教孝道和忠君观念，南北朝时期主要体现在庐山慧远的相关学说之中。他创造性地将佛教义理与维护儒家名教礼制有机协调起来，把佛教适应世俗的要求与对出世间的追求区分开来，并将其作为佛教处世的理论基础和基本方法，他说：

> 佛经所明，凡有二科：一者处俗弘教，二者出家修道。处俗则奉上之礼、尊亲之敬、忠孝之义、表于经文，在三之训彰于圣典，斯与王制同命有若符契。此一条全是檀越所明，理不容异也。出家则是方外之宾，迹绝于物。其为教也，达患累缘于有身。不存身以息患；知生生由于禀化，不顺化以求宗。求宗不由于顺化，故不重运通之资。息患不由于存身，故不贵厚生之益。此理之与世乖。道之与俗反者也[①]

这里慧远所言的“奉上之礼、尊亲之敬、忠孝之义”实质上就是佛教“处俗”时所表现出的忠君孝道思想，并对其进行了阐发，认为人既然“禀气于两仪，受形于父母”。那么对君对亲“岂有受其德而遗其礼，沾其惠而废其敬。”[②]所以在家佛教徒应该尽忠尽孝，从而将佛教义理与中国封建

①《大正藏》，第 52 册，第 84 页。
②《大正藏》，第 52 册，第 30 页。

统治理论成功融合到一起。慧远的这种主张在佛教典籍中也有所反映，如《六度集经》提倡“君仁臣忠，父义子孝，夫信妇贞，比门有贤。”[①]《经律异相》称“君仁臣忠，率土持戒，家有孝子。国丰毒歇，黎庶欢欣。”[②]《维摩诘经》说“若在王子，王子中遵，示以忠孝。”[③]等无一不是这种思想的具体反映。实际上，汉魏时期佛教在传播过程中，为扩大影响和信众基础，也十分注意与中国传统伦理文化融合问题，这一时期翻译的佛教典籍中，许多经文本身就包含诸多孝道思想，如《增一阿含经》、《六度集经》、《杂宝藏经》、《佛说睒子经》、《佛说大乘无量寿庄严清净平等觉经》等。

隋唐以来，受中国孝道文化影响而翻译或托译的《孝子经》、《盂兰盆经》、《佛说父母恩难报经》、《地藏菩萨本愿经》等更是大行其道。同时，佛教也十分注意运用自身哲学理论体系来阐述和说明孝道问题，以获取更广泛支持。正如学者们指出的那样，与儒家世间孝道观相比，佛教孝道观是出世间的孝道观。世间的孝道观要求子女做到父母在世时，让父母衣食无忧，精神愉悦。父母去世时，按照一定礼仪，事其哀戚，去世以后，定期祭祀，慎终追远。而佛教孝道观则要求子女除按儒家孝道要求去做外。更重要的是，父母在世时，子女要劝说父母信奉佛法，依教修行，诸恶莫做，众善奉行，成就无上正觉，解脱生死轮回。父母去世时，按照佛教仪规，持素放生，普利十方，超荐父母往生净土佛国。大乘佛教正是主张天下父母，皆我父母，因此要普度众生，世间万物生命都得到解脱，达到佛教所说的“无缘大慈，同体大悲。”[④]从而把儒家狭义上的孝道观引申成佛家广义上的孝道教诲，成为中国佛教伦理思想的一大特色。

---

①《大正藏》，第3册，第37页。

②《大正藏》，第53册，第49页。

③《大正藏》，第14册，第539页。

④张儒平《论儒、佛孝道观及其相互融合》，《同济大学学报》（社会科学版），2001年，第12卷，第6期，第9~14、37页。

西魏时期统治阶级也非常重视孝道思想在社会道德体系建设中的功能与作用，在其颁布的六条诏书中，首先即强调“先治心、敦教化”。称“教之以孝悌，使民慈爱。教之以仁顺，使民和睦。教之以礼义，使民敬让。慈爱则不遗其亲，和睦则无怨于人，礼让则不竞于物。三者既备，则王道成矣。此之谓教也。先王以所以移风易俗，还淳返素，垂拱而治天下以治太平者，莫不由此，此谓之要道也”。①要求各级官员要亲自实践仁义、孝悌、忠信、礼让、廉平、俭约等美德。而当时六条诏书主要制定者苏绰的弟弟苏威也曾给隋文帝上疏说“唯读《孝经》一卷，足可立身治国，何用多为。”②可见当时在西魏关中世家大族对孝道教育是非常看重的，这种风气自然也在当时社会上层贵族开凿的佛教石窟中有所反映。

就涉及孝道思想的佛教经典而言，南北朝时期影响最大者当属当属《佛说睒子经》，经中对奉行孝道给予很高关注，使睒子孝亲故事广为流传，并成为中国传统伦理文化中劝孝的经典题材。根据经中记载，在过去世有菩萨名“一切妙行”，见迦夷国中有一对盲人夫妻心愿入山中修行。菩萨念其入山必遭危害，遂发愿寿终之后做他们的儿子。菩萨转生为盲父母之子后，被取名睒子。他勤修十善，事亲至孝，与父母进山中修行。睒子不忍伤害鸟兽，对父母也是百般孝敬，平时靠采集百果赡养父母。有一天，睒子为不惊动在河边饮水的麋鹿，遂披鹿衣皮前去汲水，不料被在此狩猎的迦夷国王误射而死。睒子死前想到父母无人赡养，大呼“是谁箭杀三道人？”激起天怨人怒。国王悔过，愿长留山中奉养盲父母。睒子父母得知真情后，悲痛不已，愿代睒死，感动了上天，睒子死而复生，盲父母也重见光明。佛经中在讲述睒子至孝故事同时也提出以下观点：

①唐·令狐德棻《周书》卷 23《苏绰传》，北京：中华书局，1974 年，第 384 页。

②唐·魏征等撰《隋书》卷 75《儒林》何妥条，北京：中华书局，1973 年，第 1710 页。

使我疾成无上真正之道诀，皆是由我父母育养慈恩；从死得生，感动天龙鬼神。父母恩重，孝子所致；今得为佛，并度国人，皆由孝顺之德。佛告阿难，汝为一切人说之，人有父母，不可不孝。道不可不学，济神离苦，后得无为，皆由慈孝，学道所致。[①]

127窟前披睒子本生正是依据《佛说睒子经》绘制，画面中宏大的场景、完全汉装的人物、复杂的故事情节等因素说明这是一幅非常成熟的、表现汉化佛教思想的壁画作品，其内容除佛教经典本身含义之外，已经充分表现出前文所述的中国传统文化所蕴含的孝道、忠君和仁爱思想：[②]睒子在深山中二十年如一日奉伺盲父母，每天与鸟兽为伴，以浆果为食，汲山泉为饮，无怨无悔，可谓大孝。他身披鹿皮前往河边汲水，为的是不惊扰正在饮水的麋鹿，体现出仁爱精神。当被国王误射，即将命终时，并不怨恨对方，只是要求国王关照供养自己的盲父母，展现出忠君和孝道。国王因误射睒子，自责其罪，亲自前往盲父母草庐前，忏悔谢罪，并遵照睒子遗嘱，发誓将二位老人供养终身，表达出仁爱和孝亲。可以说，整幅绘画完整体现了儒家的忠君孝道思想。

类似孝道思想在127窟正壁涅槃经变和左壁维摩诘经变中同样有所表现。在正壁右侧绘制的金棺涅槃场景中，释迦斜卧于棺内，棺两侧侍立有诸弟子，棺头部分可辨绘数身交领宽袍服，下着长裙的女性形象，当为表现摩耶夫人等眷属。棺内释迦并不像北朝涅槃图像中所见样式：双臂贴体，仰面直卧，或枕右手右肋而卧。而是头略抬起，左手微微扬起，右手贴体伸直，后背稍稍离开棺椁，似乎正在给身旁弟子和眷属交代后事。

---

①《大正藏》第3册，第438页。

②谢生保——从《睒子经变》看佛教艺术中的孝道思想，《敦煌研究》，2001年第2期，42~50页。

在棺尾处绘装饰华丽的一佛二菩萨说法图，系表现佛临涅槃为母说法以示孝道的情景。对此可参照南朝萧齐昙景《摩诃摩耶经》，该经卷二云：

于时阿难……即便合掌而白佛言，后世众生必当问我，世尊临欲般涅槃时，复何所说，云何答之。佛告阿难，汝当答言，世尊已入般涅槃后，摩诃摩耶从天来下，至金棺所。尔时如来为后不孝诸众生故，从金棺出，如师子王奋迅之势。……佛告阿难，我于昔日忉利天上为母说法，及摩诃摩耶夫人自有所说，今复在此母子相见。汝可为后世诸众生辈次第演说此经，……亦名佛升忉利天为母说法经。又名佛临涅槃母子相见经。……尔时世尊说此语已，即便阖棺。①

可见，这部经典所表述的主旨在于宣扬人间孝道，与儒家孝道思想呈现出高度一致性，体现出中国传统孝道观念对外来佛教的影响。

在左壁维摩诘经变本身体现出类似孝道观念，《维摩诘经·弟子品》载："诸长者子言：'居士，我闻佛言，父母不听，不得出家？'维摩诘言：'然，汝等便发阿缚多罗三藐三菩提心即是出家，是即具足。'"②通过维摩诘这句语，我们可以看出，其中包含着儒家"父母在，不远游"的内在含义，无论是"出家"还是"在家"信徒，都必须恪守最基本的孝道思想，突出了以孝为本的思想。对于居士佛教徒而言，不失为一种两全其美的选择，这应该也是127窟绘制维摩诘经变的另一层含义。

3.《维摩诘变》展现了南北朝士族文人的精神生活

维摩诘思想流行与两晋以来南朝文士大量参与该经翻译有直接关

①《大正藏》，第12册，第1013页。

②《大正藏》，第14册，第542页。

系。当时,东晋境内著名高僧与文士结交频繁,如慧远与谢灵运、竺叔兰与乐广、支孝隆与谢鲲等,有些名士还直接参与了佛经翻译,如聂承远父子在竺法护译经中发挥了重要作用。正是他们的参与,使汉译佛经更具有文学性,也让更多的人变得爱读佛经。这一时期,玄学以儒学老庄化的新面孔顺势而起,其理论、思想与当时流传的佛教般若类经典相契合。为适应这一时代要求,僧人在佛经翻译、佛理解释上也多采用老庄用语。作为兼有经学世家和门阀世族双重身份的名士们,有感于社会的颠沛流离和生命的生死无常,从专治儒学转而对周易和老、庄玄学产生兴趣,同时也接纳了以般若性空为主的佛教义理,最终将玄学与佛学成功结合起来。这种现象并非个案,南北朝时许多家学深厚的世家大族在子女教育中,也把儒、释、玄、老、庄等作为主要内容。如王褒专门著《幼训》以戒诸子:"吾始乎幼学,及于知命,既崇周、孔之教,兼循老、释之谈,江左以来,斯业不辍,汝能修之,吾之志也。"①而名僧在与文士交往中主要表现为清谈,也兼有文学创作,《维摩诘经》正是在这种背景下被广泛宣扬的。

南北朝是中国历史上一个动荡不安、生灵涂炭的时期,而《维摩诘经》中的主人公不受世俗礼法拘束的自由精神,非常符合文人寻求心灵依靠的愿望,这部佛经内容也很适合当时清谈风格,所以获得了文人学士追捧和喜爱。《维摩诘经》从佛典角度看,从未专属于某个佛教学派或宗派,反而由此获得更广泛支持。南北朝时,关于此经的义解、注疏,以及变文、唱词等文学作品层出不穷,成为僧、俗各界最受欢迎的佛教经典之一。对此,鲁迅先生评价到:"晋以来的名流,每个人总有三种小玩意,一是《论语》和《孝经》,二是《老子》,三是《维摩诘经》。"②可谓入木三分。《维摩诘经》不仅是一部弘扬大乘佛理,普度众生的佛典,也是一部宣扬

①唐·姚思廉撰《梁史》卷41《王规传》,北京:中华书局,1973年,第584页。

②《鲁讯全集》,第五卷,北京:人民文学出版社,2005年,第328页。

居士思想的作品。《维摩诘经》倡导信徒在家修行，从而进一步调和了个人宗教信仰与儒家社会价值观的对立，使信徒在履行佛教教义与忠君尽孝的价值观之间有了很大回旋空间，不再处于尴尬境地。经中的维摩诘居士十分富有，他身居闹市，却能"入深法门、奉戒清净"，既能享受世俗生活的乐趣，又能超凡入圣、点化众生。正如经中文殊菩萨对他的赞誉："深达实相，善说要法。辨才无滞，智慧无凝。"[①]如此完美、脱俗的人物形象，当然吸引着中国历代受儒家"修身、齐家、治国、平天下"教诲的封建士大夫阶级，他们世代深受中国儒家注重现实人生观念影响，不主张脱离现实社会、出家过寂寞清苦的生活，以证得佛果为人生终极目标和价值的做法。于是，"出家不必出家"的居士维摩诘成为他们毕生向往和模仿的楷模。正是在这种时代背景下，南北各地的寺院、造像碑、石窟寺中均大量出现反映维摩诘的造像和壁画作品。

127 窟《维摩诘变》在内容上重点描述了该经中方便品、弟子品、文殊师利问疾品、不思议品、观众生品等反映大乘佛教的成就众生佛国净土、教化众生、求证佛果、不二法门等思想。但在具体人物和场景中却透露出诸多反映南北朝时期士族精神生活元素。画面左侧维摩诘所居帷帐，顶部装饰重层莲花宝珠，四角扎束帐幔，底端安置胡床。这种床帐在南北朝时也是形容文人雅士品格、气质、精神、风貌的重要内容和方式，《世说新语·赏誉第八》载："朱永长，理物之至德，清选之高望；严仲弼，九皋之鸣鹤，空谷之白驹；顾彦先，八音之琴瑟，五色之龙章；张威伯，岁寒之茂松，幽夜之逸光；陆士衡、士龙，鸿鹊之裴回，悬鼓之待槌。凡此诸君：以洪笔为锄耒，以纸札为良田，以玄默为稼穑，以义理为丰年，以谈论为英华，以忠恕为珍宝，著文章为锦绣，蕴五经为缯帛，坐谦虚为席荐，张

①《大正藏》，第 14 册，第 544 页。

义让为帷幕，行仁义为室宇，修道德为广宅。”[①]文中的帷幕屋宇成为赞誉士人仁义和道德的象征，不仅反映了时人对理想人格精神的探索与追求，也表明床帐是当时士族文人精神标志物之一。

画中维摩诘所持麈尾扇也是南北朝时期士族人氏非常喜爱的饰物之一。如晋简文帝时，名士王濛“疾渐笃，于灯下转麈尾视之，叹曰：‘如此人曾不得四十也！’年三十九卒。临殡，刘惔以犀杷麈尾置棺中，因恸绝久之。”[②]萧齐时期，吴郡人顾欢辞官回乡时，齐太祖萧道成赐其麈尾、素琴。[③]梁武帝时，吏部尚书谢举“尤长玄理及释氏义”，北方南下的国子博士卢广精通儒术，深得朝野各界人士敬重，然而每次“（谢）举造坐，屡折广，辞理通迈。广深叹服，仍以所持麈尾荐之，以况重席焉。”[④]根据相关记述，麈似鹿而大，尾能避尘。宋人吴曾《能改斋漫录》中转引释藏《音义指归》说“名苑曰：鹿之大者曰麈。群鹿随之，皆看麈所往，随麈尾所转为准。今讲僧执麈尾拂子，盖象彼有所指麾故耳。”[⑤]可知麈尾原是僧家之物，谈者持之以挥，南北朝时也被士人所接纳和喜爱，并逐渐成为善于谈经论道的魏晋名士风度的一种象征。如《陈书·张讥传》载：“后主在东宫，集宫僚置宴，时造玉柄麈尾新成，后主亲执之，曰：‘当今虽复多士如林，至于堪捉此者，独张讥耳’，即手授讥。乃令于温文殿讲庄、老，……后主尝幸钟山开善寺，召从臣坐于寺西南松林下，敕召讥竖义，时索麈尾未至。后主敕取松枝，手以嘱讥曰：‘可以代麈尾’。”[⑥]可见，麈尾已成为当时士大夫讲学论道的必需之物。

---

①南朝·宋，刘义庆编撰，柳士镇、刘开骅译注《世说新语全译》，贵阳：贵州人民出版社，1996年，第331~332页。

②唐·房玄龄等撰《晋书》卷93《外戚传》王濛条，北京：中华书局，1974年，第2419页。

③详见梁·萧子显《南齐书》，卷5《高逸传》，顾欢条，北京：中华书局，1972年，第930页。

④唐·姚思廉撰《梁史》卷37《谢举传》，北京：中华书局，1973年，第530页。

⑤余嘉锡《世说新语笺疏》，北京：中华书局，2007年，第611页。

⑥唐·姚思廉撰《陈书》卷33《儒林传》，张讥条，北京：中华书局，1972年，第444页。

画中文殊菩萨所持长柄之物当为如意。关于如意来源，据说源于爪杖，形如现代人日常生活中的搔背爬，故名之如意。其质地有各种木料、玉、珊瑚、竹根、金属等。南北朝时不仅是释家僧人讲习时常执之物，也是世俗封建贵族士人生活中常见之物。如南京西善桥宫山砖拼镶嵌画《竹林七贤图》中王戎梳双丫髻，左臂支撑于方形矮几之上，右手齐肩，掌心向上，托一长柄弯头之物，即为如意。[①]《晋书·王敦传》载："每酒后辄咏魏武帝乐府歌曰：'老骥伏枥，志在千里。烈士暮年，壮心不已。'以如意击唾壶为节，壶边尽缺。"[②]王敦所用的如意能击壶奏乐，壶损而如意不碎，其质地可能为金属一类质地。阎立本《历代帝王图》中陈文帝头戴白纱帽，身披白狐大衣，坐于床榻之上，右手于膝前持一长柄卷云头如意，斜向横置于胸前。左手抚如意顶端，神态恬静（图4-6）。据《梁书》记载，安定临泾人席阐文任雍州参军时，听闻萧衍欲称帝时，遂暗遣田祖恭向其敬献

图4-6　阎立本《历代帝王图》（局部）

①南京博物院编《南京博物院藏宝录》，上海文艺出版社/三联书店（香港）有限公司联合出版，1992年，图版80。

②唐·房玄龄等撰《晋书》卷98《王敦传》，北京：中华书局，1974年，第2557页。

银装刀表示支持，而萧衍亦回赠金如意以示感谢。[①]北方地区随着孝文帝汉化政策的推行，如意也成为士族官员日常生活中以示风雅的常见之物。如北魏末年，北地太守唐永“善驭下，士人竞为之用。临阵常著帛裙襦，把角如意以指麾处分，辞色自若。”[②]不但北魏一般官员如此，而且北魏皇室也将如意看作是高雅风尚和有志向的表现，如宣武帝元恪年幼时，孝文帝“欲观诸子志尚，大陈宝物，任其所取。京兆王愉等皆竞取珍玩，帝唯取骨如意而已。孝文大奇之。及庶人恂失德，孝文谓彭城王勰曰：‘吾固疑此儿有非常志相，今果然矣！’乃见立为储贰。”[③]可见，如意在南北朝高官士族日常生活中占有很高地位，它在127窟维摩诘壁画中出现也并非偶然，应是释家对当时世俗贵族士人精神风貌模拟的一种具体表现。画面右侧下方体现《方便品》的绘画中，有一组世俗贵族人物形象也很好地展现初北朝时期世族阶级生活场景和精神面貌。队列最前侧国王夫妇形象格外高大，其中女性仅可辨识大致轮廓。男性比较清晰，头戴高冠，身穿褒衣博带式中原贵族服饰，左右腋下各一侍女扶持，两侧各一仆童持尖顶方伞和雉尾扇。后侧侍立数名侍女，分别持团扇、枕席、唾壶、水钵、食盒等日常生活用具。这幅图中最能体现主人夫妇世族生活风貌的装束当属人物组合形式、服饰和羽葆配置。以男主人为例，其形象明显较周围男女仆从高大，体态气质格外雍容高贵。类似图像如《洛神赋图》中陈思王曹植，左右各一侍臣搀扶，后侧一侍臣腋下挟席而立，表情谦恭（图4-7）。均脚蹬高履，褒衣博带装束，曹植头上方绘一方形曲盖。关于《洛神赋图》的年代，据沈从文先生考证，从侍臣所戴笼冠等因素分析，其创作时间不会早于北魏迁洛以前，而且出于北方画家之手。[④]又如美国

①详见唐·姚思廉撰《梁书》卷12《席阐文传》，北京：中华书局，1973年，第219页。
②唐·李延寿撰《北史》卷67《唐永传》，北京：中华书局，1974年，第2354页。
③唐·李延寿撰《北史》卷4《魏本纪第四》，北京：中华书局，1974年，第143页。
④沈从文《中国古代服饰研究》，上海：上海书店出版社，2002年，第273~274页。

图 4-7 《洛神赋图》(局部)

波士顿艺术博物馆馆藏洛阳北魏孝昌三年(527)宁懋石室后墙线刻画中墓主夫妇像,其中宁懋三像均头戴圆形平顶高冠,插簪、垂冠缨,褒衣博带,须髯丛生,气宇轩昂。腋下均一侍女扶持,或回首凝思,或手持莲花,或侧身自诩,形态生动。[①]类似组合情形也见于山东北齐临朐崔芬墓壁画,在该墓西壁小龛横额上绘有墓主夫妇出行图,崔芬夫妇形体高大,均褒衣博带,在众多侍女簇拥搀扶下前行,这些侍女或持裙裾,或挟枕席,或捧唾壶,[②]非常形象地描绘出当时世族家庭生活场景。图中所反映出的羽伞制度最早形成于先秦时期,[③]到魏晋南北朝时期,根据有关学者

①周到《中国画像石全集》第 8 卷,郑州:河南美术出版社,2000 年,第 2~9 页。

②郑岩《魏晋南北朝壁画墓研究》,北京:文物出版社,2002 年,第 124~125 页。

③《古今注》卷上曰:"曲盖,太公所作,武王伐纣,大风折盖,太公因折盖之形,而制曲盖焉。……雉尾扇,起于殷世,高宗时有雊雉之祥,章服多用翟羽。周制以为王后夫人之车服。舆辇有翣,即缉雉羽为扇翣,以障翳风尘也。"上海:商务印书馆,1956 年,第 5~6 页。

研究成果，扇伞仪仗制度又发生了变化，大致可分为三个时期：1. 曹魏到东晋早期，在车马出行中没有伞扇仪仗，仅见于墓室壁画中，且有伞无扇。2. 东晋晚期，开始出现伞扇结合的仪仗。3. 南北朝时期，伞扇仪仗中开始出现前圆后方的雉尾扇，使用范围和规格随官级不同差别较为明显。[①]在127窟维摩变中的这组人物所使用的羽葆仪仗包括雉尾扇、团扇和伞盖，根据南北朝时期伞扇仪仗等级制度规定，帝王使用华盖、雉尾扇，如洛阳龙门石窟宾阳中洞浮雕皇帝礼佛图（图4–8）、江苏丹阳建山金家村萧齐皇室墓葬中的伞扇仪仗等。[②]一、二品大员可使用曲盖、伞及雉尾扇，如河北磁县高润墓北壁墓主安坐图及东壁墓主出行图、[③]磁县茹茹公主墓室北壁彩绘的内室生活图、[④]太原金胜村墓东壁彩绘墓主出行

图4–8 洛阳龙门石窟宾阳中洞浮雕《皇帝礼佛图》
采自孙机《中国古舆服论丛》 文物出版社 2001年

①刘未《魏晋南北朝图像资料中的伞扇仪仗》，《东南文化》，2005年第3期，第68~76页。

②南京博物院《江苏丹阳县胡桥、建山两座墓葬》，《文物》1980年第2期，第9~10页。

③磁县文化馆《河北磁县北齐高润墓》，《考古》1979年第3期，第235~236页，图版七、八。

④汤池《东魏茹茹公主墓壁画试探》，《文物》1984年第4期，第12页，图六。

图等。[①]通过与上述墓室壁画中相关生活及出行场景出现的伞扇仪仗对比，大致可以推定麦积山 127 窟维摩诘变中这组人物的社会地位不低，当为王侯一级。由于西魏时期关中及秦陇一带墓葬中尚未发现有类似图像资料，表明其受南朝或中原地区影响的可能性要大一些，而并非秦陇地区自身特点。

通过对上述几种具有南北朝士族文化代表性器物用具及羽葆仪仗的分析，可以看出，这幅图画中蕴含有丰富的南北朝时期士族阶层物质和精神生活信息，它集中表达了当时士族高官浓厚的审美情趣和普遍的审美观念，是当时这一阶层社会意识、审美风尚和意识的具体表现。

4.《地狱变》是当时儒、释报应观念融合的例证

无论是中国传统伦理思想，还是外来的印度佛教学说，在对待人生观和世界观态度上，都信奉报应观念。但从各自所持立场和出发点来看，在对报应这一概念理解上，彼此之间差异很大，中国是以血源为纽带的宗法制社会，自古以来就有强烈的家庭和家族色彩，也就是说报应在建立在家族、家庭、血亲关系基础之上的。如《易经·坤卦·文言》中言“积善之家必有余庆，积不善之家必有余殃。”[②]这就是说，一个家族或一个家庭的祸福，往往取决于家族前辈所做的善事或恶事。一个人的善恶之行，会影响到他后世子孙的福祸，具有明显代代相传特性；而诞生于古代印度社会的佛教，在长期发展传播的过程中，以其独特的人生观和宇宙观形成一套独特的以五戒十善、四摄六度、三世因果、轮回报应为主体的伦理体系。它规定了人与佛、人与人、人与社会、人与自然以及人与自身等

---

①山西省考古研究所、太原市文物管理委员会《太原南郊北齐壁画墓》，《文物》，1990 年第 12 期，第 4 页，图五：1。

②唐明邦《周易评注》，北京：中华书局，1995 年，第 178 页。

复杂的伦理关系。[1]在这一理论指导下，佛教认为主宰报应是自身的“业力”，而不是上天或上帝。既强调自作自受，不由于他。所以《般泥洹经》说：“善恶随身。父有过恶，子不获殃。子有过恶，父不获殃。各自生死，善恶殃咎，各随其身。”[2]

通过比较，我们可以看出，中国报应理论主张一人作恶，殃及子孙，注重强调家庭、群体和社会的伦理关系。而印度佛教报应理论中则主张个体承载性，不能转嫁他人，或替他人承担果报。显而易见，要中国人接受外来佛教这套固有报应观念是有问题的。为调和这一矛盾，具有独特哲学体系的佛教将其与中国传统伦理价值观进行了融合，如高僧慧远大师在他写的《三报论》、《明报应论》和《形尽神不灭》等文中，系统阐述了因果报应学说。指同报应有三种：“善恶始于此身，即此身报。”就是我们常说的现报；来生便受的生报；“经二生、三生、百生千生，然后乃报”的“后报”。这一论述弥补了中国传统的现世受报说的理论缺陷，说明“善人得祸、恶人得福”乃是前世作业报应的结果，善人恶人所作所为将在来生或三生甚至千生再受报应。善良的德行必有福报，而罪恶的丑行必遭残酷的惩罚，它虽然在有限的现实生活中不能完全实现，但在无限的转生中却被保证实现。这种说法比之中国固有的观点更能自圆其说。而且，由于这种理论无法用实证方法加以检验，所以也很难驳倒。使轮回报应论有了更加深厚、牢固而周密的理论基础。

另一方面，中国佛教也通过三报理论上强化了伦理价值与因果报应论的统一性。还从理论上可以解释现实生活中有目共睹的“杀人放火金腰带，修桥补路无尸骸”这种恶人得福、善人得祸的非报应现象，从而使

---

①范军《中国地狱传说与佛教伦理》，《华侨大学学报》（哲学社会科学版），2007年第3期，第91页。

②《大正藏》第1卷，第169页。

人们更关注生死的安顿，关切来世的命运，增长道德自律心理。使“善有善报，恶有恶报，不是不报，时辰未到”成为中国民间的普遍信念。从而使佛教因果报应理论与中国固有报应观念相融合，最终形成了深厚的“善有善报、恶有恶报”观念，为约束日常生活中人们的言行，奉行去恶从善的道德标准，奠定了深厚思想基础。在现实生活中也得到许多封建士大夫认同，如《颜氏家训·归心篇》通篇用大量文字来阐明佛教因果报应理论，并用儒释同源观点加以解释：“三世之事，信而有征，家世归心，勿轻慢也。……归周孔而背释宗，何其迷也！……善恶之行，祸福所归……一人修道，济度几许苍生？免脱几身罪累？……好杀之人，临死报验，子孙殃祸，其数甚多。”[①]随着带有中国特色佛教因果报应观念的形成，当时社会上劝人行善成为一种风尚，并最终使人乐于信奉佛法，佛教地狱之说也随之产生。在佛教看来，生前作恶多端之人、不信佛法之人，死后将入地狱受到无穷无尽的酷刑。另一方面，佛教在以行善积德可以摆脱轮回进入天堂来劝诱异教徒和不奉佛法者相信佛法外，还通过各种相关经典如《佛说十八泥犁经》、《大楼炭经·泥犁品》、《佛说泥犁经》、《长阿含经·世记经地狱品》、《正法念处经·地狱品》等大肆宣扬地狱苦楚和残酷，以达到劝诫目的。与这些佛经相呼应的是当时还出现了许多根据因果报应思想改编而成的志怪神异小说，如干宝《搜神记》、刘义庆《幽明录》、颜之推《冤魂志》、王琰《冥祥记》等，其中相当一部分与地狱冥报思想有密切关系。[②]如《宣验记》载：“吴唐，庐陵人也。少好驱媒猎射，发无不中，家以致富。后春日将儿出射，正值麋鹿将麑。鹿母觉有人气，呼麑渐出。麑不知所畏，径前就媒。唐射麑，既死。鹿母惊还悲鸣。唐乃自藏于草中，出麑

①北齐·颜之推撰，张霭堂译注《颜氏家训》，济南：齐鲁书社，2009年，第168~180页。

②侯慧明、赵改萍《论汉魏六朝时期佛教的地狱思想》，《宗教学研究》，2008年第1期，第182~186页。

至净地。鹿直来其地，俯仰顿伏，绝而复起。唐又射母鹿，应弦而倒。至前场，复逢一鹿。上弩将放，忽发箭反激，还中其子，唐掷弩抱儿，抚膺而哭。闻空中呼曰：'吴唐，鹿之爱子与汝何异？'唐惊听，不知所在。"；[①]又《冥祥记》载："宋阮稚宗者，河东人也。元嘉十六年，隋钟离太守阮愔在郡。愔使稚宗行至远村……行达民家，恍忽如眠，便不复寤。民以为死，与出外门，方营殡具。经夕能言说，初有一百许人缚稚宗去，行数十里，至一佛图，僧众供养，不异于世。有一僧曰：'汝好渔猎，今应受报。'便取稚宗，皮剥脔截，具如治诸牲兽之法，复纳于深水，钓口出之，剖破解切，若为鲙状。又镬煮炉炙，初悉糜烂，随以还复。痛恼苦毒至三乃止。问欲活不？稚宗便叩头请命。道人令其蹲地，以水灌之云：'一灌除罪五百。'稚宗苦求多灌。沙门曰：'唯三足矣。'见有蚁数头。道人指曰：'此虽微物，亦不可杀，无论复巨此者也。鱼肉自死，此可噉耳。斋会之日，悉着新衣，无新可澣也。'稚宗因问：'我行旅有三，而独婴苦，何也？'道人曰：'彼二人自知罪福，知而故犯。唯尔愚矇，不识缘报，故以相诫。'因尔便苏，数日能起，由是遂断渔猎云。"[②]这些志怪小说中的入冥故事几乎都是反映世人触犯佛教"五戒"、"十善"而被追入冥接受审判和惩罚，其目的显而易见，就是通过地狱对这些罪过的审判与惩罚，来警诫世人谨守戒条，行善止恶。

根据佛教善恶报应法则，人死后要分别在天、人、牲畜、地狱和恶鬼五道中轮回，其中鬼处于最底层，鬼的世界痛苦不堪。而中国古代盛行鬼魂崇拜，相信人死变鬼，鬼魂不灭的观念，认为鬼有超人的力量，可以对人进行监视、报复和赏罚。因此，人们设祭献祀，以崇拜和取悦鬼神。儒、释在报应观念上的调和带来了中国民间丧礼的重大变化，死者家属要举

---

①北宋·李昉等撰，孙雍长、熊毓兰点校《太平御览》(第八卷)卷906，石家庄：河北教育出版社，1994年，第253~254页。

②《大正藏》，第53册，第772页。

办佛教法会，以超度鬼魂。表明南北朝时期，佛教与中国传统文化之间已是你中有我，我中有你，两者体系上已经融合在一起。

127 窟前壁下方地狱变分为左、右两部分，其中左壁尽管反映的是佛教内容，但在表现形式上却极具中国传统丧葬文化色彩，特别是死者亲属立于屋顶持衣招魂的画面更带有这种意味。但是旁边空中前来迎接死者的诸天罗汉，以及地面骑马前来的武士又明确地告诉我们死者生前是信仰佛教的，他死后去处将由其生前的善恶行为来决定的。这组画面左侧的阎罗殿在形式上与中国传统观念中的阴曹地府没有差别，仅仅是阳间世界官署的翻版而已。与后来唐宋时期地狱图像中的阎罗殿相比要简单得多，无论是图像内容，还是表现形式都已经有很大差别，表明这一时期人们的地狱观念仍然处于一种儒释混合状态，还没有形成真正意义上的、以佛教转世轮回思想为基础的丧葬习俗。

第三节 关于麦积山127窟性质的思考

通常意义上，佛教石窟寺中集建筑、雕塑、绘画于一体的窟龛表现出一组完整佛教图像，体现出特定思想内涵。就这一点而言，无论是高官贵族，还是僧侣或普通民众集资开凿的各类性质的窟龛都具有这种特征。但是，由于受功德主信仰思想、开窟目的、社会地位、时代背景等不同客观因素影响，使其所开凿窟龛带有鲜明地域或时代特色，表达出特定的精神需求，成为我们了解和认识当时社会各种信息的重要窗口。开凿于西魏初年的麦积山127窟同样也具备这种特征，关于该窟形制、造像和壁画内容等前文我们已做过比较详细的探讨与分析，下面我们再就127窟的开凿原因、目的和作用等谈一点粗浅认识和看法。毫无疑问，麦积山127窟是以西魏文帝皇氏乙弗氏功德窟这一面貌出现的。对此，郑炳林、沙武田先生已经有比较详细的论证。①笔者对其中观点完全赞同，并拟在此基础上狗尾续貂，做进一步探讨。

①郑炳林、沙武田《麦积山第127窟为乙弗皇后功德窟试论》，《考古与文物》，2006年第4期，第76~85页。

首先,127 窟开凿是当时西魏宫廷相关政治势力斗争和妥协的结果,客观上却给麦积山石窟带来了一次前所未有的发展机遇。众所周知,西魏政权实际创建者是当时长期经营长安和陇右一带的关陇军事集团核心人物宇文泰。西魏皇帝不过是他收拢民心、掌控政权的道具而已,如北魏孝武帝元修因不满高欢专权而西奔长安,但不久就因与宇文泰产生矛盾而被毒死。之后随元修而来的南阳王元宝炬被立为西魏文帝,宇文泰出任丞相、都督中外诸军事、大行台,掌控一切朝政。对此现状,元氏皇帝是非常清楚的,史称元宝炬"及跻大位,权归周室。尝登逍遥观望嵯峨山,因谓左右曰:'望此,令人有脱屣之意。若使朕年五十,便委政储宫,寻山饵药,不能一日万机也。'"[①]作为刚登基不久的皇帝,就有这种修仙问道的想法和念头,可见其日常生活中是非常苦闷和压抑的,其间唯一能给他带来安慰的莫过于温柔贤淑的结发妻子皇后乙弗氏。可惜好景不长,大统四年(534)迫于北方边境军事压力,元宝炬被迫迎娶蠕蠕公主郁久闾氏,乙弗氏则迁居别宫,出家为尼。但这并没有消除郁久闾氏猜忌,为了政局稳定,西魏文帝不得不再次将乙弗氏西迁到秦州麦积山出家修行。考虑到不使她过于寂寞和难过,还特意安排儿子武都王元戊以秦州刺史名义陪护,两人之间感情可见还是很深的。这一切当然也被郁久闾氏看在眼里,史书中称她"容貌端严,夙有成智。"[②]远离故国的她当然也非常希望得到专宠和丈夫的爱,由于身后有强大的蠕蠕政权依靠,以及西魏皇室的傀儡属性,使她在这场后宫争宠中占据了绝对优势。对此,远在秦州麦积山的乙弗氏也十分清楚。为进一步消除对方疑心,已初谙佛道的乙弗氏在麦积山可能已有开窟造像之举,由于有她儿子元戊及秦州地方官吏支持,推测窟龛规模也不会太小。麦积山宋代碑刻中所称的"昔

①唐·李延寿撰《北史》卷 5《魏本纪第五》,北京:中华书局,1974 年,第 181 页。
②唐·李延寿撰《北史》卷 13《后妃上》,北京:中华书局,1974 年,第 507 页。

元魏大统元年，再修崖阁，重兴寺宇”极有可能指的就是这件事。碑中所称的是再修崖阁，说明这处崖阁大概开凿于北魏末年，但由于受战乱等因素影响并未完工，随着新政权建立，特别是乙弗氏的到来，又重新得以续建。从麦积山现有北朝崖阁情况分析，东崖下方的28、30窟从规模、体量、位置等方面综合来看，都符合文献中这一记述，其说法是有事实根据的。

但双方争斗并未就此停歇，乙弗氏的两个儿子一个为太子，一个出镇地方。这对尚无子嗣的郁久闾氏来讲始终是心腹大患，估计身居长安的她并未停止对前皇后的算计。大统六年(540)春天，北方蠕蠕大军寇犯西魏边境可能与她的活动有关，事实上西魏文帝确实也因此赐乙弗氏自尽于麦积山，就地凿陵安葬，并未将尸骨运回长安。这一举动显然并非文帝本意，因为他后来的临终遗嘱明确要求将乙弗氏与其合葬，说明两人感情很深。当时将乙弗氏安葬于麦积山是迫不得已的事。正是由于乙弗氏安葬于麦积山，她的两个儿子才会在此组织开凿了规模宏大的127窟，作为一种纪念和供养，以祈盼国泰民安、母亲早日转世佛国净土。因为当时乙弗氏是废后身份，出于封建礼仪的需要，开窟之事也不可能大势张扬。因此，从崖面位置、栈道条件等方面综合考虑，最终选择在了西崖上方，具体论述第三章相关部分已有涉及，这里不再展开。

其次，麦积山127窟在图像题材内容安排上也表现出与众不同的特性。综观麦积山北魏时期的窟龛，主要以造像为主，壁画则是以辅助的、装饰性方式出现，所涉及题材多为背项光、莲花藻井、龛楣装饰、彩绘佛、菩萨、飞天、供养人像等，除极少数窟外，[①]还没有出现类似127窟内那样场面宏大的经变和本生绘画。而且，相比之下，127窟内造像体量也被

①目前仅见有北魏中期115窟右壁内侧绘有情节简单的须摩陀国王遇飞翅鬼故事，张宝玺《麦积山石窟壁画叙要》，《中国石窟·天水麦积山》，北京：文物出版社，1998年，第190页。

压小，似乎在有意突出壁画内容，这种处理方式也见于西崖中部同时期开凿的 135 窟。短时间内竟然出现两座窟龛形制及表现方式基本一致的窟龛，显然不是一个特例，而是一种全新的窟龛样式。那么，它所表达的内容当然也带有与众不同的含义。通过分析，我们可以看出 127 窟壁画内容主要是围绕对乙弗氏的供养和纪念而展开的。

窟内正壁涅槃变除宣扬大乘佛教的“一切众生皆有佛性”和“常、乐、我、净”思想外，也具有中国传统意义上死亡的含义，正如北魏末年龙门石窟中表现涅槃的图像那样，几名弟子躲在帷幕之后，仅露出头部，默默凝视着仰卧在床的释迦，其情形犹如向逝者遗体告别。同样，笔者也注意到，在 127 窟涅槃变左侧八王争舍利场景中，毗荼台左下角、右下角及左侧各有一组轿舆。其中毗荼台左下角的轿舆形制较为复杂：顶部呈硬山式庑殿顶形，四角各饰一莲瓣宝珠，其下各缀一条旌幡，轿顶两侧隐约可辨各饰一组三股璎珞，轿厢呈方形，两侧壁上方并列开三个方形明窗，在近地表三分之一处轿厢底部穿插绘制出横六纵五的轿舆抬杆，轿舆四脚各赤一根立柱（见图 2–28）。显然，这并不是传统意义和形式上的轿舆，而是北朝晚期出现的一种棺椁，如山西寿阳贾家庄北齐太宁二年（562）库狄迴洛墓中就出土过这样一具木质屋宇式棺椁，据发掘报告，棺椁位于墓室中部，出土时各木质构件多已脱节，相互倾折杂乱，朽化严重，已无法复原。但木柱础、八角倚柱、斗栱、栌斗、插檐板等构件尚存，推测其原为平面长方形，面阔三间，进深三间，残高 1.20 米。[①]如果说这幅木质棺椁与 127 窟涅槃变中轿舆还有一定区别的话，那么山东青州傅家村北齐武平四年（573）墓出土画像石中的一具木质棺椁则表现出两者之间惊人的相似性：在一块高 135、宽 80 厘米条石表面左、上、下三边刻流云与忍冬纹饰带，画面中部前后各两匹马以双杠抬一小型房屋前行。一随从

①王克林《北齐库狄迴洛墓》，《考古学报》，1979 年第 3 期，第 381~384 页。

头戴折巾帽，著交领衣，在马后露出上半身。房屋为木结构，庑殿顶，在屋脊、四角等距饰莲花宝珠，屋正面辟一门，挂有卷起的门帘，进深三间。房屋基座四周设勾栏。勾栏上等距装饰莲花宝珠纹。双杠插于屋庑基座的底部，基座有四足。画面远处刻连绵的山峦，山间建有一六角形舍利塔，塔旁有一棵枝叶繁茂的树，作者认为这幅画像所描绘的应为送葬场面。[①]这一场景与127窟涅槃变中毗荼台右侧一组轿舆很相近：长方形轿舆顶部已模糊不清，轿前部敞开，里面内容模糊不清，轿基底部穿插一井字形抬杆，右边依稀可辨前后各一人肩抬轿杆，前后两端抬杆中似各绘一马形动物抬驼轿杆。轿舆最前方，并列绘一排士卒，均头戴小冠，身穿圆领窄袖裤褶服，左手高举条形盾牌，右手高举持刀，双脚呈弓步防护状，应是表现分得舍利而归的场景之一。相比之下，毗荼台左下角的轿舆抬杆部分则复杂得多，但由于图像模糊、残损严重，无法确认轿杆是人抬，还是使用马等牲畜抬拖，只能大致辨识轿舆四周有众多骑具装铠的武士簇拥前行，以示盛大和隆众，显然轿舆内装载的仍是某国分得的佛骨舍利。上述几组类似轿舆的棺椁在中原传统葬俗中并不多见，参照学者郑岩对青州傅家村北齐墓的研究成果，认为这种可以搬运的小型房屋是一种葬具，围绕其所展现的图像意在表现丧葬场面，而它在形式上更多地受到了入华粟特美术图像样式的影响。[②]在麦积山127窟涅槃变图像中出现多组类似场景，笔者认为，其更大意义不仅在于反映了当是西域地区的丧葬习俗，而是体现出功德主把佛教中的涅槃表现为一场盛大的丧葬礼仪展示，从而也带有更多的世俗社会礼仪因素，它所表达的纪念意义是显而易见的。127窟把这幅经变放在这一重要位置，显然功德主旨在委

---

①夏名采《青州傅家北齐线刻画像补遗》，《文物》，2001年第5期，第93页，图2。

②郑岩《青州北齐画像石与入华粟特人美术——虞弘墓等考古新发现的启示》，巫鸿主编：《汉唐之间文化艺术的互动与交融》，北京：文物出版社，2001年，第73~109页。

婉表达他母亲乙弗氏已经去世这一事实，以寄托哀思。

窟内左壁维摩诘变是居士佛教思想的表现，其所展现的内容都是在教诲世俗社会中坚定的佛法信仰者，具有“成就众生净土”的特殊含义。出身名门望族的乙弗氏在经历过人生大起大落、大喜大悲之后，唯一能给她带来心灵慰藉和精神寄托的或许只有佛教了。功德主选取这幅经变画主要在于彰显其母亲不平凡的出身，画面观众生品中被有意突出的吉祥天女装束华贵、神采飞扬，展现出一个颇具佛理智慧的女性形象，显然是在曲笔褒扬功德主的母亲乙弗氏；右壁绘制的《西方净土变》表现的是一个无忧无虑、美妙幸福、永无转世的佛国世界，表达了功德主对其母亲转世于这样一个去处的美好期盼。关于画面中众多女性形象的问题，前文在讨论中从当时人们对相关净土经典的理解和西方净土思想传播的社会背景等两个方面做了解释和分析。在乙弗氏功德窟这一视野角度下，这一现象更容易得到合理解释：画面中对峙而立的阙是人间与天堂的分界线，在这一转换过程中发生性别上的变化是中国传统文化观念难以接受和理解的。因此，乙弗氏将要转世去的西方净土世界依然存在有诸多女性，画师试图在通过这种方式来说明弥陀净土中女性存在的合理性。

窟内前壁上方七佛图在表明佛法永存、绵延不绝的同时。其本身也与中国祖先崇拜中的七世父母观念相互印映，在许多北朝末期造像碑发愿文题记中都有体现，如河南博物院收藏的北魏孝昌二年（526）骆道明造佛立像背面发愿文曰：“大魏孝昌二 / 年岁在丙午……清 / 信士佛 / 弟子骆 / 道明敬造石 / 像一区上为 / 七世父母生缘 / 眷属普同福 / 庆愿如是”[①]龙门石窟普泰洞主尊铭文题记曰：“大魏普泰元年岁次辛亥八月……比尼丘道慧法盛二人造观世音像一区为七世所生父母师僧眷属愿

①王景荃主编《河南佛教石刻造像》，郑州：大象出版社，2009 年，第 107 页。

不堕三涂无诸苦难"[①]在这些题记中都能看到信徒们供养佛像为包括七世父母在内众生祈福的愿望,127窟七佛图虽未发现类似题记, 但极有可能带有这方面的双重图像含义,一方面既喻示佛法久存,另一方面也表示对祖先的纪念和追思。而图中左至右第五身坐佛旁边佛弟子又带有明显女性特征。极有可能是代表已皈依佛教的乙弗氏;下方绘制的地狱变除佛教中弃恶扬善、遵守戒律、转世轮回的主题思想外,从世俗生活角度分析,也具有中国传统冥界思想中的善恶报应观念。尽管乙弗氏本人成为这场悲剧性事件中的牺牲品,但是她所代表的善恶报应思想却在史官史料记载中得到体现:"凿麦积崖为龛而葬,神柩将入,有二丛云先入龛中,顷之,一灭一出,后号寂陵"。而这一事件的始作俑者郁久闾氏临产时"居于瑶华殿,闻上有狗吠声,心甚恶之。又见妇人盛饰来至后所,后谓左右:'此为何人?'医巫傍侍,悉无见者,时以为文后之灵。产讫而崩。"[②]由此可见,127窟前壁绘制的地狱变也有这方面含义。

窟内顶部本生故事和帝后升天图更具有图像上鲜明的象征意义。正、左、右披绘制舍身饲虎不仅是佛家累世修行、普度众生思想的表现,这种行为在世俗信众眼中更是一种无畏的奉献和牺牲精神。对于该窟功德主而言,正是对乙弗氏舍身为国义举的高度宣扬。她为了国家安宁,先是放弃了后位,继而舍弃舒适的宫廷生活,离家修行,直至最后献出年轻的生命。整个过程与萨埵太子的出游、观虎、跳崖、刺血及最后饲虎等情节表现手法上有很强的类比性,充满了震撼力和感染力。前披睒子本生更体现出一种孝道、忠君思想。前文已就这一概念在西魏大时代背景下做了讨论和分析,就其在本窟性质而言,睒子的行为可以做两方面解释:一方面体现出武都王元戊对母亲乙弗氏的孝心,另一方面也隐含有乙弗

---

①阎文儒、常青著《龙门石窟研究》,北京:书目文献出版社,1995年,第74页。

②唐·李延寿撰《北史》卷13《后妃上》,北京:中华书局,1974年,第507页。

氏并未因被赐自尽而怨恨文帝元宝炬这层含义。顶部正中的帝后升天图则点明了本窟开凿的意义和目的所在，既太子元钦及武都王元戊衷心希望他们的母亲乙弗氏早日转世，往生佛国天堂，永无人世间的痛苦。

第三，127窟正、左、右三壁造像与该窟壁画内容之间有着密切关系，它们所承载和表达的功能应具有高度的一致性，这一点实际上从功德主开窟之时就在做过充分和全面的设计与考虑。在佛教美术图像研究中，许多学者已经开始注意到这个问题。如巫鸿先生就曾指出："这种方法概括为'建筑和图像程序'（architectural and pictorial program）的研究。……简而言之，其基本前提是以特定的宗教、礼仪建筑实体为研究单位，目的是解释这个建筑空间的构成以及所装饰的绘画和雕塑的内在逻辑。……根据这种方法，研究者希望发现的不是孤立的艺术语汇，而是一件具有历史意义的完整作品。……每一个石窟均经过统一设计，哪个墙面画什么题材，作什么雕塑，肯定在建造时都是有所考虑的。这种内在而具体的'考虑'是这些石窟'历史性'（historicity）所在。但是如果把石窟的建筑空间打乱，以单独图像为基本单位作研究的话，石窟的这种历史性就消失了。"①这种研究方法同样适用于麦积山127窟，关于该窟造像与壁画之间的关系本义相关章节中已做过讨论和分析。在此，需要特殊做出说明的是正壁龛内石雕一佛二菩萨像。因为按照常理，直接在窟内正、左、右三壁龛内各塑一组造像是当时最简单、便捷的方法。但功德主却大费周章，耗费巨大人力、物力和财力，从外地特意定制了这组雕像，并将其通过长途运输最终安置于127窟。这一现象不能不引起我们思索，而且同样现象也出现在西崖中部西魏开凿的135窟中，该窟内正中也有一组石雕佛、菩萨像，其中佛立姿，涡纹发髻，面容清秀，褒衣博带式佛装，

①巫鸿《敦煌323窟与道宣》，胡素馨主编《佛教物质文化——寺院财富与世俗供养国际学术研讨会文集》，上海：上海书画出版社，2013年，第333页。

下摆呈三片式,立于圆莲台上。在神态及装束风格上与127窟正壁主尊坐佛并无二致,应为同一时期、同一地区的作品。这尊立佛高1.91米,头后面甚至特意凿一方形榫眼,以利于用绳索固定牵拉,显然也是专门为135窟准备的。它表明这一时期麦积山与长安之间的关系非常密切,故笔者推测135窟与乙弗氏之间依然存在着某种联系,可能也是她的供养窟之一,而窟内石雕佛像则是当时远在长安的太子元钦和西魏文帝捐资镌雕而成,并运送至麦积山的。

通过上述分析,我们完全可以肯定127窟是由武都王元戊、太子元钦及西魏文帝为乙弗氏专开凿的功德窟,带有鲜明的对死者表示供养和纪念的内在含义。而且,围绕乙弗氏在麦积山前后近两年的活动时间里,客观上也带动了麦积山西魏时期窟龛的开凿和营建。

第五章

127 窟图像来源及与陇右石窟寺之间的关系

麦积山所处的秦州东邻长安，西接河陇，南通巴蜀，自古以来就是中国西部地区南北交通要道，也是控扼陇右、西域的战略要地。南北朝时期，这里也是各种佛教思想交流和传播的重要地区之一，具体到佛教造像风格和壁画内容上，不可避免呈现出各种外来艺术因素和地域特性。开凿于西魏初年的127窟由于历史因缘，无论是窟内雕塑造像，还是壁画彩绘，都蕴含着丰富的内容。在造像风格、艺术特点、绘画技法、佛教思想等方面充分体现出当时长安、洛阳，以及以成都为代表的南朝绘画艺术的影响。同时，在窟龛形制、造像题材、装饰技法等方面也和太原、青州等北朝晚期石窟寺造像等存在着一定关系，集中反映和体现了南北朝时期中国佛教艺术交流传播和相互影响的历史过程。

作为秦陇地区最重要的佛教艺术中心之一，麦积山石窟以其独特的地缘优势和交通位置，在接受中原及南朝地区佛教造像艺术方面，与敦煌、凉州及河西地区石窟寺相比，具有明显的领先性特点，如127窟技法纯熟、内容丰富的经变和本生壁画并不见于同时期上述地区石窟寺。而与其毗邻的陇东石窟寺群，尽管也处于丝绸之路要道，由于受地理环境、历史背景、民族构成等各种因素影响，始终没有出现类似麦积山这样具有重要历史地位的佛教艺术中心，两地之间在北魏晚期以来佛教艺术方面也存着一定共性。虽然陇右地区佛教艺术之间相互影响的作用不是十分明显，但是，这些散布于丝绸之路古道上的石窟寺在保持其个性的同时,也都或多或少地体现出彼此之间的内在联系和共性特征,对于全面认识和了解南北朝时期外来佛教艺术在中国传播发展脉络具有重要价值。

第一节　麦积山 127 窟的图像来源

1. 长安和洛阳造像艺术的影响

从十六国时期到北魏统一北方之前，长安一直是北方重要的政治、经济和文化中心，也是南北朝以来佛教艺术传播重点区域之一，特别是前秦和后秦统治时期，著名高僧道安和鸠摩罗什先后以此为根据地，在符坚和姚兴支持下，开始了中国佛教上具有历史意义的译经和弘法活动，极大地推动了包括关陇一带在内的北方地区佛教的传播和发展。这一时期先后游历于长安、麦积山、武威、成都、平城等地的高僧玄高、昙弘、玄绍[①]等为推动上述地区之间佛教思想和造像艺术的交流发挥了重要作用。北魏统一北方后，受太武帝拓跋焘肇始于长安灭法运动的影响，麦积山石窟一度沉寂。[②]文成帝复法后，随着云冈石窟开凿，麦积山再次迎来开窟造像高潮。北魏太和十八年(494)，孝文帝经过一系列精心准备

①梁·释慧皎撰，汤用彤校注《高僧传》卷 11《习禅》，北京：中华书局，1997 年，第 409~410 页。

②孙晓峰《三武灭佛对麦积山石窟的影响》，《敦煌学辑刊》，1998 年第 2 期，第 103~107 页。

后，以南征之名正式迁都洛阳，从而拉开了北魏政权一系列汉化政策大幕。在文化典章制度方面，他以儒家思想为核心，尊崇《周礼》，改胡服为褒衣博带式汉装。尽管与梁齐政权之间战争不断，但并没有影响孝文帝模拟和学习以南朝政权为代表的中原礼仪文化制度。据史料记载，南齐永明九年（491），孝文帝派李道固和蒋少游出使建康，当时蒋少游舅父崔元祖正在萧齐做官，他便对齐武帝说："臣甥少游有班、倕之工，今来必令摹写宫极，未可令返。"齐武帝萧赜怕影响与北魏的关系而没有同意，少游则竟带"图画而归"。[①]孝文帝这些举措在北魏统治阶层有识之士和中原士族集团支持下很快见到成效，使洛阳重新成为与建康并驾齐驱的政治、经济和文化中心。如北魏末年，南朝名将陈庆之回到建康后，非常尊重北人，朱异觉得奇怪，便问他，陈庆之回答说："吾始以为大江以北皆戎狄之乡，比至洛阳，乃知衣冠人物尽在中原，非江东所及也，奈何轻之"[②]。可见当时洛阳已恢复了中原传统文化区地位，诸多洛阳地区考古发掘出土材料和传世文物也都证实了这一点，如龙门石窟宾阳中洞浮雕的帝后礼佛图中人物众多、褒衣博带的孝文帝夫妇和文武群臣形象。类似情形也见于巩县石窟第 1、4 窟南壁浮雕的帝后及王公贵族礼佛图。在洛阳及周边地区北魏晚期墓室石棺及石棺床上线刻或浅浮雕的各种孝子故事、墓主升仙图中也有当时社会各个阶层中原传统世俗装束的人物形象，[③]如现收藏于美国波士顿美术馆的洛阳北魏宁懋石室左、右山墙减地浮雕董永、丁兰、舜等人物孝行故事以及宁懋夫妇形象等均为束发戴冠，宽袖

①唐·李延寿《南史》卷 47《崔祖思传》，北京：中华书局，1975 年，第 1173 页。

②司马光编著，胡三省注《资治通鉴》卷 153《梁纪九》，北京：中华书局，1976 年，第 4766 页。

③黄明兰《从洛阳出土北魏石棺和石棺床看世俗艺术中的石刻线画》，李献奇、黄明兰《画像砖石刻墓志研究》，郑州：中原古籍出版社，1994 年，第 47~53 页；洛阳博物馆《洛阳北魏画像石棺》，《考古》，1980 年第 3 期，第 229~241 页。

袍服，体态轻盈的中原世族装束，陪衬场景也多由亭台楼榭、山石树木等中原传统庭院组成，同样题材和装束的人物故事也见于美国堪萨斯城纳尔逊·阿特肯斯艺术博物馆的孝子画像石棺床两邦线刻的舜、郭巨、蔡顺等孝行故事画中，[①]呈现出北魏后期社会世家大族日常生活画卷。这种风气也很快影响到佛教造像和图画艺术，以洛阳龙门和巩县大力山为代表的石窟寺中保存有数量众多的汉化佛教图像，同样例证也广泛见于以洛阳永宁寺遗址出土的大量泥塑造像，[②]以及当时洛阳城内 1300 多座佛教寺院中。北魏国都从上至下的崇佛行为极大地推动了境内各地石窟寺的开凿和营建，麦积山石窟也开凿有 121、122、133、142、163 等为代表的北魏晚期窟龛。

随着北魏分裂为东、西魏，长安正式成为西魏国都。以宇文泰为首的关陇统治集团在政治上锐意改革、经济上课劝农桑、军事上全力扩张。而文化上则全力模拟以萧梁为代表的中原传统文化礼制，对于当时这种形势，从权臣高欢与杜弼的对话中可以看出来，他对杜弼说："天下浊乱，习俗已久，今督将家属，多在关西，黑獭常相招诱，人情去留未定；江东复有一老翁萧衍，专事衣冠礼乐，中原士大夫望之，以为正朔所在。我若急作法纲，恐督将尽投黑獭，士子悉奔萧衍，则何以为国？"[③]可知宇文泰在西魏所推行的各种政策影响巨大，同时也表现在他对佛教态度上，总体上采取的也是一种支持和鼓励方针。他本人对佛教大乘理论也很感兴趣，时常鼓励文人及下属参悟学习。秦州作为西魏政权的战略后方和交通要

①邹清泉《北魏孝子画像的历史遗存》，《北魏孝子画像研究》，中央美术学院，2003 级硕士学位论文，第 2~3 页。

②中国社会科学院考古研究所：《北魏洛阳永宁寺 1979—1994 年考古发掘报告》，中国大百科全书出版社，1996 年，钱国祥《北魏洛阳永宁寺塑像的初步研究》，《中原文物》，2005 年第 1 期，76~85 页。

③唐·李延寿《北史》卷 55《杜弼传》，北京：中华书局，1974 年，第 1987 页。

道，历来受到重视。而西魏文帝皇后乙弗氏被废黜至麦积山并被赐死这件事也说明了当时麦积山特殊的历史地位。这一时期包括127窟在内大量窟龛的开凿更证明了这点，从窟龛形制、造像风格、题材组合、壁画内容等方面都可以看到洛阳和长安的影响。

（1）两地之间窟龛、造像的比较分析

北魏麦积山窟龛形制变化大致可分为两个阶段，早期以穹隆顶窟为主，系模拟北方游牧民族的草庐或帐篷样式。北魏中期以后，随着孝文帝汉化政策深入，窟龛形制也开始演变成以平面方形平顶窟为主，样式上实际也是对当时人们日常生活中居室内部的模仿，在外观上尚没有出现仿殿堂式建筑的窟龛。此后，由于统治阶级和社会各阶层的共同推动，佛教在北魏全境得到迅猛发展，各地纷纷修寺起塔，王公贵戚也多有舍宅为寺之举。与此同时，石窟寺开凿也进入一个全盛时期，其窟龛样式再次发生变化，开始出现模拟殿堂、帷帐等世俗建筑迹象，在云冈、龙门等由北魏皇室主持开凿的窟龛中大量出现这种仿世俗建筑的窟龛，并很快影响到北魏全境。如云冈北魏中期开凿的第1、2窟中心塔柱及部分壁面雕凿的小龛形制等装饰有屋脊、瓦垄、阑额、斗栱、叉手、帷帐等建筑构件，第5、6、7窟内中心柱、壁面浮雕佛塔或龛楣上大量采用仿木殿堂的屋顶结构，有的甚至带有鸱吻、台基或围栏。[①]第9~13窟除窟内壁面浮雕大量仿殿堂式窟龛和佛塔建筑外，个别殿宇开始出现多棱立柱，柱头架一斗三升斗栱，10~13窟前室外侧还雕有高大宏伟的仿廊柱式建筑，[②]这些都是北魏汉化政策的具体表现。北魏南迁洛阳后在龙门开凿的窟龛中这种现象更为突出，其演变特征非常明显，先是出现在大型窟龛壁面上开

①云冈石窟保管所编《中国石窟·云冈石窟》（一），文物出版社，1991年，图版5、7、8、10、11、48、49、52、53、54、64、79、140。

②云冈石窟保管所编《中国石窟·云冈石窟》（二），文物出版社，1994年，图版2、3、4、14、15、16、52、54、55、67、71、79、81、84、102、114、116、120、175。

凿的小龛上。根据调查，龙门最早出现的仿屋殿式龛是北魏正始四年(507)古阳洞安定王元燮为亡祖、妣造释迦像龛，歇山顶，屋顶雕瓦垄，正脊正中立金翅鸟。三间四柱结构，六棱立柱，柱头减杀，用替木，上承檐枋，栏额上有叉手补间(图 5-1)。此后屋形龛趋于简化，并主要突出屋顶部分。如古阳洞刘智明造像龛(约 515 年)，单间式结构，硬山顶，除瓦垄、正脊、戗脊外，斗拱、替木、补间等均被省略，代之以吊幕。北魏晚期时，如慈香洞南邻窟形龛(约 520 年)，主要突出屋脊部分，如鸱尾、瓦垄及檐枋

图 5-1　龙门石窟古阳洞安定王元燮造释迦像龛
采自《中国石窟·龙门石窟》(一)，文物出版社，1991 年

等变得格外粗壮，正脊间雕饰火焰宝珠，屋脊表现阴刻数道素线，[①]总的看来，龙门石窟屋形龛与同时期样式丰富的小龛相比，数量很少，其中还有几个是与外方内尖形小龛结合而成，表明它是一种新出现的龛形。到北魏晚期则开始运用于整个窟龛外观设计上，如皇甫公窟（527 年）窟门外侧上方就雕一座四阿顶大屋殿顶，正脊两侧为粗大的鸱尾，正中雕一金翅鸟。屋面雕瓦垄及十五根椽子，其下为仿木屋檐（图 5–2）。类似结构的大窟还见于此后开凿的唐字洞（图 5–3）（534~537）和汴州洞（550），前

图 5–2 龙门石窟皇甫公窟外景

采自《中国石窟·龙门石窟》（一），文物出版社，1991 年

①温玉成《龙门北朝小龛的类型、分期与洞窟排年》，龙门石窟文保所/北京大学考古系编《中国石窟·龙门石窟》（一），北京：文物出版社，1991 年，第 177~178 页。

图 5-3　龙门石窟唐字洞外部浮雕的帐形龛
采自《中国石窟·龙门石窟》(一),文物出版社,1991 年

者屋顶尚未保存有十八根椽子,后者屋顶已大部残毁。[①]表明洛阳地区的仿殿堂式窟兴起于北魏末期,到东魏时期依然流行,由于受洛阳地区战乱影响,总体数量上不是很多。显然这种新出现的仿殿堂式窟龛对后来东、西魏地区石窟寺窟龛样式都产生了重要影响。作为西魏境内距长安最近,同时也是最具影响的石窟寺之一,麦积山石窟首先接受了这种全新窟龛样式。据馆藏北宋靖康元年(1126)《秦州雄武军陇城县第六堡

①参见温玉成《龙门北朝小龛的类型、分期与洞窟排年》,龙门文物保管所/北京大学考古系编《中国石窟·龙门石窟》(第一卷),北京:文物出版社,1991 年,第 217~228 页。

再葬佛舍利记》碑载:“……昔元魏大统元年,再修崖阁,重兴寺宇……”这句话暗示了北魏末年关陇大起义对秦州地区社会经济秩序的冲击,使麦积山石窟受到重创。也明确指出,西魏政权建立后,荒废的寺院得以重新兴盛,一种全新的,以仿殿堂式崖阁为主的窟龛建筑在麦积山成为主流,据有关学者研究成果,这句话中的崖阁系指位于东崖下方的 28、30 窟。[①]此后,由于西魏皇后乙弗氏的原因,又出现了 43、49 等仿殿堂式窟龛。这种仿殿堂式窟龛的开凿显然是长安地区影响的结果,而其最初根源无疑来自于洛阳地区,如 43、49 窟的屋顶建筑形式与龙门石窟慈香洞南邻窟形龛、皇甫公窟以及唐字洞的屋顶结构都非常相似,表现出强烈的传承性。殿堂立面建筑方面虽然没有承袭龙门装饰帷幕的做法,也没有全部模拟木构建筑中的立柱和斗拱样式, 而是采取简化处理方式,并用象征性装饰纹饰来加以表现,应属于一种带有地域特点的装饰手法。

造像风格上,127 窟正壁龛内石雕一佛二菩萨和左右壁龛内胁侍菩萨为西魏原作,左、右壁龛内主尊为宋代重塑,但胸以下佛装部分尚可以看到西魏造像痕迹。窟内正中泥塑一佛二胁侍菩萨造像为宋代作品,具体分析详见第七章,这里不再论述。故 127 窟西魏佛像保存完整的仅正壁龛内石雕坐佛,为更好地说明问题,具体论述中也参考了麦积山西魏时期其他窟龛造像资料,下面拟从佛像发髻、佛衣装束、背项光等方面具体加以分析,以探讨其与长安、洛阳地区之间的关系。

通过对麦积山西魏时期佛像发髻样式调查,笔者发现这一时期佛的发髻样式非常复杂,有承袭麦积山北魏佛像特征的磨光高肉髻,如 123 窟正壁主尊、135 窟左壁龛内坐佛,146、172 窟内主尊坐佛。有新出现的涡旋纹高肉髻,如 20、44、102 等窟内主尊坐佛,麦积山石窟艺术研究所库藏的石雕西魏佛头像等(图 5–4)。个别为螺纹高肉髻,如 147 窟主尊

①李裕群《北朝晚期石窟寺研究》,北京:文物出版社,2003 年,第 129~135 页。

坐佛。还有纯波折纹肉髻，如 135 窟内石窟立佛(图 5–5)。这些发髻样式与 127 窟石雕坐佛发髻样式完全相近的一例也没有，而西安博物院收藏的一件西魏时期青石佛头像中却有类似特征：波折纹低平肉髻，发髻前端及肉髻正面各饰一朵右旋式花纹，面形长圆(图 5–6)，与 127 石雕坐佛发髻样式比较接近。在洛阳龙门石窟，完工于北魏正光四年(523)的宾阳中洞正壁坐佛、南壁和北壁立佛(图 5–7)均为波

图 5–4　西魏石雕佛头像

图 5–6　碑林博物馆藏西魏青石佛头像

图 5–7　宾阳中洞北壁立佛(局部)

折纹高肉髻，发髻和肉髻前端同样都装饰有一组右旋式花纹，[①]龙门这种发髻样式应该是受到云冈石窟影响。云冈一期窟龛中波折纹发髻还比较少见。到云冈二期窟龛时，波折纹高肉髻佛像明显增多，北魏孝文帝迁都洛阳后，它又被带到中原和关中地区。

这种由波折纹发髻基础上演化而来的新样式，不仅出现在龙门石窟为北魏孝文帝祈福的宾阳中洞，而且在北魏中后期造像碑中也很常见，如日本大阪市立美术馆藏北魏景明元年（500）牛伯阳造像，河南博物院藏北魏景明四年（503）张难扬造像、熙平二年（517）孔惠超造像、北魏后期的赵安香造像碑（520~524）和田延和造像（527~534），纽约大都会美术馆收藏的北魏永熙三年（534）佛立像，日本大原美术馆收藏的三尊佛立像等。[②]西安碑林博物馆收藏的北魏景明二年（501）四面造像塔正面龛内主尊（图5-8）也为波折纹高发髻，

图5-8　景明二年四面造像塔背面龛内坐佛

①龙门文物保管所/北京大学考古系编《中国石窟·龙门石窟》（第一卷），北京：文物出版社，1991年，图版17、18。

②王景荃主编，河南博物院编《河南佛教石刻造像》，郑州：大象出版社，2009年，第522、35、53、114、120、524、525页。

但未见装饰右旋花纹。在麦积山也只出现在由西魏皇室营建的 127 窟中。即使是在云冈石窟，波折纹肉髻佛像也是出现在具有皇室背景的 16、6 号窟中。上述事例表明这种类型发髻带有某种特定含义，最初可能仅服务于皇室家族。它后来在唐代佛像发髻样式中与螺纹发髻一样盛行，成为当时佛像发髻的标志性象征之一，如西安博物院收藏的隋代佛头像（图 5-9），唐代礼泉寺出土的唐代佛头像（图 5-10），龙门石窟奉先寺卢舍那大佛、宾阳南洞正壁佛坐像、万佛洞正壁坐佛头像、慧简洞正壁倚坐佛像等。[①]从上述饰右旋花纹的波折纹发髻发展和演变的时间和空间范围上看，在中国北方地区，它最早出现在云冈地区，后来随着北魏迁都洛阳，在中原地区的各类佛教造像中大量盛行，并影响到关中和长安

图 5-9 隋代佛头像《西安博物院藏》

图 5-10 西安礼泉寺出土唐代佛头像

①龙门文物保管所、北京大学考古系编著《龙门石窟》（第二卷），北京：文物出版社，1992 年，图版 115、17、65、88。

地区的单体造像，而麦积山 127 窟石雕坐佛中发髻样式正是在这种时代背景下而出现的。

实际上，关于波折纹发髻佛像的历史，最早可以追溯至公元 2~3 世纪中亚一带考古发掘出土的犍陀罗美术造像，如现藏于法国集美博物馆的佛陀头像、阿富汗出土的双神变佛立像等，①（图 5–11）都具有波折纹发髻的基本特征。佛教传入中国后，这种发髻开始有所变化。北魏时期，在河西、陇中一带流行程度远不及磨光高肉髻佛像普及，但也多有发现，如敦煌莫高窟北魏 248 窟中心柱龛内坐佛、北魏 259 窟坐佛（图 5–12）、

图 5–11　佛陀头像（法国集美博物馆藏）

图 5–12　莫高窟 248 窟中心柱龛西向面内坐佛

①林保尧编著《佛像大观》，北京：文物出版社，2009 年，第 47、51 页。

北魏晚期的 355 窟西壁坐佛，[①]马蹄寺 8 号窟中心柱龛内坐佛，[②]（图 5-13）炳灵寺 169 窟北壁后部北魏坐佛等。[③]在麦积山北魏早期 74、78 窟中主尊坐佛也多为波折纹发髻（图 5-14），此后这种发髻样式基本消失，北魏晚期再次出现，如 133 窟 10 造像碑中下层龛内的释迦佛。[④]佛教同样发达的陇东地区南、北石窟寺，合水保全寺、张家沟门、马勺场，华

图 5-13　马蹄寺 8 号窟中心柱龛内的坐佛
采自《河西石窟》，文物出版社，1987 年

图 5-14　麦积山第 78 窟正壁坐佛（局部）

①樊锦诗、马世长、关友惠《敦煌莫高窟北朝洞窟的分期》，《中国石窟·敦煌莫高窟》（第一卷），北京：文物出版社，1981 年，第 185~197 页。图版 79、80、88。

②甘肃省考古研究所编《河西石窟》，北京：文物出版社，1987 年，图版 150。

③甘肃省文物工作队、炳灵寺文物保管所编《中国石窟·永靖炳灵寺》，北京：文物出版社，1989 年，图版 62。

④天水麦积山石窟艺术研究所《中国石窟·天水麦积山》，北京：文物出版社，1998 年，图版 3~6、21、95。

亭石拱寺等石窟的北魏早期造像中也没有发现类似波折纹肉髻，可能是受到毗邻云冈石窟造像风格影响的结果。因为在云冈石窟早期窟龛中，波折纹肉髻佛像也比较少见。仅云冈一期第 16 窟北壁立佛头髻装饰为这种样式，[①]其余均为磨光高肉髻。在云冈二期窟龛中，则集中出现在第 6 窟，如中心塔柱西面下层龛内主尊倚坐佛、南面上层龛内立佛、北面下层二佛并坐龛内左侧坐佛，东壁上层南侧龛内立佛，南壁上层西侧立佛、南壁中层龛内坐佛，西壁上层和上层中部立佛等。[②]其中东壁上层立佛、西壁上层中部立佛发髻前端饰有右旋涡纹花样，但不是十分突出。同窟内西壁上层立佛和南壁上层西侧立佛发髻上这一装饰特征十分明显，均为两个，分别位于发髻前端和肉髻前方（图 5-15）。北魏中期青铜造像中，也发现饰有涡

图 5-15　云冈第 6 窟西壁龛内坐佛头像
（采自孔有生《云冈石窟白描资料》）

①云冈石窟保管所编《中国石窟·云冈石窟》(二)，文物出版社，1994 年，图版 141。

②云冈石窟保管所编《中国石窟·云冈石窟》(一)，文物出版社，1991 年，图版 58、91、92、112、63、130、115、125~126。

旋纹波折纹高肉髻坐佛，如西藏自治区文管会收藏的北魏正始三年(504)青铜佛坐像。①同时期南朝地区佛教造像中发髻多以磨光高肉髻和螺纹髻为主，并未发现此类波折纹肉髻。说明后者主要在北方地区流行，它在流行过程中地域性、时段性特征比较明显，与同时期普遍盛行的磨光高肉髻相比，数量上不占任何优势，在北魏早期的莫高窟、马蹄寺、炳灵寺、麦积山、云冈等石窟中只是零星出现，多出现在较大窟龛内。北魏中后期，开始在中原地区寺院佛像和造像碑中流行，相对数量较多，彰显出了河南地区北魏中后期造像碑中佛像发髻样式的地域特色。在石窟寺造像中，龙门、云冈等具有浓厚皇室背景的个别窟龛中则盛行这种样式发髻，随着北魏政权的瓦解，它又传入长安地区，并对麦积山石窟西魏时期佛教发髻样式产生了重要影响。隋唐时期，波折纹发髻与螺纹发髻一同成为当时佛教造像主流样式，并对此后中国佛教造像发髻样式影响深远。

佛装方面，127 窟佛像整体上依然延续了北魏孝文帝实行汉化政策以来流行的褒衣博带样式，但在下摆和衣裾处理上却显示出与洛阳地区风格迥异的做法，与麦积山北魏晚期 133 窟 3 号龛内坐佛以及 138 窟龛内主尊佛装有明显承袭关系，②佛衣下摆均呈三片式悬垂于束腰方形佛座前，裙裾呈燕尾形展开或与佛座下沿平齐，悬垂于佛座表面。而 127 窟左、右壁龛内主尊佛装却呈现出西魏佛装样式：双领下垂，八字形下摆，服饰质感厚重。壁面中正壁涅槃变中的佛说法图中的坐佛和前壁七佛图中的坐佛服饰也是这种呈八字形下摆的褒衣博带式佛装，也从另一方面说明正壁主尊石雕一佛二菩萨系外地运来，所以它们之间在造像风格上才有所差异。从现存情况看，麦积山西魏时期 127 窟正尊主尊佛装样式

①林保尧编著《佛像大观》，北京：文物出版社，2009 年，第 101 页。

②天水麦积山石窟艺术研究所《中国石窟·天水麦积山》，北京：文物出版社，1998 年，图版 88、102。

并不是十分流行，根据考察，这种佛衣下摆的处理方法在一定程度上也借鉴了长安地区西魏造像中此类佛衣的某些特征，但归纳起来，主要还是受南朝佛装样式影响。关于这一点将在麦积山与南朝造像艺术关系中加以讨论。

综观麦积山石窟西魏佛装样式，主要以垂领式佛装为主，佛说法印，半跏趺坐。佛衣下摆呈八字形，做2~3层，悬垂于方形佛座表面，底层裙裾也做2~3层，以密集折褶方式堆叠于八字形衣摆中间，整体质感厚重，层次清晰，线条流畅。代表性造像如20、44、120、123、127(左、右壁)132、135(左壁)、146、147、162等窟内主佛(图5-16)。[①]这种佛装样式主要受到洛阳地区佛教造像影响的结果，也是北魏孝文帝汉化政策的具体反映。在河南境内石窟寺和造像碑中，北魏晚期佛装多为这种样式，具有代表性的如龙门石窟宾阳中洞主尊坐佛，内着偏衫，中衣衣带打结外露，分两缕下垂。外衣一角垂至腹部，再搭左肘后下垂覆于膝部，下摆略呈八字形悬垂于束腰佛座之上，裙裾做多层重叠状，服饰衣纹简洁流畅，层次清晰，质感厚重，初步摆脱了南朝造像那种轻盈俊秀特征(图5-17)。龙门石窟中类似造像如汴州洞北壁龛内坐佛、莲花洞南壁中部下层佛龛、弥勒北二洞正壁坐佛、普泰洞正壁坐佛、魏字洞正壁坐佛、药王洞前壁北侧小龛等[②]。开凿于北魏晚期的巩县石窟中坐佛服饰也是如此，如第1、3、4窟内中心柱四面下方龛内坐佛，均身穿垂领式褒衣博带袈裟，衣带胸前打结下垂，袈裟下摆质感趋于厚重，略呈八字形悬垂于须弥座前。(图5-18)同时期造像碑情况也大致相同，如河南博物院收藏的赵安香造像碑(520~527)龛内坐佛、扈文显造像碑、西明寺造像碑背面龛内坐佛、扈

①天水麦积山石窟艺术研究所《中国石窟·天水麦积山》，北京：文物出版社，1998年，图版180、182、126、135、189、172、190、192、195。

②龙门文物保管所/北京大学考古系编《中国石窟·龙门石窟》(第一卷)，北京：文物出版社，1991年，图版7、38、56、67、75、86、105。

图 5-17　宾阳中洞主尊坐佛
采自《中国石窟·龙门石窟》(一)
文物出版社，1991 年

图 5-18　巩县第 1 窟中心柱北面实测图
采自《中国石窟·巩县石窟》，
文物出版社，1989 年

豚造像塔正面龛内坐佛、翟兴祖造像碑龛内坐佛、刘根造像碑线刻说法图等。[①]可见，这种佛装造像在以河南为中心的洛阳地区非常盛行，它对后来东、西魏时期佛装样式影响很大。

北魏晚期，以长安为中心的佛教造像遗存中，各种单体造像和造像碑居多，从中也能清晰地看到它对麦积山石窟的影响。这一时期长安地区造像中佛装呈现出多元化趋势，整体在承袭褒衣博带造像风格的同

①王景荃主编，河南博物院编《河南佛教石刻造像》，郑州：大象出版社，2009 年，第 111、108、59、82、85、91 页。

时，佛衣下摆处理方面洛阳和南朝地区佛装样式的特点兼而有之，反映出西魏政权在接受中原和南朝文化方面兼容并蓄的时代特点。如西安博物院收藏的1975年集中出土于西安北郊北草滩的十余件白石龛像，龛内主尊造像佛装多为褒衣博带式，下摆呈八字形覆于龛前，裙裾呈2~3层堆叠于八字形佛衣下摆之间，服饰质感厚重饱满。[①]日本大阪市立美术馆收藏的西魏大统八年(542)杨子受造释迦坐像、美国纳尔逊美术馆收藏的西魏大统年间佛碑像正面龛内坐佛、美国旧金山亚洲艺术馆收藏的西魏大统十三年(546)佛碑像、日本京都大学文学部博物馆收藏的西魏大统十七年(551)艾殷造定光释迦弥勒普贤尊像碑等相关龛内主尊佛衣均为八字形下摆，且悬垂于龛前或佛座之上。[②]台湾收藏的西魏大统八年(542)一佛二菩萨背屏式造像碑中坐佛磨光高肉髻，垂领搭右臂袈裟，衣带胸前打结外露，分两缕下垂，半跏趺坐，衣裾呈八字形摆开，内至外做三层重叠，但在衣纹处理上为直平阶梯式刀法，线条较为生硬，与大统后期佛装流畅舒展的两片式多层衣裾相比，带有明显过渡性特征(图5-19)。[③]

上述西魏时期主尊佛像以褒衣博带、八字形衣裾为主要特征的造像碑，一定程度上代表了当时长安地区造像碑中佛装流行样式，其直接来源就是以洛阳为中心的河南地区。同时，龛像内主尊以褒衣博带、下摆呈三片式佛衣为主要特征的北魏至西魏时期的造像碑也占有一定数量。如前述北草滩白石龛像中，就有一身龛内坐佛穿圆领通肩袈裟，下摆呈三

①韩伟主编、陈悦新副主编《中国石窟雕塑全集》第五卷、陕西、宁夏，重庆：重庆出版社，2001年，图版132~134、139~140。

②金申《海外及港台藏历代佛像珍品纪年图鉴》，太原：山西人民出版社，2007年，第83、94、95、97页。

③财团法人觉风佛教艺术文化基金会《中国古佛雕——哲敬堂珍藏选辑》，台北：秋雨印刷股份有限公司，中华民国七十八年，图版17。

图 5-19　西魏大统八年(542)造像碑

片式,底层裙呈多重折叠状,悬垂于佛座之上(图5–20)。[①]西安博物院收藏的北魏太昌元年(532)释迦、弥勒造像碑仿帐形龛内坐佛,西安碑林博物馆收藏的北魏普泰元年造像塔背面龛内主尊坐佛(图5–21),北魏田僧敬四面造像塔正面龛内坐佛(图5–22),日本东京书道博物馆收藏的西魏大统十三年(547)僧悦造佛碑像正面龛内坐佛以及碑阴下层并列两个小龛内坐佛、美国波士顿美术博物馆收藏的西魏恭帝元年(554)薛氏造佛碑像龛内坐佛等均穿垂领式宽博袈裟,佛衣下摆呈三片或四片式,裙裾两侧略外撇呈燕尾形,其中薛氏造佛碑像龛楣上方将装饰的五佛坐

图5–20 西安北草滩出土的白石龛像

图5–21 北魏普泰元年造像塔背面龛内主尊

①韩伟主编、陈悦新副主编《中国石窟雕塑全集》第五卷、陕西、宁夏,重庆:重庆出版社,2001年,图版135。

像均身穿圆领通肩袈裟，佛衣下摆呈三片式，①与北草滩白石龛像中圆领通肩衣坐佛服饰基本相同。而这种佛衣样式则主要来源于以成都为中心的南方地区，应该也是西魏造像服饰兼容并蓄的一种具体表现。

图 5-22　北魏□僧敬造像塔正面龛内坐佛

主尊背项光装饰方面，127 窟石雕坐佛像也充分体现出长安及洛阳地区背屏式造像的艺术特色，显示出与关中及中原地区石雕造像之间的紧密关系。这组背项光装饰中，主尊头光内层为重瓣式圆莲，顶端半圆雕一身化佛，结跏趺坐一覆莲座上。从莲座下方引出的两股折枝莲花环饰圆莲，外侧为一圈对称排列的伎乐飞天，或单或双，相向而飞。背光呈莲瓣形，尖顶部为装饰有忍纹基座的莲花宝珠，两侧下方高浮雕莲花忍冬和供养天人，主尊肩部两侧各浮雕一身胁侍弟子像。这种以圆莲、化佛、伎乐天、供养天、忍冬等图案为主要内容的背项光在麦积山西魏造

①刘兴珍、郑经文编《中国古代佛雕图典》，北京：文物出版社，2005 年，图 5~87、5~89。

像装饰中也不多见，与麦积山石窟北魏以来形成的由多重同心圆形项光和莲瓣形背光以及火焰纹边饰构成的背项光图案也明显不同，呈现出一种新的装饰技法（图 5-23），使背项光内容更加丰富、生动。根据考察，它应该是由关中及中原地区盛行的背屏式造像主尊装饰风格演变而来。如原出土于河南境内，现收藏于日本东京国立博物馆的北魏永熙年间（532~534）司徒永孙造像碑，主尊立佛头光为浮雕的重瓣式圆莲，顶端线刻一身禅定坐佛。圆莲外缘对称线雕 8 身伎乐飞天，其中最上方两身飞天托举禅定坐佛，其余 6 身神态、体姿各异，正演奏各种乐器，背光最外缘线刻升腾的火焰纹。在主尊与左、右胁侍菩萨之间背光空隙处线刻菩提树和莲花化生，背光尖顶处线刻忍冬装饰的莲花宝珠图案（图 5-24）。藏于河南博物院的北魏熙平二年（517）孔惠超造像碑主尊立佛背项光主

图 5-24　北魏司徒永孙造像碑
采自　王景荃《河南佛教石刻造像》

图 5-25　北魏熙平二年（517）孔惠超造像碑背项光图案
采自　王景荃《河南佛教石刻造像》，大象出版社，2009 年

体图案也由重瓣圆莲、伎乐飞天、化佛、莲花化生、忍冬等组成，仅项光较127 窟多了一圈千佛图案（图 5–25）。类似构图也见于北魏熙平年间(516~518)的西明寺造像、北魏孝昌二年(526)的骆道明造像等。[①]北魏末年长安地区造像碑也受到这种技法影响，一改关中地区造像碑龛楣周边以线刻为主的装饰方式，如西安碑林博物馆收藏的徐安洛造像碑，正面尖拱形龛楣上方两侧各对称浮雕 4 身伎乐飞天，演奏的乐器有筝、竖琴、长鼓、筚篥、横笛等，身形飘逸、体态优美(图 5–26)。这些现象说明麦积山 127 窟石雕坐佛背光中浮雕伎乐天图案应是中原和关中地区影响的结果。在主尊头光图案处理方面，从现存情况看，麦积山西魏时期造像头光多为 3~4 重同心圆，背光也多为 3~4 重与头光交汇的弧形纹，边缘多装饰有升腾的火焰纹，部分装饰纹带中绘有千佛、忍冬、飞天等图案，但主要以素纹为主。与 127 窟石雕坐佛背项光复杂华丽的装饰图

图 5–26　西安碑林博物馆藏徐安洛造像碑

①王景荃主编，河南博物院编《河南佛教石刻造像》，郑州：大象出版社，2009 年，第 528、53、58、107 页。

案有很大不同,也从一个侧面说明这件背屏造像是来自外地的新样式。

127 窟西魏原作菩萨造像现存 6 件,其中正壁龛内两身为石雕,左、右壁龛内各两身,均为泥塑。正壁龛内的石雕菩萨像与正壁龛内背屏式坐佛应为一组,造像风格很有特点:尖桃形头光,中心浮雕圆形重层莲瓣。面形方圆,头戴饰提梁的方形高冠,颜题前侧及左右各饰一组莲瓣宝珠,发髻四周等距贴饰宝相花(图 5–27)。服饰繁缛华丽,帔帛表面饰有

图 5–27　麦积山 127 窟正壁石雕胁侍菩萨

雕刻精美的玉米穗状连接而成的瓔珞。左右壁龛内泥塑胁侍菩萨像也很有特点：扎束双叉式高发髻，面容长圆清秀，体态轻盈飘逸。身穿交领宽袖袍服，下着长裙，帔帛膝前十字交叉，再上绕搭肘，向后飞扬。身体略前倾，一手贴膝，一手平置齐肩，掌心向上，托举供品，面容恬静含笑，姿态优美，动感十足。其中左壁龛内左侧菩萨冠饰与正壁石雕菩萨冠饰基本相同。从造像特点上看，127 窟这组菩萨像与麦积山西魏时期菩萨像有一定区别，前者面容、体姿清秀、飘逸，而后者更显厚重、端庄。发髻样式处理上，菩萨头戴方形冠不见于这一时期发髻样式中。双丫式发髻则有一定数量分布，如 123 窟正壁胁侍菩萨、88 窟正壁左侧菩萨、132 窟菩萨、146 窟正壁菩萨等，[①]在细微处仍有差异，上述发髻中相当一部分前端饰有圆莲。还有的发髻浑圆，头戴由三瓣莲花宝珠组成的花冠，如 20、44、102 窟胁侍菩萨等（图 5–28）；服饰方面，127 窟菩萨上身袒露，或穿交领宽袖袍，或穿偏衫，下着长裙的着装方式与麦积山同期菩萨相似，如 102 窟右壁菩萨、44 窟正壁菩萨、172 正壁菩萨等。而同时期

图 5–28　麦积山 44 窟胁侍菩萨

①天水麦积山石窟艺术研究所编《中国石窟·天水麦积山》，北京：文物出版社，1998 年，图版 135、187、189、191。

另一种身穿交领宽袖长衫，下着齐胸曳地长裙，脚穿云头高履的菩萨则不见于127窟。如105窟右壁菩萨、123窟正壁菩萨、20窟正壁转角菩萨等。[①]帔帛表面装饰璎珞的做法，除135窟正中放置的石雕菩萨立像外（图5-29），也不见于这一时期菩萨帔帛装饰上。所持法器也有不同，除桃形玉环外，还有净瓶。

图5-29 麦积山135窟石雕菩萨立像

通过对比分析，我们可以看到，127窟菩萨具有与麦积山石窟西魏菩萨不同的造像特征。风格上更接近麦积山北魏晚期菩萨造像。如139窟左壁胁侍菩萨，束发高髻，体姿微扭，帔帛膝前十字交叉，表面饰玉米穗状连接而成的璎珞。类似情形也见于140窟正壁左侧菩萨、142窟正壁右侧交脚弥勒菩萨等（图5-30）。[②]更有趣的是，麦积山这一时期帔帛表面装饰璎珞的菩萨像均为石雕。据调查，它们并非天水一带出产的石材，换句话

①天水麦积山石窟艺术研究所编《中国石窟·天水麦积山》，北京：文物出版社，1998年，图版131、182、188、127、135、180。

②天水麦积山石窟艺术研究所编《中国石窟·天水麦积山》，北京：文物出版社，1998年，图版103、106、110。

说，均为外来造像。这一现象说明，它们代表着一种不同的造像风格，甚至窟内泥塑造像也受到这种风格影响，如左壁龛内左侧胁侍菩萨头戴的方形冠，与正壁石雕菩萨冠饰基本一致，充分展现出 127 窟与麦积山西魏时期多数菩萨造像风格方面的差异。如前所述，这种承袭了麦积山北魏晚期菩萨造像风格的作品，其直接源头是洛阳龙门石窟。

图 5–30　142 窟右壁交脚弥勒菩萨

这种造型和装束的菩萨较早实例出现在龙门石窟古阳洞：在洞内西壁释迦牟尼坐像两侧各夹侍一身菩萨立像，头戴花蔓宝冠，宝缯斜向上又下折，面目清秀，眼、眉做微笑状，颈饰项圈，缀以宝珠、玉璧，双肩各一圆形饰物，缀玉米穗状璎珞，上身袒露，下着长裙，帔制自双肩斜下，于腹前十字交叉穿环，再上绕搭双肘下垂。跣足立于圆形覆莲台上，一手齐胸，一手持一尖桃形玉环或净瓶（图 5–31）。①根据温玉成先生的研究，这

①龙门文物保管所/北京大学考古系编《中国石窟·龙门石窟》(一)，北京：文物出版社，1991 年，图版 134、135。

图5-31 龙门古阳洞正壁左胁侍菩萨像
采自《中国石窟·龙门石窟》(一)

组造像的营建时代不晚于公元505年。①此后在宾阳中洞左、右壁主尊两侧也出现有这种样式的菩萨造像：头戴方形花蔓宝冠，双肩各一圆形饰物，颈饰尖桃形宽边项圈，帔帛膝前十字交叉，帔帛表面缀饰玉米穗状连接而成璎珞。菩萨身躯俊秀挺拔，一手齐肩，持莲蕾或一束莲花。另一手微曲至膝前，手持尖桃形玉环，跣足立于宝装莲瓣的圆形覆莲台上。到北魏晚期，此类装束菩萨帔帛的十字交叉位置再次开始提至胸腹之际，如莲花洞正壁主尊右侧胁侍菩萨、天统洞正壁主尊右侧胁侍菩萨像等。②长安地区北魏中晚期菩萨像中也表现出许多类似风格与特征，除组合题材上均表现为一佛二菩萨外。这种特性还表现在菩萨服饰和装束方面，对此，本文在下节中有专门论述，故不再赘述。它对西魏初年长安地区菩萨造像也产生了一定影响，如西

①温玉成《古阳洞研究》，龙门石窟研究所编《龙门石窟研究论文选》，上海：上海人民出版社，1993年，第144~145页。

②龙门文物保管所/北京大学考古系编《中国石窟·龙门石窟》(一)，北京：文物出版社，1991年，图版11、14、49、109。

安博物馆收藏的出土于西安北郊大统三年(537)释迦、弥勒四面造像碑中的菩萨立像:立于圆形宝盖帐形龛下,头戴莲花宝冠,面容清秀,颈饰宽边项圈,两端各饰一圆形物,宝缯自耳后覆肩垂至地面,胸前饰腹前十字结环的帔帛,表面缀饰玉米穗状璎珞,右手齐胸,左手微曲于腹前,持一桃形玉环,跣足立于圆形覆莲台上(图 5-32)。洛阳与长安地区北魏中晚期以来流行的菩萨造像样式对麦积山石窟北魏晚期以来的菩萨造像产生了重要影响,而 127 窟正壁石雕胁侍菩萨正是这种风格影响的表现之一,表明三者之间存在着一定联系。

图 5-32　西魏大统三年释迦,弥勒造像碑

总的看来,127 窟作为西魏皇室主持开凿的窟龛,在整体上更多地承袭了北魏晚期秀骨清像特征,继承传统性的因素更多一些,呈现出相对保守的一面,同时也融入了当时流行的一些新元素,如菩萨头戴的方形冠与洛阳地区菩萨造像中常见的花蔓宝冠有明显不同,显得简洁明快。从上述特征来看,127 窟菩萨

像所表现出的特征更多体现出西魏初年佛教造像艺术正处于一种缓慢变革之中，由于该窟开凿方面的特殊性和功德主的社会背景原因，使期在造像风格方面展现出与长安及洛阳地区此类造像之间的继承关系，而与传统意义上麦积山西魏菩萨造像风格有较大差别，出现这种现象可能与该窟功德主的特殊身份也有一定关系。

(2)两地之间佛教造像装饰的比较分析

在127窟菩萨造像法相庄饰用品方面，也有许多有趣现象值得讨论，如正壁石雕菩萨、左壁龛内右侧菩萨所戴的方形冠就很有特色，它不见于北朝时期的菩萨首服之中，在样式上与中原传统服饰皮弁和通天冠非常接近。皮弁，又称弁。汉·刘熙《释名·释首饰》："弁如两手相合抃时也……以鹿皮为之，谓之皮弁。"其样子似双手掌合扣，像一个倒置过来的茶杯，在远古时期其制作材料主要为鹿皮。在汉以前首服中，弁的作用仅次于冕，上至天子，下至百官均可戴之。如《周礼·春官·司服》载："司服掌王之吉凶衣服，辨其名物与其用事。……祭群小祀则玄冕，凡兵事，韦弁服；视朝则皮弁服。"魏晋时期，由于物质匮乏，改用缣帛代替鹿皮；通天冠，又称"通天"，是古代天子穿着常服时的标准冠饰之一，秦汉时期非常流行，《后汉书·舆服志下》载："通天冠，高九寸，正竖，顶少邪却，乃直下为铁卷梁，前有山，展筩为述，乘舆所常服。"其形制到后代屡有变易，南北朝时，冠前加金博山，冠内衬黑介帻，顶部呈平弧形，略带翻卷。[①]也是当时帝王非常喜欢的一种冠饰，陆翙《邺中记》载："(石虎)整法服，冠通天，佩玉玺。"这两种帽子的共同特点均为竖向窄条缀合，顶部较平缓，整体呈方圆形，能完全罩住宽大的发髻，为使帽子稳固，两侧还留有孔，以便插发簪固定发髻。127窟菩萨所戴方形冠某种程度上综合了两者的特点，但又有所区别，底端颜题部分正、左、右三侧各饰一朵宝相花，

①参见周汛、高春明编著《中国衣冠服饰大辞典》，上海：上海辞书出版社，1996年，第31、45页。

十分别致，简洁而不失高雅，与当时冠上装饰蝉珰的做法颇有异曲同工之妙。北魏中期以来菩萨发髻样式的变化也是这种冠帽得以出现的另一个原因，如西安碑林博物馆收藏的北魏景明二年(501)四面造像塔正面龛内胁侍菩萨（图5-33)，北魏普泰元年(531)朱法曜造像碑正壁龛内胁侍菩萨(图 5-34)，北

图 5-33　西安碑林博物馆藏景明二年(501)四面造像塔

图 5-34　北魏普泰元年(531)朱法曜造像碑正壁局部

魏建明二年(531)朱辅伯造像碑中龛内菩萨,西魏造像碑龛内胁侍菩萨等(图 5-35),都梳的是较为宽松、平整的方圆形发髻,这与此前北方地区常见的束发高髻菩萨头像已有很大变化。而基于皮弁和通天冠样式之间的这种方形冠,又是当时贵族喜爱的首服冠饰,将其创造性地用于 127 窟菩萨冠饰之中,并饰以带有鲜明佛教符号的宝相花,堪称当时艺术家们的一种探索和尝试,也是将现实世俗社会内容与佛教精神世界相互融合的一种表现。

正壁龛内石雕胁侍菩萨服饰之中,除了发冠之外,繁缛华丽的瓔珞是另外一种重要饰品。在麦积山北魏晚期菩萨像中也频繁出现,如 139、140、142 窟菩萨像中都有类似装束,它不仅是一种造像装饰手法的变化,也是当时信徒对佛教经典内容和教义理解和体会更加深入的一种表

图 5-35 北魏建明二年(531)朱辅伯造像碑龛局部

现。麦积山北魏晚期以来出现这种装饰风格正是其受到洛阳、长安等地同类造像影响的结果。

璎珞是佛教造像庄严饰物中重要的一种，许多佛经中都有关于它功能用途的描述和记载，尤其是在菩萨服饰装束中显得尤其突出，是信众奉献给佛与菩萨，以示表现参悟正道的一种特殊供养品，西晋竺法护译《普曜经·入天祠品》中就有众生以璎珞供养弥勒菩萨的描述：

> 菩萨入天祠时，三万二千天子，见显威德，皆发无上正真道意，以是之故。将菩萨行入入天祠，时有梵志名曰火炎，于是其父与五百眷属围绕，执七宝盖。……以供太子，王即受之。召五百释子，五百璎珞手脚头耳，臂著璎珞，沸宿即时来诣王所而谓王言，宜令太子沐浴澡洗乃著璎珞而供养之。王报之曰：我为太子亦作璎珞，太子著之，七十七日吾乃应义，过此夜已。其日月初有一游观，名离垢净，菩萨出观，其大爱道抱将来出，八万婇女来迎菩萨，稽首为礼，诸释一万人奉迎菩萨，五千梵志亦复奉迎。其诸释种作众璎珞，奉菩萨者，令菩萨著，适被在身，即时闇冥。菩萨威光令无有耀，犹如墨聚在紫金边。①

后秦佛竺念译《菩萨璎珞经·法门品》称菩萨得璎珞供养后，可使供养者得到免受地狱诸苦、听闻正法、修行精进等诸多妙处：

> 尔时世尊，告族姓子、族姓女，吾今当说菩萨璎珞八万法门。……或有璎珞名曰尽信。如来得此法门者，令地狱众生受苦恼者，使无众患。复有等慈璎珞，菩萨得此璎珞者。令彼受畜生

①《大正藏》，第 3 册，第 497 页。

形者永无伤害,复有无忘璎珞。菩萨得此璎珞者,使饿鬼之类永无饥渴之想,复有清净璎珞。菩萨得此璎珞者。令迷惑众生知其道径,复有徹听璎珞。菩萨得此璎珞者,使无闻众生悉闻正教,复有自悟璎珞。菩萨得此璎珞者,使愚凝众生心不邪乱,复有捡意璎珞。菩萨得此璎珞者,教诲众生行十善行,复有直信璎珞。菩萨得此璎珞者,使邪见众生安处正见,复有弘誓璎珞。菩萨得此璎珞者,不以劫数为远,复有超越璎珞。菩萨得此璎珞者,使懈怠众生奉持正律,复有无恚璎珞。菩萨得此璎珞者,令恚害众生修行忍辱,复有勇猛璎珞。菩萨得此璎珞者,使慢惰众生精进不废,复有一意璎珞。菩萨得此璎珞者,使乱意众生禅定不虧,复有炽然璎珞。菩萨得此璎珞者,使愚凝众生成就智慧,复有坚固璎珞。菩萨得此璎珞者,未履道迹者,令立道迹,复有多闻璎珞。菩萨得此璎珞者,使少智众生,强记不忘,复有威仪璎珞。菩萨得此璎珞者,使无惭愧众生令知惭愧,复有恶露璎珞。菩萨得此璎珞者,使著欲众生令知不净,复有快乐璎珞。菩萨得此璎珞者,使瞋恚众生永断无余,复有普曜璎珞。菩萨得此璎珞者,悉逮慧明,永除闇冥,复有遍普璎珞。菩萨得此璎珞者,使等分众生不起狐疑,复有形色变化璎珞。菩萨得此璎珞者,覩见无量形色之变,皆发无上正真道意。①

从上述两部经文中,我们可以看出璎珞作为供养品和菩萨像宝相庄严的重要组成部分,在当时佛教信徒日常修行中有特殊含义。五世纪中叶以来,随着佛教广泛传播,这一观念也开始为诸多信徒所认可和接受,越来越多的璎珞饰物出现在菩萨造像之中。中原北方地区现存菩萨造像

①《大正藏》,第16册,第16页。

中较早例证有云冈石窟 17 窟南壁胁侍菩萨像，身穿袒右紧身羊肠大裙，颈饰华丽的项圈，璎珞为连续串连的梭子状，呈 U 型缀饰于胸前，样式较为简单。此后太和初年开凿的云冈 13 窟南壁明窗两侧胁侍菩萨也出现有类似璎珞装饰。[①]但总的看来，在云冈石窟中并不是十分流行。而受洛阳龙门石窟影响，北魏中期以来的长安造像碑中已经变得非常普遍，如前述西安碑林博物馆收藏的北魏景明二年（501）四面造像塔正面龛内胁侍菩萨，帔帛胸前十字交叉，表面饰有玉米穗状连接而成的璎珞。该馆收藏的北魏永兴元年（532）四面造像塔正面龛内胁侍菩萨帔帛表面也饰有连珠状璎珞（图 5-36）。同样装饰也见于西安博物院收藏的四面造像碑中左侧菩萨帔帛表面。类似装饰手法也见于洛阳地区造像碑和石窟寺中，如洛阳市博物馆收藏的北魏晚期弥勒三尊像，主尊弥勒菩萨帔帛表面饰玉米穗状连接而成

图 5-36　碑林博物馆藏北魏永兴元年四面造像塔

①云冈石窟文物保管所编《中国石窟·云冈石窟》（二），北京：文物出版社，1991 年，图版 152、121、122。

的璎珞。[1]龙门石窟宾阳中洞主尊两侧胁侍菩萨帔帛、天统洞正壁左侧菩萨、古阳洞正壁两侧菩萨、莲花洞正壁右侧菩萨等。[2]这种由玉米穗状连接而成的璎珞饰物不仅见于帔帛表面，在龙门石窟北魏中期以来的小龛龛楣装饰中也持续出现，如古阳洞北魏太和二十二年(498)的北海王元详造像龛、比丘慧成造像龛，北魏熙平二年(517)的齐郡王元祐造像龛，以及古阳洞北壁高树造像龛等(图5-37)，[3]可知当时它也是石窟龛楣装饰的重要内容。

图5-37　龙门古阳洞高树造像龛实测图
采自《中国石窟·龙门石窟》(一)，文物出版社，1991年

从时间段上看，这种装饰技法在造像和龛楣上出现时间大致相当，且均分布在长安、洛阳一线，说明北魏中后期时在这一区域内很受欢迎，从这类装饰在龙门石窟的分布情况看，主要出现在皇室和高官显贵所开窟龛之中，可能也是当时人们服饰着

①王景荃主编，河南博物院编《河南佛教石刻造像》，郑州：大象出版社，2009年，第123页。

②龙门文物保管所/北京大学考古系编《中国石窟·龙门石窟》(一)，北京：文物出版社，1991年，图版11、14、109、134~135、49。

③龙门文物保管所/北京大学考古系编《中国石窟·龙门石窟》(一)，北京：文物出版社，1991年，图版173~177。

装变化的一种体现。它与当时成都地区萧梁境内菩萨造像装饰中联珠状璎珞与玉米穗状璎珞并行做法明显不同，随着西魏后期对巴蜀和西域地区实际控制的加强，联珠状璎珞也大量出现在北方地区菩萨造像中，并且基本取代了前者。麦积山 127 窟这种璎珞也见于 135 窟西魏时期石雕胁侍菩萨，最初出现在麦积山北魏晚期菩萨装束中，应该是受到了上述地区同类造像的影响。

（3）造像题材和相关佛教思想的比较分析

造像题材组合上，关于 127 窟三佛问题，前面已作专门论述。本节只讨论窟内各个壁面单铺组合与长安、洛阳类似题材之间的关系。127 窟内正壁单铺组合为一佛二弟子二菩萨，其中弟子像浅浮雕于主尊两侧，仅表现出上半身，与单独雕出的两身菩萨像相比，其内在含义被明显弱化。左、右壁面的单铺组合均为一佛二菩萨。根据对麦积山西魏时期窟龛内单铺造像组合情况的统计分析结果，（表 4）可以看出，以一佛二菩萨

表 4　麦积山西魏窟龛造像题材组合一览表

窟 号	一佛二弟子	佛二菩萨	一佛二弟子二菩萨	备 注
20		√		△
44	√	√		
54			√	△
60		√		△
81		√	√	
83		√		△
84		√		
87		√	√	
88		√	√	
102		√		△

续表

窟 号	一佛二弟子	一佛二菩萨	一佛二弟子二菩萨	备 注
105		√	√	
117	√			△
123			√	
124		√		△
127	√	√		△
132		√		△
135		√		△
146		√		△
147		√		△
191			√	△
比 例	15%	58%	27%	

注:△者为单铺组合,未标注者表示该窟为整铺组合

为主的一辅三身组合约占58%,一佛二弟子的一辅三身组合占15%,一佛二弟子二菩萨的一辅五身组合占27%,说明一佛二菩萨是麦积山西魏造像单辅组合中最主要的形式,这种现象与麦积山北朝以来一直盛行三世佛思想有直接关系。这与长安、洛阳地区同期造像组合有较大区别,长安地区西魏时期造像单辅组合多为一佛二弟子二菩萨的一辅五身组合,如碑林博物馆收藏的北魏普泰元年(531)四面造像碑正面龛内组合(图5-38)、西魏高子路造像碑正壁龛内组合等(图5-39)有的内容更加丰富,在龛外两侧再各加一力士,构成一辅七身组合。如碑林博物馆收藏的西魏造像碑正壁小龛组合(图5-40)。

当然,也有部分造像碑小龛内造像表现的是一佛二菩萨或一佛二弟子的一辅三身式组合,如碑林博物馆收藏的北魏晚期朱法曜造像碑、朱

图 5-38　北魏普泰元年(531)四面造像碑正壁小龛局部

图 5-39　西魏高子路造像碑

图5-40　西安碑林博物馆藏西魏造像碑

图5-41　西安北草滩出土的白石龛像

图5-42　龙门普泰洞道真造释迦像龛
采自《中国石窟·龙门石窟》,文物出版社,1991年

辅伯造像碑,西安北草滩出土的白石龛像等(图5-41);洛阳龙门石窟造像多为一佛二弟子二菩萨的一辅五身式组合,如宾阳中洞,汴州洞、慈香洞、普泰洞、魏字洞等都是如此(图5-42)。河南造像碑中造像组合情况也大体如此,多为一佛二弟子二菩萨的一辅五身组合,如偃师南蔡庄出土的北魏正光四年(523)翟兴祖造像碑阳面帐龛内造像、河南博物院收藏的北魏普泰元年(531)释迦多宝造像碑阳面造像。有的龛外两侧也各浮雕一力士,如北魏孝昌元年(525)荥阳

大海寺出土的比丘道晗造像碑。此外，也有主要表现佛与菩萨，有意淡化弟子的一辅五身组合样式，如博爱县博物馆收藏的北魏晚期造像碑中，主尊为立佛，两侧各一胁侍菩萨，在佛与菩萨之间空隙处，浅浮雕有二身弟子，形象较小，[①]与麦积山 127 窟正壁石雕坐佛两侧弟子在处理技法具有一定相似性。

从上述长安和洛阳地区造像组合情况可以看出，洛阳地区主要流行一佛二弟子二菩萨的一辅五身式组合，有的还增加有力士形象，从而构成一辅七身组合。长安地区造像组合以一辅三身和一辅五身居多，个别也有一辅七身组合，在关中地区的一辅三身造像中，除一佛二菩萨样式外，一佛二弟子也占有相当数量。由此可知，麦积山包括 127 窟在内的西魏时期单辅造像组合中，一定程度上受到了长安地区影响，但更多延续了北朝时期自身造像的组合体系，呈现出鲜明的地域特色。

麦积山 127 窟壁画无疑摹拟于当时佛教寺院。关于北朝时期佛教寺院壁画图像，目前没有任何实物资料可供参考，我们只能从存世零星材料中寻找其图像来源，以及探讨它们之间的关系和影响问题。

洛阳是北魏时期佛教寺院最为集中的地区，根据《洛阳伽蓝记》记载，共有各类大小寺院 1367 处，这些寺院规模大小不一，既有专门营建的佛寺，也有王公大臣舍宅而成的佛寺。从该书内容看，作者主要偏重于寺院形制、佛塔、造像以及相关风土人情的描绘。对于寺院壁画内容方面记述较少，但这并非意味着当时洛阳佛寺中没有壁画，如该书卷四法云寺条载“佛殿僧房，皆为胡饰。丹素炫彩，摹写真容，似丈六之见鹿苑；神光壮丽，若金刚之在双林。”[②]显然是对佛殿中相关说法图和涅槃图的描

①上述造像碑资料参见王景荃主编，河南博物院编《河南佛教石刻造像》，郑州：大象出版社，2009 年，第 85、127、93、137 页。

②尚荣译注《洛阳伽蓝记》，北京：中华书局，2012 年，第 286 页。

绘。可知当时佛寺内除供奉各类佛像外,也应有相当数量壁画,其内容除单尊佛、菩萨像外,可能也包括一些反映佛传、本生、因缘、史迹等内容的绘画作品。这些迹象在石窟寺窟龛中或多或少都有所反映,前辈学者在研究过程中已经注意到这个问题。如宿白先生在关于洛阳地区北朝石窟研究中就明确指出,龙门皇甫公窟正壁的一佛二弟子二菩萨二思维菩萨,南、北两壁龛内弥勒与释迦、多宝对坐布局样式来源于寺院。路洞的殿堂化表现更为明显,如正壁雕饰帷幕大龛,南、北壁上层诸龛皆雕饰歇山式殿堂,并有陛阶、栏楯等建筑构件。而兴建于北魏晚期的巩县第1窟、鸿庆寺第1窟等内部结构可能均模拟自洛阳永宁寺,慈香洞正壁上方浮雕较复杂的维摩、文殊辩论场面和许多龛面较繁缛的龛饰等,都应是寺院殿堂壁画和雕饰的模拟。[①]基于上述事实,可以认定龙门石窟中,某些窟龛内墙面浮雕本生和经变故事画应该是寺院相关壁画内容的具体反映。这些作品在位置安排、构图形式、绘画内容、绘画风格等方面与麦积山127窟壁画有很多相似性,显示出两地之间的共性。

其中宾阳中洞前壁浮雕最具代表性,如前壁左侧第二层的舍身饲虎图,群山呈三重起伏,其间以树木加以区分,山脚下几只饥肠辘辘的老虎围着淡定而坐的萨埵太子,在群虎上方几近全裸的太子双手合十飘然而下,以示舍身坠崖。身后两排大树之间,并排立着国王夫妇,整幅画面充满着宁静和安详。为突出饲虎情节,场景约占到画面二分之一,国王夫妇形象远大于对面的群山和树木,[②]处理技法与127窟顶部右披的舍身饲虎场景非常接近,把经文主要内容安排在显著和突出位置,使观者一目了然。其对于画面中重叠起伏山峰的处理手法,又与127窟前壁上方睒

①宿白《洛阳地区北朝石窟的初步考察》,龙门石窟研究所 编《龙门石窟研究论文选》,上海:上海人民美术出版社,1993年,第44~47页。

②龙门文物保管所/北京大学考古系编《中国石窟·龙门石窟》(第一卷),北京:文物出版社,1991年,图版23。

子本生中群山处理技法类似，上、下多层重叠，其间用 2 ~ 3 棵枝繁叶茂的大树来区别彼此之间的层位关系。在这点上，两地绘画都具有北朝绘画中“人大于山”的特点。可能受窟内面积制约，宾阳中洞内舍身饲虎本生故事情节和场面远不及 127 窟丰富，但其在题材选择和技法处理上都体现出对后者影响；上层对称浮雕维摩、文殊辩法场景，表现的人物虽然没有 127 窟维摩诘变丰富，但主要构成要素都已出现，窟门左侧维摩诘坐在饰有莲花宝珠的帷帐内，身穿宽袖袍服，游戏坐姿，右手持羽扇，倚靠在金丝隐囊上，表情淡定轻松。床榻前方，宽袖、长裙、高履的吉祥天女侍立，维摩身后床榻旁两名侍女侍立恭听，彼此又似在交谈。窟门右侧文殊菩萨束发高髻，宝缯折叠下垂，上着偏衫，下着长裙，帔帛膝前十字交叉，半跏趺坐于覆莲台上，上方饰华丽宝盖，文殊前侧舍利弗身穿袈裟，侃侃而谈，文殊身后一菩萨一弟子立于覆莲台上，正在聆听，以示前来听法的众菩萨和弟子（图 5–43）；完工于北魏神龟三年（520）的龙门慈香洞正壁上方

图 5–43　龙门石窟宾阳中洞维摩变中的文殊形象
（采自《中国石窟·龙门石窟（一）》）

也浮雕有一幅维摩、文殊辩法，分列于主尊背光两侧，左侧维摩头戴小冠，身穿交领宽袖袍服，左手持扇，游戏坐于方形床榻上，左、右及前方各有两身弟子并肩双手合十而坐，四周几朵花卉飘浮在空中，以暗示佛经中天女散花，测试信众慧根的情节。右侧文殊身体略前倾，束发高髻，身穿垂领袈裟，左手前扬，五指展开，结跏趺坐于覆莲台上，背后空中浮雕一装饰华丽的莲花宝盖。文殊前后空地上，并列坐数排双手合十而坐，认真听法的信众弟子。两人上方的空白处，对称刻有8身凌空舞动的飞天，祥云、宝珠点缀其间，将整个画面有机地结合成一个整体。[①]总的看来，龙门石窟中经变故事情节相对简单，仍没有摆脱中原地区造像碑或背屏式造像中经变、本生故事的构图方式，但维摩诘变的要素均已具备，应该是当时洛阳佛寺壁画影响的结果。从中我们也可以看出，麦积山127窟与洛阳龙门中洞维摩诘变在图像构成、人物服饰、主要情节等方面都有很强相似度和传承性，也正是在这一基础上演变和发展而来。

宾阳中洞前壁第三层浮雕的帝后礼佛图人物众多，孝文帝和文昭皇后分别位于画面三分之二处的黄金分割线上，画面中的人物无不褒衣博带，高头大履。葆羽华盖，环列左右，前呼后拥，形成一个有机整体（图5-44）。北魏晚期开凿的巩县石窟第1、4窟中帝后及王公贵族礼佛图在形式处理上也基本一致。洛阳地区北魏绘画对帝后出行场景和随行人物的安排方法直接影响到麦积山127窟中类似内容的创作，如127窟前披睒子本生中伽夷国王出行（图5-45）和左壁维摩变中听法世俗贵族等人物的场景安排里都能看到它的影子。这种构图方式应该是北魏分裂后，传到长安地区中，后来又被运用到有西魏皇室成员参与的麦积山127窟壁画创作中。

---

①龙门文物保管所/北京大学考古系编《中国石窟·龙门石窟》（第一卷），北京：文物出版社，1991年，图版42~44。

图 5-44　龙门石窟宾阳中洞帝后礼佛图

图 5-45 麦积山 127 窟前披睒子本生(局部)

另外,在洛阳地区造像碑线刻绘画中,也发现有与麦积山 127 窟壁画内容和技法相似的作品。现藏于河南博物院,洛阳城东韩旗屯村出土的北魏正光五年(524)刘根造像碑正中线刻有一幅释迦说法图:佛磨光高肉髻,面相清俊秀丽,身穿垂领式披右肩袈裟,内着偏衫,衣带胸前打结下垂,衣角搭左肘后覆膝。半跏趺坐,下摆呈八字形悬垂于束腰叠涩须弥座前,身后饰莲瓣形火焰形背光和同心圆形头光。佛上方饰圆形华盖,上刻山花蕉叶,莲花宝珠、莲瓣、三角形垂珠等纹饰,四条幡带悬垂于宝盖前后。主尊左右两侧各二身胁侍供养菩萨,头束高花髻,饰桃形项圈,上着偏衫,下着长裙,帔帛搭肩,胸前十字穿环后,下垂至膝际后上扬穿肘下垂,手提香炉,跣足或穿云头履立于覆莲台上,均饰圆形头光。两侧菩萨身后各立有六身弟子,相互顾盼,身穿垂领或袒右袈裟,在他们身后两侧各线刻两株枝繁叶茂的大树。[①](图 5-46)这幅线描图与麦积山 127

①王景荃主编,河南博物院编《河南佛教石刻造像》,郑州:大象出版社,2009 年,第 91 页。

图 5-46　洛阳北魏刘根造像碑拓片

采自　王景荃《河南佛教石窟造像》 大象出版社，2009 年，91 页

窟前壁上方的七佛图中单辅坐佛相比，（图 5-47）无论从佛、菩萨、弟子的形象、着装、装饰，还是构图技巧、背景树木的处理上都惊人相似，毫无疑问，麦积山 127 窟的七佛图的创作粉本就是来自洛阳地区。

图 5-47　麦积山 127 窟前壁上方的七佛（局部）

127 窟净土图像也反映出北魏晚期西方净土变这一壁画题材形成和发展

过程。西方净土思想的传播地域主要在南方和中原地区，而南方慧远系净土思想是依据《般舟三昧经》所彰显的禅观思想来修行念佛三昧法门，并将般若学、禅学和弥陀信仰糅合在一起，由于义理高深，对修行者要求较高等原因，他所弘扬的西方净土思想始终没有在普通民众中传播开来。而真正使西方净土思想所广大民众所熟知的则是北魏昙鸾，汤用彤先生评价到："北方大弘净土之业者，实为北魏之昙鸳，其影响颇大，故常推为初祖"。[①]昙鸾在洛阳受菩提流支所授《观无量寿经》感悟，大力提倡"称名念佛，至简至易"的修行方法。他倡导的修行方法非常具有实践性，认为只要信佛因缘，愿生西方，称念阿弥陀佛名号，就可以得到佛力加持，往生西方净土，使净土佛教成为人人都可以修行的宗教。他主张的"九品往生论"显示出极大包容性和信仰权平等性，即使十恶不赦之人也可往生，其社会基础也得以迅速扩大，使西方净土信仰在东魏境内很快风靡起来。由此可知，北魏末年时，洛阳地区净土信仰还不是十分发达，对于这一点，从同时期的佛教造像题记和龙门石窟中发愿文题记内容中都能看出端倪。前者如北魏孝昌年间的周天盖敬造无量寿像题记、黄法僧为亡妣敬造无量寿像题记、丁辟耶为自身夫妻家眷大小法界众生敬造无量寿供养等。[②]在洛阳龙门石窟古阳洞、魏字洞、莲花洞、火烧洞等也发现有9条有关无量寿佛的题记，与观世音信仰同步兴起。[③]这与此前中原地区弥勒信仰一枝独秀的局面相比，已发生很大变化，表明北魏末年无量寿信仰已逐步被民众所信奉。

北魏分裂后，洛阳地区也因战乱而凋零衰败，许多官吏和僧侣或随

①汤用彤，《汉魏两晋南北朝佛教史》，北京：北京大学出版社，1997年，第579页。

②清·陆增祥撰《八琼室金石补正》，卷13《北魏二》北京：文物出版社，1985年，第77页。

③塚本善隆著，施萍婷译，赵声良校《从释迦、弥勒到阿弥陀，从无量寿到阿弥陀—北魏至唐的变化》，《敦煌研究》，2004年第5期，第36~39页。

孝武帝西入长安投宇文泰，或受高欢胁迫北上邺城。西魏统治初期，与东魏之间战争不断，客观上也阻碍了双方文化交流和人员往来。因此，当时东部地区和南方盛行的净土思想在长安的流传情况并不是很清楚，但佛教在西魏境内还是很受欢迎，也倍受统治阶层重视，大乘佛学这一时期也得到发展，[①]推测当时应该有来自洛阳地区的僧侣在长安弘扬菩提流支一系净土思想。客观地讲，当时西魏控制下的长安和关陇地区，在政治、经济、军事、文化等方面都较东魏和萧梁有不小差距，使主要受长安影响的麦积山石窟在接受西方净土思想方面增加了许多不明确性，所以127 窟出现的西方净土图像没有明确经典依据，而是混合了包括《无量寿经》、《阿弥陀经》和《观无量寿经》图像特征的净土变相。实际上，这种现象即使在净土变相已经非常成熟的唐代莫高窟中，仍然不时出现，[②]说明净土变相本身就与功德主的理解和个人喜好有一定关系。但总的看来，麦积山 127 窟的净土图像已经具备西方三圣、七宝莲池、八功德水、楼阁虚空、七重行树、歌舞伎乐、日想观、水想观等主要内容。其中《观无量寿经》的图像成分要多一些，表明它主要还是受到中原地区影响。

2. 南朝造像艺术的影响

麦积山比邻长安，又是西魏控扼巴蜀、陇右的军事重镇和战略后方。自秦汉以来一直是西北和中原地区南下巴蜀的交通要道之一。5~6 世纪时虽南北分裂，但秦州与蜀地之间的佛教往来从未断过。早在西秦时期，与玄高同在麦积山修禅的昙弘就曾游学蜀地，当听说在枹罕弘法的玄高遭谗言陷害时，昙弘在河南王邀请下，“不顾栈道之难，冒险从命。”前往

---

①据《周书》卷 35《薛善传附慎传》载：“太祖（宇文泰）雅好谈论，并简名僧深识玄宗者一百人，于第内讲说。又命（薛）慎等十二人兼学佛义，使内外俱通。由是四方竞为大乘之学。”（北京：中华书局，1997 年，625 页。）

②公维章，《莫高窟第 220 窟南壁无量寿经变札记》《敦煌研究》，2002 年第 5 期，第 8~12 页。

西秦,向乞伏炽盘说明情况,使玄高清白得以恢复。[1]当时跟玄高学习禅法的陇西僧隐也是沿着这条路前往巴蜀,后来又沿江东下,来到江陵琵琶寺,声振一时,颇得当地僧俗各界崇敬。[2]南北朝时期,往来于陇右、巴蜀和长安之间的僧侣非常频繁,如帛远、玄高、玄绍、昙弘、法瑗、法琳、僧猛、慧览等,他们在客观上促进和带动了这片区域内各个地区之间佛教艺术的交流与传播。北魏时期,尽管南北割据,但双方包括佛教艺术在内的文化交流从未中断过,这与北朝统治者锐意进取,全力模拟以南朝为代表的中原传统文化有密切关系。西魏立国之初,这种需要变得比以前任何时候都迫切。在以宇文泰为首的关陇军事集团努力之下,并通过一系列政治、经济、军事等方面的改革措施,西魏政权很快转弱为强,先后控制了荆楚和巴蜀地区,南北方之间交流变得更加通畅和便捷。正是在这种大历史背景之下,麦积山石窟自北魏起已经间接受到南朝佛教艺术影响。西魏时期,通过长安地区,这种影响过程也变得更加明显,主要表现在造像和壁画两个方面。

(1)127窟造像与南朝造像艺术的比较分析

造像方面,通过前面论述我们可以看出,127窟正壁主尊造像在佛装样式上与同时期麦积山绝大多数窟龛中造像有明显差异,与其类似佛装仅见于北魏晚期133窟3号龛、138窟正壁主尊、126窟正壁主尊、121窟正壁龛内主尊(上半身为宋代重塑)及龛内两侧弟子袈裟等为数不多的几个窟内。它最显著的特点就是袈裟下摆呈三片式,作2~3层重叠,裙裾呈燕尾形展开或与佛座下沿平齐,悬垂于佛座表面(图5-48)。从目前发现的实物材料看,这种样式佛装最早见于南朝萧齐时期,如四川茂汶出土的齐永明元年(483)西凉曹比丘释玄嵩造无量寿及弥勒二尊

---

①《大正藏》,第50册,第397页。

②《大正藏》,第50册,第401页。

像，[①]其中正面龛内弥勒像身穿垂领式佛装，双手分别施无畏印和说法印，胸前衣带打结外露，下摆呈三片式垂至龛前，衣裾做三层呈燕尾形展开。成都市西安路出土的齐永明八年(490)法海造弥勒像，其中正面弥勒像磨光高髻，双层莲瓣圆形头光，左侧背光边缘尚存一身双手拍击腰鼓的伎乐飞天。佛装样式大致同上，但袈裟的三片式下摆较永明元年弥勒造像短，使底层衣裾更为突出和层次分明。主尊两侧各雕一身胁侍菩萨像，均束发高髻，头戴三瓣式莲花冠，桃形头光，帔帛膝前十字交叉，跣足立于圆形莲台之上。[②]成都市商业街出土的齐建武二年(495)释法明造观世音成佛像，其

图 5-48 麦积山 126 窟正壁坐佛

①袁曙光《四川茂汶南齐永明造像碑及有关问题》,《文物》,1992年第2期,第67~71页,图1、2。

②成都市文物考古工作队、成都市文物考古研究所《成都市西安路南朝石刻造像清理简报》,《文物》,1998年第11期,第4~20页,图4。

图 5-49　南齐永明八年(490)法海造弥勒像实测图
采自《文物》,1998 年第 11 期

造像风格、佛装样式、题材组合等与成都商业街出土的永明八年(490)法海造弥勒像并无二致,体现出南朝萧齐造像的普遍特征(图 5-49)。[①]到萧梁时期,无论是坐佛还是立佛像,成都地区依然盛行这种三片式衣摆佛装,如成都万佛寺出土的梁普通四年(523)康胜造释迦立像龛、中大通五年(533)上官口光造释迦立像龛、大同三年(537)侯朗造立佛像等。[②]在与天水比邻的川西北地区这种风格的造像也非常盛行,如汶川出土的萧梁时期石雕一佛二菩萨像,主尊也为圆莲形头光,佛装下摆仍为三片式,背光外缘右侧依稀可辨浮雕伎乐飞天。胁侍菩萨像特点与萧齐法海造弥勒像胁侍菩萨非常接近。[③]1983 年出土于广元市境内北魏孝昌三年(527)释迦文佛造像碑,

①张肖马、雷玉华《成都市西安路南朝石刻造像清理简报》,《文物》,2001 年第 10 期,9~10 页。

②刘志远、刘庭壁编《成都万佛寺石刻艺术》,北京:中国古典艺术出版社,1958 年,图版 8、40~41。图版 1、4、10。

③雷玉华、李裕群、罗进勇《四川汶川出土的南朝佛教石造像》,《文物》,2007 年第 6 期,第 84~93 页,图 6。

主尊为一佛二弟子二菩萨的一辅五身式组合，佛头残，褒衣博带式佛装，结跏趺坐于方形佛座上，袈裟下摆为三瓣式，两侧呈燕尾形，向外撇。双手于胸前施说法印，佛座两旁各一卧狮。碑背面阴刻有发愿文："延昌三年太岁在甲午廿日 / 梁、秦显明寺比丘惠楞与平都寺比丘僧政等，觉世无常，敬造释迦文佛像一区，各为亡者、现在眷属、诸师同学、龙华三会，愿登初首，诸劝助者，并润动众生，普同此愿，得道成佛。"同时出土的另一尊北魏佛像也有类似特征。[①]从释迦文佛造像碑发愿文可知，这是一尊由秦、梁僧人出资供养的造像，说明当时秦州与四川地区之间往来是很密切的。

在与麦积山石窟毗邻的长安地区，佛装下摆呈三片的样式最早出现于北魏中期，如西安碑林博物馆收藏的景明二年(501)四面造像碑，佛装上衣为交领式，下摆呈三片式垂于龛前，但与成都地区带有鲜明褒衣博带特征的三片式佛装相比，特征上差别很明显，更多体现出北魏孝文帝汉化服饰改革中胡服汉化的一些变化特点，在服饰衣纹处理上采用关中一带常见的细密刀刻技法，与褒衣博佛装所采用的直平雕刻刀法以及服饰表面阴刻稀疏刚劲衣纹线的做法明显不同。北魏后期，长安地区佛教造像才出现衣裾近似三片的褒衣博带式佛装，如碑林博物馆收藏的北魏普泰元年(531)四面造像碑中正面龛内立佛及背面龛内坐佛，西安博物院收藏的北魏太昌元年（532）释迦弥勒造像碑帐形龛内坐佛等（图5-50）。长安地区三片式佛装样式对麦积山也产生了一定影响，如第23窟正壁北魏中期坐佛就带有这种特征，上衣为交领，佛装下摆多有残损，但仍然可以看出原来为三片式衣裾，服饰表现刻画细密衣纹线。但麦积山北魏晚期出现的褒衣博带三片式佛装在风格、技法上较同时期长安此类风格造像明显要纯熟一些，佛装内外层次清晰，下摆衣裾重叠特征明

①广元市文物管理所《广元新发现的佛教造像》,《文物》1990 年第 6 期，第 30~33 页。

图5-50 北魏太昌元年释迦弥勒造像碑
（西安博物院藏）

显，表面衣纹线简洁流畅、刚劲有力，具有当时南朝地区褒衣博带佛装特点。127窟石雕坐佛采用这种样式，在一定程度上暗示着佛像制作者很熟悉此类佛像的制作技法，而该像功德主也很欣赏这种带有南朝风格的佛像。因此，这组造像极有可能是成都地区南朝造像直接作用和影响的结果。

南朝地区对麦积山西魏造像的影响除佛装外，在佛像发髻方面也有反映，如麦积山147窟主尊坐佛身穿质感厚重的褒衣博带宽式佛装，衣裾下摆为八字形。但佛发髻却不是这一时期麦积山常见的波折纹髻或磨光高髻，而是螺纹发髻，麦积山西魏佛像中也仅此一例。5～6世纪螺髻佛像的再度盛行，是萧梁时期南朝地区吸纳和改造外来印度笈多造像艺术的结果，它沿长江逆流而上，对四川地区造像产生了重要影响。成都万佛寺出土的许多佛像都带有这种特征，如梁中大通元年（529）鄱阳王世子造释迦立像，以及四尊万佛寺出土的萧梁时期佛头像均为螺纹发髻，[①]这种新的佛像样式不久之后传到长安地区，对北周长安地区圆雕佛造像产生了重要影响。[②]而麦积山西魏造像中出现这种螺髻佛像，应该是受到四川地区影响的结果，但其佛装却与麦积山西魏大多数佛像一样，依然为洛阳地区流行的褒衣博带式八字形下摆样式，表明这种影响同时又具有多重性和综合性特征。

127 窟菩萨造像与南朝的关系不是十分明显，风格上也有较大区别，前者系典型的北魏秀骨清像，体姿优美。后者形体处理上更具有印度笈多式造像丰腴饱满的特点，显得厚重挺拔。在装饰方面两者有部分共性，如菩萨发冠边缘等距装饰三瓣莲花宝珠，帔帛膝前十字交叉，表面缀饰玉米穗状或联珠状璎珞，宝缯分数缕搭肩下垂，跣足立于圆莲台上等等。[③]相近特点的菩萨造像也见于同时期长安、洛阳等地，因此，综合考虑造像题材组合情况，麦积山 127 窟菩萨造像主要还是受到关中和中原地区影响。

在背项光装饰方面，成都地区出土的南朝造像与麦积山 127 窟造像之间也体现出某些时代共性，尽管 127 窟佛像背项光在装饰风格、处理技法上更多继承了以洛阳为中心的中原地区同时期造像特点，但我们在南齐永明年间背屏式造像中也看到类似特征，如佛头光为浮雕的重层莲瓣，背光边缘浮雕对称排列的伎乐飞天，菩萨头光正中浮雕圆形重层莲瓣，整体呈尖桃形等等。根据近些年来的研究成果，这种装饰风格的造像最初发源于南朝，向北传入洛阳，向西传入成都。而后又从洛阳向西影响

①刘志远、刘庭壁编《成都万佛寺石刻艺术》，北京：中国古典艺术出版社，1958 年，图版 8、40~41。

②吴玨《北周圆雕佛造像及相关问题》，《考古与文物》，2008 年第 1 期，第 91~99 页。

③林树中等主编《中国美术全集·雕塑编·25 魏晋南北朝雕塑》，北京：人民美术出版社，2006 年，图版 54、55。

到长安、麦积山、陇右一线。同时，随着北魏后期南北交通条件的改善，成都、长安，以及以麦积山为代表的陇右之间又形成了新的传播路线，各个区域之间在保持地方特色的同时，又形成了大的时代共性特征，充分体现出当时各个地区佛教造像艺术传播的特点。

造像题材组合方面，麦积山与四川地区有显著区别。前者主要为一辅三身或一辅五身式组合，比较简单。后者造像组合要复杂得多，尽管个别背屏式造像中也有一佛二菩萨的一辅三身和一佛二菩萨二弟子的一辅五身组合，前者如萧齐永明八年（490）法海造像弥勒像。后者如上海市博物馆收藏的萧梁中大同元年（546）比丘释慧影造像，主尊坐佛两侧各雕一胁侍菩萨，佛与菩萨之间空隙处各浅浮雕一身弟子，均面向佛而立（图5-51）。[①]但总的看来，南朝齐梁之际背屏式造像组合情况多数十分复杂，主像有单尊、双尊或三尊等多种形式，胁侍包括菩萨、弟子和力士，数量一般按双身或四身配置，从

图5-51　萧梁中大同元年（546）比丘释慧影造像

---

①林树中等主编《中国美术全集·25·雕塑编》，北京：人民美术出版社，2006年，图版57。

而整体组合上形成一辅 9 身或一辅 11 身样式，造像碑边缘及四周还往往雕有数量众多伎乐、地神，主尊两侧还各有一卧狮，背项光空白处还常浅浮雕或线雕佛传或本生故事，如梁普通四年（523）康胜造释迦立像龛、萧梁释迦立像龛、太清二年（548）观音立像龛、萧梁释迦坐像龛等，[①]这些题材内容对当时洛阳以东地区影响似乎更大一些。

（2）127 窟壁画与南朝绘画艺术的比较分析

相对于造像而言，127 窟壁画受以四川为代表的南朝地区影响十分明显，这在 127 窟净土变图像构图形式中表现得十分突出。与麦积山毗邻的四川地区是南朝除建康以外另一个重要的佛教艺术中心，由于成都万佛寺遗址佛教造像材料的公布，以及 20 世纪 90 年代以来成都市区和川西北地区陆续出土和发现的佛教造像发掘和研究成果的问世，对于人们了解南朝佛教造像面貌和艺术价值起到重要作用。其中部分含有净土内容的造像碑在构图形式和安排上与麦积山 127 窟西方净土变有一定相似性，表明两者之间存在着紧密联系。现以万佛寺遗址出土的萧梁经变故事浮雕（图 5-52）为例加以分析。这块造像碑并无明确纪年，根据学者们研究，其创作时代大致在 6 世纪末，[②]碑背面通体浮雕，上部通体浮雕净土变相，佛位于正中偏上位置，身后饰华丽的佛龛及须弥山，两边是等距并列的阔叶大树。佛左右各有 4 身弟子，前方浮雕有两排席地而坐的弟子，呈八字形排列。中间翩翩起舞的伎乐，以及树木、池塘、庭院等被以多点汇聚透视方法合理地安排在画面之中，在视觉上形成一个等边三角形布局，具有明显的三维空间效果，使得整幅画面井然有序，繁而不乱，三角形底边正中为一座略呈梯形的桥面，桥两侧为七宝莲池。三角形构图两腰空白处则各浮雕一座斜向平行的楼阁，画面中所有带有线条特

①刘志远、刘庭壁编《成都万佛寺石刻艺术》，北京：中国古典艺术出版社，1958 年，图版 3、4、6、7。

②李裕群《试论成都地区出土的南朝佛教石造像》，《文物》，2000 年第 2 期，第 64~76 页。

图5-52 万佛寺遗址出土的萧梁经变故事浮雕

征的物体，如地毯、场地、台基、围栏、院墙等均以画面中心地带的三角形边缘为基线平行展开。这样，观赏者的视觉焦点无形中就会沿着画面内容被引向三角形两条斜边的交汇点，即正在帐龛内说法的佛身上，巧妙地展现出碑刻中净土图像内涵和中心思想所在。这种构图形式完全突破了东汉以来中国传统浮雕技法常用的平行直交透视作法，有的学者则直接将其誉之为一种透视方法的革命性改变。①如果仔细观察127窟构图形式，也存在类似结构特征，即三角形构图，这种多点汇聚透视方法并不见于北方和中原地区同时期的绘画或浮雕作品中，但在成都地区萧梁时期背屏式造像却比较常见。除上述例子外，还有相传成都万佛寺出土的刘宋元嘉二年(425)造像碑，它的背面下半部分浮雕佛传故事，上部分多已残毁，但从残存痕迹可以看出，有呈三

①王静芬《四件四川佛教石雕和净土图像在中国的起源（续）》《敦煌研究》，2002年第2期，第84页。

角形展开的桥、莲池等内容，推测与萧梁经变故事浮雕上半部分内容一样，依然表现的是西方净土。上海博物馆收藏的萧梁比丘释慧影造像主尊上方背光处也浮雕有这样一组呈三角形构图的佛说法图像，椭圆形背光顶端佛身穿圆领通肩袈裟，结跏坐于莲台之上，双手做说法印，左、右分别侍立一菩萨一弟子，莲台前侧正中一香炉，两侧各一供养人呈跪拜姿。这组图像外侧各跽坐前后两排弟子，每排四人，队列呈八字形排开。其余空隙处浮雕水波纹，以示莲池和八功德水（图 5–53）。由此，可以肯定 127 窟西方净土变构图样式是受四川地区影响的结果。

就图像所表现的佛教思想而言，麦积山 127 窟壁画更多受到了中原地区影响。其中比较有代表性的当属窟内右壁上方的西方净土变图像。尽管它在构图形式上来源于四川成都地区南朝造像碑中的净土变图像，但在具体表现形式和方法上又有所不同。成都地区净土图像一般不单独存在，往往与诸多单幅组成的佛传故事共同形成一个整体。同时，它的重要性又不言而喻，常常被安排在碑的最上方，占据着三分之一或者更多画面。成都南朝时期的造像碑中，无论是人物，还是动植物，都带有浓郁的四

图 5–53　刘宋元嘉二年（425）造像碑拓片

川地域特色，并没有摆脱四川地区东汉画像砖创作技法，人物大小基本一致，形象也相对简单质朴。多采用单元式结构来表现经变或佛传故事主要情节，佛的神性和至高无上主要通过结构安排，而不是靠佛本身体量放大来表现。127窟西方净土变却不一样：位于视觉焦点的佛与菩萨不仅宝相庄严，而且较画面中其他弟子和世俗人物明显高大，与同时期北方造像碑浮雕说法图的表现方式有异曲同工之妙，笔者认为画师在创作过程中可能是受到这种形式启发，当然也不排除直接承袭了当时相关净土图像的粉本。5~6世纪也是中国北朝造像碑艺术高峰时期，广泛分布于中原、西北和华北地区，其中相当一部分造像碑内容表现的是说法、佛传和本生故事，类似题材一直延续到北朝末期，隋唐以后才趋于衰落。其在构图上均以单幅形式出现，选择经典中最具代表性内容为题材，具体安排上则突出主要人物和情节，使观者一目了然，以达到宣传和弘扬效果。如北魏晚期麦积山133窟11号造像碑，正中宝相庄严的龛内雕坐佛，左、右各一胁侍菩萨，佛座前双狮护法，龛楣浮雕莲花化生童子，龛上缘两侧浮雕弟子头像，龛外左右下方各浮雕一坐佛，上方各浮雕两身飞天，构成一幅主题鲜明、欢乐明快的佛说法图（图5-54）。这种图像表现方式在一定程度上也激发了画师的

图5-54 133窟11号造像碑实测图

创作灵感，将其与四川地区传来的多点汇聚透视方法结合起来，在一个更大空间内形成了一种全新的、充满视觉冲击力的画面。

127 窟前壁上方绘制的七佛图像，呈横卷式并列展开，每尊两侧均胁侍有不同数量的菩萨和弟子，其表情、装束、神态等极富变化，在这幅图画中每组坐佛之间均以不同类型的树木加以隔离，彼此视觉上形成一个个相对独立的空间，同时每组佛像之间又通过胁侍菩萨、弟子形态变化，如交谈、互视等语言和形体动作等构成一个有机整体，给人一种布局紧凑、动静结合、繁而不乱，疏密有序的画面。笔者认为，这种构图形式很大程度上也是借鉴南朝绘画技法的结果。

东晋至南朝时期，是中国南北绘画发展史上的一个重要阶段，以建康为中心的南方地区先后产生了顾恺之、陆探微、张僧繇等许多杰出画家，也出现了宗炳、王微、谢赫、姚最等著名书画评论家。在当时崇尚玄学、纵情山水的历史环境下，极大促进了南朝绘画艺术的发展，《女史箴图》、《洛神赋图》、《列女仁智图》等长卷式故事画是这一时期艺术创作的杰出作品。在这种横卷式构图中，山石、树木不仅起到点缀和丰富画面的效果，而且对于欣赏者来讲，更容易将观者视线引向故事主要内容和情节上，以达到宣扬绘画主题思想目的。除了传世绘画外，在当时南朝墓室壁画艺术中也发现类似镶嵌砖画作品，如南京和丹阳境内发现刘宋和萧齐时期的大幅“竹林七贤和荣启期”砖印壁画（图 5–55），[①]其中保存最为完整的当属南京西善桥南朝墓室棺床左、右壁面图像：各长 2.4、高 0.8、距地 0.5 米，每壁各有 4 人，并有榜题，其中左壁外而内至外依次为向秀、刘伶、阮咸、荣启期，右壁外至内则为嵇康、阮籍、山涛和王戎，每人装束、神态、用具等各不相同，彼此之间分别用银杏、松、柳、槐等同根双枝

①南京博物院《南京西善桥南朝墓及其砖刻壁画》，《文物》1960 年第 8，9 期合刊，第 37~42 页；南京博物院《江苏丹阳胡桥南朝大墓及其砖刻壁画》，《文物》1974 年第 2 期，第 44~56 页；南京博物院《江苏丹阳县胡桥、建山两座南朝墓》，《文物》，1980 年第 2 期，第 1~17 页。

图5-55 竹林七贤图(局部)

树作间隔,一共十树八人,对称排列,砖面阳刻线条优美流畅,整幅画既是浑然一个整体,又自成独立壁面,气势宏伟、技法娴熟,是南朝早期砖拼壁画中不可多得的艺术珍品。这种内容相对简单的横幅式壁画在构图技法方面与顾恺之系列作品之间一脉相承,如果将其与麦积山127窟前壁上方七佛图相比,可以发现两者之间也存在着诸多相似之处,特别是横长卷式布局,以及用种类丰富的树木作人物间隔的方法并不见于北方地区佛教图像中,在前面相关章节中无论是对云冈七佛图像、龙门七佛图像,还是造像碑中的七佛图像的讨论中,都没有发现这种装饰技法。总之,北方地区出现的七佛多以并列式或环绕式出现,彼此之间在视觉上往往就是一个整体,并非单独存在。即使在北魏后期龙门石窟中偶然出现的并列式七佛,也仅仅用小龛和简单的莲花等将七佛略加装饰,内容和形式也并不复杂,显然麦积山127窟七佛构图并不是仅仅借鉴洛阳和长安类似图像的结果,而且与南朝地区有着千丝万缕的联系。

佛教传入中土的汉末魏晋之初,为传播需要,曾先后攀附中国传统黄老学说、神仙方术以及魏晋玄学,效果非常明显,首先在当时文人及士族知识分子中得到认同和普及。如东晋名士孙绰不但与支遁、竺道潜等僧人交好,还专门著《道贤论》,将竺法护、帛远、支遁、于法兰等七位高僧比喻为山涛、嵇康、向秀、阮籍等竹林七贤，首次将士族人物与高僧联系在一起，给予很高的地位和社会评价。而竹林七贤在当时几乎已成为南朝士族阶层崇尚的"玄虚淡泊，与道逍遥"玄学精神世界的象征和代表，相关著述也是层出不穷，如袁宏《竹林名士传》、戴逵《竹林七贤论》、沈约《七贤论》等，对于竹林七贤图像的产生起到很大作用。随着僧俗之间交流的深入，相互借鉴、吸收的事例也随之增多，从这个意义上讲，应该说竹林七贤构图对麦积山 127 窟七佛图像产生了一定影响。尽管是佛教题材绘画，但画家在形式上却表现出很大灵活性，充分利用不同类型树木来分割内容相对单一、雷同的佛像，从而丰富和改变了视觉效果，在突出和强调个体的同时，又巧妙利用形态各异的胁侍菩萨和弟子形象来连接整幅画面，使之浑然一体。可以说，就构图形式和技巧而言，较南朝竹林七贤图又有了新的突破和创新。

3. 青州及太原一带造像艺术的影响

(1)与青州地区造像艺术的比较分析

20 世纪 70~90 年代以来，以山东青州[①]为中心的诸城[②]、临

---

①夏名采、庄明军《山东青州兴国寺故址出土石造像》，《文物》1996 年 5 期；青州市博物馆《山东青州发现北魏彩绘造像》，《文物》1996 年 5 期；刘凤君《论青州地区北朝晚期石佛像艺术风格》，《山东大学学报》（哲学社会科学版），1998 年第 3 期；杨泓《山东青州北朝石佛像综述》，《中国佛学》，第 2 卷第 2 期，1999 年秋季号；宿白《青州龙兴寺窖藏所出佛像的几个问题——青州城与龙兴寺之三》，《文物》，1999 年第 10 期；夏名采《青州龙兴寺佛教造像的艺术特色》，《中国历史博物馆馆刊》，2000 年第 1 期；费泳《"青州模式"造像的源流》，《东南文化》，2000 年第 3 期；青州市博物馆《青州龙兴寺佛教造像艺术》，济南：山东美术出版社，2001 年；罗世平《青州北齐造像及其样式问题》，《美术研究》，2002 年第 3 期；金维诺《青州佛教造像的艺术成就》，《美术史研究》，2002 年第 12 期；董立军《青州出土佛教造像艺术研究》，《美术观察》2002 年第 11 期；夏名采《青州龙兴寺佛教造像窖藏》，北京：生活·读书·新知三联书社，2004 年；李森著《青州龙兴寺历史与窖藏佛教造像研究》济南：山东大学出版社，2012 年；

②诸城县博物馆《山东诸城出土北朝铜造像》，《文物》，1986 年第 11 期；诸城市博物馆《山东诸城发现北朝造像》，《考古》1990 年 8 期；杜在忠、韩岗《山东诸城佛教石造像》，《考古学报》，1994 年第 2 期。

胸[①]、高青[②]、无棣[③]、博兴[④]、青岛等地发现和出土了大批北魏晚期至东魏、北齐时期背屏式造像、单体佛像及单体菩萨造像，以石雕造像为主，兼有铜、陶等质地造像，其雕刻精美、装饰华丽，它的题材、造型、装饰技法、表面彩绘等都极具地方特色，形成了独特的“青州风格”，这种佛教造像艺术风格应是龙门风格向东发展的延续，也是南朝与青州佛教艺术交流的结果。[⑤]与中原北朝时期造像相比，青州地区北朝晚期造像具有两个明显特征：一是通体很少刻或不刻衣纹，表面多涂金施彩绘，带有较多印度笈多式和中亚、西域造像特征；二是胁侍菩萨像佩饰十分精美繁缛。显而易见，青州地区北朝晚期造像无论从雕刻技法、还是装饰风格等，都与远在陇右的麦积山石窟存在着很大的地域性差异。但是，通过两者之间的比较，可以看到当时不同地域之间佛教造像艺术的共性和个性特征，也非常有助于我们了解外来佛教造像中国化后的发展、传播和演变过程。

从共性方面看，两地单辅造像均为一佛二菩萨的一辅三身式组合，这一特征显然是两地均受到洛阳地区石窟造像影响的结果，在龙门石窟北魏晚期的宾阳中洞、北洞，莲花洞、魏字洞、普泰洞等窟龛中都能找到类似的组合题材。当然，这个过程中也要考虑到两地的另一个共性特征，即它们都是具有悠久佛教传播历史的地区。麦积山石窟所在的秦州在两

---

①宫德杰《临朐县收藏的一批北朝佛教造像》，《文物》，2002年第9期；山东临朐山旺古生物化石博物馆《临朐佛教造像艺术》，北京：科学出版社，2010年。

②常叙政、于丰华《山东省高青县出土佛教造像》，《文物》1987年4期。

③惠民地区文物管理组《山东无棣出土北齐造像》，《文物》1983年7期。

④常书政、李少南《山东博兴县出土一批北朝造像》，《文物》，1983年第7期；山东省博兴县文物管理所《山东博兴龙华寺遗址调查简报》，《考古》，1986年第9期；博兴县文物管理所《山东博兴县出土北朝造像等佛教遗物》，《考古》，1997年第7期；山东省博兴县图书馆《山东博兴出土百余件北魏至隋代铜造像》，《文物》，1984年第5期；

⑤刘凤君《青州地区北朝晚期石佛像与青州风格》，《考古学报》2002年第1期，第39页。

晋十六国时期就已经是长安和西域高僧弘扬和传播的重点地区，当时许多著名高僧如帛远、竺法护、玄高、昙弘等都先后在这一带弘法、译经、禅修或游学，加之前秦、后秦等统治者直接推动了麦积山石窟在整个北朝时期的开窟造像活动；青州北靠黄河、南依泰山，自古以来也是南北交通重镇和山东地区政治、经济和文化中心，两晋时期，竺法汰、竺僧朗、法显等高僧先后在这一地区讲经说法，建寺弘教，对当地佛教传播起到很大推动作用。同样这一活动也先后得到前秦、后赵、南燕等政权支持。入魏以后，由于这里是南北朝交接的重要区域，深受南方地区讲诵佛教义理风气影响，在当地世家大族支持和影响下，青州一带僧俗各界造像之风十分盛行。正是这种共同传统作用之下，两地对于外来造像艺术接受和吸纳能力都非常强，并很快将其纳入自身地域特色之中。

图 5-56　青州龙兴寺北魏佛像

就单体石雕造像而言，尽管各自地域特征鲜明，但其中确实也存在许多共同的造像特点。从人方面讲，麦积山 127 窟石雕造像与青州造像一样，都具有北魏孝文帝改制以来所形成的褒衣博带式秀骨清像特征：人物造型俊朗挺拔，面容清新秀丽，表情恬静含笑，衣纹简洁流畅，装饰繁缛华丽，可以说两者之间具有相同的时代风貌（图 5-56）。如青州东魏天平二年(535)张白奴造弥勒像，佛水波纹高肉髻，面目清秀，杏眼修长，小口微启，颈细肩宽，内着偏衫，外穿褒衣博带式袈裟，衣裾下摆做2~3层，呈燕尾形展开，左手与愿印，右手施无畏印，立于圆形覆莲座上。①青州龙兴寺出土的北魏背屏式三尊造像，主尊立佛涡旋纹发髻，神态、体姿与张白奴造弥勒像基本相同，身穿垂领式袈裟，服饰上阴刻稀疏刚劲的双衣纹线，跣足而立，头光为浮雕圆形莲花。同时出土的另外一身北魏晚期彩绘背屏式佛三尊像主尊发髻也为波折纹。②上述造像中的佛无论是发髻、服饰，还是装束，均与麦积山西魏时期127、135窟内正壁坐佛非常相近。特别是波折纹发髻在青州地区北魏晚期的佛像中占有一定数量，其前端装饰圆形右旋涡纹肉髻珠的做法和麦积山同期佛像一致，都是受到洛阳地区同类造像题材影响的结果。同时，青州位于当时南北交流中心地带，佛教造像中也带有较多南朝地区因素，比如青州地区佛像多采用带有鲜明印度笈多风格的螺纹发髻，如北魏正始四年（507）法想造弥勒三尊像、北魏佛立像、东魏佛三尊造像等，③东魏、北齐以后这种现象表现更为突出，这与西魏境内麦积山同时期造像有显著不同。故波折纹发髻以及褒衣博带式佛装的出现一定意义上体现出两地在吸纳中原地区造像方面的共性特点。

菩萨服饰装束方面两地之间也有很多相似之处，青州许多胁侍或单体菩萨像都呈现出与麦积山127窟正壁石雕胁侍菩萨一致的图像特征，如龙兴寺出土的许多北魏至东魏时期石雕彩绘菩萨立像（图5-57），头戴方形冠，肩部装饰圆形饰物，下缀飘带。帔帛表面饰玉米穗状璎珞，在

---

①金申《中国历代纪年佛像图典》，北京：文物出版社，1994年，第200、483页。

②青州市博物馆编著《青州龙兴寺佛教造像艺术》，济南：山东美术出版社，1999年，图版11、12、14、15。

③《保利珍藏》编辑委员会《保利珍藏——石刻佛教造像精品展》，广州：岭南美术出版社，2000年，第30、50、70页。

图 5–57　青州龙兴寺出土北魏菩萨像

腹胸之际结环后绕。①所持法器与麦积山 127 窟石雕胁侍菩萨非常相近，如北魏太昌元年(532)比丘尼慧照造弥勒像中的胁侍菩萨均颈饰项圈，帔帛胸前十字穿环，手持莲蕾、桃形玉环或净瓶。前文所述的张白奴造弥勒像、龙兴寺出土的北魏背屏式三尊像等石雕中的胁侍菩萨也都或多或少具有相同或相近的图像特征，反映出洛阳龙门北魏秀骨清像对周边地区的影响。背屏式造像装饰方面两者之间也有许多相似性，如在背光上方均大量使用对称排列的浮雕伎乐飞天，造像主尊头光浮雕圆莲等(图 5–58)，这些都是北魏晚期时中原地区单体造像碑和石窟寺造像中常见装饰技法，亦彰显出时代共性。从个性方面看，由于南北朝时期青州与秦州在经济、文化、地域、民族等方面的差异，也形成了各个不同的地域造像风格，这一点在两地北魏晚期以来造像中表现得非常突出。

首先，两地造像所反映的佛教思想有所不同，麦积山 127 窟石雕造

①青州市博物馆编著《青州龙兴寺佛教造像艺术》，济南：山东美术出版社，1999 年，图版 148、152~154。

图5-58　青州龙兴寺出土的北魏背屏式造像

像表现的是释迦牟尼及其胁侍菩萨，重现强调众生成佛的大乘涅槃思想，这组石雕像在窟内也不是单独出现，而是作为127窟内三佛题材的组成部分之一。而青州背屏式石雕造像根据供养者题记，主要表现的是弥勒佛，集中反映出信奉者往生兜率净土的愿望。青州北魏晚期以来石雕造像一般独立出现，常供奉于寺院或信众家中，而且造像内容和题材随着时代推移，也开始发生变化。北齐单尊佛像相当一部分表现的是反映华严思想的卢舍那佛，而随着观音信仰流行，单体石雕菩萨立像明显增多。

其次，石雕造像表现技法和形式上两地之间也明显不同。在石像制作方面，麦积山127窟中的石雕一铺三身像是以单尊样式出现，这与同时期135窟石雕一佛二菩萨具有一致性。而青州地区的一铺三身像往往作为一个整体出现，即在一块石头上完成，多数背屏式造像主尊下方都有楔形榫铆，以利于在单独制作的底座上固定。装饰题材方面，麦积山127窟石雕造像基本全盘吸纳了洛阳和长安地区北魏晚期至西魏阶段同类造像的构图样式和装饰技法，即主尊背项光通常由伎乐飞天、供养天、忍冬、莲花化生、流云等图案组成，但也有所变化，上述装饰图案由线雕或浅浮雕变为高浮雕甚至半圆雕，艺术表现力更加突出。而青州地区石雕造像则体现出强烈地域特色，造像背屏处理简洁明快，装饰的伎乐飞天近于圆雕，最上方两身不是手持乐器，而是双方托举四阿顶式方形佛塔，非常醒目，整组图案的立体感更加突出。在造像中各种龙形图案运用达到了炉火纯青地步，或运用于莲座，或高浮雕于背光中心。根据构图需要分别采用减地阴线、浅浮雕、高浮雕、半圆雕、圆雕、透雕等多种技法，使各种翔龙口吐莲花的造型不仅极具动感和艺术表现力，也巧妙地将整辅图像连成一个整体。

第三，在石雕造像制作工艺上也明显有所差异。麦积山 127 窟的石雕造像继承了龙门造像的制作工艺，主要采用平直阶梯形刀法，使造像更具有质感和体积感，服饰层次更加清晰、流畅，带有一种质朴清新之风。而青州地区石雕造像多采用圆折阶梯形刀法，更加突出强调块面效果，非常注重各种弧度处理，使造像整体上更加饱满、圆润，服饰线条简洁明快。另外，青州造像普遍在主尊表面通体鎏金或施彩绘，视觉上更加富丽堂皇，不仅起到很好装饰效果，也从一个侧面反映出当时青州地区高超的石雕造像技艺，也说明了当时青州一带佛教造像工艺要远比关中和陇右地区发达。

通过上述两方面比较，可以看出，麦积山北朝晚期造像与青州地区造像相比，既有大的时代共性，又有各自不同的传统和地域文化特色。相比之下，麦积山受中原地区影响程度要略大于青州，这与当时的政治、军事形势有密切关系。北魏分裂为东、西魏后，高欢、宇文泰两大军事集团为各自利益常年处于战争状态，据不完全统计，仅 537~549 年间，双方大的战役就有五次，小规模的战斗更是不计其数，以洛阳为中心的中原地区在这场旷日持久的战争中遭到严重破坏，①双方之间的文化交流更是无从谈起，这就导致麦积山石窟的造像风格主要来自长安和成都一带。而青州地区地理上与萧梁更接近一些，双方之间的冲突也远没有东西魏那样剧烈，为青州地区接受南朝造像艺术影响打下良好基础；另一方面，以青州为中心的山东地区石雕技艺自东汉以来就已经十分成熟，加之东魏、北齐统治者对佛教重视，使青州一带石雕造像工艺达到了鼎盛阶段。

(2)与太原地区造像艺术的比较分析

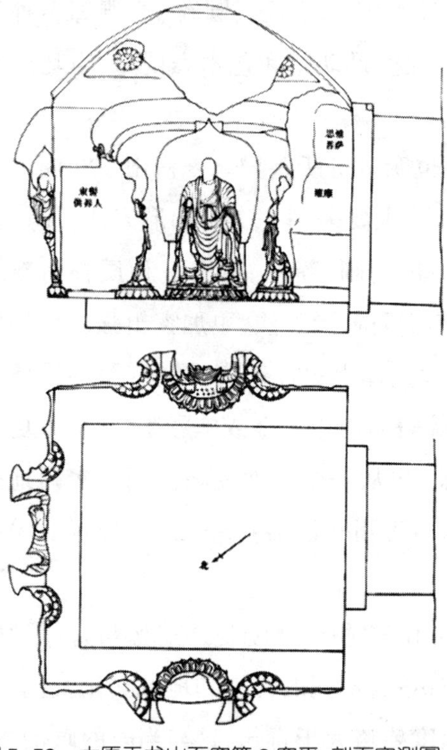

图 5-59　太原天龙山石窟第 3 窟平、剖面实测图
采自　李裕群、李刚《天龙山石窟》，科学出版社，2003 年

相对于青州地区，以太原为中心的太行山西麓一线北魏晚期至东魏时期的窟龛与麦积山 127 窟表现出许多相似特征，两地之间佛教造像也体现出更多的时代共性。

窟龛形制方面，麦积山 127 窟采用的三壁三龛，平面长方形，覆斗顶样式多见于山西中南部石窟寺，如开凿于北魏晚期至东魏初年的太原天龙山第 2、3 窟，它们系一组双窟，均为平面方形，覆斗顶，三壁三龛，除窟龛体量略小外，形制上与麦积山 127 窟没有差别（图 5-59）。调查者认为，这类窟型

①白寿彝总主编《中国通史·三国两晋南北朝时期》(上)上海：上海人民出版社，1995 年，第 338~345 页。

是受到龙门北魏晚期开凿的魏字洞、普泰洞、皇甫公窟，以及巩县第 5 窟，渑池鸿庆寺第 2、4 窟影响的结果。[①]类似形制的洞窟也见于太原至洛阳、邺城一线的古代交通要道上，如山西高平石堂会石窟第 1、3 窟，根据调查结果，这处石窟系晋东南一带佛教邑社组织成员开凿于北魏晚期。[②]在祁县子洪镇北魏魏晚期开凿的第 1、2 窟也采用了三壁三龛，平面方形的窟龛样式。[③]通过这些例证可以看出，两地在窟龛形制选择上表现出一定相似性，一方面是对以洛阳为中心的中原佛教石窟艺术的模拟，充分体现出中心文化区对周边地区的辐射和影响作用；另一方面，也说明随着社会生产力水平提高，人们开始向交通、居住和生活条件更好的城镇聚居，出于佛教信仰需要，寺院建筑也成为城镇建设的一部分，而僧侣和信徒们也随之将其移植到石窟之中，山西境内类似形制窟龛大量出现也正是这种历史背景的真实反映。

造像题材方面，北魏晚期以来，山西中南部一带石窟寺平面方形、覆斗顶窟内造像题材也多以三佛题材为主，但主尊坐姿与麦积山相比，更富于变化，如天龙山第 2、3 窟内正壁主尊为结跏坐佛，左、右壁龛内主尊则为倚坐佛，单铺组合为一佛二菩萨的一铺三身组合，四壁及顶部均有浅浮雕图像，窟顶为莲花飞天。四壁上段为千佛，中段内容较丰富，包括思维菩萨，维摩、文殊，阿难、迦叶等，下段为整齐排列的供养人。窟内浅龛均凿有方形龛柱，其中第 2 窟正壁浅龛为仿帷帐式，上部浮雕莲花宝珠、山花蕉叶，下部垂束多层帐幔，极为富丽堂皇；高平石堂会第 1、3 窟内正、左、右三壁龛内组合飞速情况大致相同，其中第 1 窟门外侧各浮雕一力士，第 3 窟左壁龛内主尊为立佛，单辅组合形式同前，窟内壁面及顶

①李裕群《天龙山石窟分期研究》，《考古学报》，1992 年第 1 期，第 35~61 页。

②李裕群、依丽都《山西高平石堂会石窟》，《文物》，2009 年第 5 期，第 67~85 页。

③李裕群《山西北朝时期小型石窟的考察与研究》，巫鸿主编《汉唐之间的宗教艺术与考古》，北京：文物出版社，2000 年，第 37 页。

部无浮雕内容，仅第1窟正壁龛外两侧至顶部开有七排小龛，每龛内各一坐佛。窟内正、左、右三壁浅龛也极富装饰趣味，多浮雕尖拱形龛楣，龛梁正中雕束莲，尾部做四叶忍冬状。方形龛柱，柱头饰圆莲，覆莲瓣形柱础，龛楣两侧多浮雕成龙首或凤首反顾状。个别造像组合为一佛二弟子二菩萨的一辅五身式组合。但总的看来，一辅三身组合占绝大多数，呈现出较多相同特征。在规模较大的平面方形、覆斗顶窟四壁，与麦积山127窟一样，四壁及顶部均各种佛教图像装饰，显然也是模拟自寺院佛殿，尽管内容上没有前者丰富，但也表现出图案的规范化特征，顶部为莲花飞天、上段为千佛、中段为经变故事，下段为供养人，充分体现出开窟者所要表达的大乘佛教思想，彰显出功德主较高的社会地位和佛教修养，就这点而言，与麦积山127窟有很强相似性。

通过对山西境内北魏晚期至东魏初年平面长方形覆斗顶窟造像题材的分析，我们可以看出，在同时受到洛阳地区影响下，两地之间还是表现出一些差异：麦积山主要承袭了本地后秦以来形成的三佛造像传统，三佛形象基本雷同，仅正壁主尊略显高大，以代表释迦，其余两壁龛内主尊形象没有区别，仅从外观上很难确定其身份。而山西境内此类窟龛主尊则富于变化，除结跏坐佛，还有倚坐佛和立佛等不同样式的主尊，因而从造型上能比较清晰地确定过去、现在和未来三世佛身份。另外，窟内浅龛浮雕各种动植物图案装饰的做法也不见于麦积山127窟，这些现象都体现出与毗邻邺城地区石窟寺之间更为密切的关系，也是石窟艺术地域性特征之一。类似装饰技法在麦积山北周时期窟龛中才开始出现，表现出当时西部地区在佛教造像艺术方面的滞后性。

造像风格方面，两地整体上都具有褒衣博带和秀骨清像的时代特征，但依然有细微差别。麦积山127窟几乎继承了洛阳地区北魏晚期造像特征，由于地域上接近长安、成都地区，因而在佛装样式上主要汲取了佛装下摆呈三片式的处理方法，而没有沿用洛阳地区盛行的八字形下摆,这种样式到麦积山西魏中后期造像中才大量采用。而太原一线中小石窟寺中明显不同,主要承袭了八字形下摆佛装,如太原天龙山第 2 窟正壁坐佛,高平石堂会第 1 窟正壁坐佛、第 3 窟东壁坐佛等。同时也有三片式佛装,如天龙山第 3 窟西壁坐佛,石堂会第 1 窟西壁主尊等。除了褒衣博带式佛装,石堂会第 1 窟中也出现有上身通肩式,下身三片式的坐佛造像,服饰表面阴刻的衣纹线刚劲流畅。与西安地区出土的西魏至北周时期白石龛像中的主尊形象很相近,带有明显的印度笈多造像特征。基于垂领式和通肩式佛装基础之上出现的三片式下摆样式在上述地区的传播,某种程度上反映出当时南北朝和东、西地区之间佛教造像艺术的传播脉络,而太原至洛阳一线由于所处地理环境的关系,境内石窟寺在佛装样式变化和接受能力上要强于麦积山;菩萨造像两地在风格、服饰等方面并无明显差异,如天龙山第 2 窟正壁左侧胁侍菩萨,中分式束发高髻,宝缯两侧折叠下垂,上身袒露,下着长裙,帔帛膝前十字交叉后上绕搭双肘下垂及地,颈饰桃形项圈,双肩各一圆形饰形,帔帛下垂,左手抚胸,右臂微曲,手持桃形玉环,跣足而立。第 3 窟西壁右侧菩萨装束大致相近,内着偏衫,帔帛胸前十字穿环后再搭双肘下垂,左手抚胸,右臂微曲,持一净瓶。高平石堂会第 3 窟东壁右侧菩萨体姿修长,长裙高提至胸,裙带打结下垂,帔帛胸前十字穿环后搭双肘下垂至膝,整体向右侧倾斜,动感十足。这些石雕菩萨都具有北魏晚期清秀恬静的时代特征,体态上略呈丰满挺拔。但无论就精美程度,还是雕凿技艺,麦积山 127 窟菩萨造像都要略胜一筹,这与窟龛功德主社会地位和经济能力有密切关系,后者作为西魏皇室功德窟,具有这方面优势和条件。而山西南部中小石窟寺多为当地佛教邑社成员和地方官吏开凿,其经济实力和造像水平当然有所差距,因此造像特点显得较为古拙、质朴,带有较多民间造像意蕴。

通过与青州及太原地区同时期石窟寺及单体造像比较分析,我们可以发现,以魏都洛阳为核心的中心文化区在造像风格与样式,造像题材和内容等方面对北魏境内周边地区影响很大。使上述地区佛教造像与麦积山石窟之间或多或少地都呈现出许多时代共性和相似特征,甚至某些方面也不排除彼此之间相互影响和借鉴关系,如青州背屏式造像中题材的组合样式、背项光中莲瓣形头光和背光中伎乐飞天的布局,太原地区石窟寺中大量出现的平面长方形覆斗顶、三壁三龛窟等,这都是我们在今后相关研究工作中应该关注的问题。同时由于历史传统、地域文化、地理位置、民族构成等各种因素影响,包括麦积山在内的各个地区在石窟寺营建和单体造像雕塑过程中都表现出强烈的地域性特征,尤其在吸纳毗邻地区造像风格和特点方面更为突出,说明佛教造像艺术传播具有多样性和普遍性。而麦积山同时处于成都和长安两大佛教文化中心的影响范围之内,自身又是连接中原与西域的交通要道,因此,在接受外来造像艺术方面表现得更具有代表性。

第二节　与陇右地区佛教艺术之间的关系

麦积山石窟所处的秦州位于甘肃省东南部，是丝绸之路南线重镇，境内所辖的秦安、清水、张家川及附近的庄浪、静宁等地又是连接丝绸之路北线重镇固原、泾川等地的主要支线。上述两条主线至河西走廊的武威后汇合，再向西经张掖、酒泉、敦煌等地进入新疆。无论是两汉之际外来佛教的东渐，还是6世纪以后中原地区佛教造像艺术的西传，大体都是沿着这条古道蜿蜒而行。同时，由于受地理环境、历史背景、社会经济、民族迁徙等诸多因素影响，北魏晚期以来，上述地区的佛教造像艺术既有吸纳中原文化的共性特征，又强烈地表现出各个不同的地域特性。开凿于西魏初年的麦积山127窟同样如此，它在窟形、造像、壁画等方面同所体现出的特点正是这一时期陇右地区佛教艺术的真实写照，对于它们彼此之间关系的探讨和研究十分有助于了解和掌握北魏晚期至西魏初年该区域内佛教造像艺术的发展和传播脉络。

魏晋南北朝时期，相对于战乱频繁的中原，以敦煌、凉州为代表的西北内陆一带社会稳定，经济、文化也得到一定程度恢复和发展，加之历代割据政权统治者也大力宣扬和支持佛教，这为当地佛教艺术的弘扬和传播创造良好条件。正是在这种大背景下，先后出现了敦煌莫高窟、酒泉文殊山、武威天梯山、张掖马蹄寺和金塔寺、永靖炳灵寺等诸多石窟寺，特别是在东晋十六国时期得到很大发展。5世纪中叶，随着北魏政权完成北方地区统一大业，将凉州等地人口大量掠往平城，西北内陆石窟寺开凿受到一定程度影响，但依然保留下许多北魏时期的窟龛、造像和壁画，特别是在既有佛教开窟造像传统，又远离统治中心的敦煌表现得更为明显。由于北方游牧民族柔然和世居青海的游牧部落吐谷浑等与北魏政权之间关系始终不睦，导致当时西北内陆与中原地区的交通、贸易、文化交流等方面总是随着时局变化而跌宕起伏，使当地在接受中原传统文化艺术方面呈现出一种滞后性和地域性特征，但彼此之间联系却始终没有断过。而麦积山石窟特殊的交通位置使其在当时佛教艺术传播过程中起到一种过渡和交融作用，因而在佛教造像艺术方面与上述地区之间也存在着许共性关系甚至导向作用，下面略加论述。

1. 与炳灵寺造像艺术之间的关系

炳灵寺位于黄河上游，是十六国时期西秦境内一处重要石窟寺遗存，也是古代丝绸之南线的必经之地。十六国后秦、西秦时期，它与麦积山之间就有较多往来记载，两地政治、经济、文化等背景大致相同。与麦积山一样，炳灵寺在石窟造像艺术方面也主要受到长安地区影响，[①]充分表现出两地之间的共性。北魏宣武帝延昌年间(512~515)以后，炳灵寺再次得到较大发展，这期间有一定规模的开凿和营建，现存8窟25龛，其中比较具有代表性的有126、128、132等窟。窟内主尊为三世佛，但与麦积山石窟的三世佛不同，窟内主尊图像特征十分明显：正壁为释迦、多宝，南壁为半跏坐佛，北壁为交脚弥勒，明确表现出过去、现在、未来的三世佛特征。主尊两侧均各雕一胁侍菩萨，其中126窟正、左、右三壁上方

①宿白《凉州石窟遗迹与“凉州模式”》，《考古学报》1986年4期，第435~446页。

均开凿有 2~3 层小龛，内雕刻七佛、千佛、思维菩萨、弟子等形象。128 窟正壁上方小龛内雕维摩、文殊对座辩法，左、右壁上方小龛内雕佛、菩萨说法图，门壁上方龛内雕七佛、比丘、思维菩萨等。132 窟门壁上方龛内雕佛涅槃及八弟子举哀。这些现象说明，北魏中后期陇右一带靠近中原文化圈的石窟寺窟龛中已经开始出现集中反映法华、涅槃、维摩、七佛等大乘佛教思想的图像题材，这种表现形式同时也说明，西魏时期麦积山 127 窟集中出现内容如此丰富佛教图像题材一方面是模拟佛教寺院壁画，另一方面也是当时陇右地区石窟寺佛教图像内容进一步丰富和发展的必然结果。

北魏晚期，地处河州的炳灵寺一带也受到关陇战乱影响："（孝昌元年）冬十月……平西将军高徽奉使嚈哒，还，至枹罕，会河州刺史元祚卒，前刺史梁钊之子景进引莫折念生兵围城，长史元永等推徽行州事，勒兵固守；景进亦自行州事。徽请兵于吐谷浑，吐谷浑救之。"①因而这一时期窟龛开凿再度减少，主要有 144、146 等窟，均为平面呈方形或长方形，覆斗顶。其中 144 窟正壁主尊为释迦、多宝，左、右壁均为结跏坐佛，每壁主尊两侧各一胁侍菩萨。146 窟正、左、右三壁正中各开一龛，每龛内均为一佛二菩萨的一辅三身组合。遗憾的是，由于风化残损严重，这两个窟内造像具体形象已模糊不清，从其形态、样式、组合情况等分析，与开凿时间略早一些的 126、128、132 等窟内造像并无太大差异。从造像风格分析，仍然带有北魏晚期秀骨清像的时代特征，但雕刻技法粗犷，服饰线条豪迈奔放，很有地域个性。佛低平肉髻，面形方正，身躯挺拔消瘦，佛衣双领垂肩，衣裾多做八字形，呈 3~4 层垂叠于座前（图 5-60）。个别佛装也出现了三片式下摆，如第 2 窟正壁主尊释迦、多宝佛。菩萨头戴仰莲瓣式

①宋·司马光编著，胡三省音注《资治通鉴》卷 150《梁纪六》普通六年条，北京：中华书局，1976 年，第 4706 页。

图 5-60 炳灵寺 132 窟南壁主尊坐佛

高花冠，眉清目秀，细颈端肩，上身袒露，下着长裙，帔帛于胸腹之际十字交叉或穿环，并且带有明显飘动感。①根据现存材料，西魏时期炳灵寺基本陷入沉寂，几乎没有出现新的窟龛和造像，并没有可以与麦积山 127 窟直接进行对比分析的作品。但从炳灵寺北魏晚期窟龛及造像内容及风格分析，尽管它主要以弘扬法华思想为主，但与麦积山 127 窟之间也明显存在着一定关联性：首先从窟龛形制上看，炳灵寺北魏晚期以来的窟龛绝大多数为平面方形，穹隆顶或覆斗顶，却没有出现真正意义上的仿木构造，这实质上是对北方游牧民族日常所居帐篷的模仿，其中覆斗顶样式可能就是来源于空间较大的屋形帷帐。麦积山 127 窟的形制很大程度上就是借鉴和模拟了这种帐篷构造形式，内部壁面处理上则部分汲取了佛寺建筑特点，将这两种形式的结合，

①甘肃省文物工作队、炳灵寺文物保管所《中国石窟·永靖炳灵寺》，北京：文物出版社，1989 年，图版 82~102；王亨通、杜斗城《炳灵寺石窟内容总录》，兰州：兰州大学出版社，2006 年，第 119~149 页。

实质上反映了127窟在形制上充分融合中原传统建筑与北方游牧民族居室的时代特性。虽然两者之间有20年左右的时间差距，但某种意义上也体现了陇右地区北魏晚期到西魏初年时窟龛建筑形制方面的变化特点。

第二，从造像风格上看，两者都受到以龙门石窟为代表的洛阳地区造像艺术影响，在佛装样式方面，炳灵寺此类造像由于时间较早，故表现得更直接一些。而开凿于西魏初年的麦积山127窟很大程度上又融入成都和长安地区佛装衣裾处理手法，而且也间接影响到炳灵寺石窟，如前面提及的炳灵寺第2窟主尊坐佛中出现的三片式下摆等，这种现象在炳灵寺也不多见，应该是麦积山石窟中类似佛装样式影响的结果。当然两者之间区别也是显而易见，主要表现在造像雕刻技法方面。麦积山127窟造像雕刻手法细腻、装饰繁缛华丽，充分体现出中原地区石雕造像特点。炳灵寺北魏晚期造像虽然亦属于秀骨清像，但其形体明显消瘦，具有刀削斧砍的艺术效果，佛与菩萨脸形细长，双目俯视，表情平静，缺少麦积山同期造像中所特有的恬静含笑风韵。佛装处理技法上也与麦积山有很大差别，虽然也采用的是平直阶梯刀法，但呈现出一种简洁风范，宽大的衣裾纹饰远没有麦积山那么细腻华丽，在座前被分成八字形，简单几个折褶就完成了佛装下摆的处理，显得简洁明快、质朴厚重，给人一种粗犷豪放之感，带有较多游牧民族造像特征。炳灵寺菩萨造像也不似麦积山同期造像那般繁缛华丽，身上除项圈外几乎再没有多余装饰物，显得极为朴素。出现这种现象的原因可能与当时它们所处地域有密切关系，麦积山所在的秦州是北魏南通巴蜀、东摒长安、西控诸戎的重镇，历任刺史多为北魏重臣，他们能比较方便地带来首都地区新的佛像粉本和造像样式，而当时永靖所属河州地理交通位置远没有秦州重要，所受关注程度相对要弱一些，故工匠们在雕塑创作中在遵循时代风貌前提下，更多地运用了具有当地特点的石雕技法和审美习俗。

第三，从造像题材上看，两地在组合形式上较为接近，如单辅造像组合均为一佛二菩萨。但具体内容和所反映的造像思想方面却各有侧重，麦积山主要承袭了北魏早期以来形成的形象基本雷同的三世佛造像，而炳灵寺三世佛题材与西秦时期169窟相比，却发生了明显变化，主要以弘扬当时北方地区普遍盛行的法华禅观思想为主，这种现象可能与炳灵寺北魏时期还没有形成麦积山那样具有自身造像艺术传统的环境有关。而炳灵寺北魏晚期开凿的126、128、132窟内小龛中出现的七佛、维摩文殊、涅槃等题材均在麦积山127窟壁画中被集中表现，为我们探寻北魏时期经变故事的发展、演变过程提供了一个新的线索和思路。当然在有些题材和内容方面还要注意到西域、中亚佛教对炳灵寺的影响，如132窟前壁龛内雕刻的涅槃图与中原地区由佛传故事发展而来的涅槃图像有很大不同，无论从形式，还是内容上看，都含有更多中亚和新疆地区涅槃图像特征。

2. 与凉州、敦煌造像艺术之间的关系

凉州是十六国时期河西一带的佛教艺术中心，南北朝时在中国佛教传播和发展中占有重要地位，《魏书·释老志》载："凉州自张轨后，世信佛教。敦煌地接西域，道俗交得其旧式，村坞相属，多有塔寺。太延中，凉州平，徙其国人于京邑，沙门佛事皆俱东，象教弥增矣"①特别是在北凉国王沮渠蒙逊统治时期，大力弘扬佛教，他本人带头礼敬高僧，如玄高、法进等都是他崇敬和供养对象。沮渠蒙逊非常支持佛教翻译，西域高僧昙无谶正是应其所邀，于凉州开设译场，在慧嵩、道朗等协助下，先后译出《大云》、《大集》、《金光明》、《优婆塞戒》、《大般涅槃经》等大乘经典。特别是《大般涅槃经》在中国佛教史上影响巨大，对南北时期僧俗各界关于众生佛性问题讨论与实践提供了重要理论支持，也是各种涅槃图像产生

①北齐·魏收《魏书》卷114《释老志》，北京：中华书局，1974年，第3032页。

和出现的理论依据。在麦积山北魏早期 74、78、165 等窟中都能看到在凉州涅槃思想基础上而形成的弥勒净土信仰图像，特别是窟龛正壁主尊两侧半跏、思维菩萨对称构图样式，无疑是北凉弥勒信仰的延续。[①]早在西晋十六国时期，凉、秦州之间僧侣交往事迹就频见于史料记载，如西晋高僧竺法护从敦煌向长安沿路传译佛教，就在天水寺译《普曜经》。鸠摩罗什居凉州多年，后到达长安，在姚兴支持下先后译出《妙法莲华经》、《维摩诘经》、《阿弥陀经》等大乘经典。著名禅僧玄高从秦州麦积山到炳灵寺再到凉州，大弘法化，颇得北凉国主重视。在北魏攻占凉州后，也有凉州僧人经秦州、仇池、梁州一线而抵达荆襄，如《续高僧传》载："释僧朗，凉州人，魏虏攻凉，城民素少，乃逼斥道人用充军旅，队别兼之。及轒冲所拟，举城同陷，收登城僧三千人……唯朗等数僧别付帐下。及魏军东还，朗与同学中路共叛……七日达于仇池，又至梁汉，出于荆州，不测其终。"[②]可见这条交通线路在当时是很顺畅和广为知晓的，当然也非常有利于秦、凉之间佛教艺术的交流与传播。因此，从这层意义上讲，麦积山 127 窟中反映维摩、西方净土图像的壁画尽管源于长安，但究其相关佛教图像的思想根源，也和当时活动于秦、凉一带的高僧有密切关系。

敦煌位于河西走廊西部尽头，汉代以来一直是连接新疆、青海地区的交通枢纽，也是古代西域通往中原内陆的咽喉要道。据文献记载，大概在四世纪中叶前后，莫高窟开始了最初的营建。根据敦煌研究院对莫高窟北朝窟龛分期排年统计，现存属于北凉窟龛 3 个，北魏窟龛 12 个，西魏窟龛 7 个，北周至隋初窟龛 14 个。[③]由于地域上接近新疆，敦煌石窟

---

①魏文斌《麦积山石窟初期洞窟调查与研究》，兰州大学博士学位论文，2009 年，第 251 页。

②《大正藏》第 50 册，第 646~647 页。

③段文杰《早期的莫高窟艺术》，敦煌文物研究所编著《中国石窟·敦煌莫高窟》（第一卷），北京：文物出版社，1981 年，第 173 页。

艺术较多地受到西域造像风格影响，北魏太平真君五年(444)，随着北魏平定北凉，李重耳、李宝等西凉王族先后入魏出仕，敦煌正式纳入北魏版图[①]。但北魏太武帝拓跋焘随后发起的灭佛运动很快殃及北魏全境，莫高窟北魏窟龛较少可能与此有很大关系。北魏文成帝复法后，莫高窟才再次开始了窟龛营造，其窟龛形制、造像风格、壁画内容等依然延续着敦煌地区原有特色。北魏末年，随着东阳王元荣出任瓜州刺史，带来了以秀骨清像为主要特征的造像艺术。这一时期，无论是窟龛形制、造像题材、壁画内容等都发生了很大变化，与麦积山127窟造像艺术之间存在着许多相似性，这为我们了解当时中原佛教文化对边远地区的传播和影响过程提供了一个真实例证。

北魏分裂以后，从地理位置上看，相对于河西及敦煌石窟而言，麦积山更接近于西魏国都长安，同时由于西魏皇后乙弗氏在此出家修行，使麦积山石窟更有条件接受和吸纳各种中国化佛教艺术的表现形式。127窟形制、造像和壁画本身就是这一历史事实的真实反映，可以说它在中原地区新的佛教艺术样式向西传播过程中起到一个过渡作用。而莫高窟由于北魏皇室宗亲元荣的到来，势必也带去许多洛阳地区盛行的佛教造像艺术，这也在莫高窟北魏末至西魏阶段窟龛相关内容中得到印证。[②]两地之间在彰显时代共性的同时，也保持各自地域的佛教造像特色。

窟龛形制方面，莫高窟北魏末至西魏时期窟龛依然主要延续此前盛行的带前室的中心塔柱窟，如431、435、437、288、246等窟，其中435、437窟前室为浮塑带脊枋和檐枋的人字披顶。同时也开始出现新样式，如平面方形单室窟(247、249)。顶部也有明显变化，如247窟为影作脊枋

---

①唐·房玄龄等《晋书》卷87《凉武昭王李玄盛》，北京：中华书局，1974年，第2271页。

②樊锦诗、马世长、关友惠《敦煌莫高窟北朝窟龛的分期》，敦煌文物研究所编《中国石窟·敦煌莫高窟》(第一卷)北京：文物出版社，1981年，第191~194页。

和椽子的人字披顶，249 窟为覆斗顶（图 5-61）。最典型的当属 285 窟，前后室结构，主室呈方形，覆斗顶。地面中央有方形低坛，正壁凿并列开三龛，中间略大，内各塑一佛，左、右壁下方各并列开 4 个小禅室。可以说在变革的同时，主要还是继承了本地区此前窟龛样式，与麦积山北魏时期窟龛形制的演变有很强相似性，后者主要延续平面方形窟的样式。而平面方形覆斗顶窟在两地同时出现是一个重要转变，或者说是一个新时代到来的标志。相对于麦积山 127 窟所采用的仿帷帐式覆斗顶结构，莫高窟 249、285 窟的覆斗顶更多地结合了中国传统木构建筑和帷帐两种因素：它的顶部正中仰视犹如悬浮于空中的宝盖，正中为多重同心圆形的变体莲花，外缘为彩绘抹角叠砌式藻井，边缘彩绘双层三角形垂幔，285 窟顶部藻井四角还各绘一条装饰华丽的流苏。这种做法与北魏时期窟龛形制中盛行仿木建筑传统有一定关系，在莫高窟北魏中晚期窟龛中，许多前室都采用浮塑脊枋和椽枋的人字披顶，有的窟前原来甚至还带有木质窟檐建筑，如开凿于北魏中期的 487 窟等。在仿帐式覆斗顶窟顶部正中彩绘

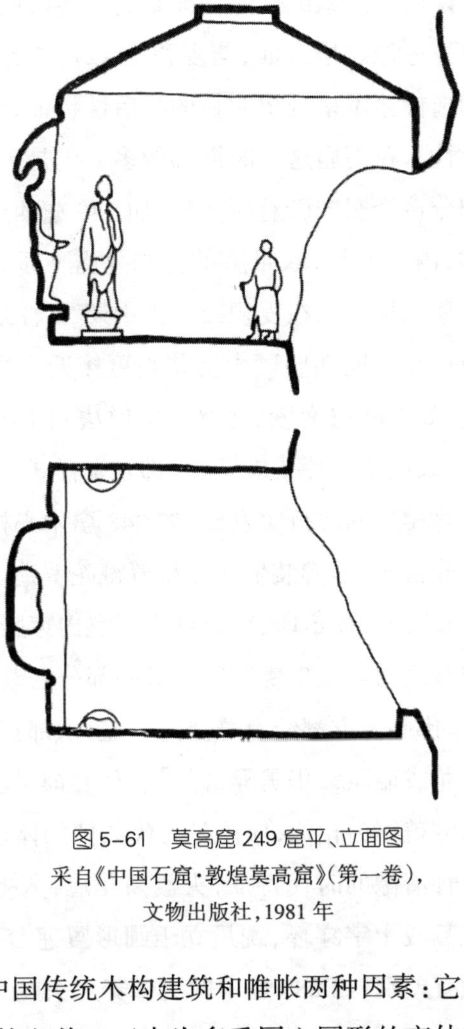

图 5-61　莫高窟 249 窟平、立面图
采自《中国石窟·敦煌莫高窟》（第一卷），文物出版社，1981 年

复杂藻井图案的做法应该是这一传统的延续和发展。

造像风格方面，与麦积山127窟相比，莫高窟北魏晚期至西魏阶段的造像艺术呈现出明显的滞后性特征，个别特征上两者也保持着高度一致性。莫高窟这一时期佛像多数仍是带有西域特点的圆领通肩式佛装，部分造像服饰已有所变化，如249窟西壁龛内主尊已改为交领式贴身袈裟，内着偏衫，衣带胸前打结外露下垂，服饰表面浮塑细密衣纹线，[①]而类似风格造像在麦积山北魏中期23、155等窟中已经出现。相对于莫高窟彩塑，同期壁画中佛装则更接近于当时中原地区流行的博衣褒带样式，如249窟南壁、北壁正中说法图中的立佛，均磨光高髻，身穿宽博袈裟，衣裾呈三片式展开。[②]佛发髻样式上，也出现了与麦积山127窟正壁主尊相近的波折纹发髻，如248窟中心柱西面下层坐佛，面目清秀，神态恬静自然。但佛装依然保持着犍陀罗造像的基本特征：内着偏衫，外穿裹右肩袈裟，禅定印，结跏趺坐于龛内束腰佛座之上。[③]敦煌285窟北壁诸禅室之间彩绘坐佛服装样式一部分已改为垂领式袈裟，初具褒衣博带风貌。佛头上方都绘有悬浮的宝盖，顶部正中为兽首衔璎珞，宝两端分别饰翔龙或瑞凤，华美异常。[④]这种装饰手法与麦积山127窟前壁上方七佛的宝盖颇为相似，应该是时代共性的体现之一。菩萨像已初具褒衣博带、秀骨清像的时代特征，头戴高花冠，宽袍大袖，曳地长裙，帔帛胸前十字交叉或十字穿环，跣足立于圆形覆莲台上；彩绘供养人服饰与中原地区没有差别，如288窟中的男供养人头戴筒形纱质笼冠，身穿曲颈深衣袍，

---

①敦煌文物研究所编《中国石窟·敦煌莫高窟》（第一卷）北京：文物出版社，1981年，图版89。

②敦煌文物研究所编《中国石窟·敦煌莫高窟》（第一卷）北京：文物出版社，1981年，图版95、96。

③石松日奈子《北魏佛教造像史研究》，北京：文物出版社，2012年，第242页，图版19。

④敦煌文物研究所编《中国石窟·敦煌莫高窟》（第一卷）北京：文物出版社，1981年，图版129。

系当时中原贵族常服。285 窟北壁说法图中的女供养人身穿袿衣，身材修长，瘦骨清像。双鬟髻，鬃发长垂，身穿间色裙襦，腰围蔽膝，脚穿笏头履，并有绕体飘扬的披巾，与东晋顾恺之笔下《洛神赋图》中的女性并无二致，完全是中原贵族女性打扮。[①]类似装束在麦积山 127 窟维摩诘变、睒子本生、西方净土变等绘画中也大量出现，反映出当时中原文化对两地的影响。

造像题材方面，127 窟造像带有鲜明的麦积山石窟三佛特色，这一时期莫高窟主要以反映弥勒信仰的倚坐佛为主，中心柱窟内造像题材则更为复杂，两地差异较大，几乎不存在可比性。壁画除四壁为常见的千佛、伎乐天宫、七佛、供养菩萨、供养人等题材外，285 窟南壁还绘有沙弥守戒自杀因缘和五百强盗成佛因缘，北壁绘佛说法图。受中原传统文化影响，在 249、285 窟顶部出现了许多新内容，如 249 窟顶部四披绘有摩尼宝珠、阿修罗与利忉天宫、东王公与西王母。285 窟顶部四披绘有摩尼宝珠、天象图、飞仙、雷公、神禽、畏兽、飞廉、朱雀、伏羲女娲、乘龙仙人等，非常庞杂(图 5-62)。对其所代表的含义，众说纷纭，学者们意见不一，有的认为是反映道教题材的图像，[②]有的认为仍然是反映佛教造像

①樊锦诗、马世长、关友惠《敦煌莫高窟北朝窟龛的分期》，敦煌文物研究所　编《中国石窟·敦煌莫高窟》(第一卷)北京：文物出版社，1981 年，第 193 页。

②孙作云《敦煌壁画中的神怪画》，《考古》，1960 年第 6 期，第 31~32 页；段文杰《略论莫高窟第 249 窟壁画内容和艺术》，《敦煌研究》(创刊号)，1983 年，第 1~9 页；段文杰《道教题材是如何进入佛教石窟的——莫高窟第 249 窟窟顶壁画内容讨论》，《1983 年全国敦煌学术讨论会文集·石窟艺术编》，兰州：甘肃人民出版社，1985 年，第 1~16 页；卿希泰《中国道教史》(第一卷)成都：四川人民出版社，1988 年，第 462 页；宁强《上士登仙图与维摩诘经变——莫高窟第 249 窟窟顶壁画再探》，1990 年第 1 期，第 36~43 页；颜廷亮《敦煌文化中的道教及文化》，《敦煌研究》1999 年第 1 期，第 133~145 页。

图5-62 莫高窟285窟顶部南披壁画

思想,[①]也有的认为反映的是亡灵升仙图。[②]对此,笔者非常赞同贺世哲先生的看法,尽管这两个窟内覆斗顶所绘图像掺杂了许多中国传统神话题材成分,但究其根源,并不能否定它自身的佛教石窟属性,即专门为弘扬佛教思想而存在,这些图像从本质上讲,不过是外来佛教艺术中国化

①史苇湘《敦煌佛教艺术产生的历史依据》,《莫高窟内容总录》,北京:文物出版社,1982年,第185~186页;宿白《东阳王与建平公》,《中国石窟寺研究》,北京:文物出版社,1996年,第244~251页;斋藤里惠子 贺小萍 译《上士登仙图与维摩诘经变——莫高窟第249窟窟顶壁画再探》,2001年第2期,第154~161页;李凇《敦煌莫高窟第249窟窟顶图像的新解释》,《1994年敦煌学国际研讨会文集·石窟考古卷》,兰州:甘肃民族出版社,1994年,第137~145页。

②刘永增《莫高窟第249窟天井画内容新识》,《2000年敦煌学国际学术讨论会文集·石窟考古卷》,兰州:甘肃民族出版社,2003年,第1~24页。

进程中的一种表现形式。[①]综合上述两窟图像内容,可以看出,它们与大致同时期麦积山 127 窟之间有很大区别,前者内容庞杂,后者主题思想明确,布局统一规整。在同时接受中原传统文化影响情况下,两地之间的这种差别应该主要是地域文化影响的结果。魏晋以来,许多为逃避内乱的中原世家大族纷纷迁入酒泉、敦煌地区,如索氏、张氏、氾氏、令狐氏、阴氏等,[②]他们或以军功起家,或以儒学为业,举孝廉、进仕宦,通过联姻等方式在敦煌形成强大家族势力,成为当地统治阶层,也使河西地区成为重要的经济、文化中心,在他们影响下,中原传统文化观念和思想深深渗透到当地人们日常生活之中,在河西地区魏晋十六国时期墓葬壁画中多有反映,如反映人们生产生活、神仙灵怪、珍禽瑞兽等内容。[③]北魏迁都洛阳后,随着孝文帝汉化政策深入,儒、道等中原文化思想观念也被北魏贵族接受和认可。因此,北魏末期贵族和官吏墓葬中也开始大量出现带有儒、释、道,以及中国古代神话题材的图像,如二十四孝、天象图、四神、怪兽、仙人驾龙驭虎等。[④]随着佛教中国化进程的加快,这些原本是中国传统神话题材的图像也被大量吸纳到佛教图像当中。而北魏末年敦煌地区的主政者元荣,长期生活在洛阳,势必受到这种风气影响,在这两种因素共同作用下,由元荣家族主持开凿的 249、285 等窟龛中出现上述图像内容是很正常的。

麦积山所处的秦州始置于曹魏,期间数次废设。自东汉以来,一直是氐、羌、休官、屠各、鲜卑等北方游牧民族争夺的战争,长期处于胡汉杂居

---

①贺世哲先生的观点具体可参见　贺世哲　著《敦煌图像研究——十六国北朝卷》,兰州:甘肃教育出版社,2006 年,第 263~346 页。

②杨际平、郭锋、张和平《五世纪敦煌的家庭与家族关系》,长沙:岳麓书社,1997 年,第 118 页。

③张朋川《河西出土的汉晋绘画简述》,《文物》,1978 年第 6 期,第 59~66 页。

④郑岩《魏晋南北朝壁画墓研究》,北京:文物出版社,2002 年,第 99~106 页。

状态，南北朝时期尤其突出。动荡的时代背景使秦州一带缺乏汉族世家大族稳定生活的社会条件，因此也没有形成类似敦煌地区那种传承中原传统文化的氛围和环境。相反，外来佛教艺术在胡族占主体的秦陇地区却得前所未有发展，如西晋时在秦陇一带传播佛法的高僧帛远被秦州刺史张辅杀害后，引起陇上群胡激怒，起兵五千讨伐张辅，并收帛远尸体起塔供养，可见当时秦州一带已经拥有相当的佛教社会基础。始创于五世纪初的麦积山石窟在整个北朝时期窟龛开凿长盛不衰，也正是得益于此。综观整个北朝阶段的麦积山石窟，虽然不同历史时期的窟龛形制、造像风格与题材、壁画内容等都具有自身特点，但却从来没有融入任何佛教以外其他题材因素，显得非常纯粹和单一。也正是缺乏这种传统，使开凿于西魏初年的127窟完全模拟了长安地区的佛教图像题材，并间接吸纳了洛阳和成都佛教造像艺术的某些特点。遗憾的是，当时长安地区佛教寺院中的盛行的佛教题材和内容我们已无从可知，反而麦积山127窟现存的这些壁画内容为我们臆测和了解当时长安佛教图像提供了一个窗口。

西魏初年，由于统治者支持和提倡，大乘佛教理论和实践都得到恢复和发展，相关内容第一章中已有论述。它反映在佛教寺院壁画中，很可能就是大幅经变和本生故事画的出现。以长安为中心的关中地区自西晋末年“八王之乱”以来，长期遭受匈奴、氐、羌、鲜卑等少数民族政权攻掠，除前秦、后秦时期短暂的安宁之外，在五世纪中叶以前基本处于动荡之中，使这一区域内的政治、经济、文化等饱受重挫，世家大族纷纷逃亡，原有封建礼仪制度和中原文化传统也变得支离破碎。这种现象从考古发现的关中墓葬情况也能略见端倪，根据调查，魏晋南北朝时期，西北地区墓葬主要发现于河西走廊一带的酒泉、敦煌、嘉峪关、武威、张掖等地，相关壁画或画像砖内容主要为反映墓主人日常生活场景，以及东王公、西王母、青龙、白虎、日、月、瑞兽等中国传统神话题材。关中地区这一时期发现的墓葬极少，西魏、北周以后才逐渐开始增多，其中以北周墓葬为主，西魏墓葬仅发现有一座。壁画主要见于北周贵族墓葬，内容主要为镇墓门吏、车马仪仗、伎乐等，[①]并没有洛阳及河西地区墓室中常见的中原传统神话题材图像，某种程度上说明它在当时长安地区并不流行，因此也就谈不上对佛教图像的影响，这点上与同时期洛阳地区明显不同，它也是导致莫高窟 249、285 窟与麦积山 127 窟壁画内容有较大差别的重要原因所在。

在 127 窟壁画中，仅顶部正中以帝释天出游形式表现的升仙图与莫高窟 249、285 窟顶部某些壁画题材在表现手法上有一定相似性，窟内壁画则以构图和内容都相当成熟的佛教经变和本生故事为主，类似构图及场景的壁画尚不见于同期的莫高窟。到北周以后，敦煌才开始出现此类形式的壁画，如北周 428 窟主室东壁的萨埵太子本生、299 窟顶部四披和西千佛洞 12 窟南壁的睒子本生等，表现出中原石窟艺术在对外传播中的滞后性特征，应该是受到麦积山 127 窟此类壁画题材影响的结果。

3. 与陇东地区石窟寺之间的关系

南北朝时陇东分属泾州（甘肃平凉）和豳州（甘肃庆阳和陕西咸阳北部）。从地理位置上看，正处于宁夏和陕北通往关中地区的咽喉要道，也是历史上丝绸之路北线的必经之地。北魏太和年间，受云冈等地佛教影响，[②]这一带佛教活动迅速兴盛起来，沿境内的泾水及其支流茹河、蒲河，合水平定川，以及关山一带分布有大大小小的石窟寺、摩崖造像等

①参见郑岩《魏晋南北朝壁画墓研究》，北京：文物出版社，2002 年，第 44~56，130~137 页。

②魏文斌、吴荭《甘肃镇原县博物馆藏北魏青铜造像及有关问题》，《敦煌研究》2003 年第 3 期，第 16~21 页。

60余处，[①]特别是北魏永平年间由泾州刺史奚康生主持营建的南石窟第1窟和北石窟165窟（图5-63），规模巨大，内容丰富、造像精美，成为学术界关注和讨论的热点之一。此外，北魏晚期出身泾州的胡太后执掌北魏朝政，她本人就是一个狂热的佛教徒，曾主持营建著名的洛阳永宁寺。家族成员中包括她的父母胡国珍在内，许多都信奉佛教，这也为泾州地区佛教发展与传播带来了前所未有的契机，在今天的泾川、庄浪、华亭、崇信等地都发现有北魏晚期开凿的石窟寺或佛教寺院遗址，如泾川罗汉洞、庄浪陈家洞、华亭石拱寺、崇信丈八寺等。[②]北魏末年，由于受关陇大起义影响，陇东地区的石窟开凿陷于停滞。西魏大统五年以后，在庆阳北石窟和庄浪云崖寺才陆续有新的窟龛开凿和营建活动。另外，在平凉和

---

①陇东石窟的调查最早开始于20世纪60年代，相关资料主要有陈贤儒《甘肃庆阳、镇原等县发现三处石窟》，《文物》，1961年第2期；邓健吾《庆阳寺沟石窟“佛洞”介绍》，《文物》，1963年第1期；甘肃省博物馆、庆阳地区博物馆《甘肃张家沟门、保全寺、莲花寺石窟调查记》，《文物资料丛刊》，第三辑，北京：文物出版社，1980年；马化龙《丝绸之路东段的几处佛教石窟——泾川王母宫与南、北石窟寺》，《西北师范学院学报》，1983年第4期；张宝玺《甘肃泾川王母宫石窟调查报告》，《考古》，1984年第7期；甘肃省文物工作队、庆阳北石窟寺文管所《庆阳北石窟》，北京：文物出版社，1985年；甘肃省文物工作队、庆阳北石窟寺文管所《陇东石窟》，北京：文物出版社，1987年；程晓钟《庄浪云崖寺石窟内容总录》，《敦煌研究》1998年第1期；程晓钟《庄浪陈家洞石窟》《丝绸之路》，1998年第2期；程晓钟、杨富学《庄浪石窟》，兰州：甘肃文化出版社，1999年；李凇《陕西古代佛教美术》，西安：陕西人民教育出版社，2000年；张宝玺《合水平定川石窟群》，《陇右文博》，2003年第1期；魏文斌《甘肃华亭石拱寺石窟调查简报》，《敦煌研究》，2007年第3期；董广强《庄浪云崖寺等石窟的调查简报》，《敦煌研究》，2008年第3期；董广强、魏文斌《甘肃合水安定寺石窟调查简报》，《敦煌研究》，2010年第4期；郑国穆、魏文斌《甘肃合水保全寺石窟调查简报》，《石窟寺研究》（第二辑），北京：文物出版社，2011年；孙晓峰、臧全红《甘肃合水县莲花寺石窟调查简报》，《敦煌研究》，2011年第3期；孙晓峰《甘肃镇原县石窟寺群调查简报》（待刊稿）

②笔者作为甘肃省东部地区中小石窟调查项目成员与单位同事对包括上述石窟遗址在内的大部分石窟均已做过全面石窟考古调查工作，相关调查资料正在陆续整理和发表之中，其中涉及文中所述华亭石拱寺部分参见魏文斌《甘肃华亭石拱寺石窟调查简报》（《敦煌研究》2007年第3期）、董广强《庄浪云崖寺等石窟的调查简报》，（《敦煌研究》，2008年第3期）

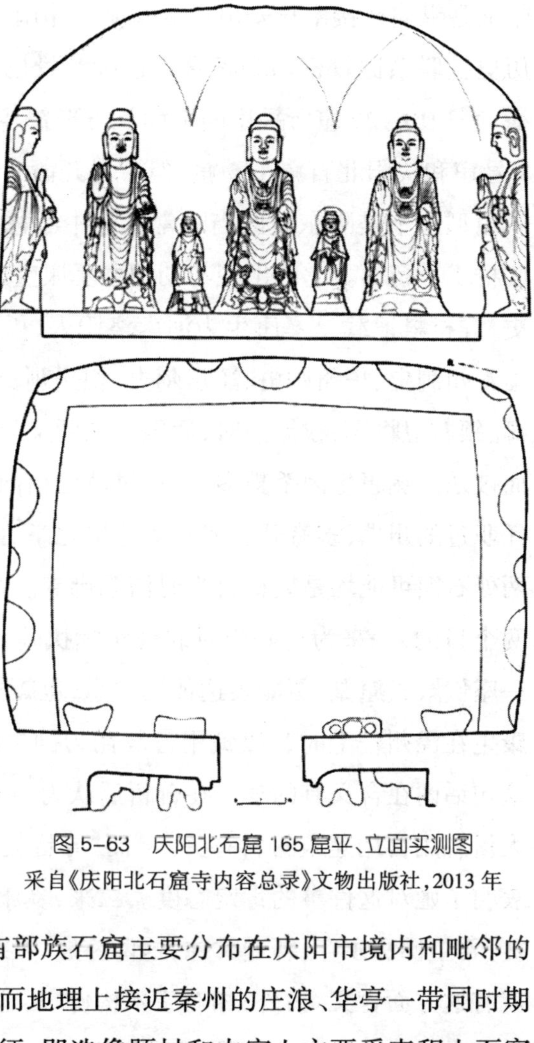

图5-63　庆阳北石窟165窟平、立面实测图
采自《庆阳北石窟寺内容总录》文物出版社，2013年

庆阳境内还保留有相当数量的北魏佛教造像塔和造像碑等遗物。

北魏时期陇东地区石窟寺除少量由地方官吏主持开凿外，多数为当地佛教信众个人或佛社组织开凿，规模一般都不大，由于参与者多为世代居住于此的氐、羌、屠各、卢水胡、鲜卑等各族信众，其在佛教造像方面表现出敦厚矮壮、装束简洁的时代特征，故有的学者将其形象地称之为部族石窟。一直到西魏初年以后，这种造像才转变为西魏造像所特有的清秀圆润风格。①需要说明的是，作者所指带有部族石窟主要分布在庆阳市境内和毗邻的陕西旬邑、彬县和长武一带，而地理上接近秦州的庄浪、华亭一带同时期佛教造像则表现出双重性特征，即造像题材和内容上主要受麦积山石窟影响，而风格上却表现出许多部族石窟造像的特点。陇东与秦州地理上毗邻，北朝时期的民族构成、风俗习惯等也基本接近，秦安、庄浪、华亭一

①暨远志、宋文玉《北朝豳宁地区部族石窟的分期与思考》，云冈研究院编《2005年云冈国际学术研讨会论文集·研究卷》，北京：文物出版社，2006年，第76~109页。

带又是纵向连接由长安出发的丝绸之路南、北线的重要支线。因此,两地历史上联系比较密切和频繁,这种背景也有利于两地之间佛教艺术传播。麦积山127窟所采用的平面长方形覆斗顶样式同样见于泾川南石窟1号窟和庆阳北石窟165窟,但后者开凿时间上要比前者早30多年,这一窟型也不是陇东地区当时常见的中心柱窟,如泾川王母宫、北石窟楼底村1号窟等。它的出现与功德主奚康生有密切关系,根据《魏书》、《北史》等材料记载,[①]奚康生为河南洛阳人,勇武善战,以军功累迁,先后任南青州刺史、华州刺史、泾州刺史、相州刺史等职。胡太后当政时,拜光禄卿、领右卫将军,权倾一时,后因卷入元叉等人谋废黜胡太后的政治事件而被杀。奚康生因杀戮多过,很早就已信向佛道,曾数舍其宅为寺,在他任职过的州郡,多有开窟或建寺造塔之举。由此可知,由他主持开凿的这两处石窟可能均是模拟自当时洛阳佛寺。之所以采用这种窟形,应该有两个目的,一来为讨好当时北魏实际执政者胡太后,在她家乡修建这样一座佛殿式窟龛,更能表达他的敬意,也颇具时代潮流。据《魏书》载:奚康生在泾州任上时,"以辄用官炭瓦为御史所劾,消除官爵,寻旨复之"[②]这句话内在含义有的学者在分析后认为与奚康生在修建南、北石窟寺时大量挪用官用建筑材料有关。[③]而"寻旨复之"显然来是胡太后的意思,表明了她对这件事的肯定态度。二来,奚康生本人作为一个虔诚的佛教徒,希望佛法永存,释迦常住,这两座窟内以七佛为主尊的造像题材本身就有这方面含义。另外,相对于木构佛殿,这种仿殿堂式窟龛在保存时间上更占优势。陇东地区覆斗顶式窟龛的出现,表明北魏中期时甘肃东部

---

①详见北齐·魏收《魏书》卷73《奚康生传》北京:中华书局,1974年;唐·李延寿《北史》卷37《奚康生传》,北京:中华书局,1974年。

②北齐·魏收《魏书》卷73《奚康生传》北京:中华书局,1974年,第1631页。

③杜斗城、宋文玉《南、北石窟寺与奚康生》,《丝绸之路》(文论),2004年第2期,第33~36页。

石窟营建中就已经开始引入佛殿建筑样式，由于其体量相对较大，雕凿工艺复杂，非一般信众财力所能达到，故其功德主多为皇室或地方极具势力的高级官吏，从这个意义上讲，麦积山 127 窟与陇东的南、北二窟在性质上是相通的。而陇东地区西魏窟龛在形制和装饰技法上却非常接近麦积山 127 窟，仅细部有所区别。如庆阳北石窟 229 窟，平面方形，覆斗顶，三壁三龛。第 28 窟平面长方形，覆斗顶，三壁设坛，其中南、北壁残损较严重。第 44 窟平面长方形，穹隆顶，正壁凿一坛台，左、右壁各开一圆拱形浅龛。第 135 窟平面半圆形，近穹隆顶，窟顶前沿雕饰帷幔，顶部两角雕莲花，类似帐形龛。与 135 窟窟门装饰相近的还有陕西旬邑黑牛窝 1、2 号窟，其内部为平面方形，穹隆顶，三壁设坛。它们与麦积山 127 窟之间的关系由于材料匮乏尚不好确定，表明西魏初年，窟龛内部采用覆斗顶或窟门仿帷帐的做法非常盛行。

造像风格方面，西魏时期窟龛目前只发现有庆阳北石窟第 28、44、70、135、229 窟和陕西旬邑黑牛窝 1、2 窟等为数不多的几个（图 5-64）。造像风格已由原来的粗壮、简洁转为清秀圆润，佛磨光高髻，内着圆领僧祇支，外穿宽博袈裟，半跏趺坐，衣裾八字形，悬垂于座前（北石窟 44、135 窟）。菩萨束发髻，宝缯束发后下垂，覆双肩。上身袒露，斜披络

图 5-64　北石窟 135 窟立面实测图
采自《庆阳北石窟寺内容总录》，文物出版社，2013 年

腋,下着紧身裙,颈戴项圈,双手胸前合十,立于圆形莲台之上。佛与菩萨背项光处浮雕伎乐天及供养比丘(北石窟70、135窟)。正壁及北壁龛外供养人身穿交领宽袖大衣,下着长裙,手持长柄香熏(北石窟229窟)。这些形象与麦积山127窟壁画所绘内容都非常相似,体现出西魏初年造像艺术的演变情况。

造像题材方面,北魏晚期以来石拱寺、云崖寺常见的三佛题材依然流行,如北石窟229窟每壁龛内均为一佛二菩萨。第28窟三壁设坛,原均雕一佛二菩萨,现正壁仅存佛座及佛装下摆,北壁造像已被凿掉,仅残存一佛二菩萨痕迹,南壁造像全无。旬邑黑牛窝1、2号窟,三壁设坛,原均雕一佛二菩萨,造像在"文革"中已全部损毁坏,其中2号窟门楣上方尚存阴刻题记一方:"……□□所生父母因缘眷属之众……大统五年岁次己未正月……十七日庚午造……比丘昙方/比丘法阳/清信士盖阿□/佛弟子彭龙□。"其他题材还有在窟门外两侧各浮雕一身力士,身躯扭动,孔武威猛。如北石窟第70窟,黑牛窝1、2号窟等,这种表现护法神的方式在北石窟165窟就已经出现,是陇东地区石窟造像的特色之一,也是受到云冈和龙门影响的结果。①从陇东地区西魏时期流行的造像题材可以看出,它与麦积山127窟之间存在着一定共性,如三壁三佛、一佛二菩萨的一辅三身组合等,反映出这一时期三佛观念已逐步取代当地北魏以来形成的弥勒信仰,成为人们供奉和礼拜的主要内容。同时也展现其个性的一面,如窟内三壁直接设置台坛,延续了当地北魏以来形成的造像传统。另外,陇东石窟在窟门外两侧配置护法神的做法,在麦积山石窟出现较晚,且数量较少,目前仅见于北周时期开凿的62、48等窟。表明两地之间造像艺术之间的影响也是一个相互的过程。

---

①关于陇东地区造像资料主要参考和引用了暨远志、宋文玉《北朝豳宁地区部族石窟的分期与思考》一文和甘肃省文物工作队、庆阳北石窟寺文管所《庆阳北石窟》一书。

第六章

第 127 窟壁画的艺术成就及其地位

南北朝时期是中国绘画艺术发生变化的一个重要阶段。这一时期，由于南北分治，各割据政权之分争不断，整个社会处于一种动荡不安的情绪之中。在以儒家为代表的传统礼乐制度崩溃、以佛教为代表的外来宗教思想广泛传播，以道家为代表的脱俗出世的老庄思想盛行其道的历史背景下，中国传统绘画艺术也经历了一次彻底嬗变。先秦以来形成的中国早期绘画的宣教功能随着国家分裂而发生衍变，绘画技巧方面都有了相应发展和变化，由于佛教的传入和玄学的盛行，使绘画艺术中个性觉醒和对性情的重视成为一种时代潮流，①从存世的《洛神赋图》、《竹林七贤图》、《五星二十八宿真形图》等作品中我们能看出绘画中所体现出的对人类感情、气质、风度的表现，已经开始脱离传统意义上的评判和劝诫功能，这一转变与当时佛教传入和玄学盛行有着密切关系，在当时大量出现的佛寺壁画、石窟壁画、墓室壁画和传世绘画等作品中都有鲜明体现。对此，南朝绘画理论家谢赫在评价晋代画家卫协时说："古法皆略，至协始精。六法颇为兼善，虽不备该形似，而妙有气韵、凌跨群雄、旷代绝笔。"②实际上，就是对当时绘画思想和理论一个很好的总结和归纳。

---

①陈绶祥《中国绘画断代史·魏晋南北朝绘画》，北京：人民美术出版社，2004 年，第 7~8 页。

②张彦远《历代名画记》卷五，北京：人民美术出版社，2004 年，第 109 页。

麦积山127窟基本完整保留至今的西魏壁画是这一时期中国北方地区为数不多的绘画精品之作，由于当时秦州特殊的地理地位，使127窟壁画集中体现出中国南北朝时期绘画艺术发展、传承和交流的历史过程。成为反映北朝时期北方绘画艺术的珍贵实物资料，在研究北方地区绘画艺术史方面有重要价值和特殊的历史地位，对于揭示和展现后来中国隋唐绘画艺术的繁荣也是一个必不可少的环节，具有无可比拟的艺术价值。

第一节　127 窟壁画体现出的中国北朝绘画艺术成就

综前所述,壁画在 127 窟内占有重要地位。从某种意义上讲,该窟仿殿堂和帷帐式结构就是为了在窟内留出更多壁面来绘制壁画,实际上也是如此,窟内正中的一坐佛二菩萨像为宋代塑作。正、左、右三壁正中所开的圆拱形浅龛相对于窟内空旷高大的壁面而言,体量并不十分突出,只是彼此形成了一个有机整体。由此看来,开窟者试图利用壁画来宣传和展示佛教思想的意图不言而喻,作为当时最高统治者参与和组织开窟的大型窟龛,其窟内壁画的绘制者应该是活跃于长安、四川一带非常有影响的画师。遗憾的是,我们已无法获知这些杰出古代画师的师法传承或其个人经历,但他们在 127 窟内留下的作品却为我们了解和认识北朝末期绘画艺术成就提供了一个窗口。

从 127 窟内经变和本生故事绘画构图和布局来看,作者显然经过精心设计:礼拜者进入窟内后,首先映入眼帘的是场面宏大的《涅槃经变》,以佛说法图为中心,左、右分别安排众天劝请、八王争舍利、临终示教、金棺说法等情节,以宣讲和弘扬通过修行达到"常、乐、我、净"这一摆脱生死轮回涅槃圣境的大乘佛教思想。左壁的《维摩诘变》构图在左右对称的基础上，以吉祥天女为中心，巧妙地将两侧画面中维摩诘与文殊所要探讨的内容紧密联系起来。通过文殊受佛所遣前去维摩诘处问疾，舍利弗及诸菩萨弟子纷纷前往听法这一情节，烘托出该经所宣扬的“心、佛、众生，三无差别”的不二法门，以及它所主张的“现于涅槃而不断生死”，“入于涅槃而不舍于菩萨之道”[①]之思想；右壁的《西方净土变》在构图上大胆做了变化，在对称结构设计中与右壁有了显著不同，它采用等腰三角形式对称式设计，通过两侧对称排列的台阙、菩萨、比丘、供养人像，以及中间的歌舞伎乐将人们视线焦点引向正中的坐佛和胁侍菩萨身上，巧妙突出和强调了佛说法的中心主题。

正披为并列叙述式布局，左、右披则采用中轴对称式构图，一左一右，并充分利用相对狭小的空间，将《萨埵太子本生》的主要故事以浓缩形式描绘出来，完美展示出佛家慈悲为怀、普度众生的牺牲精神。整个前披通篇以陈列式“S”形结构描绘了《睒子本生》的主要内容，继续强化和延展了左、右披所体现的佛家慈悲思想。在一系列动感十足的宣教之后，仿佛为缓解观瞻者情绪，前壁上方以并列方式绘制了七佛图像，使人瞬间从紧张的观赏之中平静下来，面对一尊尊慈祥、肃穆的坐佛，人们心灵得到极大的放松和满足，同时也体会到佛国世界的真实久远。下方甬道两侧《地狱变》既有与上方七佛通体联系的考虑，又是对即将离开本窟观瞻者心灵上的再一次劝诫和暗示，希望信仰者积善弃恶，以修来世的福报。在画面安排上，也有暗示地下世界的含义，与顶部正中色彩明快，翔龙飞奔、欢乐祥和、令人向往的天国世界形成了鲜明对比，使整窟画面安排和布局更具跌宕起伏的戏剧性效果，无形中强化了佛教所特有的宣教意义。下面我们以具体内容为例对其构图和布局进行阐述和诠释。

---

①《大正藏》，第14册，第545、549页。

127 窟正壁绘制的《涅槃经变》在构图技法上与中亚、新疆、敦煌乃至中原北方地区北朝至隋唐时期的涅槃图像有很大不同。它不是以佛涅槃像为中心，而是以佛说法图为中心，重点在于强调涅槃经所蕴含的大乘佛教思想，而非释迦涅槃事迹本身相关情节的渲染。因此，画师在画面处理上分别于正中及右侧边缘各安排一组佛说法图，并饰以高大华丽的宝盖以彰显释迦地位的至高无上。与涅槃相关的故事情节也被精心加以挑选和安排，画面左侧以最具代表性的毗荼和分争舍利为主，右面则安排佛涅槃前后的一些场景，如众天劝请、众人举哀、临终说法等内容。左侧画面以动为主，各国国王所率的军队围绕在毗荼台上陈列的舍利瓶前，斜向飞扬的旌旗将一队队人马巧妙地分割攻防双方，手持盾牌的士卒与骑马并列前行的持矛武士交错排列，城墙下惊慌失措的胡商牵着骆驼快速奔跑，而在右下方，士卒抬着装饰华丽的棺椁紧跟在国王身后，以示分得舍利而归，整幅画面中紧张、激烈的气氛扑面而来；右侧画面则重点突出一个静字，一簇簇交错排列的树木将诸天、菩萨、弟子、世俗僧众、神兽等分割开来，右侧斜向放置的棺床内，释迦仰卧于棺内，双臂贴休伸直，头部微微抬起，仿佛安详熟睡之中，棺椁外侧弟子及眷属安静而立，似乎不忍打扰佛陀。棺椁右上方华盖之下，佛陀正在说法，仿佛在向信徒展现摆脱生死轮回的大乘之道。蜿蜒崎岖的河流又将各个场景有机地串连到一起，使整个画面更像一幅静谧的丛林人物图。画面动静对应的安排又使人容易在跌宕起伏的故事情节调整情绪，以更好地体会和理解佛法永恒的涅槃要义。

画师在《维摩诘经变》布局安排上重点突出平衡与对称。据经文载，当得知佛陀安排文殊菩萨前往维摩诘处问疾时，“即时八千菩萨五百弟子百千天人，同意欲行。于是文殊师利，与诸菩萨大弟子及诸天人眷属围绕，俱入维耶离大城。长者维摩诘心念。今文殊师利与大众俱来。吾将立空室合座为一座。以疾而卧。文殊师利既入其舍。见其室空除去所有，更寝一床。”[①]一方是人数众多，另一方刻意示空，以教喻众生。为表现这一主题思想，画师在左侧维摩居室处理上，采用俯视手法，将维摩诘所坐宝帐斜向展开，使宝帐顶部占据了壁面近三分之一位置。帷帐之内，手持羽扇的维摩诘踞坐于床榻之上。为不使壁面显得单调和空荡，画师又在宝帐顶部绘制了呈“回”字形排列的重层莲花宝珠，既装饰了帷帐，又丰富了画面内容。在宝帐上、下方及后侧绘制了许多枝叶稠密的灌木，仅在左前方点缀有数名侍从，使整个壁面疏密有序；右侧华丽的宝盖之下，文殊倚坐于方形须弥座上，他的身后及前方、下侧绘有数排前来听法的菩萨、弟子、信众等，为追求画面平衡，作者充分利用高大耸立的乔木和绵延起伏的山峦，将各组人物依次围绕树木或山石展开，在文殊下方，将前来听法的国王夫妇及羽葆、华盖有意加大，而四周仆从和婢女等刻意缩小，并散开排列，对整幅画形成稳固的支撑。使人感到错落有序，繁而不乱，与对面维摩画面中简洁开阔形成鲜明对比。在两组画面中间，束发高髻的吉祥天女手托圆盘，数缕向后飞扬的飘带，以及她身后依次排开的三株枝繁叶茂的高大乔树，在视觉上有力地平衡了整个画面，也使两者有机地联系在一起，展示出作者高超的创作技巧。

与正壁中心式布局和左壁对称式构图不同，右壁《西方净土变》创作中，画师采用三角式构图，两座装饰精美的阙楼形成画面底部支撑，也仿佛是通往佛国净土的大门，空旷的场地上，一架高大的建鼓喻示人与天界双向交流通道已经展开，两边呈八字形排开的乐舞伎更加烘托出这种欢快气氛。在三角形顶端，高大殿宇之内，佛陀正在讲述西方净土世界的种种妙相。出于平衡画面的需要，壁面左、右侧中部绘制了数株枝叶茂盛的大树，祥云缭绕之中，四身飞天分别在殿宇两侧对称排列。而所有信众则成组、成列围绕在阙楼周围，聆听着佛的教诲。整幅画面主题突出，场

---

①《大正藏》，第14册，第525~526页。

面热烈,成功地体现出世俗信众对西方净土世界的向往和渴求。

前壁上方，法相庄严的七佛正在向佛弟子们展现佛法的久远成实，画师在这组内容相对单一图像的创作中,成功借鉴了中国传统人物卷轴画中的构图元素,使用各种不同类型树木将七组坐佛分隔开来,上方高大枝叶与华丽的宝盖相得益彰,下方枝干周围空隙之处,画师以每尊单体佛像为中心,根据画面大小,灵活配置胁侍菩萨与弟子数目。在具体神态处理上,与佛面相庄重不同,这些菩萨和弟子表情各异:或虔诚而立,或回首顾盼,或彼此交谈,或凝目沉思。既丰富、活跃了整幅画面,又无形中强化了七佛之间的彼此联系。经典中数十亿劫才出世一位的佛主瞬间拉近彼此之间的距离,使人顿生亲近之感。而在画面视觉上与当时常见的七佛一字排列的呆板布局相比,不但画面内容更加丰富,而且若即若离的空间处理技法也更好地体现出七佛之间的传承体系和脉络,成功表达出七佛思想的核心所在。

前壁下方《地狱变》在处理技法上也别具匠心,甬道左侧的十善及阎罗殿军礼采用世俗生活中常见场景,前半部分为高大巍峨的宫殿,后半部分为错落有致的民居建筑,百姓、官员、士卒等各色人物零星散布,仿佛使人置身于古代市井生活之中。民居屋顶手持长衫招魂的巫师又将人们思绪拉回到亲人逝去的现实中。画面上方前来迎接亡灵的飞天和罗汉,又会让人在宗教力量感染之下,忘掉对生命之火熄灭的恐惧,再次燃起对永无诸苦、摆脱生死轮回,走向成佛之路的渴望与向往。而画面右侧高大森严的阎罗殿则提醒信徒,死者生平的所作所为,一点一滴的善恶之举,都要经过地狱主宰审校之后才能知晓。从而巧妙地将中国传统丧葬文化习俗与佛教转世轮回观念融合在一起。与左壁充满世俗气息的绘画不同,甬道右侧画面皆尽所能表现地狱的阴森与恐怖:整幅画面被斜向划分为十八个小格,显得狭小而紧促,甚至隔离线的边缘都被绘成锯齿状。从左上角开始,两个面目狰狞的小鬼将亡灵逐一驱赶至阴森恐怖的地狱之中,种种惨烈的刑罚再配以相应的文字说明,足以令人不寒而栗,从而起到很好的警示和教化功能,这与同时期以六道轮回思想为主题内容的地狱图像相比,更容易为人们所理解和熟悉。

窟顶四披位于视线空间的仰望区域,使人在心理上有一种可望而不可即的感觉。因此,画师在这一区域内特意安排了舍身饲虎和睒子行孝这两个当时人们耳悉能详的佛教本生故事,在画面构图和布局上也是煞费苦心。由于本窟特殊的政治含义,顶部正、左、右三披以连续的、宏大的场景来集中表现萨埵太子舍身饲虎这一壮举和牺牲精神。画师在创作过程中,充分利用空间,在左披壁面皆力表现高大宏伟的城池和宫殿,城池正门前的空隙之处用树木做分割,巧妙地表现出三位太子出城和回宫报信这两组在时空上不同的画面。而右披则依据梯形壁面,采用赭红、石青等色彩勾勒出山形的险峻和崎岖难行,以更好映衬出萨埵太子饲虎的信心和毅念。而画面正中群虎噬食太子尸骸的场景被刻意放大,为渲染这一悲壮气氛,群虎右上方,毅然舍身的萨埵太子正在快速坠落,四周成排的树木都被狂风吹得弯下了头,充分体现出佛经里所描绘的"是时大地六种震动。日无精光,如罗睺罗、阿修罗王捉持障蔽。又雨杂华,种种妙香。"[①]这一奇特景象。正披内容则成为连接这两组图像的缓冲地带,画面从左到右展现出一幅茂密的山林,三组不同状态下的车马队伍使画面形成了一个有机整体,最左侧飞扬的旌旗、骑马疾驰的侍卫喻示着国王携眷属、大臣等出行。中间车舆两侧下垂的旗帜,以及四周觅草的驭马则表现出途中休憩情形,而右侧山脚下密林之中,羽葆之下的国王在侍从搀扶下,簇立于群臣之中,表情显得十分悲泣。画师通过旗帜动态的变化很好地展现出一个由动到静,由喜到悲的过程,并给人留下了广阔的遐想空间。

---

①《大正藏》,第16册,第355页。

窟内前披的睒子本生在构图、情节安排等方面也体现出画师高超的绘画技巧。巨大梯形壁面上，中间为数道波状起伏的山峦，远处的山峰层叠云障，散落的山石，挺拔的树木，茂盛的野草，以及欢快的溪流，使整个画面景深更加幽远。仿佛是为了增加旋律，沿着山脊、山梁、山坡、山沟，虎豹、麋鹿、野猪、野兔等各种野兽正在狂奔，空中各种禽鸟也在遥相呼应，以尽快躲避面临的危险。画面右侧，大批骑马的武士，张弓搭箭，奋勇争先。稍后的步卒也是不甘落后，逐鹰驱犬，紧追不舍，形成一幅生动的狩猎图。队伍后侧，几株茂盛的大树下，瞬间转换了场景。一片宽阔的草地，华丽的车舆静静地停在一边，几匹驭马，或立或卧，正在悠闲地啃食青草，诸多大臣、侍卫簇拥着国王商议围猎方案。不远处，戴冠束甲的士兵紧张地做着各种准备工作，画师在悠闲和轻松之中很自然地交代了故事发生的背景。画面左侧约三分之一的部分，作者用循环手法表现了睒子本生的主要情节。人物被分为三组，形成一个彼此呼应的三角形构图，右下角成为故事中心，误中毒箭倒地的睒子表情安详，他的父母跪卧在旁，面对既将命绝的爱子不知所措。一旁站立着懊恼不已的国王及侍臣，而幻化成天女的帝释天正在为睒子施救，也暗示着美好结局。左下角草庐之中惊闻噩耗的睒子父母哭大抢地，急促赶来报信的国王一行静静站立，不知如何是好。两组人物上方，面对胸口中箭、表情痛苦、水罐抛在一旁的睒子，国王一脸惊愕和不解，身边簇拥的群臣则充满关心和探视。围绕着这几组人物，画师刻意安排了许多倾斜的山石，弯折的乔木，仿佛已无法抵御飓风的侵袭。显然作者对佛经里关于睒子中箭后世间奇异之事是清楚的："登尔之时，山中大风暴起，吹折树木。百鸟悲鸣，狮子、熊罴、走兽之辈皆大号呼动一山中，日无精光，流泉为竭，众花萎死，雷电动地。"[①]通过反复渲染和对比，使睒子深山孝养双亲这一核心和主题得到

①《大正藏》，第 3 册，第 437 页。

升华，这种大场景、陈述式描绘手法与同时期石窟和造像碑中简单的睒子本生图像相比，融入了更多中国传统绘画技法，无异是一种创新和尝试。

顶部长方形藻井中绘制的帝后升天图更体现出画师在融合佛教与中国传统神话故事题材方面的能力和水平。创作中，作者充分借鉴了魏晋时期长卷绘画的特点，将整幅画面分为前后两个部分，后半部分以逝者所乘龙舆为中心，四周环绕着众多乘龙侍卫以及奔走的畏兽，彰显出主人高贵的身份。前方众多飞天簇拥之下的接引天人弓身前视，仿佛正引导死者通往永无痛苦的佛国世界。两组画面遥相呼应，奔腾的流云和交错的飞天又将其紧密地联系在一起，使整个画面构图得到很好的平衡，对于立于窟内中央的观瞻者而言，视觉上就不会产生失重感和疲劳感，从而激发起更大的探知欲望。

通过对上述各个壁画绘画内容、构图、布局形式等方面的分析，我们可以看出，画师不但熟悉相关佛经要义，而且对于要表达的中心思想和主题内容也是了然于胸。实际创作中又根据壁面情况娴熟运用中国传统绘画中的对称、陈述、三角等不同构图技巧，充分利用各种植物和山石来分割或组合画面。同时，赋山石树木、飞禽走兽以情感，兼用色彩的明暗变化等手段来渲染或烘托主题，使本来烦琐、枯燥的佛经故事变得跌宕起伏、引人入胜，从而起到良好的宣教效果，成为运用中国传统美术技法表现外来佛教艺术的成功典范。

第二节 127 窟壁画在中国古代绘画史上的地位与价值

壁画作为人类历史上最早的绘画形式之一,有着悠久历史和创作传统。顾名思义,是指专门绘制于壁面的绘画作品,它通常以建筑特附属部分的形式而存在,其美化和装饰功能成为环境艺术中一个重要方面。从壁画发展史上来讲,原始人类在岩穴凿刻或彩绘的图案堪称最早的壁画。当人类进入文明社会后,无论是东方还是西方,壁画都已作为一种画种已经广泛见于宫殿、庙宇、墓室、寺观、石窟、教堂、居室等形形色色建筑之中。根据文献记载,秦汉时期,中国就出现了非常成熟的壁画艺术品。三国两晋南北朝时期,由于佛教迅猛传播,壁画艺术也达到了一个前所未有的高峰,在中国北方地区这一时期开凿的石窟寺中,壁画成为与造像题材、窟龛形制并列的重要内容之一。同时,根据文献记载,当时寺院殿堂壁面上也绘制有大量反映各种佛教人物及一些动物题材的壁画作品。如南齐僧人智积在吴县研石山佛殿画梵像于壁。张僧繇在梁武帝指令下,多次在佛寺绘制佛画、如江陵天皇寺所绘的卢舍那佛及仲尼十哲。[①]北周画家冯提伽在上都大云寺画过“马并帐幕人物”等。隋唐时期关于寺院壁画的记载更是数不胜数，仅张彦远《历代名画记》卷三《记两京外州寺观画》中就有大量关于寺观壁画记述。由于中国传统建筑以土木结构为主的特性，极易受到人为和自然损毁，保存困难。故目前我们所能看到的最早的古代建筑实物不过是晚唐时期山西五台山南禅寺和佛光寺大殿，而唐以前寺院建筑只能是通过石刻、绘画等载体略知一二，至于寺院内壁画等附属艺术品的内容和形式，我们则只能通过文献去感知和想象。而麦积山127窟大量精美的彩绘恰恰为我们提供了一个了解和认识西魏时期佛教壁画艺术成就的窗口，笔者认为，它在中国古代绘画史上的地位和价值主要体现在以下三个方面：

1. 是外来佛教艺术中国化的典范之一

南北朝时期，动荡的社会时局为佛教传播提供了广阔空间。各地割据政权的出现又先后形成了建康、长安、洛阳、平城、邺城、成都等区域性政治、经济和文化中心，它们之间既有对峙，也有联系，彼此之间这种关系在包括佛教在内的文化艺术交流方面表现得尤为突出。北魏末年，在六镇和关陇起义冲击下，北魏政权很快分崩离析，长安再度成为西魏国都，在皇室贵戚、王公大臣和社会各阶层支持下，佛教也重新兴盛起来。随着西魏政权不断由弱转强，其疆域和控制范围也逐步扩大到巴蜀、荆楚河西一带，经济的繁荣也给佛教艺术的发展提供了更大空间和舞台。

新兴的西魏政权不仅在政治、经济、军事等方面推行改革政策，而且在封建礼制、文化、宗教等方面也全盘借鉴和吸纳以萧梁为代表的中原地区传统。这一时期佛教经过数百年的传播，在与中国传统的儒、道等本土文化思想不断撞击和磨合过程中，其外延和内涵也发生了很大变化，逐渐成为统治阶级维护社会秩序、教化和规范民众行为的思想舆论武

①唐·张彦远、范祥雍、点校《历代名画记》，北京：人民美术出版社，2004年，第148页。

器。

综观 127 窟壁画，尽管内容上宣扬的是佛教思想，但在表现形式上却充分融合中国传统绘画艺术技法，彻底摆脱了印度及中亚绘画艺术束缚，以气势磅礴横卷式画面，淋漓尽致地表现出佛经故事中的主要情节，为突出主题和中心思想，灵活采用左右对称、中心展开、三角支撑、平铺直叙等不同构图方法，使画面张弛有度、疏密有序、简而不略、繁而不乱。在色彩运用上，一改西域绘画中重彩平涂的做法，十分注意根据故事内容选择色彩搭配方式，当反映内容场面沉重时，多使用赭红、深灰、暗黄等深色系颜料，以烘托和渲染紧张、凝重的气氛。当反映内容轻松欢快时，多选用浅白、淡绿、橘黄、大红等浅色系颜料，以营造轻松、明快的氛围和环境；在绘制技法上，充分运用中国传统的线描技艺，下笔刚劲有力，气韵绵延不息，无论车马人物、飞禽走兽、山石树木，都充满着强烈的韵律感和生命力。同时，也适当吸收西域绘画中色彩的运用方法，通过浓淡变化来强化故事发生的环境或背景，使画面更具有表现力。画面内容安排上，已经完全没有中亚或西域类似图像中那种密集展示的影子，能娴熟运用中国传统绘画中所采取利用山石、树木等陪衬景物对复杂画面进行自然分割，使其既相互关联，又疏密有别，生动、形象地表现出一个个独立存在的故事情节；在人物形象上，褒衣博带的国王、宽衣大袖的侍臣、束发高冠的士人、戴盔披甲的武士、长裙曳地的贵妇、面目清秀的婢女，以及扎束头巾、下缚裤褶的驭夫等都是南北朝时期中土人物装束，已丝毫没有佛经中所描绘的异域风情。

这些充满中国元素的佛教壁画与我们所能看到的同时期造像碑、石窟寺或传世绘画作品相比，场面之宏大、内容之丰富、主题之鲜明、构图之成熟都是最杰出和最具代表性的。这些作品的创作与构思代表了当时佛教绘画艺术的最高水平，是中国人在吸纳和接受外来佛教思想观念，对其进行民族化、本土化改造的具体表现之一，也为北周以后中国北方地区石窟佛教绘画艺术的发展和繁荣打下坚实基础。

2. 是南北朝时期佛教经变和本生故事画走向成熟的重要标志

在反映佛陀事迹和佛教思想的绘画作品中,本生和经变故事画都是其中很重要的内容,几乎贯穿了中国佛教绘画史上的各个历史时期,其中南北朝时期又是外来佛教艺术完成中国化、民族化的重要阶段,本生和经变故事的发展和演变历程也是其中一个组成部分,而麦积山127窟西魏壁画正是这种转变形成的历史见证和标志之一。

本生具体指佛陀释迦牟尼在前世以沙门、婆罗门、国王、大臣、商人、妇女,甚至神或各种动物角色修行的故事,佛经中也有相应解释:

> 何等名为阇陀伽经?如佛世尊本为菩萨,修诸苦行,所谓比丘当知,我于过去作鹿、作罴、做獐、作兔、作粟散王、转轮圣王、龙、金翅鸟,诸如是等,行菩萨道时所可受身是名阇陀伽。[①]

文中的阇陀伽,既梵文 jâtâkâ 的音译,汉译既为本生。在古代印度社会,本生概念的兴起和本生故事的流行与当时印度社会各阶层信奉轮回转世思想有很大关系。从佛教角度出发,生死轮回的过程对每一个人都是平等的,佛陀也不例外,他也是经过无数次的轮回转世后才最终修得正果。普通人更是如此,也是需要在无数次的轮回转生中不断弃恶从善,逐渐成佛。这种说教方式很容易拉近佛陀与凡人的距离,为佛教徒在走向成佛之路的修行、磨炼过程中增添了许多动力和自信。

经变,又称变相,指根据某一部佛教经典而绘制而成的故事画,关于经变的概念,学者们一直有着不同的理解和看法。[②]而经变一词最早见

---

①《大正藏》第12卷,451页。

②阎文儒《经变的起源种类和所反映佛教上宗派的关系》,《社会科学战线》,1979年第4期,220~232页。

南北朝萧梁时期："（丹阳长干寺）及大同中，出旧塔舍利，敕市寺侧数百家宅地，以广寺域，造诸堂殿并瑞像周回阁等，穷于轮奂焉。其图诸经变，并吴人张（僧）繇运手，繇丹青之工，一时冠绝"[①]可见在当时南朝寺院墙壁上已经开始绘制经变图像。南北朝末期，关于经变画的记载也明显多了起来，如张彦远《历代名画记》卷六就有作者关于刘宋时期画家袁倩所绘经变图传神之处的感慨："又维摩诘变一卷，百有余事。运思高妙，六法备呈，置位无差。若神灵感会，精光指顾，得瞻仰戚容。前使顾、陆知惭，后得张、阎骇叹。"同书卷七张僧繇之子张儒童也称绘有"释迦会图、《宝积经变》，传于代。"[②]

这些记载表明，经变画观念主要形成于南北朝后期，南方地区由于佛寺众多，加之相对稳定的社会环境，以及南朝士人绘画传统源远流长。因此，无论是经变画的种类，还是内容都要比同时期北方地区早一些，应该对同时期北方地区类似题材壁画创作产生了重要影响。

现存中国北朝时期本生和经变图像主要见于石窟寺和造像碑。其中，本生故事图像几乎见之于中国北方诸石窟寺，首先出现在小乘佛教思想盛行的龟兹地区，如库车境内的库姆图拉、森木赛姆、克孜尔尕哈，拜城境内的克孜尔、台台尔、温巴什，高昌境内的吐峪沟、雅尔湖、胜金口等，主要绘制于窟内顶部和左右两壁，基本为菱形式单幅构图，每个画面都以极其简单的情节来表现一个本生故事。其中以克孜尔、库姆图拉、森木赛姆、克孜尔尕哈等石窟中本生图保存最好，种类最多，姚士宏、马世

①唐·姚思廉撰《梁书》卷54《扶南国》北京：中华书局，1973年，第793页。

②唐·张彦远、范祥雍、点校《历代名画记》，北京：人民美术出版社，2004年，第135、150页。

长等学者已经成功释读出其中近70种本生图像，[①]金维诺先生则根据其内容把这些本生故事分为施舍、仁智、孝友、持戒等四大类，并把这种构图形式统称为“西域式”。[②]随着大乘菩萨行思想的盛行，传入中原内地的本生图像主要以睒子孝行、舍身饲虎、须大拏施象等为主，在表现形式、构图技法、人物形象、情节内容等方面都发生了不同程度的变化。一般不再采用单幅图像表现形式，而是以大画面、多情节方式加以描绘，即使在空间相对较小的造像碑中，也多采用横段式构图，尽量通过并列式人物形象来表达故事内容。对于空间充裕的寺院或窟龛壁面而言，画家更是充分发挥和展现出这种技法。以敦煌莫高窟北魏257窟西壁的九色鹿王本生为例，画家用多个情节来表现故事内容，将溺人落水获救、谢恩、告密，王妃梦鹿、索要鹿皮、国王出猎等分别绘于画面南、北两侧，中间以九色鹿与国王的对话作为结束方式展开，这种将相关情节串连起来，并突出中心思想的手法可谓独具匠心，反映了敦煌画家对这一故事的深刻理解和具有的高超构图技巧。[③]

相对于具有浓烈外来色彩的本生图像而言，经变画则带有鲜明本土特色。这种带有强烈教化和宣扬特征的图像出现时间要晚一些，它最初图像构成应该是基于简单的佛说法图。南北朝时，随着诸多汉译大乘佛教经典被广大信众所接受和理解，如前所述，在义学和佛教寺院兴隆的

---

①姚士宏《克孜尔石窟本生故事画的题材种类》，详见《敦煌研究》，1987年第3期，第65~74页。《敦煌研究》，1987年第4期，第19~25页。《敦煌研究》，1988年第1期，第18~21页；马世长《克孜尔——石窟中心柱窟主室券顶和后室壁画》，新疆自治维吾尔区文物管理委员会、拜城克孜尔千佛洞文保所、北京大学考古系《中国石窟·克孜尔石窟》(一)，北京：文物出版社，1989年，第174~226页；张萌才、姚士宏《克孜尔石窟佛本生故事壁画》，乌鲁木齐：新疆人民出版社，1991年。

②金维诺《佛本生图形式的演变》，原载于《中国美术史论集》(中)，哈尔滨：黑龙江美术出版社，2003年，第166~171页。

③宁强《从印度到中国—某些本生故事构图形式的比较》，《敦煌研究》，1991年第3期，第4页。

南方地区出现了最初的经变图像。大约在北魏末期，随着南北文化交流的加快，以摩维诘经为代表的经变图像开始在北方地区传播。这一时期，由于弥陀思想流行，导致了西方净土变的产生。而释迦崇拜的长盛不衰，在一定程度上也促进了涅槃经变的出现与成熟。这些经变图像创作主要依据相关佛教经典记述的故事内容。从事这项工作的画家都有高深的佛学造诣，因而在绘制过程中能熟练运用中国传统绘画技法来表现经变主题思想，正如张彦远对袁倩所绘《维摩诘变》的评价："百有余事，运思高妙。六法备呈，置位无差"。

127窟的涅槃、维摩、西方净土等经变图像场面壮观、内容丰富、技法娴熟，无论是经变场景的空间安排、色彩的灵活运用，还是人物形象的表现、故事情节的选取等，都充分展现和反映了当时大乘佛教思想精髓，是西魏初期长安地区经变图像走向成熟的代表性作品之一，实质上也是当时长安佛教寺院绘画艺术水平的真实体现，在同时期内经变壁画作品中也是独此一家，某种意义上，它也改变了学术界长期以来所认定的此类佛教经变绘画成熟于隋唐时期的看法。窟内本生故事壁画则完全是在中国传统绘画思想主导下而形成的作品，是北魏晚期中原地区石窟寺和造像碑艺术中本生图像的发展和完善，在表现形式上也与中亚、新疆、西域地区类似题材壁画有显著不同，堪称外来佛教本生图像艺术走向中国化的典范。同时，127窟经变和本生绘画在主题思想、空间安排、色彩运用等诸多方面表现出高度统一性和协调性，远非一般画师所能独立完成，事前应有严密的组织和工序安排，以及必要的粉本来源和艺术指导。这些因素均表明西魏时期类似题材的佛教绘画创作非常成熟，也是外来佛教艺术中国化的成果之一。

3. 充分体现出中国南北朝时期的绘画理论和思想

魏晋南北朝是国家动荡和分裂时期，在当时人们思想文化领域内玄学思想盛行，随着佛教的东渐和日益本土化，个性的觉醒和对性情的重视成为一种时代潮流。"畅神"和"怡情"成为这一时期绘画的重要表现方式之一，如顾恺之以爱情为主题的《洛神赋图》，充分体现士人文化精神和审美情趣。作为南朝士族生活代表的《竹林七贤图》也充分表达出"弃经典而尚老庄，蔑礼法而崇放达"的意涵。

由于佛教在当时社会生活中的巨大影响，以及它所采用的以经典和图像为主要传播手段的特点，导致各种形式佛教绘画成为当时许多画家的创作内容之一，据《历代名画记》载，晋时明帝司马绍"最善画佛像，蔡谟集云'帝画佛于乐贤堂，经历寇乱，而常独存'。"荀勗绘维摩诘像。卫协绘七佛图。顾恺之在瓦棺寺所绘维摩诘"及开户，光照一寺，施者填咽，俄尔得百万钱"，这幅壁画在当时号称瓦棺三绝之一。戴逵、戴颙"皆善丹青，又崇释氏"。刘宋时期陆探微绘有阿难维摩图。袁倩绘有维摩变一卷。萧齐时期宗测曾绘制(建康)"永业寺佛影台，皆称臻绝"。萧梁时期张僧繇绘维摩诘像、定光佛像。北魏杨乞德，曾封新乡侯，"后归心释门，施身入寺，善画佛像"。东莱太守王由，"摹画佛像，为时所服"。[①]

从记述可以看出，南北朝时佛画创作并没有脱离中国传统人物画的功能与范畴，主要还是信据佛经记载，以及中国人对佛教的理解来创作各种佛教绘画，以达到宣扬和传播佛教的最终目的。内容和形式上却在不断创新和发展之中，就其内容而言，尽管当时画家可能绘有许多佛像作品，但文献记载中却用大量溢美之词来描绘维摩诘这一形象，如称顾恺之所绘维摩有"清羸示病之容，隐几忘言之状"，他在瓦棺寺所创作的这幅作品对后世影响巨大，张怀瓘说"顾公运思精微，襟灵未测。虽寄迹瀚墨，其神气飘然，在烟霄之上，不可以图画间求"。[②]杜甫在该寺看后赋

①参见唐·张彦远、范祥雍点校《历代名画记》，北京：人民美术出版社，2004年，第107~155页。

②唐·张彦远、范祥雍点校《历代名画记》，卷五，北京：人民美术出版社，2004年，第115页。

诗到"虎头金粟影，神妙独难忘"。[①]黄元之感慨道："观其道场妙矣，谓应供而来仪；床枕俨然，疑有怀于问疾。目若将现，眉如忽颦；口无言而似言，鬓不动而疑动。岂丹青之所叹咏，相好之有灵哉！"[②]宋代葛立方评价到："自古画维摩诘者多矣。陆探微、张僧繇、吴道子皆笔法奇古，然不若顾长康之神妙。"[③]这种关于维摩诘像持续不断的评论，实质上是当时文人时代精神的一种具体表现，既前面所提及的"畅神"和"怡情"。它更多地将个人和时代情感在特殊历史环境下赋予维摩诘图像创作之中。在这一过程中，画家根据佛经中关于维摩诘是一位印度毗耶离城的大富长者，常身着白衣，深达实相、明于智度、通达方便、辩才无碍，为化导众生故示显有疾，代佛说法，广宣大乘教理等相关描述。画出当时士人心目中的维摩诘形象。同时，在具体创作过程中又融入帷帐、床榻、麈尾以及鹤氅裘等中国世族文人的传统装束，使他更符合当时人们的审美观念。而且，南北方之间在早期维摩诘形象的认知上，还有不同的偏好，如云冈石窟早期维摩诘图像甚至戴着北方胡族喜爱的尖锥顶圆帽。

维摩诘图像题材的选择本身也是南朝文化背景的一种反映。当时玄佛合流，佛教般若类经典教理与玄学清谈之风相互交映，而许多名僧为消除佛教传播中的障碍而内外典籍并通，文艺经论兼重。他们在与王公贵戚、士族文人交流中一个重要内容就是辩论《维摩诘经》义理，[④]也使深通义理、善于论辩、在家若野、风情潇洒的维摩诘自然成为封建士人夫的心中偶像，经久不衰。维摩诘图像的例证在很大程度上说明了南北朝时期，外来佛教绘画艺术不仅丰富了中国绘画艺术的内容和形式，而且

---

①《全唐诗》，卷229《杜甫十》，北京：中华书局，1960年，第2414页。

②宋·李昉《文苑英华》，卷857，北京：中华书局，2003年，第4523~4525页。

③宋·葛立方《韵语阳秋》，见清·曹荣《学海类编》，第52册，卷14，1920年。

④如东晋名士许询非常精通《维摩诘经》义理，他曾与高僧支遁在会稽王（简文帝）斋头做过论辩，这次论辩对后世影响很大，在《世说新语》、《高僧传》等典籍中都有记述。

它本身也经历了一个中国化、民族化的改造过程，变得更为当时佛教信众所理解和接受。以维摩诘变为代表的麦积山127窟的经变和本生绘画正是这一时代变革的具体表现。由于在地理更接近中原和南朝地区，127窟壁画在内容、形式、技法等方面更多地表现出中国传统绘画艺术成就。

一般意义上，中国传统绘画的评判是指以南朝萧梁画家谢赫在《画品》序文中所说的"六法"为基本原则，唐代张彦远在《历代名画记》中将其转引作"昔谢赫云画有六法，一曰气韵生动，二曰骨法用笔，三曰应物象形，四曰随类赋彩，五曰经营位置，六曰传模移写。"这一概念也常为后世所引用，但现代美术学者陈绶祥先生根据六朝时期骈体文格式重新将谢赫这段话断句为"'六法'者何？一曰气韵，生动是也；二曰骨法，用笔是也；三曰应物，象形是也；四曰随类，赋彩是也；五曰经营，位置是也；六曰传模，移写是也。"从而将魏晋以来绘画的六个主要原则定义为气韵、骨法、应物、随类、经营和传模，并进一步指出"气韵，生动是也；二曰骨法，用笔是也"是后世最为看重的两个原则。[①]这里所谓的"气"是中国古代哲学的重要概念，指天地万物生化之本，既"精气为物"。后来引申指人的才、气质以及由此而形成的文章、图画之风格等。"韵"则意为情趣、风雅。对于绘画理论中的"气韵"，"六法"中给出了极为形象的解释——"生动"二字。平面绘画中的形象正是由这种"生"而产生动态或动势，《文心雕龙·定势》中称"圆者规体，其势也自转；方者矩形，其势也自安。"[②]则是古人对这种由"生"而"动"思想的具体解释。在具体画面形象上主要表现为左顾右盼、纵横斜正。127窟壁画中类似处理技法比比皆是，如七佛图中，第4、5、6尊坐佛两侧的胁侍弟子无一懔然正视，均被画家表现为扭

①陈绶祥主编《中国美术史·魏晋南北朝卷》，济南：齐鲁书社/明天出版社，2000年，第86~87页。

②黄霖编著《文心雕龙汇评》，上海：上海古籍出版社，2005年，第105页。

头回首，彼此相互攀谈，神情各异，既与佛和菩萨形成鲜明对照，又无形中将整幅画面在空间上形成一个有机整体。睒子本生中在表现伽夷国王误杀睒子，探视盲父母时，听闻噩耗后的睒子父母一前一后，一扑一俯，而国王则身体前倾，双手前伸，一幅懊恼悔恨的样子，身旁的侍臣面面相觑、不知所措，慌乱中一名侍臣躬身去扶几乎跌倒的国王。不远处的上方画面中则绘出国王及群臣惊愕地看着误中毒箭的睒子，关切之情溢于言表。这几组画面在相对狭小空间内，纵横排列、彼此呼应，很好地表现出故事的生动之处；在《涅槃经变》和《维摩诘变》的具体情节处理中，画师也充分运用纵横斜正的表现手法，使整个故事内容繁而不乱、疏密有序，既表达了明确的主题思想，又烘托、渲染了环境气氛。

南北朝绘画中的"骨法"即线描用笔，在当时的绘画创作中，画师首先用线画出形体和基本的形体关系，然后用色予以平涂或略带晕染的技法，这样就构成了形体的基本结构和骨架，绘以画而立，体从形而生，如肉之附骨，衣之蔽体。由此也可以看出，用笔在绘画创作中的重要性。以 127 窟前披所绘睒子本生为例，画师先以线起稿，画面中间部分为波状起伏的主线条，其间群山、树木等辅助线在纵与横两个方向撑起整幅画面的形与体。两边的延伸线一缓一急，后侧舒缓的线条之下，画师以密集排列的各种人物、车马来表现既将展开狩猎的队伍。前侧上扬翻卷的线条突然变得支离破碎，急转直下，甚至连起点缀作用的树木、花草、山石等线条也被占得向内弯曲，以暗示由喜到悲到这一故事情节的剧变，在这个相对封闭的空间内，几组穿插安排的人物使故事内容达到高潮。通过上述整幅画面形的固定，画师再根据不同故事情节的需要采用轻抹重涂等方式将各种色彩与线条融为一体，从而使整幅壁画丰满起来。

六朝绘画的其余四法在画面中也有各自不同表现和反映。应物是指用心去研究和观察画面，带有更多主观意识上的含义。僧肇在《肇论》中称“法身无象,应物以形。”[①]即指抽象的法身在外观中显现为“形”,这一概念在绘画中的运用不全指具体形象的相近,更多需要的是画师在创作过程中“心”的参与。如 127 窟正壁涅槃图正中醒目位置上绘制的佛说法图,色彩艳丽、法相庄严,完美地体现出应物意境,前壁上方并列绘制的七佛也表现出同样艺术效果。随类是指对色彩真实而直白的运用,即以所描绘对象的本色来赋予以相应的色彩。这也是南北绘画中的一个重要特点,同样在 127 窟壁画有得到体现,本窟壁画色彩主要以石青、石绿、朱砂、石黄、白粉、赭红和黑色为主,画师根据所绘对象类型的不同而灵活变换和使用,使画面内容不仅绚丽多彩,而且主题突出、特点鲜明。经营具体指画面的整体布局和空间位置的安排,由于 127 窟壁画主题具有强烈宣教功能的宗教绘画,因此在这方面表现得更加淋漓尽致,画师在实际运用中更是灵活多变,非常熟练,前文已多有论及,不再赘述。传模即摹写,作为六法之末在当时也是许多画家常用方法之一,在佛画创作中由于经典思想、主题内容等特定原因常常被许多画师所采用,如顾恺之所绘的维摩诘像就成为后世画家评判这一形象的主要参考标准。而大幅的经变和本生故事画更是如此,摹本往往在创作中起到非常重要的作用,127 窟中壁画作品应该都是这一艺术表式的具体反映。

综上所述,麦积山 127 窟壁画集中展现了南北朝时期绘画“六法”理论所阐述的原则和方法,是认识和了解当时绘画艺术水平及其发展、变化的珍贵实物资料,堪称这一时期绘画艺术的代表之作。

---

①《大正藏》,45 册,第 159 页。

第七章

余　论

麦积山127窟除西魏时期造像、壁画以外，宋代也进行过重修，具体表现为窟内左、右壁龛主尊坐佛被重塑，窟内正中新塑造有一坐佛及二胁侍菩萨立像。20世纪80年代麦积山石窟艺术研究所工作人员在对窟内正中泥塑坐佛残损的方形佛座进行修复时，从里面清理出数件北魏影塑造像残件。这些内容虽然与127窟本身没有直接关系，但却反映出127窟在历史上的修缮和变化情况，故本文以余论形式对其略加以介绍，以利于全面了解和掌握127窟全貌。

第一节 关于127窟的宋代造像

127窟位于西崖最上层,窟龛位置高,栈道险峻。在年久失修情况下,后代香客、游人等不易登临,窟内榜书题记现存以下几条,正壁龛内石雕佛右侧刻"山西平定州高罕,至正十二年(1352)四月初八日上香","正统四年(1439)□月初一日"。左侧菩萨项光刻画"雍熙三年(986)二月","凤翔押衙买□木赵仁蕴、雷司马同游圣境,此时开宝四年(971)五月十三日记之","李敬能游此,天成四年";左壁龛内左侧刻画"赵□□天复八年十月三日到此□□"①,"绍熙八年(1197)□□□"②(右侧刻画"咸通三年(862)□□□";右壁左侧刻画"嘉定二年(1209)三月二十日";前壁右侧刻画"乾宁元年(894)二月二十三日凉州山客人□□□","天复□年(901~904)正月□□□"。

从题记落款时间看,127窟游人登临时间主要集中在唐末和北宋初

①按唐末天复年号只有4年,当时统治秦陇一带的岐王李茂贞父子,他们仍奉唐为正朔,与后梁朱温政权对峙,故可能游人依然延续了唐末年号,推算时间为908年。

②南宋绍熙只有五年,按年号推为1197年,既宋庆元三年。

年，南宋后期、元初和明代中期也偶有游人香客登临。可知历史上进入这个洞窟的人并不多。宋代对窟内左、右壁龛内主尊坐佛进行了重塑，并在窟内新塑有一佛二菩萨像，这种情况的出现并不偶然，是当时麦积山特殊历史背景的具体反映。

宋代是麦积山石窟对历代塑像重修、重塑造像最多的时期，具体表现为多数窟内重塑作品基本将原来塑像覆盖，仅从裙裾部分能看到原来的蛛丝马迹，如 90 窟内正、左、右三壁坐佛，165 窟的正壁观音坐像等。在小型龛窟中，则采用全部重塑或全部覆盖的做法，如 118、124 等窟内坐佛。而 127 窟内左、右壁龛内主尊的重塑与麦积山同时期宋代造像在处理方法上有所不同。这两身佛像在整体上基本保持西魏造像的形体和服饰特征，其中左壁龛内坐佛高 1.63、宽 1.04、厚 0.65 米，右壁龛内坐佛高 1.70、宽 1.09、厚 0.62 米。这两身造像系同一时期作品，具有典型的麦积山宋代佛像特征（图 7–1），佛圆球状肉髻，中分式发髻。面形长圆，弯眉凤目，悬鼻阔口，双唇紧闭，表面森严。颈部有两道蚕节纹，上身袒露，身穿垂领式袈裟，内着偏衫，衣带腹前打结分两缕下垂。双膝以下部分保持西魏造像厚重的八字形下摆，衣

图 7–1 麦积山 127 窟左壁龛内宋塑坐佛

裾作 5 层垂叠于座前。佛双手仍为西魏原作，做说法印。从佛右侧下垂衣袖的残损状态，可知原来佛像服饰表面被宋代重塑过，由于和原作造像泥层结合不够紧密，从膝以下部分脱落断残裂。这一点从右壁龛内坐佛形象上表现的得更鲜明一些。宋塑坐佛的神态、形象等与左壁龛内坐佛基本一致，但服饰表面的改造痕迹非常清晰。特别是佛装下半部分，基本按照西魏佛装衣纹线塑作，并未做太大改动，这与麦积山绝大多数宋代佛像的衣纹处理技法有很大区别，后者多采用块面塑作技法，衣纹线转折简洁而硬朗，完全没有西魏佛装那种繁缛流畅，衣裾折褶密集，层层重叠的特点。

根据相关统计结果，宋代麦积山重修、改塑、重妆、重绘窟龛 54 个，其中有 30 个分布在西区，①也包括上述两件佛像。从现存情况看，这两身造像并非重塑，而是在西魏原作基础上敷泥补塑而成，并且十分注意与两侧原有泥塑菩萨之间的比例协调关系。佛像背后墙皮部分也进行了相应补塑，并重新绘制背光图案。表明当时重塑者主要目的在于对这两身当时已残损的佛像进行修缮。这种现象在古代佛教信徒看来，也是一件累积功德的善举，如《地藏菩萨本愿经》称：

> 若未来世中有善男子、善女人，遇佛塔寺大乘经典，新者布施供养瞻礼赞叹恭敬合掌。若遇故者，或毁坏者修补营理，或独发心，或劝多人同共发心。如是等辈三十生中，常为诸小国王檀越之人，常为轮王还以善法教化诸小国王。……於佛法中所种善根。或布施供养，或修补塔寺，或装理经典，乃至一毛一尘一

①屈涛《麦积山石窟 10~13 世纪的营造》，敦煌研究院编《2000 年敦煌学国际学术讨论会文集——纪念敦煌藏经洞发现暨敦煌学百年·石窟考古卷》，兰州：甘肃民族出版社，2003 年，第 407 页。

沙一渧。如是善事但能迴向法界。是人功德百千生中受上妙乐。[1]

可见，这种修缮活动是布施供养的一种，其内容和范围当然也不仅仅限于经中所称的寺塔修缮，也包括各类佛教造像，127 窟左、右壁龛内主尊造像的修补，应该是这种行为的具体反映。下面，我们具体讨论一下这两身佛像的制作时间。宋代是麦积山历史上造像与壁画重修、重塑的重要时期，根据西崖 59 窟墨书北宋景祐二年（1035）《麦积山应乾寺重妆东西两阁佛像施主舍钱记》一文可知，当时以麦积山寺赐紫沙门惠珍及会首太原王秀等众多信士捐钱捐物对东、西崖大佛进行了重新修缮，并妆修了佛阁，工程浩大。1984 年在维修东崖大佛时，从坐佛面部白毫相中发现的宋绍兴二十七年（1157）定窑白瓷碗也说明这一时期再次对这尊摩崖大佛进行过修缮。现存于麦积山石窟艺术研究所的《秦州雄武军陇城县第六堡瑞应寺再葬佛舍利记》碑比较详细地记述了麦积山瑞应寺及山顶舍利塔的兴废过程，其中涉及宋代年号有乾德二年（964）、皇祐三年（1051）、元符元年（1098）、建中靖国元年（1101）、靖康元年（1126）等。[2]另外，根据对麦积山石窟现存宋代题记涉及时间统计分析结果（表 5），北宋时期的题记 42 处，南宋时期的题记 21 处，前者数量是后者两倍。从窟龛内题记时间分布情况也可以看出，北宋时期题记主要集中在麦积山崖面西区一带，特别是在靠近西上区的 114、127 窟，多为北宋早期留下的墨书题记。而南宋时期的题记分布规律性并不明显，主要集中在东崖 3、4、10 窟和西区下方的 83、65 等窟，这些窟龛相对而言，都是一些容易登临和游览的窟龛。因此，窟内题记为香客游览、礼佛后留下的可能性很大，而不像北宋时期那样，题记除上述原因外，更多的可能是信徒们在完

①《大正藏》，第 13 册，第 787 页。

②详见张锦秀编撰《麦积山石窟志》，兰州：甘肃人民出版社，2002 年，第 168~169 页。

表5 麦积山石窟宋代题记分布表

窟号	题记时间(公元)	窟号	题记时间(公元)	备注
3	1157、1198、1221	85▲	1068	
4	1091、1095、1102、1117、1118、1180、1197、1199	87▲	1048、1107	
5	1056、1075、1081、1106	100▲	1170、1173	
10	1184、1195	101▲	1201	
11	982	114▲	984、976、986、1056 1075	
13	1157	123▲	1024	
15	1036	127▲	971、986	
27	1073	131▲	1024	
43	1201	133▲	1075、1203	
54	1029、1222	165▲	1196	
59▲	1035	168	1070、1095、1118	
65▲	1194、1200	174▲	1121	
83▲	1197、1202			

本表根据张锦绣先生《麦积山石窟志》第四章历代游人题记整理统计。

▲号标记者为麦积山西区窟龛。

成塑像、壁画修缮后而特意留下的，犹如西崖出口处59窟墨书北宋景祐二年(1035)墨书题记所展现的那样。这种现象表明，宋人在麦积山石窟的活动主要集中在北宋时期，它与宋代麦积山石窟所处历史环境也是相一致的。

北宋庆历元年(1041)，将秦、陇、凤、阶、成州、凤翔府等统一设为秦凤路，并将秦凤路转运使司设置在秦州，它和陇东、陕北所属的泾原、环庆、鄜延等三路共同成为北宋政权与西夏对峙的前沿地带，这一时期虽然秦州没有成为战争核心区，但也不时受到西夏军队侵扰。据统计，从大中祥符三年（1010）到熙宁六年（1073）的60多年里，西夏军队不时侵入秦州北部的秦安、甘谷一带，使当时已归附北宋的吐蕃各部深受其害。但这些部队基本为小股之敌，在宋军打击下，并未对秦州地区造成太大影响。总的看来，北宋对秦州的控制非常稳固，与西夏的战争主要发生在今天庆阳、平凉及陕北一线，当时秦州的主要作用是北宋军队抵御西夏进犯的战略后方，以及中原地区与西北各政权、部族等从事各种贸易活动的重要地区。关于秦州北宋时期的驻军情况，有学者经过研究，计算出当时秦州境内驻屯部队近3万人，其中禁兵共计34个指挥，17000人。[①]而秦州至陇西一带由于战乱，抛荒的耕地很多，它又是北宋与西域地区贸易的咽喉要道，有鉴于此，时任秦凤路经略使王韶在熙宁三年（1070）上疏朝廷请求在秦州一带垦荒和开设易市："渭源城下至秦州，沿河五六百里良田不耕者万顷，每顷约用钱三万，岁收不下三百石，以一百石为人、牛粮种外，尚存二百石也。秦凤一路接西夏，诸蕃货物岁百千万尽为商贾之利。欲开本路置易司，借官钱为本，即一岁之入亦不下一二十万缗。"[②]后来，朝廷同意了王韶的建议，在秦、岷、洮一带设立了多家互市，并广募兵民开垦荒地，不仅大大增加了北宋政府的财政收入，也促进了秦州地区人口迅速增加和当地经济贸易繁荣。正是由于政局相对稳定和经济贸易发展，很大程度上推动了北宋时期麦积山石窟的修缮。同时，皇室和官府的重视也起到很大作用，如北宋仁宗时期，麦积山寺院主持惠珍被赐紫衣，也正是在他主持下，重新妆修了麦积山东、西崖大佛。而神宗时期，曾在麦积山出家修行的高僧秀铁壁被诏入宫廷，讲演宗乘，赐号圆通禅

---

①王曾瑜《宋朝兵制初探》，北京：中华书局1983年出版，第48页。

②宋·陈均《九朝编年备要》，影印《文渊阁四库全书》，上海：上海古籍出版社，2003的，第328册，第492页。

师。并赐田三百余顷,供赡僧众。[①]圆通禅师本人与宋神宗皇帝的弟弟荆王、神宗女儿冀国长公主、宰相司马光等北宋达官显贵都有来往,[②]可以说为佛教发展创造了许多有利条件。

从麦积山北宋游人题记内容也可以看出这一时期的修缮活动远胜于南宋阶段,除前文所提的惠珍、王秀主持妆修东、西崖大佛阁外,题记落款中涉及比较著名的人物还有洮河安抚史王韶、河东转运史李师中、陕西转运副史蒋之奇、提点秦凤路刑狱公事游师雄、提举茶马公事仇伯玉等,他们的游历时间主要集中在北宋仁宗至哲宗时期(1023~1098)。表明这段时间麦积山石窟佛事活动频繁、影响很大,才能吸引到如此众多地方行政大员前来参佛游览。而南宋时期情况却不是这样,建炎二年(1128),金军由山西渡黄河,经陕西一路西犯,首次攻掠秦陇,迫使宋军向陇南、汉中一带退却。绍兴元年(1131),金军再次大举进犯秦陇,双方多次激战后,金军占据了秦州一带秦岭以北的广大地区,并将其交给伪齐刘豫政权管理。此后几年,宋军以陇南为根据地,在吴玠、吴璘兄弟率领下,长期与金人在今天宝鸡、陇南、天水一带激战,双方互有胜负,呈胶着状态,秦州城反复易手,当地百姓也饱受战乱之苦。绍兴十一年(1141),宋金议和,当时秦州所属四县中,天水、陇城归属南宋,清水、成纪和秦州州城归属金,陇右除成、阶、岷、凤、文五州以外,其余全部为金所有。[③]双方对峙进入一个相对平稳时期。此时,位于秦岭主脊北侧的麦积山一带民众仍奉南宋政权为正朔,[④]这点从窟龛中的游人题记和馆藏的宋代碑刻都能得到证实。但由于北宋末年以来的战乱,导致人口流离

---

①麦积山石窟艺术研究所藏宋·《四川制置使司给田公据》碑。

②宋·释普济《五灯会元》,卷16,《法云寺法秀禅师》条。

③参见潘守正《天水历代战事记》,北京:中国文史出版社,2005年,第88~103页。

④李之勤《天水麦积山石窟的题记、碑刻与宋金利州路、凤翔路间的分界线》,《中国历史地理论丛》,1997年第1期,第35~49页。

加剧,秦州地方经济也受到严重破坏,麦积山石窟的营建和修缮在这一时期也势必大受影响,尽管也有类似对东崖摩崖大佛进行修缮这种大的工程,但总体上与北宋时期是无法相比的。因此,麦积山 127 窟左、右壁龛内主尊泥塑坐佛修缮时代应该在北宋。与麦积山同时期宋代造像相比,这两身佛像服饰在保持时代共性的同时,也有自身特点,如在它的衣裾样式处理方面, 工匠们并未采用麦积山宋代佛像常用的块面处理技法,而是基本沿用西魏佛装衣裾略加改塑而成。这说明在这组造像改塑中,还未形成完整的宋塑风格作法,工匠们在改塑中只能是照葫芦画瓢,也恰恰印证了其改塑时间较早这一事实。另外,该窟内晚唐至北宋初年题记相对较多,说明这一时期香客光临的次数频繁,在该窟中做功德的可能性也更大,基于以上几点原因,笔者认为,这组塑像的重塑年代可能在公元 980 年左右。

下来,我们考察一下 127 窟内正中另一组泥塑造像。正中为泥塑坐佛,高 2.50、宽 1.49,厚 1.30 米。佛座方形,高 1.06、1.52、进深 1.51 米。佛螺纹低平中分式发髻,顶有肉髻珠,面形方颐,弯眉凤目,眼袋外突,直鼻小口,双耳紧贴后颊,耳垂外撇,双下颌。短颈端肩,丰胸恬腹,内着低胸偏衫,衣带腹前打结,分两缕下垂,外罩垂领式覆左肩袈裟,左手抚膝,右臂平置前伸,手已残毁,结跏趺坐于束腰方形须弥座上。佛装下摆呈半圆形悬垂于座前,服饰表面堆塑有稀疏的衣纹线,块面效果突出;佛左侧菩萨高 2.23、宽 0.78、厚 0.54 米。头戴尖桃形状花冠,沿头额贴塑一圈发辫,两侧扎束冠带,贴耳后下垂及肩。方额圆颊,弧形眉,细长眼,头略内偏,左眼稍高。直鼻小口,双唇紧闭,下颌清秀。短颈丰肩,上身袒露,下着三折式长裙,帔帛自后背前绕,覆双肩后搭双肘,再下垂至圆形双层仰莲台上,莲台高 0.22、直径 0.82 米。跣足而立,左手做兰花指状,扬于胸部,右手五指展开向下,置于腹前;右侧菩萨高 2.27、宽 0.77、厚 0.64 米。神态、装束等与左侧菩萨基本一致,冠带保存较好,分两缕自耳后垂至胸

图 7–2　麦积山 127 窟内的宋代坐佛

前，冠带左侧中段还保存有卷云状装饰。左臂平置于胸前，手已残毁。右手扬至胸前，做兰花指状。跣足立于圆形双层仰莲台上，莲台高 0.20、直径 0.89 米。（图 7–2）关于这一组泥塑造像的时代问题，看法不一。有的认为是元明之际作品，[①]有的认为正中坐佛为宋塑，左、右壁胁侍菩萨为元塑，[②]有的认为是宋代作品，元代重塑，[③]有的认为是金代作品，[④]归纳起来，多数学者对正中坐佛为宋塑这一点没有异议，但由于左、右壁胁侍菩萨面部形象及服饰装束较为特殊，使大家在考虑

①李月伯、何静珍、陈玉英《麦积山石窟的主要窟龛内容总录》，阎文儒　主编《麦积山石窟》，兰州：甘肃人民出版社，1984 年，第 190 页。

②李西民、蒋毅明整理《麦积山石窟内容总录》，麦积山石窟艺术研究所编《中国石窟·天水麦积山》，北京：文物出版社，1998 年，第 286 页。

③项一峰《麦积山第 127 窟研究》，郑炳林、花平宁主编　《麦积山石窟艺术文化论文集》（上），兰州：兰州大学出版社，2004 年，第 99 页。

④屈涛《麦积山石窟 10~13 世纪的营造》，敦煌研究院　主编《2000 年敦煌学国际学术讨论会文集·石窟考古卷》，2003 年，兰州：甘肃教育出版社，第 409 页。

图 7–3 麦积山 35 窟元代坐佛

这组造像时,更多地与密宗造像联系在一起,故而元代之说颇为盛行。实际上,这是一种误解。麦积山石窟的元代造像并不多,主要有 35 窟的主尊坐佛(图 7–3)和 48 窟的四臂观音像,以及 133 内为数不多的影塑坐佛等,无论是造像特点、题材内容,还是组合形式、塑作技法,都与 127 窟中的这组造像存在着显著差异,故它们并非同一时期作品。至于 127 窟胁侍菩萨为金代的说法,似乎更站不住脚。正如前文所述,麦积山石窟宋塑造像多为北宋时期作品。南宋时期,麦积山所在的秦岭偏南一线亦为南宋所控制,从文献资料记载和民族情感来看,当时秦州民众仍以南宋为正朔,这与陕北、华北一带为金朝实际控制区的情况有很大差别。如绍兴二十七年(1157)修缮东崖浮雕大佛的功德主为秦州甘谷城高姓人氏等,而当时甘谷城为金人所控制。功德主布施的定窑白瓷碗底却墨书南宋年号,表明功德主在个人身份认同上,仍以南宋臣民自居,这种现象在当时并非个例,表明了当时人们的一种普遍性心态,所以这组造像不大可能是金代作品。

笔者结合当时秦州历史背景，以及通过对这组造像本身特点的分析，认为它是一组北宋中后期的作品，其功德主为世居秦州一带的吐蕃贵族。在松赞干布统治时期，佛教始从尼泊尔、长安和锡兰等地传入西藏。在与西藏王权结合与分裂的斗争中，佛教逐渐与西藏本地具有自然崇拜特色的苯教相结合，最终形成了具有藏区特色的，以释迦和观音崇拜为核心，以大乘佛教的"中观正见"为建树，发扬密教"大圆满法"思想的佛教体系，即我们常说的喇嘛教。[①]唐朝安史之乱，吐蕃军队乘机大举进犯，先后攻占了陇右及河西地区，吐蕃人也纷纷迁入上述地区。秦凤路是北宋时期吐蕃部族众多的地区之一。据《宋史·兵志五》统计，秦凤十三寨共有部族632个，其中大部族123个，小部族509个。秦州成为吐蕃重要聚集区，"吐蕃族帐四路，惟秦号最盛"[②]。建隆二年(961)九月，吐蕃首领尚波于慑于北宋守军威力，并感谢宋廷释放俘虏，遂将渭河以南伏羌地归还于宋。宋朝在伏羌设寨，派军屯守，成为陇右第一块由中原朝廷管辖的地方。此后，北宋利用吐蕃不堪西夏骚扰，纷纷外撤或内附的机会，采用安抚与打压结合政策，又先后设寨建堡，收复和巩固了今天的武山、甘谷、秦安、静宁、庄浪等地，最终使秦州全境归入宋的版图，境内吐蕃各部"族种分散，大者数千家，小者百十家，无复统一矣"。[③]其习俗渐与汉民相近，过着定居生活，史书称之为熟户。在熟户聚居区，由宋朝委部落头领为官，加以统治。除采取赐物、封官授爵等方式对蕃部进行笼络外，北宋还从文化心理上对其加以羁縻。针对吐蕃人笃信佛教这一特点，宋朝统治者也用佛事予以怀柔，借助宗教来征服笃信佛教的吐蕃群众，缓和民族矛盾。如天圣三年(1025)十月："陕西转运司言：秦州蕃官军主策

---

①参见李尚全《吐蕃佛教史论》，《西藏研究》，1993年第3期，第125~129页。

②宋·韩琦：《韩文公集》卷11《家传》。

③元·脱脱等撰《宋史》卷492《吐蕃》，北京：中华书局，1977年，第14151页。

拉等请于来远寨兴置佛寺,以馆往来市马人,从之"。[①]此外,北宋王朝还尽量满足秦州吐蕃僧侣的欲望和要求,多次给佛教僧侣赐予紫衣和师号,以表彰僧侣功德。如天禧三年(1019)正月:"赐秦州永宁寨蕃僧策凌班珠尔、伊朗颇斡二人紫衣",[②]天禧四年(1020)十二月:"赐故秦州蕃僧努卜诺尔弟子莽布玛喇斡紫衣,以'本州钤辖言其斡事'故也"。[③]可见当时秦州境内吐蕃部落不但数量众多,而且非常笃信佛教,还深得宋庭支持。

当时秦州地区关于吐蕃部落建寺造像的事迹主要见于武山一带,如武山县滩歌乡万花寺,据记载建于晚唐,北宋时达到鼎盛,当时是一所著名的藏传佛教寺院。而藏传佛教图像则主要见于武山县洛门镇附近的水帘洞石窟群,在拉梢寺单元宋代摩崖壁画中,坐佛多螺纹发髻,凤眼下视,颈部有明显的三道蚕节纹,体态丰满,身穿低胸垂领式袈裟,服饰表面很少绘衣纹线。菩萨像多头束桃形发髻,或戴椎状冠巾。上身袒露,下着贴体长裙,帔帛搭肩绕臂后,垂直下垂至脚面,跣足立于圆形仰莲台上,有的发髻或冠上还装饰有各种花卉图案。[④]特别是其面部神态,弯眉、细长目,直鼻小口,面容及眼神处理技法与麦积山 127 窟内的胁侍菩萨非常相近,都带有一种神秘色彩,表明两者之间有着密切关系。(图 7-4)菩萨所戴的尖装冠巾,表明其发髻仍为尖桃形,这也是麦积山宋代

①宋·李焘《续资治通鉴长编》卷 103《仁宗天圣三年十月庚申条》,北京:中华书局,1995 年,第 2390 页。

②宋·李焘《续资治通鉴长编》卷 93《真宗天禧三年己未条》,北京:中华书局,1995 年,第 2135 页。

③宋·李焘《续资治通鉴长编》卷 96《真宗天禧四年己丑条》,北京:中华书局,1995 年,第 2229 页。

④甘肃文物考古研究所、麦积山石窟艺术研究所、水帘洞石窟保护研究所编著《水帘洞石窟群》,北京:科学出出版社,2009 年,彩版 15、图版 7、10。

图 7–4　127 窟宋代菩萨

菩萨最常见的发髻样式，如 165 窟正、左、右三壁宋塑菩萨立像[①]以及第 4、9、11 等窟内胁侍菩萨立像等。有的也采有类似头巾处理方式，如 165 窟正壁宋塑观音菩萨像，只不多其样式上要简洁一些，但本质上看，与 127 窟内宋塑胁侍菩萨的冠巾并没有本质区别。正壁主尊所采用的螺纹发髻也有麦积山宋代佛像常见的样式，如 133 窟内的释迦立佛。而 100 窟正壁宋代重塑的主尊更是双手结智权印，也是佛教密宗大日如来佛常用手印之一，其发髻样式与 127 窟内宋塑主尊坐佛也完全一致，说明其与密宗可能存在着一定关系。

总之，这组造像上充分体现出鲜明的宋塑特征，两侧胁侍菩萨像一定程度上受到当时吐蕃地区藏传造像风格的影响，但是在题材内容和组合形式上仍然保持汉地佛教特征。

①麦积山石窟艺术研究所编《中国石窟·天水麦积山》，北京：文物出版社，1998 年，、图版 284~287、10。

第二节 对127窟内发现的北魏法生造像碑及影塑造像的看法

1. 北魏法生造像碑

1953年,中央文化部勘察团对麦积山首次调查时,在127窟所在栈道层中发现了北魏洛阳法生造像碑,部分残损,通高0.43米、宽0.37米、厚0.06米,方形碑额,最上方并列凿五个小圆拱龛,每龛内一尊坐佛,其中左侧残损部分原来可能还有两个小龛,共同构成七佛。碑面刻发愿文,共十二行,满行12字。内容如下:"大魏□□洪愿□□□□□□□/复□□言四照而□□□□□□/□定若水月物感□□□□□□/□□根而教获利尘□□□□/七息范□罗真容虽替□□□/化又沙弥法生俗姓刘洛阳人/也自慨进不值释迦初晖退不/蒙慈氏三会两宜中闲逢兹季/运忝荷缁□冥报贫暗然出苦/有由非善不济故肆力加功于/麦积崖造龛一所屈请良匠积/念始就借此□□叩愿帝祚"(图7–5)。根据当时参与此次调查工作的冯国瑞先生记述,该碑发现于与127窟毗邻的126窟内,而且他还进一步考证碑文中提到的法生就是北魏时期在龙门石窟古阳洞为孝文帝和北海王元详母子开龛造像的法生,这一说法也得到时任故宫博物

图 7–5　麦积山石窟藏北魏法生造像碑

院院长马衡先生认可。由于碑中明确提到沙弥法生在麦积山“屈请良匠，造龛一所”，故有学者经研究后认为 127 窟就是法生造像窟，并推断出其具体开凿年代为公元 494~502 年之间。①而金维诺先生根据麦积山西崖 127 窟附近带有碑刻镶嵌位置的窟龛壁面推定，位于 127 窟所在栈道以下第三层栈道中的 109 窟是法生所造的窟龛。②近年来，又有学者从碑

①项一峰《麦积山第 127 窟研究》，郑炳林、花平宁主编《麦积山石窟艺术文化论文集》(上)，兰州：兰州大学出版社，2004 年，第 114~116 页。

②金维诺《麦积山石窟的兴建及其艺术成就》，麦积山石窟艺术研究所编《中国石窟·天水麦积山》，北京：文物出版社，1998 年，第 175 页。

刻铭文、造像服饰特点、窟龛位置排查、开窟时代背景等方面综合分析，认为法生所开窟龛为127窟右侧的158窟，其开凿时代在西魏初年。[①]

对于127窟为洛阳法生造像龛的说法笔者持否定意见，主要理由如下：

首先，该碑顶部小龛内的坐佛均身穿交领式佛装，上阴刻细密衣纹线，与长安地区景明年间的佛装样式有诸多相似之处。从历史背景看，这一时期正处于北魏孝文帝汉化政策推行的关键阶段。包括服饰着装在内的汉化措施正在进行之中，尚未完全被北方各地所接受，毗邻长安的秦州一带，十六国北朝以来，一直是氐、羌、鲜卑、匈奴等少数民族主要聚居区之一，其改革进程相对则更慢一些。表现在佛教造像方面，主要体现为佛装袒右式或交领式，人物形体较为雄壮逐渐转向清秀，如西安碑林博物馆收藏的北魏景明二年（501）四面造像塔中的坐佛。麦积山也有类似例证，如23窟正壁坐佛，带有景明三年（502）墨书桌题记的115窟正壁主尊坐佛等，其佛装均为交领或袒右式披右肩袈裟。而127窟内主尊造像佛装已经是非常成熟的褒衣博带样式，人物造型上已经在北魏秀骨清像的基础上再次趋于圆润挺拔，与北魏景明年间造像风格大相径庭，毫无可比之处可言，故该碑中所谓的造龛一所绝不是指127窟。

其次，洛阳法生造像碑周长约0.4米左右，厚度约6厘米，显然是开窟者为方便将其镶嵌于壁面之上而专门设计的。与云冈和龙门不同，麦积山崖壁为粗糙的沙砾岩，无法直接镌刻题记。而这位来自洛阳的僧人显然又非常欣赏将功德主发愿文刻石以示纪念的做法，而不是像本地多数功德主那样，将发愿文墨书题于窟内壁面上。于是，他又出资请工匠制作了这样一块石碑，以便镶嵌于他出资开凿的窟龛内壁面之上，已有学

---

①董广强《麦积山“法生碑”及相关问题的初步探索》，麦积山石窟艺术研究所编《麦积山石窟研究》，北京：文物出版社，2010年，第199~209页。

者经过仔细研究后认为，法生当时所开窟龛为109或158窟。对于这一结论是否正确，本文不予评论。但这种思路是非常值得肯定的。因为综观127窟，其窟龛形制保持相对完好，并没有任何后世改造的痕迹。通过仔细观察，窟内壁面为一个有机整体，也没有任何可以安置这块石碑的地方，从而说明，这块发愿文碑并不是为127窟制作的，当然也就与127窟之间没有任何关系。

第三，就127窟的规模、窟龛形制、造像壁画内容等方面而言，由于和西魏皇室关系密切，如果存在碑刻，其体量、样式、内容等肯定要较洛阳法生造像碑的规格和等级要高得多，发愿文内容也不会如此简单。并且从该碑内容中可知，法生似乎生活在一个末法思想比较盛行的时期，故发愿文中有"进不值释迦初晖，退不蒙慈氏三会"的感叹，这种观念自然也会反映在他所造的龛像之中，而127窟中三世佛造像和窟内诸多大幅的经变和本生故事画显然与其愿望是不一致的，这也间接说明了该碑与127窟之间没有联系。

2. 北魏影塑供养人头像

20世纪80年代初期，麦积山石窟艺术研究所工作人员在对127窟内正中宋塑坐佛损坏的佛座进行修缮前清理工作时，在座内发现了2件影塑供养人头像，色彩艳丽，保存非常完好。这两个头像一件为男性，残高4.5厘米，面形长圆，脸颊略外凸，弯眉细长目，鼻残损，口小唇薄，嘴角内敛含笑，两耳紧贴后颊，颈部细长，头戴一顶高腰直筒桥形帽，帽的前侧贴四缘绘有醒目的菱形图案（图7–6）；另一件为女性，残高3.8厘米，系少女形象，中分式发髻，头顶对称扎束环形髻，椭圆脸，弯眉，月牙目，直鼻小口，双唇紧闭，下颌圆润丰满（图7–7）。这两件精美的头像，对于我们了解麦积山石窟影塑造像的制作工艺、发展历史，以及当时人们审美习俗、服饰风尚等都具有很高参考价值。

麦积山石窟的影塑造像，最初应源于北魏早期窟龛内壁面小龛中的

图 7–6 麦积山 127 窟男供养人头像

图 7–7 麦积山 127 窟内影塑女供养人头像

小型塑像，形体相对较大，高度一般不超过 50 厘米，部分体量在 30 厘米左右的坐佛已经采取模制方式。内容也以佛、菩萨和供养人为主，如这一时期的 80、100、143、144 等窟内都有类似的小型塑像。北魏中期时，开始出现以模制为主要标志的影塑造像，它们除被安置于窟内壁面坛台之上外，还被贴至龛楣、窟内小龛、窟顶、四壁墙角等处，内容仍主要以佛、菩萨、飞天等为主，如 155 窟内四壁龛内佛与菩萨，龛楣上粘贴的供养菩萨，156、76、115 等窟内壁面的影塑佛、菩萨、供养人、飞天等（图 7–8）。到北魏晚期，这种泥塑造像技法也达到了一个鼎盛时期。在属于北魏晚期的 86、121、122、159、163 等窟内均出现有大量制作精美、装饰华丽的佛、菩萨、飞天、供养人等影塑造像（图 7–9），有的窟龛内将其做千佛题材贴满整个壁面，如 122、133 窟。而到西魏时期，这种极具立体感的塑像突然消失，代之以在窟内壁面彩绘各种佛教题材造像和供养人像。

图7-8 麦积山131窟影塑坐佛

图7-9 麦积山142窟影塑供养人

由此,我们认定127窟宋塑佛座中发现的影塑供养人头像当为北魏时期遗存。从其头像大小可知原作通体高度在18～22厘米之间,在制作工艺上,造像躯体采用模制,头像则为泥塑圆雕,并在头像底部插一小木棍,待完工后将两者结合在一起,晒干后再施以彩绘,最后粘贴到窟龛中去。整个工序流程已经带有流水线作业的意味,这不仅表明当时影塑造像工艺已经非常成熟,而且也说明当时秦州地区的开窟造像活动十分兴盛,已经出现专门提供特殊佛像制作的家庭作坊或工匠群体。

男性供养人的冠帽也非常特殊,在麦积山现存影塑供养人中也仅此一例。南北朝时期受魏晋风气影响,日常生活中,男性一般并不戴帽,多在束起的发髻上罩扎一块头巾,如《竹林七贤图》、《北齐校书图》等作品中的人物莫不如此。正式场合中主要以小冠或漆纱笼冠为主,它也是在当时人们所喜爱的一种平顶帽——介帻的基础上演变而来。而127窟这身男性供养人所戴直筒桥形高帽大小几乎与他的头部比例达到1∶1,并且直接束在发髻之上，带有很强的装饰意味，表明头像作者或功德主本人对这种高帽有着特殊爱好。

帽是北方游牧民族日常生活中必备的首服之一，具有驱寒保暖的功效，其基本样式为圆顶形，材料为皮或毡，有的也采用布料夹棉，多由前后两片或四片缀合而成。外出时直接扣在头上，非常简便，《邺中记》中载的石季龙所戴金缕合欢帽就是其中制作比较精美的一种。随着南北朝时期各民族之间交流的日渐频繁，包括帽子在内的北方民族服饰也开始被中原士族所接受和喜爱，并由此衍生出许多新的样式，如白纱帽、卷荷帽、鹿角帽、皂帽、乌纱帽等。127 窟供养人所戴这种高筒桥形帽应该也是其中的一种，顶部前低后高的结构类似北朝时期十分流行的小冠，而直筒部分又接近东汉时期的束发高冠，使用时帽的两侧必须用缨系于颌下，可见它是一种将中原地区的冠与北方游牧民族的帽相互结合后而产生的头冠，表明这尊头像的主人极有可能是一位具有胡化倾向的秦州地区士族官员。

女性供养人前额方颐，下颌饱满，填涂过色彩的眼睛和嘴唇格外醒目，特别是精心塑做的一双大眼睛，使紧凑的五官更加令人赏心悦目，颇具少数民族少女那种常青春洋溢的神韵。头顶扎束双圜髻，左侧一组横向翻卷，右侧一组略向后侧翻卷，除固定发髻的环带外，再无任何饰物，分外显得质朴清新、俏皮可爱。

南北朝时期贵族妇女为追求形体上俊俏潇洒的美学效果，同时也是配合各式炫华靡丽女装的需要，常常在头上装饰假发，以做出各种样式的发髻，如灵蛇髻、飞天髻、盘桓髻、十字髻、抛环髻等，使发髻变得非常高大，并配以各种首饰，以达到行走起来凌空摇曳的效果，既所谓的“缓鬓假髻”。在传世绘画、墓葬和石窟壁画中有许多这样的例子，如《洛神赋图》中宓妃及侍女、《女史箴图》中的梳妆妇女、山西大同北魏司马金龙墓漆棺彩绘中的妇女以及莫高窟西魏 288 窟中的女性供养人等，都具有上

图7-10 《洛神赋图》中的洛水女神

述发髻特征（图7-10）。

127窟女童发髻与上述中原贵族妇女发髻明显不同，没有任何装饰，是南北朝时期西北少数民族少女日常生活中常见的发髻样式之一，随着胡汉交流的增多，也被中原地区女性所借鉴和吸纳，一般多见于婢女发髻装饰，如麦积山西魏160窟右壁彩绘供养人队列中，前者为头戴方冠，长裙曳地的女供养人，后者则为身材略小，头梳双环髻，身穿齐胸长裙的婢女。由此，我们大致可以推测这件影塑女童头像可能是麦积山北魏晚期某个家族供养窟中的存留物，该窟功德主也应是世代居住在秦州地区的，汉化程度较深的氐或羌族佛教信奉者。

至于这两件影塑造像发现于127窟宋代佛座之中，说明宋代重修塑像时，功德主也把当时麦积山其他窟龛中亦已残损的造像残件收集起来，作为新修佛像装藏的一部分而埋入佛座之中。时至今日，这种做法也常见于佛教造像或佛塔修建的开工仪式之中，是一种正常现象。

参考文献

1. 古籍

[1]北齐·魏收:《魏书》,中华书局,1974 年。

[2]北魏·杨衒之:《洛阳伽蓝记》,上海古籍出版社,1978 年。

[3]北魏·崔鸿:《十六国春秋》,汪氏正本,乾隆四十六年欣讬山房重刊。

[4]北宋·司马光:《资治通鉴》,中华书局,1976 年。

[5]北宋·李昉:《太平广记》,人民文学出版社,1995 年。

[6]北宋·郭若虚:《图画见闻志》,江苏美术出版社,2007 年。

[7]北宋·黄休復:《益州名画录》,人民美术出版社,1964 年。

[8]汉·刘熙:《释名》,中华书局,1985 年。

[9]晋·陆翙:《邺中记》,商务出版社,民国二十六年。

[10]梁·萧子显:《南齐书》,中华书局,1974 年。

[11]梁·沈约:《宋书》,中华书局,1972 年。

[12](南朝)宋·刘义庆:《世说新语》,贵州人民出版社,1996 年。

[13](南朝)宋·刘义庆:《幽明录》,文化艺术出版社,1988 年。

[14]唐·房玄龄:《晋书》,中华书局,1974 年。

[15]唐·令狐德棻:《周书》,中华书局,1997 年。

[16]唐·释道宣:《广弘明集》,上海古籍出版社,1991 年。

[17]唐·释道宣:《续高僧传》,上海古籍出版社,1991年。

[18]唐·释慧皎:《高僧传》,汤用彤校注,中华书局,1997年。

[19]唐·释道世:《法苑珠林》,中华书局,1997年。

[20]唐·张彦远:《历代名画记》,人民美术出版社,2004年。

[21]唐·魏征:《隋书》,中华书局,1982年。

[22]唐·李延寿:《南史》,中华书局,1975年。

[23]唐·李延寿:《北史》,中华书局,1974年。

[24]唐·李百药:《北齐书》,中华书局,1974年。

[25]唐·段成式:《酉阳杂俎》,齐鲁书社,2007年。

[26]清·王昶:《金石萃编》,《关中金石文字新编》,北京中日书店,1985年。

[27]清·张英、王士祯等撰:《渊鉴类函》卷346《居处部七》,中国书店,1985年。

[28]《直隶秦州新志》(乾隆二十九年版)。

[29]国家图书馆善本金石组编:《先秦秦汉魏晋南北朝石刻文献全编》,北京图书馆出版社。2003年。

[30]北京图书馆金石组编:《北京图书馆藏中国历代石刻拓本汇编》,中州古籍出版社,1989年。

2. 专著、文集、资料汇编

[1]白寿彝总主编、何兹全主编:《中国通史》第五卷《中古时代·三国两晋南北朝时期》(上),上海人民出版社,1995年。

[2]白寿彝总主编、黎虎主编:《中国通史》第五卷《中古时代·三国两晋南北朝时期》,(下),上海人民出版社,1995年。

[3]白化文:《汉化佛教与佛寺》,北京出版社,2003年。

[4]陈悦新:《甘宁地区北朝石窟寺研究》,北京大学博士学位论文,

2004 年。

[5]陈绶祥:《中国绘画断代史·魏晋南北朝绘画》,人民美术出版社,2004 年。

[6]曹文柱:《魏晋南北朝史论集》,商务出版社,2008 年。

[7]成都文物考古研究所编著:《成都考古研究》(一),科学出版社,2009 年。

[8]敦煌研究院:《1987 年敦煌石窟研究国际讨论会文集·石窟考古编》,辽宁美术出版社,1990 年。

[9]敦煌研究院编:《段文杰敦煌研究五十年纪念文集》,世界图书出版公司,1996 年。

[10] 敦煌研究院编:《2000 年敦煌学国际学术讨论会文集——纪念敦煌藏经洞发现暨敦煌学百年·石窟考古卷》,甘肃民族出版社,2003 年。

[11]杜斗城:《陇右高僧录》,兰州大学出版社,1993 年。

[12]达微佳:《麦积山石窟北朝洞窟分期研究》,北京大学硕士论文,2002 年。

[13]俄军主编:《甘肃省博物馆学术论文集》,三秦出版社,2006 年。

[14]方立天主编:《魏晋南北朝佛教》,中国人民大学出版社,2006 年。

[15]方立天主编:《中国佛教简史》,宗教文化出版社,2001 年。

[16]方立天:《中国佛教文化》,中国人民大学出版社,2006 年。

[17]冯贺军:《曲阳白石像研究》,紫禁城出版社,2005 年。

[18]侯杰、范丽珠:《世俗与神圣——中国民众宗教意识》,天津人民出版社,2001 年。

[19]国家文物局教育处:《佛教石窟考古概要》,文物出版社,1993 年。

[20]甘肃省文物工作队、庆阳北石窟寺文管所:《庆阳北石窟寺》,文物出版社,1985 年。

[21]甘肃北石窟寺文物保护研究所:《庆阳北石窟内容总录》,文物

出版社，2013年。

[22]甘肃省文物考古研究所：《河西石窟》，文物出版社，1987年。

[23]郭厚安、陈守忠主编：《甘肃古代史》，兰州大学出版社，1989年。

[24]宫治昭著、李萍译：《犍陀罗美术寻踪》，人民美术出版社，2006年。

[25]宫治昭著，李萍、张清涛译：《涅槃和弥勒的图像学——从印度到中亚》，文物出版社，2009年。

[26]贺世哲：《敦煌图像研究——十六国北朝卷》，甘肃教育出版社，2006年。

[27]何兹全：《中国社会史论》，中华书局，2006年。

[28]霍旭初：《龟兹石窟艺术》，新疆人民出版社，1994年。

[29]何剑平：《中国中古维摩诘信仰研究》，巴蜀书社，2009年。

[30]胡素馨主编：《佛教物质文化——寺院财富与世俗供养国际学术研讨会文集》，上海书画出版社，2013年。

[31]金维诺：《中国美术史论集》，黑龙江美术出版社，2003年。

[32]金　申：《佛教美术丛刊》，科学出版社，2005年。

[33]龙门石窟研究所：《龙门石窟一千五百周年国际学术研讨会论文集》，文物出版社，1996年。

[34]龙门研究院：《石窟寺研究》，文物出版社，2010年。

[35]吕思勉：《两晋南北朝史》，上海古籍出版社，2005年。

[36]赖鹏举：《丝路佛教的图像与禅法》，圆光佛学研究所，2002年。

[37]赵向群：《甘肃通史·魏晋南北朝卷》，甘肃人民出版社，2009年。

[38]刘景龙、李玉昆：《龙门石窟碑刻题记汇录》，中国大百科全书出版社，1998年。

[39]刘建华：《义县万佛堂石窟》，科学出版社，2001年。

[40]李学勤主编：《孝经注疏》，北京大学出版社，1999年。

[41]李　淞:《陕西佛教艺术》,艺术家出版社,1999 年。

[42]李裕群:《北朝晚期石窟寺研究》,文物出版社,2003 年。

[43]李裕群、李刚:《天龙山石窟》,北京:科学出版社,2003 年。

[44]李万生:《候景之乱与北朝政局》,中国社会科学出版社,2003 年。

[45]李最雄编著:《丝绸之路石窟壁画彩塑保护》,科学出版社,2005 年。

[46]李振刚主编《2004 年龙门石窟国际学术研讨会文集》,河南人民出版社,2006 年。

[47]黎　虎:《魏晋南北朝史论》,学苑出版社,1999 年。

[48]罗宏才:《中国佛道造像碑研究——以关中地区为考察中心》,上海大学出版社 2008 年。

[49]雷依群:《北周史稿》,陕西人民教育出版社,1999 年。

[50]梁晓鹏:《敦煌莫高窟千佛图像研究》,民族出版社,2006 年。

[51]林保尧:《佛像大观》,艺术家出版社,1997 年。

[52]麦积山石窟艺术研究所编:《石窟艺术》,陕西人民出版社,1990 年。

[53]马长寿:《碑铭所见前秦至隋初的关中部族》,中华书局,1985 年。

[54]毛子林辑,顾燮光校印:《关中石刻文字新编》,新文丰出版公司,1985 年。

[55]宁夏回族自治区文物管理委员会、北京大学考古系编著:《须弥山石窟内容总录》,文物出版,1997 年。

[56]宁夏回族自治区文物管理委员会/中央美术学院美术史系合编:《须弥山石窟》,文物出版社,1988 年。

[57]潘守正:《天水地方史略记》,中国文史出版社,2005 年。

[58]潘守正:《天水历代战事记》,中国文史出版社,2005 年。

[59]青州市博物馆:《青州龙兴寺佛教造像艺术》,山东美术出版社,2001 年。

[60]任继愈主编:《中国佛教史》,中国社会科学出版社,1993年。

[61]宿　白:《中国石窟寺研究》,文物出版社,1996年。

[62]史苇湘:《敦煌莫高窟内容总录》,文物出版社,1996年。

[63]孙　迪《中国流失海外佛教造像总合图目》,外文出版社,2005年。

[64]宋文玉主编:《北石窟寺论文集》,庆阳市瑜华印务有限公司,2009年。

[65]汤用彤:《汉魏两晋南北朝佛教史》,北京大学出版社,1997年。

[66]唐长孺:《魏晋南北朝史论丛》,河北教育出版社,2000年。

[67]唐长孺:《魏晋南北朝史论拾遗》,中华书局,1983年。

[68]王仲荦:《魏晋南北朝史》,上海人民出版社,1979年。

[69]王仲荦:《北周地理志》,中华书局,1980年。

[70]王伯敏:《中国绘画史》,上海人民美术出版社,1982年。

[71]王景荃主编:《河南佛教石刻造像》,大象出版社,2009年。

[72]王亨通、杜斗城:《炳灵寺石窟内容总录》,兰州大学出版社,2006年。

[73]王惠民:《敦煌净土图像研究》,佛光山文教基金会出版,2001年。

[74]巫鸿主编:《汉唐之间的宗教艺术与考古》,文物出版社,2000年。

[75]巫鸿主编:《汉唐之间文化艺术的互动与交流》,文物出版社,2001年。

[76]魏文斌、吴荭:《甘肃佛教石窟考古论集》,民族出版社,2009年。

[77]闻人军译注:《考工记译注》,上海古籍出版社,1993年。

[78]徐吉军:《中国丧葬史》,江西高校出版社,1998年。

[79]徐日辉:《秦州史地》,陕西人民美术出版社,1994年。

[80]云冈石窟研究院编:《2005年云冈国际学术研讨会论文集·研究卷》,文物出版社2006年。

[81]阎文儒主编:《麦积山石窟》,甘肃人民出版社,1984年。

[82]阎文儒、常青著:《龙门石窟研究》,书目文献出版社,1995 年。

[83]余英时著,候旭东等译:《东汉生死观》,上海古籍出版社,2005 年。

[84]殷光明:《北凉石塔研究》,觉风佛教艺术文化基金会,2000 年。

[85]岳仁译注:《宣和画谱》,湖南美术出版社,1999 年。

[86][英]约翰·马歇儿著,王冀青译:《犍陀罗佛教艺术》,甘肃教育出版社,1989 年。

[87]郑炳林、花平宁主编:《麦积山石窟艺术文化论文集》,兰州大学出版社,2004 年。

[88]郑炳林、魏文斌主编:《天水麦积山石窟研究文集》,甘肃文化出版社,2008 年。

[89]郑炳林:《敦煌地理文书汇辑校注》,甘肃教育出版社,1989 年。

[90]郑炳林、石劲松主编:《永靖炳寺石窟研究文集》,甘肃文化出版社,2011 年。

[91]郑　欣:《魏晋南北朝探索》,山东大学出版社,1989 年。

[92]郑　岩:《魏晋南北朝壁画墓研究》,文物出版社,2002 年。

[93]朱大渭等著:《魏晋南北朝社会生活史》,中国社会科学出版社,1998 年。

[94]朱英荣:《龟兹石窟研究》,新疆美术摄影出版社,1993 年。

[95]周伟洲:《中国中世纪西北民族关系研究》,广西师范大学出版社,2007 年。

[96]姚薇元:《北朝胡姓考》,中华书局,2007 年。

[97]张宝玺:《甘肃佛教石刻造像》,甘肃人民美术出版社,2001 年。

[98]张宝玺:《甘肃石窟雕艺术雕塑编》,甘肃美术出版社,1994年。

[99]张宝玺:《甘肃石窟艺术绘画编》,甘肃人民美术出版社,1997 年。

[100]张宝玺:《北凉石塔艺术》,上海辞书出版社,2006 年。

[101]张　弓:《汉唐佛寺文化史》(上、下),中国社会科学出版社,

1997年。

[102]张锦绣:《麦积山石窟誌》,甘肃人民出版社,2002年。

[103]张元林:《北朝至隋时期敦煌法华艺术研究》,2009年兰州大学博士论文。

[104]张明远主编:《山西石刻造像艺术集萃》,山西科学技术出版社,2005年。

[105]张慧敏:《帝释天研究》,2007年四川大学硕士学位论文。

[106]张金东:《论阎罗形象的本土化历程》,扬州大学2010级硕士论文。

[107]赵声良:《敦煌壁画风景研究》,中华书局,2005年。

[108]赵昆雨:《云冈石窟佛传故事雕刻艺术》,江苏美术出版社,2010年。

[109]周汛、高春明编著:《中国衣冠服饰大辞典》,上海辞书出版社,1996年。

[110]中国佛教协会编:《中国佛教》,知识出版社,1980年。

[111]中国社会科学院考古研究所:《汉唐与边疆考古研究》,科学出版社,1994年。

[112]中国考古学会:《中国考古学会第一次年会论文集》,文物出版社,1980年。

3. 图录

[1]陈明达主编,丁明夷副主编《中国美术全集·雕塑编·13·巩县天龙山响堂山安阳石窟雕刻》,文物出版社,1989年。

[2]陈绶祥主编:《中国美术史·魏晋南北朝卷》,齐鲁书社/明天出版社,2000年。

[3]敦煌文物研究所:《中国石窟·敦煌莫高窟》(五卷本)文物出版社

1990 年。

[4]丁明夷主编:《中国石窟雕塑全集·6·北方六省》,重庆出版社,2001 年。

[5]丁凤萍、李瑞芝:《稷山青龙寺壁画》,河北美术出版社,2001 年。

[6]甘肃省文物工作队、炳灵寺文保所:《中国石窟·永靖炳灵寺》,文物出版社,1989 年。

[7]河南省文物研究所编:《中国石窟·巩县石窟》,文物出版社 / 平凡社,1989 年。

[8]韩伟主编:《中国石窟雕塑全集·陕西宁夏卷》,重庆出版社,2001 年。

[9]胡国强主编,何欣副主编:《故宫收藏曲阳造像》,紫禁城出版社,2009 年。

[10]花平宁、魏文斌编《中国石窟艺术——麦积山》,江苏美术出版社,2013 年。

[11]觉风佛教艺术文化基金会:《中国古佛雕——哲敬堂珍藏选辑》,艺术家杂志社,1989 年。

[12]金维诺主编:《中国美术全集·13·寺观壁画》,文物出版社,1988 年。

[13]金中:《海外及港台藏历代佛像珍品纪念图典》,山西人民出版社,2007 年。

[14]克孜尔千佛洞文物保管所、北京大学考古系《中国石窟·克孜尔石窟》(三卷本),文物出版社 / 平凡社,1990 年。

[15]龙门文物保管所、北京大学考古系:《中国石窟·龙门石窟》(两卷本),文物出版社 / 平凡社,1991 年。

[16]林树中主编:《海外藏历代中国雕塑》,江西美术出版社,2006 年。

[17]刘志远等编:《成都万佛寺石刻艺术》,中国古典艺术出版社,

1958年。

[18]刘景龙:《龙门石窟造像全集》,文物出版社,2002年。

[19]刘兴珍、郑经文《中国古代雕塑图典》,文物出版社,2006年。

[20]李宁民主编:《历史的记忆——天水市博物馆藏品》,中国艺术出版社,2011年。

[21]麦积山石窟艺术研究所:《中国石窟·天水麦积山》,文物出版社/平凡社,1998年。

[22]宁夏固原博物馆:《固原北魏墓漆棺画》,宁夏人民出版社,1988年。

[23]南京博物院编:《南京博物院藏宝录》,上海文艺出版社/三联书店,1992年。

[24]云冈文物保管所:《中国石窟·云冈石窟》(两卷本),文物出版社/平凡社,1994年。

[25]中华世纪坛艺术馆、青州市博物馆:《青州北朝佛教造像》,北京出版社,2002年。

[26]中国美术全集编委会:《中国美术全集·绘画编·麦积山石窟壁画》,人民美术出版社,1987年。

[27]中国佛教协会佛教文化研究所、麦积山石窟艺术研究所编《佛国麦积山》,上海辞书出版社,2003年。

[28]震旦艺术博物馆编《佛教文物选粹》,财团法人震旦文教基金会,民国92年。

4. 期刊论文(略)